KB050188

장정일의
악서총람

장정일의 악서총람

樂書總覽

책세상

신디 로퍼에게

| 차례 |

書覽樂總

樂書總覽

樂書總覽

樂書總覽

1. 서태지에게 바친다

《한국 대중음악사》
이혜숙 · 손우석 | 리즈앤북, 2003

대개의 한국 가요사는 1930년대 중반 〈목포의 눈물〉이 나온 때를 기원으로 삼지만, 이혜숙·손우석의 《한국 대중음악사》(리즈앤북, 2003)는 "한국 자본주의가 새롭게 부를 축적하고 산업화되는 1960년대 후반기"부터 시작된다. 지은이들은 "트로트가 장악하던 가요계에서 트로트 이외의 다른 음악 문화가 주류에 등장하는 1960년대 말이야말로 진정한 대중가요의 출발점"이라고 부연한다. 이 언표는 아주 논쟁적이다. 이혜숙·손우석은 트로트를 타개되어야 할 구시대의 주류로 간주하고, 한국 대중음악사를 이 책의 부제와 같이 "통기타에서 하드코어까지" 새로 구성하고자 한다.

그렇다고 하더라도 나는 이 독후감을 '1970년대 통기타 세대'(1장)부터 요약하지는 않을 것이다. 사실 400페이지가 넘는 이 책은 절반의 분량과 모든 논의를 오로지 서태지에게 할애하고 있기 때문이다. 지은이들은 《한국 대중음악사》를 서태지에게 바치기 위해 두 가지 전략을 쓴다. 세대론적 투쟁과 계보 만들기. 전자는 그

간의 한국 대중음악사를 부정하는 방법론을 이루며, 그럼에도 불구하고 후자는 한국 대중음악사 전체를 접수하기 위해 서태지를 한국 록의 계보 속에 적극 삽입한다.

서태지의 등장이 '서태지 혁명'이 되기 위해서는 서태지 이전의 모든 음악 운동과 충격이 부정되어야 한다. 한대수는 예술성이 높긴 했으나 서구 의존적이었던 가수로, 김민기의 '포크 전사론戰士論'은 억압적인 시대가 만들어낸 오해로 폄하된다. 그뿐 아니다. 통기타 하나로 입신했던 송창식, 이장희 등의 숱한 청년 문화 기수들은 통기타를 버리고 '밴드 사운드'를 유행시키며 포크의 소박한 정신을 상실해갔다. 어느덧 연예계의 중심이 된 그들은 라디오 디제이나 광고 음악의 귀재로 변신하여 "자신들의 정체성이며 힘의 근원인 청년 문화를 서서히 잃어버리기 시작"한 것으로 평가 절하되는 것이다.

서태지를 위한 계보 만들기는 서태지를 한국 록의 적자嫡子로 만드는 작업이나 다름없다. 서태지는 열일곱 살 때 신대철이 만든 메탈 밴드 시나위의 베이스로 참가한다. 그런데 신대철이 누구인가? 한국 록의 대부 신중현의 아들이다. 하지만 정작 중요한 것은 '연예가 중계'에서나 회자될 그런 인연이 아니다. 지은이들은 이미 머리말에서 '트로트와의 전쟁'을 선포했고, 1970년대 중반까지 전성기를 이루었던 통기타 음악마저 음비音匪(저질 음악으로 사람의 마음을 홀리고 돈을 뜯는 '음악 도둑'이라는 뜻으로, 중국 소설에 나오는 '묵비墨匪', 즉 배운 도둑놈이라는 말에 착안해서 내가 만들어 쓰는 말이다) 취급했다. 서태지와 아이들이 등장하기 직전에 극성을 부렸던 댄스 음악과 발라드야 고작 "트로트의 빈 공간을 채우는 보조 장르"에 불과하다.

지은이들에게 한국 대중음악의 주축은 록 음악이다. 이 책의 3장은 신중현과 조용필에게 바쳐진 장으로, 특히 조용필을 로커로 자리매김하면서 록의 시각에서 그의 음악에 접근한다. 금시초문인 "산울림은 신중현의 후예답게"라는 대목과, 170쪽의 "서태지는 자신이 영향을 받은 선배 뮤지션으로 들국화와 조용필을 꼽"는다는 대목은 지은이들의 욕망이 우리에게 제공하는 덤이다.

음악적 세대론 투쟁과 계보 만들기가 아니더라도, 서태지의 등장은 가히 한국 사회의 문화 혁명에 값한다. 1992년 초에 발표된 서태지와 아이들의 〈난 알아요〉는 기성 대중가요를 전복시켰고, "서태지 이전과 이후는 너무 달라져" 그들이 등장하기 이전의 "편안했던 가요의 세상으로는 결코 돌아가기 힘들"게 됐다. 1집을 낼 무렵의 서태지는 순수한 음악적 방법으로서만 힙합에 접근했으나, 1년 뒤에 〈하여가〉를 낼 때는 힙합 전사가 되어 있었다. 기성세대는 그들의 복장과 헤어스타일을 용납할 수 없었고, 육중한 메탈 사운드가 받쳐주는 힙합 뮤직 앞에 경악했다. 같은 해에 발표된 신신애의 엽기 트로트 〈세상은 요지경〉은 기성세대의 밑 모를 좌절과 문화적 빈곤을 보여준다.

서태지의 등장으로 인해 세상은 "신세대와 구세대를 구분"하게 되었고, 서태지의 1994년작 〈교실 이데아〉는 신·구세대 간의 전쟁을 불러왔다. 충격을 받은 기성세대는 힙합을 댄스 음악으로 순치하기 위해 김건모라는 대항마를 길렀으나 반쪽의 승리밖에 거두지 못했다. 그러다가 1995년에 와서야 룰라가 〈날개 잃은 천사〉를 터트리자, 기성세대는 드디어 문화적 자신감을 회복하면서 "새로운 시대에 새롭게 적응한 자신들을 자랑스러워했다". 하지만 추후의 발전은 그들을 또 다른 좌절로 이끈다. 여기 그 이름을 다 적지도 못할 숱한 십대 댄스 그룹이 기성세대의 음악 문화를 완전히 초토화했기 때문이다. 그사이 서태지는 로커로서의 의지가 담긴 4집 앨범《컴백홈》을 발표한다.

4년 남짓 활동했던 서태지와 아이들은, 1990년 이전 한국가요를 대표하던 발라드, 트로트, 포크를 비주류로 전락시켰다. 그 대신에 그 자리엔 랩 댄스, 힙합, 록, 리듬 앤드 블루스가 자리 잡았다. 서태지는 음악 외적으로는 사전심의철폐 운동에 앞장섰으며, 권위적인 한국 사회가 머리 염색, 귀걸이, 힙합 바지 등을 용납하게 만들었다. 가창력밖에 내세울 게 없는 기성 음악인들은 '음악을 망친 인물'로 서태지를 지목하지만, 음악은 가창력이 아니라 '아티스트로서의 자질'이란 것을 서태지는 가르쳐주었다.

서태지 혁명의 완성은, "타인의 개성과 자유를 존중"해줄 수 있는 "개인주의" 문화와 인터넷 연대 문화를 동시에 만들어냈다. 서태지가 '악마주의 소동'과 '시대유감 사건'으로 언론·종교계의 공격을 받고 있을 때 결집했던 서태지의 팬들은 팬덤fandom 문화를 세상에 처음 알렸다. 2002년 월드컵을 축제로 만들었던 붉은악마 물결과, 노무현을 대통령으로 만들었던 노사모는 서태지 팬클럽에 전형을 빚지고 있다. 열정적으로 쓰인 책은 그 책을 읽는 사람까지도 열정적으로 만든다.

2. 독일에서 부쳐온 과거사 청산 문제

《망명 음악, 나치 음악》
이경분 | 책세상, 2004

재즈나 고전 음악 애호가들은 나치가 특정한 음악가와 음악을 탄압했다는 것을 잘 알고 있다. 모든 취미가 그렇듯이, 음악 취미 역시 알게 모르게 우리의 상식을 풍부히 해주었던 것이다. "20세기 서구 음악의 어두운 역사"라는 부제를 달고 있는 이경분의 《망명 음악, 나치 음악》(책세상, 2004)은 우리가 평소에 알고 있던 나치 시대에 대한 추상적인 상식을 좀 더 사실적인 것으로 만들어주며, 예술과 역사를 깊이 들여다보게 해준다.

1933년 1월 독일을 접수한 나치는 정치적으로는 좌파, 인종적으로는 유대인, 음악적으로는 아방가르드에 속한 음악가를 숙청한다. 예를 들어 많은 작곡가들 가운데 코른골트 같은 사람은 유대인도 좌파도 아니었지만 아방가르드를 실험했거나 재즈 이디엄을 즐겨 사용했기 때문에 쫓겨난 경우다. 또 유대인이면서 12음계를 실험한 쇤베르크와, 유대인이면서 좌파 음악가로 노동 음악에 몰두했던 한스 아이슬러도 박해를 피해 망명을 해야 했다. 〈서푼짜리 오페라〉로 유명한 쿠르트 바일은 그 가운데 가장 운이 없는 경우로, 그는 유대인·좌파·아방가르드에 속했다.

유대인과 좌파에 대한 적개심을 이용해 정권을 획득한 나치가 유대인과 좌파 음악가들을 박해하는 것은 정해진 수순이었다. 그런데 이런 인적 청산과 관련이 없는 아방가르드 고전 음악과 재즈는 왜 추방하려고 했을까? 나치의 문화·예술 정책은 독일 민족의 전통을 보존하고 공동체 형성에 도움이 되며, 전시 동원을 효과적으로 수행할 수 있는 것들만 허용하고 지원했다. 이런 원칙 위에서 강조된 나치의 음악관은 극히 낭만적인 것이었다. 그들에게 좋은 음악이란 '음악을 통해 신성에 다가서고, 공동체적인 열광에 이르며, 끝내는 자아를 몰각하는' 그런 음악을 의미했다.

음악을 역사적·사회적 맥락에서 분리시켜 유사 종교와 같은 영적 도취로 간주하고자 한 나치는 사회 문제를 제기하는 좌파의 음악을 '문화적 볼셰비키'로 간주해 불허했고, 불협화음으로 가득한 재즈를 '경건한 음악 체험'을 방해하는 상스러운 음악으로 보아 배척했다(재즈는 교전국인 미국의 음악이자 흑인의 음악이었다. 그렇기는 해도 재즈를 완전히 금지할 수 없었던 괴벨스는 '스윙'이 제거된 '가짜 재즈' 밴드를 만들어 선전 도구로 사용했다). 그러므로 청취자들에게 이성적이고 분석적인 태도를 요구하는 쇤베르크와 그 일파들의 현대 음악 또한 용납될 수 없었다.

고전 음악 동호인들이 모이는 사이트에는, 스쿼시 공처럼 되돌아오는 몇 개의 '영구 미제' 논의가 있다. 그 가운데 하나가 '푸르트벵글러와 카라얀은 나치에 협력했는가?'라는 것으로, 이 논의는 꼭

잊힐 만하면 한 번씩 불쑥 튀어나와 평온한 동호회를 뒤집어놓는다. 푸르트벵글러의 옹호자들은 그가 힌데미트의 〈화가 마티스〉 초연을 성사시키기 위해 나치와의 충돌도 불사했던 사실과, 유대 예술가 차별 정책에 이의를 제기했던 사실을 들어 그를 변호한다. 적어도 그는 카라얀처럼 나치에 입당하지는 않았다는 것이다.

사실이다. 우리나라에서 카라얀은 푸르트벵글러보다 훨씬 유명하지만, 1935년 당시의 카라얀은 어떻게 해서든 출세를 해보려고 발버둥치는 신진에 불과했다. 그래서 카라얀은 두 개의 지역 당에 중복해서 입당한 나치 당원이 되었다. 하지만 푸르트벵글러는 그럴 필요가 없었다. 그는 괴벨스와 서로 거래를 할 수 있을 만큼 이름난 국제적 명사였다. 그 때문에 푸르트벵글러 옹호자들이 신화처럼 들먹이곤 하는 미담의 주인공이 될 수 있었다.

'푸르트벵글러와 카라얀의 나치 협력 여부'가 스쿼시 공처럼 되돌아와 고전 음악 동호회 사이트를 매번 초토화(?)하는 까닭은, 이 문제가 우리나라의 과거사 청산 문제로 비화되면서 논의가 증폭되기 때문이다. 그 문제는 일제강점기에 일제를 찬양하는 작품을 제작했던 우리나라 예술가들에 대한 평가로 번지며, 급기야는 논의에 참가한 동호인의 정치관과 정파마저 천명되고 심문된다. 예술과 역사가 난마처럼 뒤얽힌 이 문제 앞에서는, 과거사 청산에 민감한 좌파 정당 지지자가 푸르트벵글러를 구명하는 일도 자연스럽게 일어난다.

도서관에 쌓인 나치 관련 서적을 모아 읽으면 크게 깨닫는 게 생긴다. 일본은 독일처럼 제대로 된 역사 청산을 하지 못했다고 한국인들은 늘 말하지만, 독일인들이 들으면 분명 쑥스럽게 생각할 것이다.《망명 음악, 나치 음악》의 결론 역시 우리가 "독일을 과거 청산의 모범 사례"로 당연시해온 것에 대해 의문을 표한다. 푸르트벵글러와 카라얀의 나치 협력 여부를 가리는 논쟁이 여전히 이역만리의 고전 음악 동호회까지 난리법석으로 만들곤 하는 것도 알고 보면 독일의 과거사 청산이 그만큼 불완전했다는 반증이 아닐까?

3. 슬픈 존 레넌

《존 레논》
코린네 울리히, 박규호 옮김 | 지식경영사, 2005

《영원한 록의 신화 비틀스 vs 살아 있는 포크의 신화 밥 딜런》
한대수 | 숨비소리, 2005

"목마른 영혼의 외침"이란 부제를 달고 있는 코린네 울리히의 《존 레논》(지식경영사, 2005)은, 나치 폭격기들이 밤새도록 폭탄을 쏟아붓던 1940년 10월 새벽에서 이야기를 시작한다. 조국애에 불타던 26세의 줄리아 스탠리는 갓 태어난 아이에게 윈스턴 처칠의 이름을 넣은 존 윈스턴 레넌(레논)이란 이름을 지어주었으나, 정작 곁에 있어야 할 남편은 곁에 없었다. 3년이라는 짧은 결혼 기간 동안 그는 대부분 배를 타고 있거나 교도소에 있었다.

남편의 부재 동안 줄리아는 거의 매일 밤 근처 술집에서 노래를 부르거나 벤조를 연주하며 지냈고, 그사이 다른 남자의 딸을 낳아 입양을 보내기도 했다. 존을 돌봐줄 시간이 없었던 그녀는 아들을 언니 집에 맡겼고, 새로운 남편을 만나 두 딸을 낳게 되면서 아들과 오래 결별했다. 존은 극도로 불안정한 유년을 보냈고, 어떤 소속감도 느끼지 못했다. 훗날 아내인 오노 요코의 치마폭에 묻혀 '남자 주부'로 살아가게 되는 존 레넌의 연약한 이미지와는 달리, 초등학교 시절부터 예술전문학교에 재학했던 그는 학창 시절에 무척 불량했다. 싸움꾼에 좀도둑, 한마디로 '품행 제로'. 그럼에도 불구하고 그는 상상력이 풍부하고 감수성이 예민했다. 아무에게도 가르침을 받지 않았지만 시와 작문, 그림에서 뛰어난 재능을 발휘했다.

1955년, 미국에서 시작된 로큰롤 열풍이 작가 혹은 화가가 될 수도 있었던 열다섯 살의 레넌을 집어삼켰다. 레넌은 자신의 반항기와 그 음악이 서로 동질성을 갖고 있으며, 로큰롤이 자신의 생각을 표현할 수 있는 촉매라는 것을 직감했다. 역설적이지만, 그런 레넌에게 벤조의 코드 잡는 법을 가르쳐주고 기타를 사준 사람은 13세 때 재회한 친모였다. 존 레넌은 그 기타로 버디 홀리, 리틀 리처드, 척 베리, 엘비스 프레슬리의 음악을 따라 쳤다.

레넌이 쿼리뱅크 고등학교의 이름을 딴 쿼리멘Quarrymen 밴드를 만들어 인근의 파티나 축제, 결혼식장에서 노래를 부르던 1956년, 레넌의 친구 하나가 그에게 자신의 친구 한 명을 소개해주었다. 바로 두 살 연하의 폴 매카트니다. 대중 사회, 청년 문화, 음악 산업, 록의 미학을 총동원해 비틀스 신화를 통째로 쓰고자 한다면 그리스·로마 신화만큼 복잡하게 구성되겠지만, 실은 우리가 꼭 알아야 할 비틀스 신화는 이게 전부다. 곧이어 매카트니보다 한 살이 더 어린 조지 해리슨이 동참했을 때 그 밴드의 평균 나이는, 근 몇십 년간 등장한 우리나라의 모든 십대 댄스 그룹의 평균 나이보다 더 어렸다.

매니저 브라이언 엡스타인과 제작자 조지 마틴의 공로가 아무리 컸다 하더라도, 존 레넌과 폴 매카트니가 없었다면 비틀스는 성립되지 않았다. 이 말은 너무 당연해서 하나 마나 한 소리지만, 연예 사업이 비대해진 요즘엔 창작자보다는 기획·제작자의 이름이 한층 신화의 본질인 것처럼 와전된다. 하지만 밑줄 '좌악' 그어 강조했듯이, 두 사람의 만남이 알파요 오메가다. 1960년 비틀스란 공식 명칭을 정하고 1963년부터 '비틀마니아'를 수확하기까지 두 사람은 곡을 쓸 때에만 50퍼센트씩 협력한 게 결코 아니었다. 전체는 부분의 합이 아닌 것이다.

나는 한 번도 비틀스의 팬이었던 적이 없다. 그런데도 폴 매카트니 하면 〈예스터데이〉가 떠오르고 존 레넌 하면 〈이매진〉이 떠오를 정도로 두 사람의 개성과 비틀스 내에서의 영향력은 크게 달랐다. 십대 시절에 어머니와 일찍 사별한 공통점만 있을 뿐, 두 사람의 성장 환경은 매우 달랐다. 아버지의 지원과 사랑을 듬뿍 받으며 자라난 폴 매카트니가 자기애를 바탕으로 대중과 원만한 소통을 할 수 있었다면, 자기애 자체를 부정당했던 존 레넌에게 타인은 늘 자신의 공격욕을 만족시킬 수 있는 먹잇감으로 보였다.

언젠가 존 레넌은 '우리는 예수보다 위대하다'라고 말해 설화舌禍를 겪었는데, 농담이나 실언이 무의식의 '진담'일 수 있다는 프로이트 학설을 염두에 둔다면 예사롭지 않은 발언이다. 신자도 아니면서 그는 예수를 자주 의식했으며 히틀러를 자신의 영웅으로 삼은 적까지 있다. 이런 사실은 그가 아동기에 겪은 '멸절'의 공포와 자아 분열의 정도를 짐작게 해준다. 비틀스를 해산시킨 '동양 마녀'라는 비난을 받는 오노 요코는, 그런 정신적 외상을 치유하고 넘어서는 힘으로서의 '아방가르드'를 그에게 가르쳐주었다. 우리는 비틀스 멤버로서의 레넌은 알지만, 전위예술가로서의 레넌에 대해서는 자세히 모른다.

이 책과 겹쳐 읽은《영원한 록의 신화 비틀스 vs 살아 있는 포크의 신화 밥 딜런》(숨비소리, 2005)은 한국 대중음악사에서 최초의 문화적 충격을 가한 포크 가수이자 소문난 존 레넌 예찬자인 한대수의 책이다. 이 책은 26명의 가수와 나눈 대담을 묶은 임진모의《우리 대중음악의 큰별들》(민미디어, 2004)에 피력된 한대수의 밥 딜런 혐오를 아무 고심 없이 확대·재생산한 부실한 책이다. 한대수는 기만적인 여자관계와 막대한 치부를 꼬투리 삼아 밥 딜런을 위선자라고 몰아붙이는데, 그 점은 그가 숭앙하는 존 레넌도 마찬가지였다.

딜런이 스타가 되자 한때 친구였고 함께 고생했던 사람들을 쓰레기같이 버렸다거나, 주옥같은 그의 가사들이 위대한 시인들의 작품을 슬며시 인용(?)한 것일 수도 있다거나, 그가 더 많은 팬을 확보하고자 유대인이면서 기독교로 개종했다는 등의 혐의를 적시하는 이 책에서 지은이는 특히 딜런이 '오만과 신비'라는 전략으로 자신을 철저히 포장했다고 비난하지만, 그런 작위는 화려한 볼거리와 자극적인 사운드를 가지지 못한 포크 뮤지션이 취할 수 있는 최소한의 생존 전략으로 보아야 한다. 애초에 'vs'가 이루어질 수 없는 양자 간의 대립 구도는 한대수의 호오 속에서만 존재했던 게 아닐까?

4. 만유인력에서 벗어난 트럼펫 —마일스 데이비스 (1)

《마일스 데이비스》
마일스 데이비스 · 퀸시 트루프, 성기완 옮김 | 집사재, 2013

오랫동안 절판됐던 마일스 데이비스와 퀸시 트루프의 공저 《마일스》(집사재, 1999)가 《마일스 데이비스》(집사재, 2013)로 다시 나왔다. 온갖 재즈 관련서 가운데 현장감과 역사성에서 이 책을 앞지를 저작은 없다. 이 책은 마일스의 자서전이자 '재즈의 자서전'이다. 어떤 분야든 한 시기와 단절하고 새로운 시대를 여는 창조자 또는 개혁가가 있기 마련인데, 마일스는 재즈사 속에서 그 일을 세 번이나 했다. 1949년의 《Birth of The Cool》, 1959년의 《Kind of Blue》, 마지막으로 1970년의 《Bitches Brew》. 그의 이 세 앨범은 각기 쿨 재즈의 탄생, 모드 주법의 도입, 퓨전 재즈의 신호탄으로 기록되는 기념비적 작품들이다.

위의 세 작품 가운데 나는 특히 《Kind of Blue》를 좋아한다. 이 음반을 들으며 짜릿한 흥분을 느껴보지 못한 사람은 인생의 여러 즐거움 가운데 하나를 놓친 사람이라고 해도 과언이 아니다. 반면 《Bitches Brew》는 제목만 들어도 구토가 난다. 평자들은 퓨전 재즈가 도래할 수밖에 없었던 원인으로 음의 광역화와 전자 악기의 발달 등을 꼽는데, 이 책《마일스 데이비스》는 재즈에 음의 광역화와 전자 악기가 필요했던 상황을 재즈 황제의 입을 빌려 솔직히 밝히고 있다. 즉 1960년대 중반부터 많은 사람들이 재즈 대신 록 음악에 몰리기 시작했고 1969년에 열린 우드스톡 축제는 결정적으로 젊은이들을 빼앗아 갔다. 재즈의 퓨전화만이 록 음악에 빼앗긴 젊은이들을 재즈로 되돌아오게 할 방도로 보였는데, 전자 악기의 사용에는 음악 산업적인 또 다른 속내가 있었다. 비전자 악기로는 소규모 클럽에서 연주할 수밖에 없었고, 그런 '수공적'인 소리로는 우드스톡에서처럼 40만 명 이상의 관객을 하나의 콘서트장에 모을 수 없었던 것이다.

재즈 음악사는 미국 흑인 잔혹사다. 따지고 보면 마일스가 '재즈 황제'가 된 것도 그렇다. 마일스의 부모는 모두 흑인 중산층의 일원으로, 마일스의 아버지는 두 개의 대학을 졸업하고 마지막엔 노스웨스턴 대학교의 치과대학을 나와 개원한 치과 의사였다. 열두 살 때부터 트럼펫 주자가 되기 위한 영재 교육을 받은 마일스는 줄리아드 음악대학에 입학했으나 2년 만에 자퇴했다. 그 결정에는 클래식 음악계에서 흑인 연주자로 성공하기가 어렵다는 판단도 있었을 것이다.

음악적으로나 인종적으로 아프로-아메리칸에 기반한 재즈계라고 해서 인종 차별의 무풍지대는 아니다. 재즈는 흑인 음악이면서도 그의 음악을 팔아줄 백인 흥행업자들의 취향에 맞게 희석됐다. 백인 재즈 비평가도 그러한 일에 한몫했다. "백인 재즈 비평가들은 우리 음악을 모방한 백인 뮤지션들이 뭔가 위대한 창조자라도 되는 양 줄곧 떠들어댔다. 스턴 게츠, 데이브 브루벡, 카이 와인딩, 리 코니츠, 레니 트리스타노, 그리고 제리 멀리건 같은 사람을 신처럼 떠받들었다. [……] 그들이 처음 시작한 건 아무것도 없고, 그들 자신도 그걸 안다. 그들은 최고는 아니었다. 내 기분을 특히 상하게 만든 것은 평론가들이 너나 할 것 없이 제리 멀리건 밴드의 쳇 베이커를 마치 제2의 예수나 나타난 양 떠들썩하게 소개하기 시작한 것이다. 그의 사운드는 나와 똑같았다."

부유한 가정에서 자라나 음악에만 빠져 있었던 그가 흑인으로서의 '정치적 의식'을 갖게 된 것은, 1949년 초 동료 음악가들과 함께 프랑스 파리로 연주회를 갔다 오고 나서다. 파리는 그에게 미국의 백인과 다른 또 다른 백인이 있다는 것을 가르쳐주었다. 미국에 사는 게 너무나 싫었지만 그는 미국으로 돌아왔다. "파리로 이주한 뮤지션들은 내가 보기에 미국에서 살 때 가능했던 뭔가를, 이를테면 어떤 에너지를, 어떤 날카로움을 잃은 것처럼 보였다. 잘은 모르겠지만 내 생각에 사람은 자기가 느낄 수 있고 자기 뿌리가 있는, 자기가 아는 문화에 둘러싸여 살아야 하는 것 같다." 재즈 팬에게는 참으로 다행한 귀환이다.

스스로 고백하듯이 마일스는 찰리 파커의 '아들'이다. 열여덟 살 때부터 음악 경력을 시작한 마일스에게 버드(찰리 파커의 애칭)는 신이었다. 마일스의 삶은 그의 음악적 아버지인 버드에 대한 선망과 무의식적인 라이벌 의식으로 버무려진 것 같다. 평생 마약에 끌려다녔던 마일스의 내부에는 서른네 살에 요절한 찰리 파커의 손짓이 숨어 있으며, 그것을 극복하기 위한 노력이 마일스를 수차례 재즈의 모반자로 만들었다.

세 권짜리였던 《마일스》가 한 권짜리 《마일스 데이비스》로 합본되면서 원래의 구어체가 문어체로 윤색된 것은 무척 아쉽다. 초간본 《마일스》의 첫머리는 "들어봐라. 여지껏 내가 세상에서 태어나——옷 입은 상태에서——경험한 가장 멋진 느낌은 세인트루이스의 미주리에 디즈와 버드가 왔을 때 그들의 연주를 들은 것이다"라고 시작된다. "들어봐라" 식의 도발적인 서두는 이 책이 통상적인 예의나 관습에 연연하지 않겠다는 선언이다. 구어체로 일관했던 《마일스》에서는 "씨팔", "좆나게", "그 새끼들"과 같은 비속어가 간투사나 접속사인 듯 자연스러웠다. 그것들은 문어체의 세계 속에 뛰어든 '싱커페이션syncopation'(당김음)이나 '블루 노트blue note'(재즈 특유의 장음계로 '미'와 '시' 음을 반음 낮추는 것을 뜻한다)처럼 빛났다. 재간을 결정한 출판사가 괜한 윤색을 한 게 아닌가 싶다.

《마일스 데이비스》의 번역자는 역자 후기의 마지막에 "이젠 번역도 끝났으니 음악이나 들어야지. 무거운 짐을 벗은 느낌이다"라고 썼다. 하지만 '무거운 짐'이 없었던 독자는 줄곧 마일스 데이비스의 음악을 들으며 책을 읽었다. 마지막으로 흥미로운 사례 보고를 하면서 이 독후감을 마치고자 한다. 나의 경우, 재즈를 들으면서 뜻밖에도 어떤 음악은 얻게 되었고 어떤 음악은 온전히 잃어버렸다. 재즈에 심취한 이후로 바흐나 모차르트 음악을 들으며 '아, 참 좋은 재즈가 흐르고 있군'이라고 말하게 되었다. 클래식을 더 잘 듣게 됐다는 말이다. 하지만 어떤 음악은 영영 잃어버렸는데 그 어떤 음악의 장르를 여기 쓰는 것은 왠지 번역자에게 미안한 일이다.

*** 사족**

이 책을 번역한 성기완 형은 시인이자 인디 밴드 '3호선 버터플라이'의 리더로 있는 음악가이다. 언젠가 홍대 부근의 술집에서 우연히 만난 형은, 나에게 신작 시집과 새로 나온 앨범을 선사하기도 했다.

5. 마돈나, 20세기를 쑥대밭으로 만든 여자

《슈퍼스타의 신화, 마돈나》
크리스토퍼 앤더슨, 윤수인 옮김 | 새론문화사, 1995

《마돈나의 이중적 의미》
프리가 하우그 외, 박영옥 옮김 | 인간사랑, 1997

1980년대 중반, 육체를 전술적 무기로 삼아 세기말(20세기)의 대중문화를 거의 쑥대밭으로 만들었으나 지금은 두 아이의 어머니가 된 가장 얌전한 여자의 이름은? 크리스토퍼 앤더슨이 쓴《슈퍼스타의 신화, 마돈나》(새론문화사, 1995)에 따르면, 오직 승승장구하기 위해 마돈나가 대중 음악계에 도전했던 1980년 중반 무렵, 최대의 적수는 신디 로퍼였다. 하지만 많은 사람들이 지적하듯이 싸움은 공평치 않았다.《뉴스위크》와 같은 남성 주류 사회의 주류 언론과 비평가들이 "저질이 아니더라도 레코드가 팔릴 수 있다는 것을 우리에게 보여주었다"고 썼을 때, 비평적 오물 덩어리를 뒤집어쓴 사람은 마돈나였다.

두 사람이 팝 차트에 첫 싱글을 올린 1983년부터 1985년의 그래미상 시상식 때까지, 선두를 달린 것은 신디 로퍼였다. 그녀가 그래미상 최우수 신인상을 수상하며 기염을 토했을 때 마돈나는 후보에조차 오르지 못했다. 하지만 다음 해인 1986년부터 상황은 급전했고, 두 사람이 데뷔한 지 20년이 지난 지금 마돈나의 스타일과 성공의 비밀은 마돈나학Madonnology으로 연구되고 있을 정도이지만 신디 로퍼는 흘러간 가수가 되어버렸다.

아메리칸 드림의 첫 번째 단계는 행복한 중산층 가정의 이상을 실현하는 것이다. 자동차 두 대, 자녀 두 명, 개 한 마리, 잔디밭이 있는 교외의 주택, 다섯 대의 텔레비전, 차고 문 위에 달린 농구 골대 등이 아메리칸 드림의 첫 번째 단계를 구성하는 요소라면, 아메리칸 드림의 두 번째 단계는 직장의 사무실이나 유색 인종이 판치는 지하철 혹은 맥도날드 햄버거집의 비닐 의자에서 벗어나 스타가 되는 것이다. 중산층 가정에서 태어난 신디 로퍼나 마돈나의 열망과 목표는 동일했다.

슈퍼스타 마돈나는 애초의 목적을 훨씬 상회했으나, 신디 로퍼는 하늘에서 땅으로 떨어졌다. 두 사람은 공통점도 많았지만, 마돈나가 노골적일 정도로 성애를 내세웠다면 신디 로퍼는 아무런 독소가 없는 천진난만함을 연기했다. 다시 말해 마돈나가 성적 매력을 앞세운 '슬레이브걸slavegirl'이었다면, 신디 로퍼는 말괄량이 소녀로 통하는 '톰보이tomboy'였다. 애초의 성원과 인기를 유지하지 못하고 신디 로퍼가 몰락한 이유는 선천적으로 선한 톰보이의 성격에서 찾아야 한다. 악동 흉내를 내긴 하지만 누구를 파멸시키기는커녕 제대로 유혹하는 일에도 숙맥인, 부담 없는 친구의 이미지를 강하게 풍겼던 신디 로퍼는 대중의 관심을 강렬하게 지속시키지 못했던 것이다.

반면 마돈나는 성녀와 창녀, 지배와 종속, 유혹과 파멸 사이를 넘나들며 대중을 향해 부지런히 주문을 건 끝에, 매릴린 먼로를 훨씬 뛰어넘는 '섹스 심벌'이 되었다. 마돈나는 자신의 육체를 음악 산업의 중요한 전술적 무기로 사용할 줄 알았기에, 십대 소녀들로 이루어진 워너비wannabe 군단을 넘어 성인층까지 흡수할 수 있었던 것이다.

신디 로퍼와 마돈나가 등장했을 때 미국의 주류 언론은 물론이고 대다수 음악 평론가들까지 신디 로퍼를 편들었다. 당시의 음악 평론가들이 가진 입장은 분명했다. 신디 로퍼에게서는 록과 펑크의 체취가 느껴지나 마돈나는 댄스 뮤직의 한 자락에 불과하다는 것이었다. 하지만 주류 언론이 마돈나를 무시한 데는, 남성들로 이루어진 주류 사회의 여성에 대한 이중적인 기준이 은밀히 작용했다. 말괄량이 톰보이는 '언젠가 여성으로 길들여질 수' 있지만, 그래서 무해하지만, 마돈나 같은 요부형은 처치 곤란한 위협이 된다는 것을 남성들은 무의식적으로 느끼고 있었던 것이다.

독일의 사회주의 여성학자 14명이 함께 연구하고 집필한《마돈나의 이중적 의미》(인간사랑, 1997)는 여성의 사회화된 '육체'의 이중성을 탐문하면서, 앞서 말한 슬레이브걸이란 개념을 제시한다. 가부장 사회에서 여성의 육체는 슬레이브걸로 길들여지지만, 자신의 육체가 남성을 지배하고 굴복시키는 '권력의 원천'이 될 수 있다는 것을 여성이 터득하면서부터는 여성의 육체의 수동성이 능동성으로 바뀐다. 육체적 매력을 유지하기 위해 다른 능력의 개발을 유보해야 한다거나, 노후에는 그 매력이 냉혹할 정도로 줄어든다는 맹점이 있지만, 여성 또한 자신의 육체를 유리하게 이용하는 방법으로 남성 세계가 만들어놓은 '게임의 규칙' 에 참여한다.

마돈나는 의도적으로 슬레이브걸을 자신의 성공 전략으로 삼았을 뿐 아니라, 가부장적 남성 문화가 수용할 수 있는 한도 이상으로 자신의 지력과 성을 활용했다. 그녀는 자신의 성으로 남성을 유혹하는 데 그치지 않고, 남성의 성적 환상과 지배적 시선 자체를 박살 냈다. 그녀의 뮤직 비디오, 공연, 의상, 비주얼 이미지 등은 항상 수동적인 여성 정체성과 거리가 멀게 연출되었으며, 양성애라는 아슬아슬한 경계를 밟고 있다. 마돈나는 길들여진 슬레이브걸이었던 매릴린 먼로의 백치미와 반대되는 쪽에 있었다.

미국의 여론 조사는 주로 민주당 지지자들이나 보수적인 성향이 약한 유권자들이 마돈나를 좋아하며, 온갖 근본주의 집단과 공화당 지지자 등은 마돈나를 거부해왔다는 것을 알려준다. 하지만 뭐니 뭐니 해도 마돈나는 여성 페미니스트들끼리의 전쟁터이기도 하다. 페미니스트 진영 가운데는 마돈나의 성적 전략을 가리켜 남성들이 만들어놓은 '게임의 규칙'에 포획된 것이라고 비난하는 사람도 많다.

6. 알도 치콜리니를 마냥 들었다

《33과 1/3》
안드레아 케르베이커, 이현경 옮김 | 작가정신, 2005

《에펠탑의 검은 고양이》
아라이 만, 김석희 옮김 | 한길사, 2000

안드레아 케르베이커의 《33과 1/3》(작가정신, 2005)은 소설의 제목으로는 좀 약하다. 그래서 이 책을 출간한 국내 출판사는 원제보다 작은 크기로 부제를 써넣었다. 하지만 디지털 소스(CD)가 아닌 아날로그 소스(LP)를 고집하는 소수의 비닐 레코드광狂들은 "레코드의 자서전"이란 부제를 보지 않고도 '33과 1/3'이 뜻하는 바를 안다.

이 소설의 주인공은 비닐 레코드다. 15년 넘게 장롱 속에 잊힌 존재로 처박혀 있던 비닐 레코드인 '나'는 주인의 손에 이끌려 다시 세상에 나오게 된다. 1960·1970년대 레코드 재킷을 전시하는 전시회에 출품되기 위해서다. 15년 동안 먼지를 뒤집어쓰고 장롱 속에 있다가 세상 구경을 하게 된 '나'의 눈에 보이는 21세기는 낯선 것투성이다. 이동 텔레비전처럼 생긴, 안테나 하나 없는 얇은 텔레비전(노트북)과 귀에 대고 있는 휴대용 계산기(휴대전화), 그리고 믿을 수 없이 작은 레코드(CD) 따위.

하지만 정작 주인공을 경악하게 한 것은 새로운 문명의 이기가 아니었다. 문명의 발달과 더불어 극심하게 변해버린 것은, 대중들의 음악에 대한 태도와 음악 자체였다. 1960년대와 1970년대의 대중음악은 "자유, 혁명, 반란"을 꿈꾸었으며 "진보의 일부분"이었다. 그 시절의 대중음악은 "거의 모두가 이런 현상들을 노래"했었으나, 주인공이 장롱 속에 묻혀 있던 15년 사이에 음악은 "사회와 아무런 관련이 없"는 게 되어버렸다. 요즘의 젊은이들에게 음악은 그저 "음악이었고 그것으로 족했다".

전시회에 모인 100여 장의 의인화된 레코드들은, 오랜만에 우정을 나누거나 서로를 질투하면서 떠들썩한 여섯 주를 보낸다. 그 가운데 가장 거만하고 자기 과시욕이 두드러진 레코드는 몇 번이나 전시되어본 경험이 있는 비틀스의 앨범들이다. "우리가 전시되었던 전시회는 물론 이것보다 훨씬 더 체계적이었어." "아, 그래 공간도 넓어서 숨을 쉴 만했지. 여기는 너무 다닥다닥 붙어 있어. 맙소사, 정말 스트레스 받는다니까."

여섯 주는 눈 깜짝할 사이에 지나가 버렸다. 중간쯤에 관객이 약간 줄었지만 전시회 마지막 주엔 줄을 선 관람객들이 새로 밀려들기 시작했고, 신문 기사가 쌓여갔다. 그러자 레코드들 사이에는 자신들이 현대 박물관에 영구 전시될지도 모른다는 기대가 퍼지기도 했으나 그것은 터무니없는 망상이었다. 전시회 마지막 날, 가장 늦게까지 남아 있던 관람객이 나가고 문이 닫히자 누군가가 흐느껴 울었다. 그날 밤, 쓸모없어진 100여 장의 음반들은 존 레넌의 〈이매진〉을 시작으로 밤새도록 자신들의 시대를 대표했던 노래를 합창한다.

작가는 '나'가 어떤 아티스트의 어떤 앨범인지는 명시하지 않은 채, 도처에 작중 화자를 어렴풋이 추측하게 해주는 단서를 흩뿌려놓고 있다. 이런 '숨은그림찾기' 수법은 이 책과 같은 해(2003)에 이태리에서 출간되었으나 우리나라에서는 이 책보다 앞서 번역돼 나온, 같은 작가의《책의 자서전》(열대림, 2004)과 동일하다.《33과 1/3》에서 작중의 '나'는 1960년대 말에서 1970년대 초에 태어났고, 열정적인 사회 참여를 하지는 않았지만 그런 분위기를 가지고 있는 앨범이다. 이지리스닝 계열로 분류되기도 하는 이 "사운드 트랙" 앨범은?

《책의 자서전》과《33과 1/3》은 100페이지 남짓한 짧은 소설이다. 네크로필리아necrophilia(시체애호증) 취미처럼 여겨지기도 하는 두 소설의 공통점은 아날로그 시대에 대한 추억이다. 그러나 두 소설을 통해 좀 더 숙고해야 할 점은 디지털 문명에 의해 구시대 매체가 사라져간다는 것이 아니다. 활자에서 영상으로, 또는 레코드에서 MP3로의 변환이 독서(문학)와 음악 감상(음악) 자체를 변화시켰다는 것이 중요하다. 다시 말해 아날로그 시대의 문학과 음악은 좀 더 사회적인 맥락을 가지고 있었으나, 오늘날의 디지털 매체는 책과 음악을 사회 참여나 동시대의 시대정신으로부터 독립적인 감상물로 만들어놓았다.

아라이 만의《에펠탑의 검은 고양이》(한길사, 2000)는 에릭 사티(1866~1925)를 주인공으로 하는 인물 소설이다. '대체 작가는 뭐하러 이런 소설을 썼담?' 하고 불평하고 싶게 하는, 평범하기 짝이 없는 이 소설을 놓고 긴말을 늘어놓고 싶지는 않다. 그렇기는 해도, 사티의 일대기에 "에펠탑의 검은 고양이"라는 제목이 붙게 된 사연만은 잠시 짚어두자. 먼저 '에펠탑'. 이 소설에도 언급되어 있으나 데이비드 하비가 쓴 《에펠》(생각의나무, 2005)에 더 상세히 나와 있는 사실로, 1889년 파리 만국박람회의 기념물로 에펠탑이 만들어질 때, 프랑스 문화인들의 여론은 부정적이었다. 그 가운데 가장 격렬하게 반대했던 모파상은 에펠탑이 만들어진 후 종종 에펠탑의 2층에 있는 식당에서 점심을 먹었는데 그 이유는 "그곳이 파리에서 탑이 보이지 않는 유일한 곳이기 때문"이었다. 그와 반대로 사티는 에펠탑을 보자마자 열렬한 지지자가 되었는데, 피아노 음악 애호가들이 좋아하고 또 내가 즐겨 듣는 〈여섯 개의 그노시엔Six Gnossiennes〉은 사티가 에펠탑에 오를 때 영감을 받아 쓴 곡이다.

다음은 '검은 고양이'. 가난과 독신이란 두 단어로 압축되는 사티의 일생에서 카바레 '검은 고양이Chat noir'는 그의 수입원이었다. 사티는 평생 동안 시와 연극, 무용 프로그램이 공연되는 여러 군데의 카바레에서 배경 음악을 연주했는데, 사람들은 이 배경 음악을 '그저 거기에 놓인 음악' 또는 가구家具 음악이라고 부른다. 사티의 일생이 가난과 독신으로 요약된다지만, 두 단어가 환기하는 선입견과 달리 그는 매우 활기찬 인생을 보냈다. 벨 에포크Belle Époque(1890경~1914)였던 것이다. '아름다웠던 시대'나 '좋았던 시대'로 번역되는 벨 에포크는 원래 사교적인 개념으로, 그 시대에는 사교 생활과 예술이 서로 깊숙이 관련을 맺고 있었다. 그러니 어찌 활기차지 않을쏘냐? 빌리 하스의 《세기말과 세기초—벨 에포크》

(까치, 1994)를 다시 꺼내 읽으며, GROC(Great Recordings of The Century) 시리즈로 나온 알도 치콜리니의 음반《사티》(EMI)를 마냥 들었다.

7. 트로트, 국악을 잡아먹다

《갇힌 존재의 예술, 열린 예술》
전지영 | 북코리아, 2004

《근대성의 침략과 20세기 한국의 음악》
전지영 | 북코리아, 2005

아주 보기 드문 국악 평론집 한 권을 읽었다. 전지영의《갇힌 존재의 예술, 열린 예술》(북코리아, 2004). 이 책을 읽고 독후감을 쓰기 전에 먼저 고백할 것이 있다. 나는 이십대 초반 어느 때는 김죽파의 가야금 산조를 듣고 '저건 지미 헨드릭스야!'라고 외치며 테이프를 사서 들은 적도 있고, 황병기의 가야금 작품집은 아직도 LP로 소장하면서 한 번씩 듣기도 하지만, 제대로 말하자면 십대 때부터 여러 장르의 음악을 전전하면서도 국악을 귀 기울여 들은 적이 없다. 좀 더 솔직히 말하자면, 나는 FM 라디오에서 국악 시간의 시그널만 들어도 두통이 나는 사람이다. 그럼에도 불구하고 국악 평론집을 읽는 것은, '어떤 음악은 듣게 되고 어떤 음악은 듣지 않는 현상'마저 개인의 순수한 기호가 아니라 사회적 현상이라고 여기기 때문이다.

국악의 문외한들은 물론이고 국악을 걱정하는 사람들은, 국악이 살기 위해서는 국악 '창작'이 활성화되어야 하고 국악이 '세계화'되어야 한다고 말한다. 그런데 전지영은 그런 해결책이 오히려 국악을 고사枯死시킨다고 말한다. 우선 지은이는 "국악과 창작"은 서로 상반된 개념이라는 파격적인 주장으로, '창작 국악'의 불가능성을 말한다. 창작 혹은 작곡이란 철저히 서구적이고 근대적인 개념으로, 이를 통해 개성적인 예술가의 개인적 능력과 내면이 과시된다. 하지만 한 민족의 전통 음악은 누대에 걸친 음악적 관습과 어법을 활용한다. 다시 말해 전통 음악가는 여러 세대에 걸쳐 수많은 선배들이 만들어놓은 공식구formula를 사용하는 장인으로, 그것은 작곡이나 창작의 개념과는 아주 다르다. 전통 음악가는 누대의 전통 또는 '스승의 이야기'에 자신의 이야기를 더할 뿐이다.

창작 국악을 서구 개인주의의 영향을 받은 몰역사적이고 반전통적인 '무국적' 음악이라고 보는 지은이는, 국악의 '세계화' 작업도 비난한다. "국악의 세계화와 국악을 세계에 알리는 것과 국악의 상품화는 조금씩 차원이 다른 문제"라고 말하는 그는, 국악의 세계화란 "국악을 서구의 문화제국주의의 하위 구조에 위치시키면서도 스스로를 세계화"라고 미화했던 것에 불과하다고 말한다. "예술적 매춘"과도 같은 그런 세계화는 국악의 질적 저하와 민족 문화의 정체성만 흐려놓았는데, 요즘 흔히 볼 수 있는 재즈와 국악의 만남이라든지 국악기 개량 작업이 모두 거기에 속한다.

연년생으로 출간된 전지영의 또 다른 책《근대성의 침략과 20세기 한국의 음악》(북코리아, 2005)은 여러 지면에 발표되었던 국악 평론을 한데 모은 전작《갇힌 존재의 예술, 열린 예술》과 달리 한 권 전체가 어우러진 본격 평론이다. 앞의 책에서 지은이는 창작 국악의 전통 단절과, 국악의 섣부른 세계화가 초래할 정체성 상실의 위험성을 지적했다. 두 비판을 합하면 예를 들어 황병기가 해답이 될 수 없다는 얘기가 아니었던가? 지은이는《근대성의 침략과 20세기 한국의 음악》에서 서구 추종을 선으로 삼았던 식민지 근대성과 전통을 악으로 여겼던 우리 안의 오리엔탈리즘이 어떻게 국악을 천대하고, 왜색에 찌든 트로트를 국민가요로 각광받게 했는지를 고고학적으로 캔다.

일본에서 양악을 배운 유학생들에 의해 트로트가 창작되기 시작한 1930년대 초, 트로트는 왜색 혹은 일본풍 음악이 아니라, 조선이 개화하기 위해 받아들여야 할 여러 가지 선진 문물 가운데 하나였다. 많은 지식인들은 전통 음악을 하루빨리 청산하거나 양악에 의해 보완해야 할 원시적인 음악으로 인식했다. 유행가(트로트)와 함께 일본의 음반사에 의해 활발하게 리코딩된 판소리는 아직 대중적인 힘이 있었고 임방울 같은 스타도 갖고 있었지만, 당시 사람들을 지배했던 근대의 이념이나 근대를 향한 욕망을 충족시켜주지는 못했다.

식민 시대의 트로트는 창법과 표현력 같은 형식에서는 도시적이고 새롭고 근대적으로 보였으나 내용은 자유와 저항으로부터의 도피로 가득했다. 음악에서 정치성을 제거하려는 사람들은 음악이 여느 예술 장르에 비해 추상적이고 순수하다고 강변하지만, 듣기에 따라 애달프고 구질구질하기만 한 트로트조차 당대의 역사를 반영하고 사회적인 맥락에서 생산·소비된다. 즉 일제강점기에 유입된 트로트에는 식민성을 극복하기 위해 식민 본국을 모방해야 했던, "식민지 근대화의 그늘"이 얼룩져 있으며, '조국 근대화'의 아픈 기억이 새겨져 있다.

1965년 말 한-일 국교 정상화의 후유증을 무마하기 위해 박정희 정권이 빼 든 칼이 '왜색 가요 정화'였다. 하지만 일제강점기와 한국전쟁을 거치면서 민족적 아픔을 함께한 거의 유일한 음악 장르가 된 트로트는, 이미자와 배호 같은 걸출한 가왕歌王을 낳으며 '섬마을'이든 '삼각지'든, 또는 '흑산도'든 '장충단'이든 가리지 않고 울려 퍼졌다. 박정희는 트로트를 박해했지만 급격한 산업화가 트로트 전성기를 열었다는 점에서, 결과는 반대로 나타났다.

1960년대부터 가속된 근대화 정책은 이농 현상과 도시 노동자들의 애환을 낳았고, "근대화의 그늘"은 고향과 가족에 대한 향수를 부추겼다. 유신 정권은 예전과 달리 이번에는, 버르장머리 없는 포크 가수들의 음악을 줄줄이 금지하는 반면에 복고적이고 피동적인 트로트를 어여삐 여겼다. 1975년 6월의 가요 정화 조치가 그것이다. 하지만 그런 사정과 상관없이, 대중이 '뽕짝'이라고 비하되는 트로트에 열광한 것은 거기에 "당대의 리얼리티"가 농축돼 있었기 때문이다. 명절 연휴 때 휴가조차 제대로 찾아먹지 못했던 '공돌이·공순이'들은 당시에 자주 열렸던 극장 '리사이틀'에 가득 모여, 나훈아가 〈고향역〉을 부르면 함께 따라 부르며 목 놓아 울었다. 기억이 정확하다면, 송기원의 소설 《여자에 대한 명상》(문학동네, 1996) 가운데 저 장면이 묘사되어 있을 것이다.

유신 체제의 종말과 함께 "근대화의 그늘"은 갑자기 사라진 것일까? 1980년대 중반부터 트로트는 주류에서 밀려나면서 중년의 향락적 유흥 문화를 대변하는 음악이 되었다. 그렇다면 근대의 침략 앞에서 국악은 어떤 고단한 운명을 겪었을까? 지은이에 의하면 트로트와 달리 국악은 식민 상황에 놓이면서부터 전근대와 동일시되어 대중의 외면을 받았다. 그 뒤 국악은 박정희 군사 정권으로부터는 조국 근대화 기치에 걸맞게 국악의 형식과 내용을 혁신하라는 압력을 받았으며, 현재는 국악의 세계화라는 미명 아래 거의 부스러질 지경이다.

근대성이란 합리나 발전이라는 이데올로기로 포장된 침략성이거나 폭력에 불과하다고 단언하는 지은이는, 국악이 단순히 우리 것이기 때문에 소중한 것이 아니라, 근대성과의 싸움에 필요한 절대적 가치며 사회 변혁의 이념적 도구이기 때문에 소중하다고 말한다. 지은이의 다음 책이 기다려진다.

8. 피아노의 북쪽

《글렌 굴드—피아니즘의 황홀경》
피터 F. 오스왈드, 한경심 옮김 | 을유문화사, 2005

《글렌 굴드, 피아노 솔로》
미셸 슈나이더, 이창실 옮김 | 동문선, 2002

피터 F. 오스왈드의《글렌 굴드—피아니즘의 황홀경》(을유문화사, 2005)과 미셸 슈나이더의《글렌 굴드, 피아노 솔로》(동문선, 2002)는 제목 그대로 글렌 굴드에 대한 책이다. 1997년 뉴욕에서 출간된 앞의 책은 정신과 의사이자 아마추어 바이올리니스트가 쓴 전기이고, 1988년 파리에서 발간된 뒤의 책은 수필가이자 소설가가 쓴 평전이다. 그런데 전기와 평전은 뭐가 다를까? "평전과 전기가 어떻게 다르냐에 대해서는 여러 가지 논의가 있을 수 있겠으나, 전기가 객관성을 중시하는 반면 평전은 주관적인 평가를 더한 것이라고 할 수 있을지 모른다." 우리나라에서 가장 많은 평전을 쓴 박홍규 교수가《베토벤 평전—갈등의 삶, 초월의 예술》(가산출판사, 2003)에서 정의한 것이다.

내가 가지고 있는 미셸 슈나이더의 책 마지막 쪽에는 '책터 하늘북. 2002. 5. 16.'이라는 푸른색 스탬프가 찍혀 있다. 그 책이 출간된 날이 같은 해 3월 20일이니까, 나는 이 책을 아주 일찍 손에 넣은 셈이다. 하지만 나는 이 책을 중도에 포기했다. 평전이라지만, 《글렌 굴드, 피아노 솔로》는 실은, 글렌 굴드를 지렛대 삼아 지은이 자신의 내밀한 사변을 피력한 에세이다. 1차 시도에서 나가떨어졌던 내가 이 책을 다시 집어 즐겁게 읽게 만든 공은, 그러므로 오스왈드의 《글렌 굴드》에게 온전히 돌아간다.

딱히 클래식 애호가가 아닐지라도, 조지 윈스턴이나 키스 재럿 등의 피아노 음악을 좋아하는 사람이라면, 글렌 굴드가 연주한 바흐의 〈골드베르크 변주곡〉을 한 번쯤 들어봤을 것이다. 나 역시 그 가운데 한 사람이었다. 삼십대 후반, 오로지 재즈를 계기로 알게 된 선배가 2,000여 장이 넘는 클래식 CD를 중고 음반점에 팔면서 내게 딱 한 장 기념으로 선사해준 판이, 굴드가 두 번째로 녹음한 '골드베르크 변주곡'이었다. 1997년이거나 1998년이었을 것이다. 그때 나는 아직 클래식을 들을 준비가 되어 있지 않았고, 평생 클래식을 듣게 될 줄도 몰랐었다. 클래식 피아노 솔로나 피아노 소나타를 들으면 반사적으로 '흠, 아주 좋은 재즈가 흘러나오고 있군' 하고 중얼거릴 때였으니, 굴드의 낮은 허밍을 들으면서는 '키스 재럿이야 뭐야' 하면서 앨범 표지를 한 번 더 쳐다봤을 것이다.

글렌 굴드. 1932년 캐나다 토론토 출생으로, 세 살이 되었을 때 절대음감을 터득했고(이건 사춘기 이후에는 개발이 안 된단다), 열다섯 살이 되던 해에 상업적인 첫 독주회를 열었다. 캐나다에서 이름을 떨친 글렌 굴드가 국제적인 스타덤에 오르게 된 것은 1955년 6월 음반 《골드베르크 변주곡》을 내놓으면서부터다. 그 음반을 취입하기 위해 그가 녹음 장소에 나타났을 때의 이야기는 아직까지 전설로 남아 있다. "〔그 여름에〕 굴드는 외투에 베레모를 쓰고 목도리를 두르고 장갑까지 끼고 나타났다. 그의 '장비'는 통상적인 악보 뭉치와 수건 묶음, 큰 생수 두 병, 작은 알약 다섯 병(모두 다른 색깔과 다른 용도를 가지고 있었다). 그리고 특별한 피아노 의자였다."

아버지가 다리를 잘라 낮게 만들어준 피아노 의자, 어렸을 때 사용했던 치커링 피아노와 똑같은 음색을 가진 피아노에 대한 집착, 그리고 숱한 약병들과 병은 그를 평생 따라다녔다. 글렌 굴드는 무대에 오르기 전이나 녹음 스튜디오로 들어가기 전에 약을 먹었으며, 매일 잠자리에 드는 것도 약에 의지했다. 두통·위장염·전립선염·고혈압·관절염·요통 등등, 그의 신체는 종합병원의 환자실과 같았고 그의 단골 의사들은 5분 대기조처럼 긴장하고 있어야 했다. 글렌 굴드와 25년간 우정을 나누었다고 자처하는 이 책의 지은이는, 그에게 정형화된 행동에 강박적으로 집착하는 '아스퍼거 증상Asperger's Syndrome'이 있지 않았는가 의심하며, 그의 모든 병증은 정신적 문제가 몸으로 나타나는 '심신 상관적 징후'였다고 진단한다. 또 지나친 '건강염려증'이 그로 하여금 많은 약을 복용하게 했으며, 그 결과가 생명 단축이었다고 결론짓는다.

글렌 굴드는 32세가 되자 연주회를 끊고 토론토에 칩거한다. 그는 이때 라디오 방송을 위해 여러 종류의 다큐드라마를 만드는데 〈북쪽 생각〉(서로 낯모르는 다섯 사람이 북극점을 향해 떠난다), 〈나중에 온 사람들〉(지방 정부의 이주 정책에 맞서 싸우는 오지 사람들), 〈대지의 정적〉(메노파 사람들에 관한 이야기)은 카프카의 것과는 다른 또 하나의 '고독의 3부작Solitude Trilogy'을 이룬다. 피아니스트가 돌연 피아노를 버리고 다른 수단으로 자신을 표현하고 세상과 소통하려 했던 이런 노력을 우리는 어떻게 받아들여야 할까?

미셸 슈나이더에 의하면 그는 "지도상에 위치한 북극과는 거의 관계가 없는 정신적인 풍경"으로서의 "북극을 사랑했다". 고독과 단조로움, 사색과 초월이 지배하는 그곳에서는 "성性"마저 동결된다는 지은이의 말처럼, 그에겐 단 한 명의 여자도 없었다. 두꺼운 외투와 목도리로 몸을 감싸는 가시적 행위는 물론이고 대중이 원하던 낭만주의 음악 대신 현대 작곡가들의 레퍼토리를 애용한 것, 그리고 "상상으로 앓았던 수많은 병"마저, 창조자로서 작업하기 위해 "사회로부터 자신을 절단시키는 한 방식"이었다. 그렇다면 연주 중의 흥얼거림은? 직업 연주가의 버릇으로서는 마땅치 않았던 그것은 자신의 연주와 청중을 떼어놓으려는 차폐물이면서 피아노와 자신이 하나로 합쳐지는 황홀경, 피아노 솔로였다.

아리아로 첫 곡을 시작하는 〈골드베르크 변주곡〉은 30개의 변주를 거친 다음, 첫 번째 곡으로 되돌아가 끝을 맺는다. 무슨 해괴한 우연일까? 글렌 굴드는 스물네 살 때 미국 데뷔 음반으로 〈골드베르크 변주곡〉을 취입하여 은거의 물적 토대를 만들었고(그는 80만 달러 이상의 유산을 남겼다), 50세가 되던 1982년 9월 동곡의 재취입 음반이 출시된 지 이틀 만에 갑자기 임종했다.

《글렌 굴드, 피아노 솔로》의 지은이는 "전기를 쓰면서 할 수 있는 유일한 변명은, 그가 누구인가를 이야기하는 데 실패함으로써 우리가 누구인가를 찾도록 만든다는 것이다"라고 썼다. 그런 의미에서 글렌 굴드의 초상을 충실히 재현하고자 했던 《글렌 굴드》보다 미셸 슈나이더의 책이 독자의 자의식을 좀 더 깊숙이 파고들었다고 본다.

9. 두 거장의 대담

《평행과 역설》
다니엘 바렌보임 · 에드워드 W. 사이드, 장영준 옮김 | 생각의나무, 2003

다니엘 바렌보임과 에드워드 W. 사이드가 한자리에 앉아 대담을 나누었다면 당연히 화제가 된다. 두 사람의 이력이 예사롭지 않은 긴장을 낳기 때문이다. 학자인 사이드는 1935년 영국령 예루살렘에서 태어나 카이로에서 자란 뒤 미국 시민이 됐다. 러시아계 유대인 자손인 바렌보임은 1942년 아르헨티나의 부에노스아이레스에서 태어나 9세 때 이스라엘로 이주했고, 십대 초반부터는 유럽과 미국에서 활동해온 음악가다. 40여 년 가까이 팔레스타인을 무력 점거한 이스라엘은, 예전의 나치가 유대인에게 했던 것처럼, 팔레스타인에 살고 있는 팔레스타인인을 아예 절멸하고자 한다. 두 사람의 대담집 《평행과 역설》(생각의나무, 2003)은 그래서 궁금증을 자아낸다.

2003년 백혈병으로 타계하기 전에 쓴 자서전(《에드워드 사이드 자서전》, 살림, 2001)에 "공격당하기 쉬운 변경에서의 생활"이라고 자신의 삶을 요약했듯이, '팔레스타인-아랍계 기독교도-미국인'이었던 사이드는 아랍에서는 기독교도로 백안시되고 미국에서는 중동인으로 취급됐다. 하지만 개인적으로는 불행했던 사이드의 경계인적 삶은, 서양의 중동에 대한 인식론적 지배를 파고든 오리엔탈리즘 담론을 창안했다. 모든 권력은 자신의 지배를 합리화하고 피지배자를 쉽게 다루기 위한 인식론적 조작을 하게 마련이라는 사이드의 주장은, 그를 20세기 후반에 활동한 가장 저명한 문화 평론가로 만들었다.

아버지의 열성과 푸르트벵글러의 전격적인 지지에 힘입어 십대 초반부터 유럽과 미국에서 신동 피아니스트로 활약했고, 이십대 중반에는 지휘자로 데뷔한 바렌보임은 전 세계 유수의 오케스트라와 연주·녹음한 흔치 않은 경력을 가졌다. 하지만 그에겐 음악인으로서 누렸던 무수한 영광과 신화(바이로이트와 관계 맺었던 18년과, 재클린 뒤 프레와의 결혼) 외에 또 다른 얼굴이 있다. 그가 베를린 국립 오페라단을 이끌고 이스라엘에서 세 번의 연주를 하던 중에 바그너의 〈트리스탄과 이졸데〉 가운데 한 곡을 앙코르로 들려주려고 하자 공연장은 삽시간에 역사 토론장이 되어버렸다.

물질적으로 풍요하고 서구화된 부모 밑에서 자란 사이드는 어려서부터 피아노 레슨을 받았는데, 하논과 체르니를 반복 연습해야 하는 불만스럽고 지루한 피아노 교습을 견디기 위해 집 안에 소장된 레코드와 연주회에서 들은 "수많은 관현악곡과 기악곡과 성악곡을 우선 기억에 저장해두었다가" 마음속으로 재생하곤 했다. 열다섯 살 때 카이로에서 푸르트벵글러의 연주를 듣기 전까지 그가 느낀 시간은 늘 억압적인 것("꽉 짜인 스케줄과 일상의 자질구레한

일과 숙제")이었으나, 푸르트벵글러를 듣고서 그는 시간의 강박에서 풀려났다고 한다. 더불어 푸르트벵글러를 들었던 그 압도적인 경험은 그에게서 "복제품(레코드)을 영원히 몰아냈다".

바렌보임이 청중들과의 열띤 토론 끝에 〈트리스탄과 이졸데〉의 일절을 들려주었던 2001년 7월 7일 이전까지, 이스라엘에서 바그너 연주는 금지되어 있었다. 대다수 유대인들에게 바그너는 반유대주의의 공포를 상징하기 때문이다. 안인희의 《게르만 신화·바그너·히틀러》(민음사, 2003) 역시 비슷한 시각에서 기술된 책으로, 바그너와 히틀러 사이에 인계철선tripwire을 설정해놓고 있다. 그런 설정의 부당함에 대해서는 예전에 나도 50여 매가 넘는 독후감을 쓴 바 있지만, 이 대담에서 바렌보임이 주장하는 것 역시 바그너의 반유대주의와 나치의 바그너 악용은 구분할 필요가 있다는 것이다. 또 바그너가 일상생활이나 글에서 반유대주의를 드러내곤 했으나, 그의 오페라에는 그에 관한 언급이나 샤일록 비슷한 인물이 전혀 없다.

프린스턴과 하버드에 재학 중이던 사이드 앞에는 여러 가지 가능성이 있었으나, 1959년과 1962년 사이에 글렌 굴드의 연주를 듣고 나서, 훌륭한 아마추어와 재능 있는 연주자 사이를 갈라놓은 "희미한 선"이 있다는 것을 깨닫고 "음악을 직업으로 삼고 싶은 마음"을 버렸다. 모두 그의 자서전에 나오는 얘기로, 프린스턴 시절 음악 서클 활동으로 받은 장학금으로 줄리아드 음악원의 선생에게 레슨을 받기도 했던 그가 직업 음악가가 되었다면 20세기의 문화이론은 꽤 빈약했을 것이다. 다행히도 그가 음악가를 포기했기 때문에 문학, 정치, 철학, 역사를 아우르는 그의 저작 속에서 빼어난 음악 관련 에세이를 풍부하게 볼 수 있게 되었으니 우리의 행운이다. 그의 만년작《문화와 제국주의》(창, 1995)에 실려 있는 〈활동 중인 제국 : 베르디의 아이다〉가 그런 예다.

열광적인 청중들이 흔쾌히 받아들였음에도 불구하고, 바렌보임은 이스라엘 의회와 언론으로부터 집중 포화를 받았다. 그는 '바그너 습격 사건' 이전에 이미 이스라엘 민족주의자들의 심기를 긁는 음악적 도발을 감행한 적이 있었다. 1999년 초, 이스라엘의 점령 정책에 대한 항의의 표시로 팔레스타인에 속해 있는 한 대학에서 무료 연주회를 열었던 것이다. 바렌보임은 중동의 평화 정착의 관건은 "국경선에 대한 정치적 해결과 돈"이 아니며, 문학이나 음악과 같은 문화적이고 장기적인 접촉이야말로 "문제의 핵심"이라고 강조한다.

두 사람은 1990년 초에 런던의 한 호텔에서 우연히 만나 지속적으로 우정을 쌓았다. 그들을 묶어준 최초의 끈은 음악에 대한 열정과 복잡하게 중첩된 문화적 배경이었다. 그러나 그것보다 더욱 중요한 것은, 깊은 음악 경험과 이국 생활이 두 사람에게 터득시켜 준 타자에 대한 개방성과 이해력이다. "복합적인, 다중의 정체성을 가지는 것이야말로 가능할 뿐 아니라, 오히려 성취해야 할 대상"이라고까지 말하는 두 사람은, '타자'를 이해하려는 노력으로서 "정체성을 타자의 편에 두어야 한다"고 선언하며, 아랍과 이스라엘이 '부분적으로 다르지만, 전체로서는 연결되어' 있는 셈족이라고 공표한다.

1999년, 두 사람은 아랍과 이스라엘 젊은이들로 구성된 '웨스트-이스턴 디반 오케스트라West-Eastern Divan Orchestra'를 창단하여, 정치와 예술을 혼합하는 전근대적인 불가능성에 도전했다. 사이드가 죽은 뒤, 바렌보임은 아랍어로 '만남의 장소'라는 뜻을 가진 디반 오케스트라에만 전념할 생각으로 자신의 방대한 활동을 축소했다. 두 사람은 이 대담을 통해, 음악은 "삶을 위한 가장 훌륭한 학교"(혹은 "인간 본성에 대해 배울 수 있는 최상의 길")가 될 수도 있으며 "완벽한 도피 수단"이 될 수도 있다고 말한다. 어느 것도 무시할 수 없으면서 완전히 상반되는 두 가지 목적을 가진 이 평행이야말로 음악의 참된 역설이다.

10. 모차르트 탄생 250주년

《모차르트》
알로이스 그라이터, 김방현 옮김 | 삼호출판사, 1991

《모차르트》
노베르트 엘리아스, 박미애 옮김 | 문학동네, 1999

《모차르트—혁명의 서곡》
폴 맥가, 정병선 옮김 | 책갈피, 2002

《모차르트 평전》
필립 솔레르스, 김남주 옮김 | 효형출판, 2002

《1791, 모차르트의 마지막 나날》
H. C. 로빈스 랜던, 김양희 옮김 | 엔북, 2006

《모차르트, 음악과 신앙의 만남》
한스 큉, 주도홍 옮김 | 이레서원, 2000

몇 년 전, 모차르트에 관한 네 권의 책을 기꺼이 모아 읽은 적이 있다. 알로이스 그라이터의 《모차르트》(삼호출판사, 1991), 노베르트 엘리아스의 《모차르트》(문학동네, 1999), 폴 맥가의 《모차르트—혁명의 서곡》(책갈피, 2002), 필립 솔레르스의 《모차르트 평전》(효형출판, 2002). 그 책들을 겹쳐 읽은 것은, 흔히 제기되는 질문들, '모차르트는 천재였는가? 모차르트는 당대의 혁명가였거나 혁명의 동조자였는가? 모차르트는 독살당했는가?'라는 질문들에 대해 결론을 내보고 싶어서였다. 이 자리를 빌려 이 책들을 읽던 당시의 나의 결론을 질문의 순서대로 소개하면 이렇다.

그렇다. 이십대 후반에 들어서야 제대로 된 작품을 내놓기 시작한 베토벤과 달리, 5세 때 처음 작곡을 하고 8세 때는 교향곡을, 그리고 13세에 이르러서는 오페라를 작곡한 모차르트는 신동이고 천재였다. 베토벤의 아버지는 아들을 모차르트와 같이 만들려고 했으나 베토벤은 늦되었다. 모차르트가 천재라는 데 이견을 낼 사람은 없겠지만, 그가 영재 교육의 산물이라는 점은 꼭 유념해야 한다. 모차르트의 아버지는 아들의 교육을 위해 자신의 삶을 희생했다. 아들은 그것을 너무나 잘 알고 있었기 때문에 아버지의 죽음에 깊은 죄의식을 느꼈다. 밀로스 포먼 감독의 영화 〈아마데우스〉에서, 검은 망토를 입고 죽음의 신으로 변장한 아버지의 등장은 거기에 착안했다.

그렇지 않다. 〈마적〉과 〈피가로의 결혼〉 같은 오페라가 신분 사회에 대한 공격과 사해동포적인 이상을 구현하고는 있지만, 그가 프리메이슨 단원이었다는 사실에 너무 현혹되어서는 곤란하다. 모차르트가 살던 당시엔 왕족이나 귀족, 성직자가 아니면서 프리메이슨 이념에 동조하지 않는 식자는 차라리 희귀했다. 좌파나 진보에 대한 신념 없이도 너나 할 것 없이 반군부독재 투쟁에 나서곤 했던 1970·1980년대의 우리나라 상황을 떠올리면 금방 납득이 된다. 모차르트의 혁명성은 정치적 신념이 아니라 그의 작품이 성취한 미적 양식과, 궁정의 후원을 벗어나 독립된 직업 예술가로 정착하려 했던 그의 성급한 시도에서 찾아야 한다.

그렇지 않다. 과로와 전염병이 그의 죽음의 원인이었다. 그럼에도 불구하고 모차르트 독살설은 그가 죽은 지 한 달이 채 되지 않아 빈의 신문에 보도되었을 만큼 연원이 깊다. 일설에 의하면 모차르트의 아내 콘스탄체는 모차르트가 죽기 전에 "누가 나에게 독을 주입"(그라이터가 쓴 앞의 책)했다고 자신에게 말했다고 주장했다. 모차르트 독살설은 베토벤을 충격에 빠트릴 정도로 당대에 널리 퍼져 있었다. 살리에리가 죽은 지 5년 뒤에 푸시킨은 단막 희곡 〈모차르트와 살리에리〉(1830)에서 그 풍문을 다루었고, 그것을 대본으로 림스키 코르사코프의 오페라가 작곡됐다(1898). 영국의 극작가 피터 셰퍼는 푸시킨의 단막극을 취해 장막극으로 발전시킨 〈아마데우스〉(1979)를 썼고, 앞서 말한 밀로스 포먼의 〈아마데우스〉(1984)는 그것을 원작으로 삼았으니, 35세에 요절한 천재 예술가의 사인은 그만큼 흥미로웠던 것이다.

H. C. 로빈스 랜던의 《1791, 모차르트의 마지막 나날》(엔북, 2006)은 셰퍼와 포먼의 〈아마데우스〉는 훌륭한 즐길 거리지만, 모차르트의 실제 인생과는 별 관계가 없는 "신화"라고 말한다. 원한에 사무친 살리에리, 신성한 재능을 받았으나 자기 통제력이 없고 무례를 일삼는 모차르트, 남편의 내적 세계를 알아차린 적이 전혀 없는 천박하고 무절제하며 우둔한 섹스 심벌 콘스탄체. 당시의 문서에 바탕을 둔 평가를 기초로 모차르트가 죽었던 마지막 해를 추적하는 랜던은, 모차르트를 둘러싼 여러 종류의 암살설은 물론이고 콘스탄체를 악녀로 혐오하는 숱한 낭설들을 가차 없이 공박한다.

곁에 두고 한 편씩 아껴 읽는 이우환의 산문집 《시간의 여울》(디자인하우스, 2002) 중에 모차르트에 관한 언급이 있다. 겉으로는 완벽해 보이는 자연에도 "뭔가 불필요한 것이 섞이거나 어딘가가 빠져 있거나 하는 것"처럼 자연을 모방하는 예술 역시 "좀 더 인간적인 더듬거림의 산물"이라고 말하는 그는, "커다란 통일 속에서도 곳곳에 파탄의 냄새"가 피어올라야 "예술가는 덮쳐오는 듯한 힘에 겨운 존재를 앎으로써 참된 신념과 회의와 겸허함을 배우"게 된다고 한다. 그런데 "먼지 하나 묻지 않은 천상의 순수음"으로 짜인 모차르트에겐 그런 "애매함과 모순"이 없어서 "따분하고 싱겁"단다.

별나게 보이는 이우환의 모차르트론은 동양 사상의 예술적 우회임에 분명하지만, 아무튼 모차르트를 싫어하는 논리로는 역설적이다. 왜냐하면 이우환의 거부가 어떤 사람의 귀에는 모차르트의 완벽성에 대한 방증으로 들릴 게 뻔하기 때문이다. 그런데 같은 글에서 더욱 흥미로운 것은 "모차르트는 본질적으로 신들린 사람"이라는 규정이다. 모차르트를 싫어하는 사람에게서 나온 "신들린 사람"이란 표현은, 숱한 모차르트 예찬가들이 헌정한 '천사'나 '신의 악기'라는 은유의 변주다.

문명사가 노베르트 엘리아스와 소설가 필립 솔레르스가 쓴 모차르트 전기는 지은이들의 특별한 이력 때문에 주목을 받았다. 하지만 명성이나 특별한 이력에서 두 사람에 못지않은 또 한 사람의 저작은 조명을 받지 못했다. 금세기 최고의 가톨릭 신학자 한스 큉의 《모차르트, 음악과 신앙의 만남》(이레서원, 2000)이 그것. 한평생 모차르트를 사랑하며 들었던 한스 큉의 이 얇은 책은 '모차르트는 가톨릭을 믿은 신앙인이었는가?'라는 전혀 새로운 수수께끼를 제시한다. 바흐는 개신교에 뿌리를 둔 경건한 인물로 여겨지고 당연히 그의 작품들은 종교적인 성격을 가진 것으로 간주되고 있지만, 60곡 이상의 교회 음악을 작곡한 모차르트의 종교적인 배경에 대해서는 좀체 다루어지지 않았다.

모차르트의 삶이 경건한 신앙인에 합당하지는 않았으나, 그가 남긴 많은 편지는 한 번도 가톨릭 신앙을 부정한 적이 없다. 거기엔 강렬한 신앙 고백의 흔적이 여러 차례 등장한다. 매우 흥미로운 것은, 거의 교회 음악이었던 바흐의 음악이 '천상의 음악'이라면 모차르트의 음악은 '지상의 음악'이라는 점이다. 모차르트는 어느 편지에서 자신의 음악은 "교회 음악에 사로잡히지 못한 어떤 사람들"의 영혼을 위한 것이라며, 음악이란 "'어떤 독창적인 신앙 간증의 표현'을 갖지 못한 사람들의 언어가 아닐까요?"라고 물었다. 종교와 합일하려고 했던 바흐와 달리 교회와 거리를 두었던 모차르트는 자신의 음악이 울려 퍼지는 곳을 모조리 '신앙의 장소'로 만들려고 했던 것이다. 그렇다!

11. 거인의 발걸음

《존 콜트레인—재즈, 인종차별, 그리고 저항》
마틴 스미스, 서찬석 · 이병준 옮김 | 책갈피, 2004

언제부터인가 재즈에 대해 뭔가 말하는 것은 지루한 복습이 되었다. 그래서 내가 재즈에 대해 입을 떼기도 전에 '또 재즈야?'라고 타박할 독자도 있을 것이다. 그런 사정을 잘 알고 있는 듯이《존 콜트레인—재즈, 인종차별, 그리고 저항》(책갈피, 2004)의 지은이는 이렇게 자문한다. "콜트레인에 대한 책은 많이 있다. 그렇다면 왜 나는 또 다른 책을 써야만 했을까?" 실제로, 1926년 노스캐롤라이나에서 출생한 한 재즈 뮤지션의 이력을 이런저런 책과 글을 통해 끌어모으는 일은 어려운 게 아니다.

이제 마틴 스미스가 자답한다. "나는 더 큰 그림을 그려보고 싶었다. 급변하는 세계에서, 또 그가 살았던 당시의 독특한 정치 상황에서, 콜트레인의 음악과 재즈 전체가 어떤 영향을 받았는지를 살펴보고 싶었다." 지은이는 콜트레인에 대한 간략한 평전을 가장해, 실제로는 미국 흑인 재즈 뮤지션들의 미학적 투쟁과 제도화되고 관습화된 인종 차별에 대한 저항의 역사를 쓴다. 우리는 '재즈는 흑인의 슬픔과 저항이 녹아 있는 음악'이라고 자주 말하면서도, 그 점을 늘 피상적으로 대한다. 그런 점에서 이 책은 '크게 다른 관점'을 제공하는 게 아니라, 우리가 지나쳤던 사실에 대해 '좀 더 깊은 기술'을 한다.

흔히 재즈를 가리켜, 미국 안에서 유럽인과 서아프리카인의 음악적 전통들이 300년 동안 융합하여 이루어진 결과라고들 말한다. 유럽식 화음과 유럽계 아프리카인(크레올)의 멜로디에 아프리카인의 리듬이 합쳐진 게 재즈라는 것이다. 그런데 이런 결론은, 고구려사가 중국사라고 말하는 중국의 동북공정처럼, 흑인 입장에서 보자면 매우 억울하다. 유럽의 찬송가나 프랑스의 민요, 에스파냐의 무곡, 흑인 영가가 섞여 재즈가 발전한 것은 20세기가 시작될 무렵이지만, 재즈를 재즈답게 하는 리듬, 즉흥성, 관능성은 모두 그보다 일찍이 존재했던 아프리카 고유의 것이기 때문이다.

아프리카 원주민을 사냥했던 노예선의 선주는 노예들의 몸을 따뜻하게 하기 위해 운동 삼아 억지로 춤을 추게 했고, 흑인들은 약해지고 우울해지지 않기 위해, 가능한 한 즐겁고 유쾌한 기분으로 고된 항해와 노예 생활에서 살아남기 위해 노래하고 춤을 췄다. 흑인들이 생존을 위해 벌인 여흥으로부터 백인 농장주들이 자신들의 죄책감을 무마할 쾌락과 휴식을 찾은 이래로 백인들은 흑인 고유의 미학적 자산에 자신들의 미학을 혼합해왔고, 급기야는 재즈의 지분을 주장할 수 있게 됐다.

흑인들을 도시로 불러낸 것은 제1차 세계대전이다. 1914년 이전까지 대다수의 미국 흑인들은 남부 시골에 살았으나, 전쟁으로 과열된 미국 경제와 군수 산업이 농촌의 흑인을 도시로 불러냈다. 그러기 전까지는 흑인은 인종 차별 때문에 공장에 취직할 수 없었다. 비로소 임금 노동자가 된 흑인들은 그 돈으로 즐길 수 있는 오락거리를 찾았고, 거기에 부응한 것이 재즈다. 흑인의 도시 입성은 시골에서 즐기던 블루스를 도시화하고 백인에게 알리는 계기가 됐다.

역사학자 에릭 홉스봄에 따르면 대공황이 급습한 1929년까지, 남부를 제외한 미국 전역의 도시에는 약 6만 개의 재즈 밴드와 20만 명의 직업 악사들이 있었다. 이름하여 '할렘 르네상스Harlem Renaissance'. 스포츠 분야에서의 인종적 진입 장벽이 건재하던 시절, 재즈는 흑인들이 자신을 표현하고 성공도 할 수 있는 유일한 분야였다. 그러나 1930년대 중반, 경제 공황으로 멈칫했던 재즈 열기가 '스윙 시대'라는 이름으로 재개됐을 때부터, 백인에 의한 흑인 음악 침탈이 본격화했다. 스윙을 발전시킨 것은 흑인 밴드 리더였으나, 백인 주류는 이를 인정하지 않았다. 카운트 베이시가 아니라 베니 굿맨이 '스윙의 왕'으로 불리는 까닭이다.

찰리 파커로 표상되는 1940년대의 비밥 운동은 스윙 밴드에 비해 소규모적이고, 음악적으로는 속주, 즉흥, 상호 작용, 개인기를 강조한다. "비밥 혁명은 음악적인 동시에 정치적인 것"으로, 댄스 음악에서 실내악으로의 변환은 한낱 '딴따라'가 아니라 의식 있는 예술가라는 흑인 뮤지션의 자각에서 나왔고, 그런 자신감은 바퍼들을 인종 차별의 전선에서 싸우게 했다. 찰리 파커의 곡 〈바로 지금이다Now is The Time〉가 의미하는 것은 그토록 분명했고, 그들이

의식적으로 백인 뮤지션을 고용하려고 했던 것은 인위적으로 인종 차별에 균열을 내려는 전략이었다.

당대의 비밥 스타들은 팬들의 추앙을 받았으나, 뜨거운 무대에서 내려오는 순간 인종 차별이라는 싸늘한 현실과 마주했다. 열탕과 냉탕 사이를 오가야 했던 흑인 재즈 스타의 정신 분열적 비극을 상징적으로 보여준 사건이 찰리 파커의 요절이다. 찰리 파커는 물론이고 디지 길레스피, 아트 블레이키, 맥스 로치, 마일스 데이비스, 소니 롤린스, J. J. 존슨, 찰리 밍거스 등 숱한 흑인 뮤지션들이 미국 공산당과 가까운 관계에 있었다는 것은 낯선 사실이다. 그들은 인종 차별 철폐와 노동자 권리 찾기를 같은 논리에서 파악하고 있었다.

1950년대에 접어들어 비밥의 기세가 꺾이면서 쿨 재즈가 울려 퍼졌다. 지은이는 쿨의 창시자인 마일스 데이비스에 대해서는 나쁘게 이야기하지 않으면서도, 쿨 재즈에 대해서는 양가적인 판단을 한다. 롤링 스톤스를 통해 많은 백인들이 정통 블루스에 빠져들기 시작했듯이, 쿨 재즈는 백인 젊은이들이 재즈의 아름다움에 눈을 뜨게 해주었지만 그것은 재즈가 "결과적으로 재즈의 뿌리인 흑인 음악에서 멀어"지게 만들었다. '검은 재즈'를 '하얀 재즈'로 표백한 것이 쿨 재즈라는 것이다.

백인화되어가는 쿨에 대한 반발로 하드밥이 출현한 것은 1950년대 중반으로, 흑인 민권 운동이 막 시작되던 때였다. 콜트레인은 초기 하드밥 시절을 잠시 누비기도 했으나, 흑인 민권 운동이 점점 가열해지는 것과 때를 같이해 프리 재즈로 옮아갔다. 콜트레인의

'음악적 복음'이자 모던 재즈 시기의 가장 중요한 음반 가운데 하나라는 《A Love Supreme》이 발매된 1964년은, 흑인의 저항이 고조되던 때와 시기적으로 일치한다. 솔직히 콜트레인의 임펄스Impulse사 음반을 듣는 것은 좀 고역이지만, 다음 구절은 기억해둘 만하다. "모차르트가 18세기 비엔나의 환경, 즉 오페라와 콘서트홀, 넘치는 선생들과 지적인 관객들이라는 문화적 환경이 낳은 산물이라면, 콜트레인은 미국의 인종 차별적 음악 환경이 낳은 산물이다."

12. 희미하게 사라지기보다

《평전 커트 코베인》
찰스 크로스, 김승진 옮김 | 이룸, 2006

《커트 코베인, 지워지지 않는 너바나의 전설》
이안 핼퍼린 · 맥스 월레스, 이수영 옮김 | 미다스북스, 2002

트럭 운전사 엘비스 프레슬리가 자비로 취입한 음반을 갖고 단번에 부와 명성을 얻은 뒤, 록 스타는 미국 젊은이들의 선망의 대상이 됐다. 변성기를 갓 지난 소년들은 서로서로 풋내기 밴드를 만들고, 버려진 차고에 모여 하루 종일 기타와 드럼 솜씨를 갈고닦는다. 그리고 어서 자신을 알리고 싶은 조급함에, 겨우 동전 몇 푼을 던져주는 이웃집 파티든 고등학교 학생 무도회든 가리지 않고, 불러주기만 하면 달려간다. 그러던 애송이들이 슈퍼스타가 되고 나면 '우리는 음악이 좋아서 했을 뿐, 명성은 원하지도 않았다'고 말하곤 하는데, 커트 코베인을 괴롭힌 것도 그와 같은 모순이었다.

사실 록 스타들은 천국에 들어가고자 하는 청교도적인 인내와 초인적인 연습으로 뮤즈에게 헌신한 끝에 왕족이 부럽지 않게 된 사람들이다. 한때 쓰레기장을 뒤져 음식을 찾았던 마돈나처럼, 커트 코베인 역시 무료 급식소에서 공짜 수프를 얻어먹으며 절차탁마한 사람이다. 사실이 그런데도 행운이나 우연한 과정으로 스타가 된다고 믿는 사람들이 많은 사회는 가능성이 없고, 그런 식으로 스타가 배출되는 사회 또한 오래 버티지 못한다.

부와 명성을 거머쥔 록 스타들이 빠지는 악덕은, 그들의 개성과 창의력이 부끄러울 정도로 똑같다. 100만 달러가 훨씬 넘는 저택, 택시 타듯이 갈아치우는 고급 승용차, 마구잡이 쇼핑, 점점 자기중심적이 되어가는 성깔, 그리고 마치 '이걸 원 없이 하기 위해' 오늘까지 왔다는 듯이 탐닉하게 되는 정염과 마약. 1990년대 얼터너티브 록의 성상聖像이었던 커트 코베인은 여자보다 약물에 약했다. 아니, 마약 앞에서 의지가 약했던 게 아니라 그는 의식적으로 약물 중독을 선택한 희귀한 경우다. 《평전 커트 코베인》(이룸, 2006)을 쓴 찰스 크로스는 그렇게 단언하고 있다.

커트 코베인은 치사량의 헤로인을 주사한 뒤 약기운이 퍼지기 전에, 문자 그대로 확인 사살하듯 엽총을 입에 물고 방아쇠를 당겼다. 아들의 자살 소식을 들은 어머니는 집으로 찾아온 기자에게 "이제 그 애는 죽어서 '멍청이 클럽'의 일원이 됐어요. 그 클럽에 끼지 말라고 내가 이야기했었는데"라고 말했다. 지미 헨드릭스, 재니스 조플린, 짐 모리슨은 모두 약물 과다 복용으로 27세에 죽었고, 열네 살부터 "음악에서 슈퍼스타가" 되고 "자살을 해서 영예의 불꽃 속에 사라"지겠다고 다짐했던 커트 코베인은 서둘러 자신의 죽음을 거기에 맞추었다. "점차 희미하게 사라지기보다 한순간에 타버리는 게 낫다"는 유서를 쓰고서.

성상의 죽음은 미국·캐나다·프랑스 등에서 도합 68건의 모방 자살을 불러왔고, 자살자들의 대부분이 십대와 이십대였다. 만약 기네스북에 관련 항목이 추가된다면, 커트 코베인은 가장 많은 모방 자살을 유발한 록 스타가 될 것이다. 엘비스 프레슬리도 아니고 존 레넌도 아닌, "이 텁수룩한 록 뮤지션의 죽음에서 무엇이 그 많은 청소년들에게 강한 정서적 공감을 일으킨 것일까?" 이안 핼퍼린과 맥스 월레스가 함께 쓴《커트 코베인, 지워지지 않는 너바나의 전설》(미다스북스, 2002)은 그 질문에 이렇게 대답한다. "커트의 고통스럽고 고뇌에 찬 노랫말은 너바나에게 열광하는 이른바 X세대에 직접적으로 호소하는 듯했다. (……) 많은 십대들은 커트와 너바나의 음악이 자기 세대의 희망을 나타낸다고 말했다." 커트 코베인은 기교적이고 화려하고 상업화되어가는 기존 록 음악에 대한 저항이면서, 최고의 미국적 가치인 성공으로부터 낙오된 신세대의 목소리를 대변했다.

《커트 코베인, 지워지지 않는 너바나의 전설》의 전반부는, 앞서 읽은《평전 커트 코베인》의 거친 요약이라고 해도 무방하다. 다른 게 있다면《평전 커트 코베인》에서는 거의 언급되지 않았던 커트 코베인의 아내 코트니 러브에 대한 비중 있는 기술이다. 대책 없는 비행 소녀에서 출발하여 '록 동네'를 얼씬거리는 그루피groupie로, 록 스타와 염문을 뿌리던 그루피에서 록의 반여성성에 반기를 든 '저항 소녀 운동Riot Girl Movement'의 펑크 뮤지션으로 변모하고, 마지막에는 커트 코베인을 꿰찬 '소음의 여왕queen of noise' 코트니 러브. 그녀는 커트와 자신이 펑크 록의 원조로 추앙되는 섹스 피스톨스의 베이시스트 시드 비셔스와 그의 애인 낸시 스펑겐의 재래이길 바랐다. 하지만 이 책의 후반부는 이 책의 원제 "누가 커트 코베인을 죽였는가?Who killed Kurt Cobain?"에 걸맞게, 커트 코베인의 자살설을 일축하며, 코트니 러브가 커트 코베인의 암살을 사주했거나 적어도 범인을 알고 있을 가능성이 있다고 추론한다. 지은이의 주장이 맞는다면, 시드 비셔스가 낸시 스펑겐을 살해한 펑크계 최대의 추문을 뒤집고도 남을 일이다.

롤링 스톤스의 기타리스트 키스 리처드가 커트 코베인의 자살을 두고 "세상에서 가장 이름난 로큰롤 밴드에서 리드 싱어를 하는 게 뭐가 그리 힘든가?"라고 논평했듯이, 로큰롤 스타의 갑작스럽고 납득할 수 없는 자살은 음모론을 자아내기 딱 알맞다. 《커트 코베인, 지워지지 않는 너바나의 전설》에 나온 대로라면 코트니 러브는 남편의 죽음과 또 다른 두 건의 살인 사건에 연관되어 있다.

《평전 커트 코베인》을 읽고 안 사실이지만 그와 나는 고작 다섯 살밖에 차이가 안 난다. 내가 좋아한 록 뮤지션 가운데 그가 언급하지 않은 것은 스콜피온스나 테드 뉴젠트 정도일 만큼(물론 그가 좋아했던 뮤지션 가운데는 내가 모르는 사람이 많다), 우리가 청춘 시절에 들었던 음악은 매우 비슷했다. 이처럼 동시대 사람임에도 불구하고 나는 그 유명한 〈Smells Like Teen Spirit〉만 어쩌다 몇 번 들은 적이 있을 뿐이다. 그가 막 1990년대 록을 일신하려는 찰나, 나는 록을 내버리고 재즈에 입문하는 중이었다.

가끔씩 벌어지는 스타의 자살이 대중으로 하여금 '부와 명예도 행복을 보장해주지는 못하는 것'이라며 부조리한 현실을 위무하게 한다면, 그것도 일종의 반사회적 아편일 것이다. 하지만 이런 일로 그를 문책하는 것은 우리의 질투이리라.

사족이다. 2006년 10월 26일자 《한겨레》에 〈죽어서도 돈 잘 버는 남자. 커트 코베인〉이라는 기사가 실렸다. 미국 금융 전문지 《포브스》가 매년 조사·발표하는 '죽은 유명인의 사후 수입 순위'에서 커트 코베인은 2005년 한 해 동안 5,000만 달러(약 478억 원)의 수입을 올려 1위를 차지했다. 코베인은 2005년까지 5년 연속 1위를 차지했던 엘비스 프레슬리(2위, 4,200만 달러)를 포함해 존 레넌(4위), 레이 찰스(8위) 등의 경쟁 가수를 제쳤다. 참고로, 3위는 만화 〈스누피〉의 작가 찰스 슐츠(3,500만 달러), 5·6위는 알베르트 아인슈타인과 앤디 워홀, 9위는 매릴린 먼로.

13. 에디트와 재니스

《에디트 피아프》
실뱅 레네, 신이현 옮김 | 이마고, 2002

《평전 제니스 조플린》
마이라 프리드만, 황우진 옮김 | 이룸, 2005

실뱅 레네의 《에디트 피아프》(이마고, 2002)와 마이라 프리드만의 《평전 제니스 조플린》(이룸, 2005)은 제목 그대로, 각기 프랑스와 미국에서 태어나 상송과 록 음악의 만신전에 여신으로 등극한 두 사람의 삶을 기록한 책이다. 1915년생인 에디트 피아프는 엘비스 프레슬리의 음악을 처음 듣고 "이건 정말 새로운 것이군! 이 남자는 우리 자리를 완전히 빼앗아버릴 거야. 그리고 누구도 이 남자를 흉내 내지 못할 거야"라며 경외와 우려를 표시했으나, 바다 건너 신대륙에서 태어난 1943년생 재니스(제니스) 조플린에게 록은 "찰나의 철학과, 본능에 대한 욕망"을 표현하는 최적의 음악이었다.

제2차 세계대전이라는 비참한 전화 속에서 이십대를 맞이한 에디트와 미국의 가장 좋았던 시절에 청춘을 구가한 재니스는, 양 대륙의 문화만큼이나 서로 이질적인 대중음악을 했다. 하지만 두 평전을 읽어보면, 그렇듯 상이한 음악을 한 두 여성 가수의 삶이 거울을 마주 세워놓은 듯이 닮아 있어 무척 흥미롭다. 이십대 중반이 채 되기도 전에 명성과 부를 얻게 된 이력이 같고, 마약이나 심령술과 같이 믿을 수 없는 것에 자신의 영육을 맡긴 것이 같다. 그리고 뭐니 뭐니 해도 두 사람을 공통적으로 묶어주는 것은 '남자 사냥꾼'이라는 달갑지 않은 별칭이다.

147센티미터의 작은 키와 피에로를 연상시키는 크고 퀭한 두 눈, 평생 상복과 같은 검은 드레스로 일관한 무대 복장과 자신을 집어삼키려는 불행과 맞서는 듯한 낮고 열정적인 목소리. 이런 이미지 때문인지 사람들은 에디트 피아프의 생애가 고난과 가난으로 점철되었을 거라고 짐작한다. 게다가 잘못 기술된 상투적인 전기들은 아예 그녀를 거리에서 태어난 사생아로 만들고 있다. 하지만 그녀는 병원의 침대에서 태어났고, 곡예사 아버지와 거리의 가수였던 어머니가 있었다.

거리의 사생아로 태어났다는 잘못된 전설을 겨우 물리치기는 했지만, 그렇다고 해서 그녀의 탄생이 크게 축복받은 것은 아니었다. 그녀가 태어났을 때 아버지에게는 배다른 아이가 여럿 있었고, 남편의 엽색 행각에 넌더리를 친 그녀의 어머니는 딸에게 아무런 애정이 없었다. 어린 애물단지는 부모의 본가 식구들에게 이리저리 떠맡겨지며 자랐다. 훗날 에디트는 그녀의 연애담을 얘기하려면 이 지면을 연인의 이름으로 다 채워야 할 만큼 숱한 남성을 만나게 되는데, 일종의 불안 증세처럼 끊임없이 새로운 사랑을 찾았던 그녀의 기행은 "어린 시절이라는 보물"을 가져보지 못한 탓이었다.

에디트는 어려서부터 곡예를 하는 아버지를 따라 거리에서 노래를 불렀고, 처연하게 느껴지는 그녀의 음색은 그때 갈고닦아졌다. 에디트는 공식적으로 세 번의 결혼을 했는데, 첫 결혼은 열여섯 살 때 멋모르고 한 것이었다. 애정 결핍이 그녀를 조혼으로 내몰았던 것이리라. 하지만 첫딸을 낳은 지 얼마 되지 않아 그녀는 새로 생긴 애인을 따라나섰고, 남편에게 맡겼던 아이는 세 살을 넘기지 못하고 죽었다. 사람들은 에디트가 그 시절에 몸을 팔아 돈을 벌었다고 추측하기도 하지만 사실이 아니다.

거리에서 노래를 부르던 에디트는 우연히 카바레 주인의 눈에 띄어 정식 무대로 진출한다. 그녀를 발견한 루이 르플레는 재니스라는 이름난 카바레를 운영하고 있었는데, 자신의 동성애를 밝힌 일로 유명해진 인사였다. 그는 고단한 삶으로 단련된 에디트의 목소리와 그녀의 외모에 주목했다. 밋밋한 가슴과 남자인지 여자인지 구분할 수 없는 그녀의 홀쭉한 볼은 그의 카바레에 어울렸다. 에디트 가시옹이란 이름을 에디트 피아프로 바꾼 것도 그였다. 피아프piaf, '참새' 혹은 '작은 새'는 무대에 선 첫날, 파리의 유명 인사가 되었다.

스무 살이 되던 해인 1935년 이후로 그녀의 인생은 탄탄대로였다. 그녀는 오늘날 록 스타들이 누리는 부와 명예를 일찌감치 누렸고, 이브 몽탕, 조르주 무스타키 같은 애송이들을 거두어 애인 겸 제자로 삼았다. 무대 경험이 없는 초짜배기 남자 가수를 발굴한 다음 자신과 듀엣을 하는 형식으로 세상에 선보이는 일을 그녀는 평생 반복했다. 에디트에게 노래와 사랑은 그처럼 하나였으나, 얻어낼 것을 다 얻어낸 남자들은 그녀 곁을 떠났다.

마돈나가 '진짜' 마돈나였을 때, 밤마다 차를 몰고 나가 거리의 히스패닉 청년들을 '사냥'한다는 이야기가 자자했다. 하지만 그런 모험의 증빙된 원조는, "머리에서 발끝까지 로큰롤을 대변하는 여성이었으며, 열정적인 블루스 싱어"였던 재니스 조플린이다. 그녀는 입버릇처럼 "미소년들은 다 어디로 갔죠? 자고 싶은데"라고 말하고 다녔고, 술이나 마약에 취한 상태로 그들을 찾아다녔다.

동어 반복과 엿가락처럼 길게 늘인 쓸데없는 일화로 400여 쪽을 채운 마이라 프리드만의 《평전 제니스 조플린》은 '기름 먹는 하마'인 미국산 대형 자동차를 닮았다. 아무 쓸데 없는 이야기로 채워진 285~288쪽을 찢어내고 싶은 독자가 어디 나뿐일까? 흥미로운 것은, 재니스의 절친한 동료이기도 했던 지은이가 이 지리멸렬함을 통해서, 록의 순교자 혹은 히피 실존주의자로 미화된 '재니스 신화'란 없다고 주장한다는 점이다. 지은이는 "강렬한 신화와 충돌할 것임을 염두"에 두고 이 책을 썼다.

재니스는 가련한 사람이었다. 고향 친구들은 그녀를 '돼지'라는 별명으로 불렀고, 텍사스 대학 시절에 그녀는 "캠퍼스에서 가장 못생긴 남자"라는 놀림까지 받았다. 재니스는 자신이 뚱뚱하고 못생겼다고 생각했고, 고등학교 때 몸이 불어나는 것과 함께 알코올·마약과 같은 반사회적 일탈을 시작했다. 한때 체중이 70킬로그램을 웃돌았던 그녀는 의미심장하게도 "내 음악은 폭동을 일으키게 만들지는 않아요! 하지만 섹스를 하고 싶다는 생각이 들게 하지요!"라고 말한 바 있다. 그녀는 록이 가진 성의 대용물적 성격을 발견했고, 로큰롤을 통해 성적 강박과 얻지 못한 사랑의 해답을 구하고자 했다.

되풀이되는 이별과 고독을 견디기 위해 에디트는 심령술에 의지했고, 열일곱 살 때 처음 알코올 중독 치료를 받은 이래로 재니스는 줄곧 술과 마약으로 만성적인 자해를 계속했다. 이 두 여성 가수에게 뮤즈는 어쩌자고 그처럼 가혹했던 것일까?

14. '환희의 찬가'를 기다리며

《베토벤의 머리카락》
러셀 마틴, 문명식 옮김 | 지호, 2004

러셀 마틴의《베토벤의 머리카락》(지호, 2004)은 음악, 역사, 법의학에 각기 관심 있는 독자들을 두루 만족시킬 만한 흥미로운 저작이다. 베토벤의 삶보다 어쩌면 더 극적이었던 그의 머리카락 한 뭉치의 운명을 추적하고 있는 이 책은, 사실과 허구를 조합한 팩션faction처럼 보이기도 한다. 그러나 지은이가 최소한의 추측만을 허용할 뿐 역사적 사실이나 실존 인물의 이야기에 상상력을 덧붙이지 않았다는 점에서, 또 많은 팩션이 성공의 공식으로 삼고 있는 음모론에 기대지 않는다는 점에서 요즘 유행하는 팩션과 거리가 멀다.

1994년 4월, 코펜하겐의 소더비 지사에 '베토벤의 머리카락'을 가진 모자가 나타났다. 그것은 진위를 가리기 힘든 물건처럼 보였으나, 베토벤이 죽은 1827년에는 아직 사진이 발명되지 않았고 그래서 고인을 추억하는 방법으로 머리카락을 잘라 간직하는 일이 흔했다. 기록에 의하면 베토벤의 머리카락은 "많은 가위들의 공격"

을 받았으며, 그 가운데는 슈베르트의 가위도 끼여 있었다. 그게 사실이더라도 그 전에는 한 번도 '베토벤의 머리카락'이 세상에 모습을 드러낸 적이 없었다.

베토벤이 임종하던 해 4월, 오랜 친구이자 음악적 맞수가 죽어가고 있다는 소식을 들은 요하네스 네포무크 후멜이 병문안을 왔다. 그때 그는 프랑크푸르트 태생의 열다섯 살 난 유대인 제자를 데리고 왔다. 그 소년이 내가 이 책을 통해 처음 알게 된 작곡가이자 음악 행정가이자 이름난 지휘자인 페르디난트 힐러다. 그는 이십대 초반엔 베를리오즈·리스트·멘델스존과 함께 베토벤이 활짝 문을 열어놓은 낭만파를 끌어나갈 파리의 4인방으로 알려졌으며, 오페라, 교향곡, 각종 성악곡·피아노곡 등 많은 작품을 남겼다고 하는데, 오늘날엔 클래식 음악을 웬만큼 듣는 사람들에게도 낯선 존재다.

힐러가 평한 베토벤 음악의 탁월함이 "나약함이 아닌 부드러움과 공허함이 없는 열광, 그리고 감상적이지 않은 갈망과 광기가 아닌 정열"의 성취에 있었다면, 힐러와 절친했던 멘델스존과 슈만 등이 지적한 힐러의 약점은 반대로 "저항할 수 없는 위풍당당한 힘"이 전혀 없다는 것이었다. 하지만 음악 비평가이기도 했던 힐러가《예술가들의 생애》에 직접 쓴 변명은 흥미롭다. "베토벤이라는 엄청난 천재가 고약한 방해꾼처럼 나타나지 않"았더라면 당대의 많은 작곡가들은 "좀 더 많은 것을 성취"했으리라는 것이다. 요컨대 베토벤의 음악 혁명이 너무 강렬했기 때문에 많은 작곡가들이 "천재의 발자국을 따라가려고" 발버둥 치다가 자신이 "있어야 할

자리"를 잊어버렸고, 스승 후멜과 자신 역시 그랬다는 것이다.

베토벤이 영면하자, 장례식에 따라갔던 힐러는 애도의 시간을 틈타 베토벤의 머리카락 한 다발을 가위로 잘랐다. 그 후 힐러는 자신의 소유가 된 '베토벤의 머리카락'을 사과만 한 유리틀 속에 넣어 가지고 다니면서 창작의 영감으로 삼았다. 이 성실한 음악 예술가의 일생에서 특별난 점은, 이십대에 가톨릭 신도인 여성과 결혼하면서 나란히 개신교로 개종을 한 것이다. 이는 힐러의 아버지가 반유대주의를 피하고자 유대식 성을 '힐러'로 바꾼 데 이은 두 번째 '혈통 세탁'이었으나 훗날 나치의 유대인 절멸 정책 앞에서는 효력을 보지 못했다.

페르디난트 힐러는 일흔세 살의 나이로 임종하기 두 해 전인 1883년에, 바리톤 가수로 활동하고 있던 아들 파울 힐러에게 '베토벤의 머리카락'을 유산으로 주었다. 결혼을 하고 쾰른에서 음악 평론가로 활동하던 파울 힐러는 음악 논문과 기사를 쓰면서 아버지에 대한 글을 기고했는데, 1911년에 쓴 어느 글에 아버지가 베토벤의 머리카락을 잘라 간직한 사실을 털어놓았다. 파울 힐러가 쓴 그 기사는 코펜하겐에 나타난 '베토벤의 머리카락'의 출처를 유추할 수 있는 여러 증거 가운데 하나로, 사과 모양의 유리틀 밑엔 파울 힐러가 서명·기록한 간단한 글이 적혀 있었다.

파울 힐러가 죽은 지 1년 뒤인 1935년, 독일 내 유대인들은 투표를 하거나 직업을 가질 수도 없고 재산을 가질 수도 없다는 뉘른베르크 법이 통과됐다. 파울 힐러로부터 사과 모양의 유리틀을 유산으로 받은 자식 가운데 하나가 나치를 피해 덴마크로 도주했고,

여기서 다시 스웨덴으로 탈출하기 전에 자신에게 도움을 준 덴마크인에게 집안의 보물을 감사의 표시로 주었다. 이것이 '베토벤의 머리카락'이 코펜하겐에 나타난 전말이다.

이 책은 베토벤의 전기와 페르디난트 힐러가 자른 '베토벤의 머리카락'이 160년 넘게 떠돌아다니게 된 경위를 번갈아 서술한다. 이런 기술상의 방법을 통해 지은이는 베토벤 음악이 통과해온 두 세기를 함께 조명한다. 베토벤이 살았던 유럽은 계몽주의와 프랑스 혁명이란 대변혁으로 격동하고 있었고, 동시대 사람들을 어리둥절하게 만든 베토벤 음악의 초월적인 힘과 특유의 개성은 자기 음악 속에 자유, 평등, 박애를 반영하고자 했던 베토벤의 미학적 노력의 결과였다. 하지만 그의 '머리카락'이 떠돌아다닌 19세기에는 제국주의, 파시즘, 반유대주의 같은 광포한 야만이 두 차례의 세계대전을 일으켰다.

베토벤 음악의 "위풍당당한 힘"이 제2차 세계대전 동안 적대하던 양 진영으로부터 사랑받았다는 사실은 역설적이다. 히틀러는 베토벤과 바그너의 음악을 게르만 민족정신의 가장 고귀한 표현으로 떠받들었고, 푸르트벵글러가 지휘하는 베를린 필하모닉 오케스트라는 히틀러의 53번째 생일날 축하 연주로서 〈합창〉을 연주했다. 한편 영국 BBC의 대독 선전 방송 시그널은 〈운명〉의 서주 모티프였다. 세 번 짧고 한 번 긴 박자로 된 〈운명〉의 모티프를 모스 부호로 받아들이면 알파벳 V가 됐고, 그것은 연합군 승리의 상징이 되었다.

1994년 12월 1일. '베토벤의 머리카락'은 런던의 소더비 경매에서 3,600파운드에 낙찰됐다. 582올의 머리카락을 공동으로 구매한 사람은 베토벤에 심취해 있던 미국인 부동산업자와 비뇨기과 의사. 두 사람은 아무런 대가 없이 새너제이 주립대학에 있는 베토벤 연구센터에 이제는 같은 가격으로 한 올도 살 수 없을 만큼 귀중해진 머리카락을 기증했다. 이 책의 후반부는 방사성면역측정과 같은 첨단 법의학 기술을 동원해, '종합병원'이나 같았던 베토벤의 질병과 사망 원인을 밝히는 과정을 담고 있다.

이 독후감에서는 생략되었지만, 1943년 덴마크의 항구도시 길우리우에서 있었던 대규모 유대인 구출 사업은, 베토벤이 희구했던 인류애의 이상을 보여준다. 하지만 역자가 썼듯이, 베토벤을 낳은 독일인에 의해 아우슈비츠가 만들어진 것처럼, 지난 세기의 학살을 경험한 유대인들이 지금은 팔레스타인인들의 박해자가 되어 있는 것은 역사의 유전流轉일까?

사족이다. 캐나다와 체코가 이 책의 내용을 가지고 공동 제작한 동명의 다큐멘터리 영화가 2006년 7월 15일, '제3회 EBS 국제 다큐멘터리 페스티벌'의 일환으로 방영됐다. 감독은 래리 와인스타인.

15. 음악은 책보다 강하다

《꿈꾸는 책들의 도시》
발터 뫼르스, 두행숙 옮김 | 들녘, 2005

발터 뫼르스의 두 권짜리 소설 《꿈꾸는 책들의 도시》(들녘, 2005)는 '판타지 소설'로 분류된다. 주인공 미텐메츠는 린트부름족이라 불리는 공룡족. 이들은 문학에 대한 자질과 열의가 아주 뛰어나서, 글을 읽을 수 있는 나이가 되면 반드시 대부시인代父詩人을 갖게 된다. 대자代子는 대부시인을 스승 삼아 평생 글 쓰는 기술을 연마하게 되는데, 미텐메츠의 스승인 단첼로트는 800여 살을 살면서 '정원 손질'에 관한 단 한 권의 빼어난 작품만을 상재上梓하고 더 이상 글을 짓지 않은 별난 문사.

좋은 작가가 되기 위해서는 '오름'을 경험해야 한다고 강조했던 스승은, 임종하기 전에 제자를 불러 지은이를 알 수 없는 10쪽짜리 산문을 보여주고, 이 글을 쓴 무명작가를 찾아보라는 유언을 남긴다. 스승 단첼로트는 그 무명작가가 품평을 해달라며 보여준 10여 쪽짜리의 완벽한 글을 보고서 붓을 꺾었던 것이었다. 미텐메츠는 스승의 유언을 따라 린트부름 성을 떠나 부흐하임으로 향한다. 부흐하임은 출판사, 인쇄소, 종이 공장, 서점, 납 활자와 잉크 공장이 있고 매일 저녁 작품 낭독회가 열리는 책의 도시. 여기엔 문자 그대로 책에 생명을 불어넣고자 애쓰는 '책 연금술사'가 있고, 현상금 붙은 값진 책을 훔치는 '책 사냥꾼'이 득시글거리며, 매수된 비평가들이 우글거린다.

부흐하임의 한 서점 주인에게 무명인의 원고를 보여준 미텐메츠는 우여곡절 끝에 문서 감정가이자 고서점 상인인 스마이크에게 인도되고, 스마이크는 미텐메츠를 미로로 얽힌 부흐하임의 지하 세계에 유폐한다. 까닭은 그 무명인을 찾게 되면 출판 시장이 끝장나기 때문. 무명인의 집필 방식은 너무 완벽하고 순수하고 충만해서, 그 글을 한번 알게 되면 독자들이 다른 글을 더 이상 찾지 않게 되리라는 게 부흐하임의 숨은 지배자인 스마이크의 논리다. "문제는 돈을 벌기 위해서는――많은 돈 말이다!――흠 없는 문학은 필요 없다. 우리에게 필요한 것은 평범한 것, 덤핑 책, 파본, 대량 서적이란 말이다. 많이, 점점 더 많이 생산하는 것이다. 점점 더 두꺼우면서 내용은 별것 없는 책들 말이다. 중요한 건 팔리는 종이지 그 위에 쓰여 있는 말들이 아니거든."(2권).

온갖 종족이 은거하는 부흐하임의 지하에는 눈이 하나밖에 없는, 부흐링('책 마니아'란 뜻)족이 산다. 이들은 문자 그대로 '책이 곧 양식'인 종족들로, 독서를 하면 배가 불러진다. 가장 값진 영양가를 지닌 책은 고전 작품, 영양가가 높은 것은 소설, 서정시는 다이어트용이고, 공포 소설은 소화가 어렵다. 이 지하 세계에는 많은 희귀본과 절판본이 은닉되어 있고, 그것을 강탈하기 위해 온갖 살해와 잔혹을 일삼는 '책 사냥꾼'들이 활개 친다. 부흐링족이 자신들의 서가를 지키기 위한 유일한 무기는 최면술.

잠시 줄거리를 접고 생각을 해보자. 첫째, 독자의 취향과 문학의 다양성이 한 사람의 완벽한 작가에 의해 폐허가 된다는 논리는 억지다. 예를 들어 이상과 김소월이 완벽하다고 상정하고서, 두 사람이 다시 살아나 작품 활동을 한다고 가정해보자. 그러면 작가들은 글쓰기를 모조리 작파하게 되고, 독자들은 두 사람의 시와 소설만 읽게 될 것인가? 둘째, 훌륭한 작가가 되기 위해 거쳐야만 한다는 '오름'의 성격은 어떠한가? 주로 2권에서 설명되고 있는 오름은 전수하거나 배울 수 없으며, "아주 소수만이" 경험할 수 있는 것이다. "번개 치듯 네 몸 속으로 파고들거나 〔……〕 머릿속에서 뇌를 잡아 뜯어냈다가 다시 집어넣는 것처럼 느껴"지는, "오름이 지니고 있는 창조적인 힘은 이루 헤아릴 수 없다. 그것은 결코 사라지지 않는 영감의 원천이다". 예술은 영감 받은 천재의 산물이라는 이 압도적인 유아병을 어쩔 것인가?

미덴메츠는 부흐하임 지하에서 사는, 온갖 종족이 가장 두려워하는 '그림자 제왕'에게 납치되는데, 그가 바로 완벽한 글을 썼던 무명인. 호문콜로스라는 본명을 가지고 있는 그는 오래전에 스마이크에 의해 글을 쓸 수 없도록 육신이 해체된 다음, 지하 세계로 던져졌다. 복수를 위해 지상으로 올라가는 미덴메츠와 호문콜로스는 스마이크가 미리 동원한 '책 사냥꾼'들에게 포위되어 죽음을 맞게 되는데, 그때 '책 사냥꾼'들에게 서재를 강탈당했던 부흐링족들이 모여들어 "홍얼거림", "외눈박이들의 노래" 혹은 "부흐링들의 노래"라고도 표현되는 나지막한 주문을 걸게 된다. 그러자 '책 사냥꾼'들은 미친 듯이 서로를 도륙하게 되고, 호문콜로스는 불타는 몸(책갈피)으로 스마이크를 껴안고 함께 죽는다. 작가와 서적상(또는 출판인)은 공동 운명체라는 듯이!

어쩌면 이 책은 음악에 관한 문서가 아닌지도 모른다. 그러나 스마이크가 책의 도시인 부흐하임을 쥐락펴락 조종하게 된 수단이 흥미롭지 않은가? 그는 저녁마다 벌어지는 도시의 콘서트를 통해 시민들을 "정신적"으로 지배해왔으며, 그의 하수인들은 "음악 속에 혼합해놓은 최면 후의 명령"(2권)을 따랐다. 나아가 이 문서는 "음악은 모든 예술 가운데서 가장 점유율이 높"다면서, "음악이 왜 다른 예술보다 월등히 뛰어난지를 이해했다. 그것은 음악이 지닌 무형성 때문이다. 음악은 한번 그 악기로부터 벗어나면 완전히 그 자체가 되고 독자적이고 자유로운 피조물인 음향이 된다. 무게도, 형체도 없고 완전히 순수하며 우주와 완전한 조화를 이루는 것이다"(1권)라고 재차 웅변하고 있다.

1권 어디쯤에 보면 어느 책을 놓고 미덴메츠가 "페이지마다 이상한 동물 그림들이 크고 단순하게 인쇄되어 있을 뿐, 제대로 글이 쓰인 책이라고는 할 수 없었다. 그 책들은 글을 모르는 독자들 사이에서 큰 인기를 얻으면서 엄청난 부수가 팔렸다"고 맹비난을 한다. 삽화로 가득한 자기 책에 대한 조롱인가? 한국에서는 한때 "이상한 동물 그림" 대신 페이지마다 '이모티콘'이 가득한 소설이 엄청나게 팔렸다. 부모들은 그런 허접한 소설이나 판타지 소설을 독서의 관문이라고 여기고 자녀를 방치하기도 하는데, 중학생이면 《유리알 유희》나《1984년》을 충분히 읽을 수 있다. 독서의 장에서 아동기나 유년기를 자꾸 세분하거나 구획하려고 해서는 안 된다. 독서의 놀라운 장점과 지적 호기심의 세계는 월반과 비약을 허용한다.

마지막으로 이 소설 최대의 모순은, "작가란 무엇인가를 쓰기 위해서 있는 거지, 체험하기 위해 있는 게 아니다"라며 '오름'을 추구했던 미덴메츠가 자신의 부흐하임 여행기를 고스란히 글로 썼다는 것. 그것이 바로《꿈꾸는 책들의 도시》였다니, 문학은 영감이 아니라 체험이란 얘기.

16. 콘트라베이시스트에게 바침

《콘트라베이스》
파트리크 쥐스킨트, 유혜자 옮김 | 열린책들, 1993

《인연》
피천득 | 샘터, 1996

《콘트라베이스와 로맨스》
안톤 체호프, 김성일 옮김 | 범우사, 2005

파트리크 쥐스킨트의 모노드라마 《콘트라베이스》(열린책들, 1993)의 주인공은 국립 오케스트라에 소속되어 있는 서른다섯 살의 콘트라베이시스트. 그의 조증燥症 수다에 따르면, 콘트라베이스는 오케스트라에 없어서는 안 되는 중추적인 악기다. 제1바이올린이나 관악기·북 등의 악기는 물론이고 심지어 지휘자도 없어도 되지만, 콘트라베이스가 빠진 오케스트라는 어떻게 될지 상상할 수 없단다. 나는 아직 이 주장의 진실 여부를 확인해보지 못했으나, 그의 수다가 점점 울증鬱症으로 변해가는 것은 왜일까?

거의 일평생이 보장된 국립 오케스트라의 콘트라베이스 주자가 행복하지 않은 이유는, 오케스트라가 "인간 사회의 단면을 적나라하게 나타내"주는 사회의 축도이며, 전문 음악 예술가 역시 자신의 자리에서 극심한 소외를 경험하기 때문이다. 콘트라베이스가 오케스트라의 중핵이라는 그의 강변과 상관없이, 무대의 가장 앞쪽 높은 자리에 위치한 지휘자에서부터 무대 후면에 위치한 팀파니 연주자에 이르기까지 오케스트라의 악기 배열은 엄격한 위계질서를 따른다. 그것은 마치 카스트 제도와 같아서, 절대 번복 불가능하다. 연주가 끝나고서 관중들의 우레와 같은 박수갈채를 독차지하는 것은 지휘자나 독주자며, 콘트라베이스 주자의 노고는 주목받지 못한다.

주인공은 필요불가결한 역할을 담당하면서도 중요성을 무시당하는 자신을 가리켜 “최후의 쓰레기”라고 자학하며, 우리에겐 “여러분 절대로 오케스트라에는 들어가지 마십시오”라고 권고한다. 이 울증의 절규가 불러오는 메아리가 작품의 서두에 두 번 정도 언급된 프랑스 혁명 또는 프롤레타리아 혁명인가도 싶지만, 쥐스킨트의 주인공은 파리에 잠시 체류했을 때 경험한 미화원과 지하철 직원들의 무질서한 파업을 상기하곤 이렇게 고개를 젓는다. “그때의 제 심정을 솔직히 말씀드리자면 무섭더군요.” 프랑스 혁명에 대한 독일 지식인들의 공포와 혐오는 원래 그 뿌리가 깊다.

주인공은 독일 총리가 배석하고 카를로 마리아 줄리니가 객원 지휘자로 나서는 오늘 저녁 공연에서 자신이 짝사랑하는 소프라노 여가수의 이름을 힘껏 외쳐 부를 작정이라지만, 그런 일은 맹세코 없을 것이다. 오케스트라를 떠나 자유 연주자나 실내악단의 일원으로 활동하는 게 오매불망하는 그의 꿈이긴 하지만, 그는 완벽한 방음 장치로 보호된, “이렇듯 모든 것이 완벽한 이 집을 두고 밖으로 나갈 엄두”는 내지 못할 것이다. “누구나 각자 자기 나름대로 서 있어야 할 위치가 있고, 또 그 자리에서 최선”을 다해야 하는 법이다. 공상 속에서나 부르게 될 사라의 이름은 무산된 혁명의 메아리이자 소시민의 도피처다.

게리 카와 같은 클래식계의 스타 연주자와 재즈의 대중화로 콘트라베이스의 존재감이 뚜렷히 느껴지게 되었지만, 나와 나이가 비슷한 사람들 가운데 많은 수는, 중학교 시절 국어 교과서에 실려 있었던 〈플루트 플레이어〉라는 피천득 선생의 수필을 통해 그런 악기의 존재를 알게 되었다. "바톤을 든 오케스트라 지휘자는 찬란한 존재다"로 시작해서 "지휘자가 되겠다는 생각을 해본 적은 없다. 토스카니니가 아니라도 어떤 존경받는 지휘자 밑에 무명無名의 플루트 플레이어가 되고 싶은 때는 가끔 있었다"로 끝을 맺는, 원고지 6매 남짓한 그 짧은 수필은 음악의 정신과 행복을 간명하게 묘사하고 있다.

그러고 보니 피천득이라는 이름을 그의 본업인 영문학자보다는 수필가로 각인시킨 오래된 베스트셀러 《인연》(샘터, 1996)에는 그의 음악 사랑이 곳곳에 배어 있다. 〈나의 사랑하는 생활〉에서 그는 "갈대에 부는 바람 소리를 좋아하며, 바다의 파도 소리를 들으면 아직도 가슴이 뛴다. 나는 골목을 지나갈 때에 발을 멈추고 한참이나 서 있게 하는 피아노 소리를 좋아한다"라고 쓰고 있으며, 〈보스턴 심포니〉라는 또 다른 소품을 통해서는 미국 유학 시절 금요일마다 찰스 먼치(샤를 뮌슈)가 지휘하는 보스턴 심포니를 듣고자 장시간 줄을 섰던 일을 회고한다. 베토벤, 하이든의 교향악과 베버, 슈트라우스의 왈츠를 사랑하는 그는 또 쇼팽을 좋아하여 "쇼팽을 모르고 세상을 떠났더라면 어쩔 뻔했을까!"(〈토요일〉)라며 다행스러워한다.

《인연》의 첫머리에 실린 〈수필〉은 지은이의 수필론으로, "수필은 그 쓰는 사람을 가장 솔직하게 나타내는 문학 형식"이다. 소설가나 극작가는 작품을 쓰기 위해 여러 가지 가면을 써야 하지만 수필가는 글을 쓰기 위해 다른 사람이 될 필요가 없다. 정말이지 《인연》은 글쓴이를 고스란히 드러내주는 텍스트이면서, 아주 놀랍게도 이 책을 쓴 사람이 곧 수필 같은 사람이었다는 감탄사를 부른다. 이 책에 실린 글들은 어느 것 하나 탈속을 이야기하지 않으면서도, 행복을 저해하는 가장 큰 원인이 "물욕, 권세욕, 애욕, 거기에 따르는 질투, 모략"(〈잠〉)이며 "애욕, 번뇌, 실망"(〈송년送年〉)이라는 것을 지적한다. 지은이는 소박, 안분, 마음의 평온에서 오는 작은 기쁨을 삶으로 여겼다.

지은이의 이런 품성은 내 중학교 시절, 콘트라베이스라는 낯선 악기가 있다는 것을 처음 알게 해주었던 문제의 작품에도 잘 드러나 있다. "베이스볼 팀의 외야수와 같이 무대 뒤에 서 있는 콘트라베이스를 나는 좋아한다. 베토벤 교향곡 5번 〈스켈소〉의 악장 속에 있는 트리오 섹션에는 둔한 콘트라베이스를 쩔쩔매게 하는 빠른 대목이 있다. 나는 이런 유머를 즐길 수 있는 베이스 플레이어를 부러워한다."

말이 나온 김에 콘트라베이스 주자가 등장하는 작품 하나를 더 소개한다. 안톤 체호프의 단편집 《콘트라베이스와 로맨스》(범우사, 2005)에 실린 표제작이 그것. 콘트라베이스 주자인 스므이츠꼬프가 연주를 하기 위해 비블로프 백작의 별장 무도회로 가는 중에 겪은 일을 다룬 이 우습고도 슬픈 이야기는 고골의 〈외투〉를 강하게 연상시킨다. 왜 아니겠는가? "러시아의 작가는 모두 고골의 〈외투〉에서 나왔다"던 도스토옙스키의 저 유명한 말도 있으니! 강가에서 멱을 감는 중에 자신의 옷을 몽땅 잃어버린 스므이츠꼬프는 지금도 벌거벗은 채 다리 밑에 숨어 콘트라베이스를 연주한다. 하지만 정작 그보다 놀라운 것은, 체호프가 "콘트라베이스와 트롬본 연주자들은 모두 보통 기지와는 인연이 없는 사람들"이라고 말하는 대목일 것이다. 베이시스트 여러분, 정말 그렇습니까?

17. 그들은 어떻게 통하였을까

《열정》
산도르 마라이, 김인순 옮김 | 솔, 2001

대구시 중구 대봉도서관의 교양관 4층에서 할머니 할아버지들 가운데 섞여 관람한, 김지운 감독의 〈달콤한 인생〉은 수다스러운 영화다. 깡패가 말이 없으면 없을수록 그저 무식하게 보일 뿐인데도, 한국 영화 속의 조폭들은 줄곧 '침묵으로 가오를 잡는' 틀에 박힌 묘사만 되풀이했다. 그것을 일변시킨 한국 영화가 송능한의 〈넘버3〉(1997)고, 그런 식의 변화를 끌어낸 것은 1994년부터 연속해서 선보인 타란티노의 영화다. 김지운의 이번 누아르는 언어적 수다뿐 아니라 일화(에피소드)를 운용하는 데서도 송능한이나 타란티노의 방법적 수다와 많이 닮았고, 어떤 장면에서는 배우들의 연기조차 그처럼 수다스럽다.

강사장파의 두목인 강사장(김영철)은 상하이로 3일간 출장을 가면서 심복 가운데 하나인 선우(이병헌)를 불러, 자신의 젊은 애인 희수(신민아)를 감시하라는 명령을 내린다. 그러면서, 만에 하나 희수가 바람을 피우면 직접 처단하라는 지시도 덧붙였다. 3일째 되던 날, 선우는 희수가 또래의 대학생과 정사를 벌이는 현장을 목격하고도 그녀를 살려준다. 김지운 감독은 이 영화의 첫머리에서 바람에 흔들리는 나뭇가지를 보여주면서, '나무가 흔들리는 것도, 바람이 흔들리는 것도 아닌, 그것을 바라보는 사람의 마음이 흔들리는 것'이라는 선문답을 제시하는데, 이 삽입 장면은 영화의 중간과 마지막에 한 번씩 더 나온다.

세 번이나 반복된 선문답은 관객의 마음속에 '희수로 인해 선우의 마음이 흔들렸다'는 믿음이 싹트게 만든다. 두 사람이 처음 만났을 때 선우가 무심코 했던 언어적 실수(강 사장을 어디서 만났느냐고 물었으면서 왜 만나느냐고 질문한 것으로 착각)는 선우의 흑심을 나타내주는 보강 증거가 된다. 하지만 앞질러 단언컨대, 선우는 마음이 흔들린 바 없고, 두 사람은 통하거나 '썸씽'을 가질 틈이 없었다. 그럼에도 강 사장은 선우를 잔혹하게 죽여야만 하는 충분한 이유가 생겼다.

백 사장(황정민)이 아이스 링크에서 "인생은 고통이야"라고 말하지만, 영화 속에 드러난 백 사장 캐릭터는 그 말의 무게를 지탱할 정도가 되지 못한다. 영화 속 등장인물들이 내뱉는 수다는 '후까시' 가득한 이 영화의 시각적 스타일을 보조하거나 모방한다. 영화 전체를 통해 새겨들어야 할 말은 두 마디다. 영화의 초입에 강 사장이 호텔의 일식당에서 아침 식사를 하면서 선우에게 "속고 하는 사랑은 사랑이 아니지"라고 한 말과, 차를 타고 떠나기 직전 선우에게 "넌 사랑해본 적이 없어. 그래서 너를 좋아해"라고 한 말이 그것이다.

강 사장에게는 전혀 성격이 다른 두 사람의 심복이 있다. 선참인 문석(김뢰하)과 급부상한 후배 선우. 문석은 매번 "이 판은 원래 다 그래, 너무 설치지 마"라고 말하는 융통성 많은 인물로, 배반과 모략이 판치는 암흑가의 생리를 잘 따라 배운 똘마니다. 다시 말해 보스와 똘마니의 관계가 '속고 하는 사랑'인 줄 그는 안다. 이런 문석에게 순정이 있을 리 없다. 반면 선우는 암흑가를 열정과 충성을 고스란히 바쳐야 할 비즈니스로 여긴다. 그는 자신이 몸담고 있는 세계에 대해 한 번도 회의해본 적 없는 순정한 사람이다. 3일 동안 희수를 감시해달라는 예기치 않은 명령은 문석보다 선우가 더 좋을 수밖에 없는 강 사장이 선우를 시험하는 마지막 관문이었다. 강 사장은 자신의 후계자로 선우를 낙점했던 것이다. 강 사장이 선우를 시험할 요량으로 희수를 미끼로 사용했다는 것은, 희수가 영화 속에서 차지하는 비중으로 입증된다. 그녀는 강 사장에게 보복을 당하지도 않으며, 복수의 화신이 된 선우를 굴복시키기 위한 볼모로 이용되지도 않는다. 희수는 '팜 파탈'이 되기에는 부족한 게 많은 맥거핀인 것이다.

믿는 도끼에 발등이 찍히면 원수가 된다. 강 사장은 선우와 희수 사이에 아무런 일이 없다는 것을 알고 있지만, 신뢰를 망친 선우를 용서할 수 없다. 문자 그대로 생매장으로부터 살아난 선우는 그때야 암흑가의 황금률인 의리가 허울인 줄을, 속고 하는 사랑은 사랑이 아닌 줄을 깨닫고 복수에 나서게 된다. 그런데 선우는 왜 희수를 살려주었을까? 앞서 말하지 않았는가, 그는 순정의 사람이라고. 선우가 다시는 젊은 애인을 만나지 않겠다는 약속 하에 희수를 살려주게 된 것은 희수를 사랑해서가 아니라, 그러는 것이 보스(강 사장)를 행복하게 해주는 것이라고 판단해서다. 그게 전부다. 생각해보라. 애인이 없는 틈을 타서 불륜을 저지르는 여자의 모습을 목격하고도 그녀에게 사랑을 느낄 남자는 흔치 않다. 그러니 행여 희수에게 마음이 동할 까닭도 그때 사라진 거라고 봐야 한다.

선우가 죽고 나자, 매일 오후 2시마다 구립 도서관에서 무료로 상영해주는 영화를 보는 할머니와 할아버지들이 술렁이며 정반대로 반응한다. 영화가 끝나기도 전에 좌석에서 일어나는 남자들만의 버릇은 나이가 들어서도 변치 않는다. 할아버지들은 주섬주섬 자리에서 일어나서 나가고, 나는 자리를 지키고 앉아 '달콤한 꿈'에 관해 얘기하는 할머니들의 선문답을 엿들었다. 내 앞에 앉아 있는 할머니 일행 가운데 한 분은 선우가 죽자 울었다. 나는 늙어, 여자가 되고 싶다.

영화 전체를 통해 선우와 희수가 통했다고 여길 수 있는 장면이 딱 한 차례 나온다. 연습실까지 희수를 바래다준 선우가 희수의 첼로 연주를 들으며 서로 미소를 교환하는 장면이 그것이다. 음악을 사랑하는 절친한 동창생에게 자기 어머니의 마음을 빼앗기고, 한참 뒤에는 아내의 정신과 육체마저 빼앗긴, 산도르 마라이의 소설《열정》(솔, 2001)의 한 불운한 주인공은 이렇게 말한다. "자네와 크리스티나 사이에서 음악은 서로를 묶어주는 끈이었어. 음악은 말이나 행동으로 표현할 수 없는 것을 자네들에게 말하고, 또 자네들은 필시 음악을 통해서 서로 이야기를 나눌 게야. 이 대화, 자네들에게는 분명한 이 음악의 언어를 우리 아버지나 나 같은 사람들은 이해할 수 없네. 그래서 우리는 자네들 사이에서 끝내 고독했지. 그러나 음악은 자네와 크리스티나에게는 말을 했네. 나하고는 대화가 끊겼을 때에도, 자네 두 사람은 서로 이야기를 할 수 있었어. 나는 음악을 증오하네."

선우가 희수의 음악을 들으며 꾸었을 '달콤한 꿈'은 희수가 아니라, 그가 '깔끔한 비즈니스'라고 착각했던 암흑가에서의 자수성가였겠지만, 관객들은 음악과 함께 교환되는 선남선녀의 미소로부터 다른 것을 발견했다.《열정》의 불운한 주인공이 다시 말한다. "이 이해할 수 없는 선율의 언어, 특정한 사람들만이 서로를 이해할 수 있도록 도와주는 이 언어를 나는 증오하네. 그것은 제어되지 않은 자유분방한 일들, 심지어는 외설적이고 비도덕적인 것까지도 말한다고 나는 믿네. 음악을 듣는 그들의 표정이 어떻게 묘하게 변하는지 한번 보게."

18. 이식론과 자생론을 넘어

《오빠는 풍각쟁이야》
장유정 | 민음in, 2006

우리가 늘 흥얼거리는 대중가요 혹은 유행가는 언제, 어떻게 생겨났을까? 장유정의 《오빠는 풍각쟁이야》(민음in, 2006)는, '뭐 그런 게 다 궁금해?' 하고 오히려 타박당하기 쉬운 주제인 우리 대중가요의 기원을 정색하고 파고든다. 딴은 이 책이 지은이의 박사 학위 논문이기 때문이다. 이런 사정을 염두에 둔 채 이 책을 정독하고 나면, "대중가요로 본 근대의 풍경"이란 이 책의 부제가 "오빠는 풍각쟁이야"라는 제목보다 훨씬 적실해 보인다. 하지만 많은 지은이들은 대중적인 접근성이 떨어진다는 이유로, 저자의 집필 의도를 정확하게 반영하지 못하는 제목을 억지로 갖다 붙이는 출판계의 관행을 받아들이곤 한다.

대중가요란 대중의 가요, 즉 대중이 즐기는 가요를 말한다. 그 때문에 대중가요가 운위되기 위해서는 먼저 대중이라는 사회적 용어가 확립되어야 하고, 대중이라는 사회적 실체가 전제되어야 한다. 지은이는 신분 사회가 해체되고 계급적 불평등이 사라지기 시작하면서 등장한 게 대중이며, 우리나라의 경우 갑오개혁(1894)부터 현대적인 의미의 대중이 출현했다고 정의한다. 갑오개혁 이후 을사조약(1905)을 맺으면서 대한제국은 일제 식민지로 편입되지만, 서서히 우리나라에도 자본주의와 도시 문화가 등장하면서 대중 사회로의 진입이 이루어졌다.

봉건적 질서의 해체와 자본주의의 발달이 대중을 형성했지만, 대중가요가 탄생하기 위해서는 한 무리의 대중 외에 필요한 요소가 하나 더 있다. 대중가요 산업을 유지하며 대중가요를 전파시킬 대중 매체가 바로 그것. 우리나라에서 라디오 방송이 처음 시작된 해는 1927년이고, 1938년이 되어서야 라디오 보급량이 10만 대를 돌파했다. 그렇다면 방송국도 없고 라디오 수신기도 널리 보급되기 이전인 1920년대 초반의 대중들은 어떤 매체를 통해 대중가요를 접했고, 가수들은 어떤 수단으로 자기 존재를 알렸을까?

대중가요는 "대중이 대중 매체를 통해 향유하는 음악"이라고 정의하는 지은이는, 유성기가 1920년대 초반 대중가요를 탄생시킨 자궁 역할을 했다고 단언한다. 비록 초창기의 유성기가 부유한 사람들의 전유물이긴 했지만, 유성기는 같은 소리를 여러 번 재생하면서 음악의 대중화를 가능하게 했다는 것이다. 컴퓨터나 MP3가 발달한 요즘에 와서는 오디오에 대해 심드렁한 음악 애호가도 많이 생겨났지만, 그 당시엔 유성기가 대중음악을 접할 수 있는 유일한 통로였으며, '스위트 홈'의 상징이기까지 했다. 홍난파는 유성기(축음기)를 소개하면서, 못 부리는 악기가 없고 못하는 음악이 없을 뿐 아니라 "내 집의 따뜻한 맛"을 깨닫게 하는 데 꼭 필요한 것이라고 예찬한다. 1930년대, 조선은 유성기 천하였고 레코드의 황금시대였다.

'이식이냐, 자생(내재적 발전)이냐?'는 우리나라의 근대를 설명하는 도식적인 틀로, 대중가요에 관한 선행자들의 연구도 이 이분법을 벗어나지 못한다. 우리나라의 대중가요가 전통과 단절된 채 일본 음악의 영향에서 비롯되었다고 주장하는 입장이 이식론이라면, 자생론은 조선 후기의 사회적 변화와 함께 등장한 잡가와 같은 기존의 가요가 대중가요로서의 성격을 지닌다고 설명한다. 하지만 "대중가요에 있어서 이식과 자생을 넘어설 때"라는 한층 유연한 입장을 취하는 지은이는, 일제의 교육용 창가는 우리나라 대중에게 수용된 적이 없다고 밝히고 있으며, 트로트로 대변되는 당대의 우리나라 대중가요가 엔카의 영향을 받았으니 일본 음악이라는 식의 이식론자의 주장은 억지라고 여긴다.

근대 이후 일본의 음악 교육과 음악 문화가 처음부터 서양 음악을 의도적으로 받아들이려고 한 측면이 많았던 만큼, 우리나라의 대중가요가 전적으로 일본 대중음악의 영향을 받았다고 하는 것은 객관적인 연구를 방해할 소지가 있다고 보는 지은이는, 20세기 전반기 대중가요의 이해는 "세계사적 차원"에서 이루어져야 한다고 주장한다. 일례로 박채선·이류색이 부른 〈이 풍진 세상〉은 일본 엔카 〈마시로키 후지노네〉의 번안곡이지만, 이 노래의 원곡은 미국의 찬송가인 〈When We Arrive At Home〉이다. 우리나라 초기 대중가요 가운데는 이렇듯 일본을 거쳐 온 서양 음악뿐만 아니라, 직수입된 번안곡도 있다. 1926년 윤심덕이 불러 큰 인기를 얻었던 〈사의 찬미〉는 이바노비치의 〈다뉴브 강의 잔물결〉에 우리말 가사를 붙인 것이다.

유성기 보급에 따른 음반의 제작·판매에 주목하는 지은이는, 음반을 중요하게 여기지 않으면서 전통 가요의 대중가요적 속성만 강변하려는 자생론자와 당대에 유통된 음반의 내용을 구체적으로 분석하지 않는 이식론자들을 동시에 공박하는 괴력을 발휘한다. 일제 대중가요의 이식과 함께 전통 음악이 일방적으로 쇠퇴했다(자생론자)거나, 20세기 전반기의 대중가요로는 일본 엔카의 영향을 받은 대중가요밖에 없었다(이식론자)고 보는 선행 연구자들도 있지만, 1920～1930년대에 어떤 음반이 출시되고 인기를 얻었는지 조사해보면 사실은 달리 나타난다.

당시에 나온 음반을 크게 네 가지 장르로 나누면 트로트, 신민요, 만요漫謠(코믹송), 재즈송이다. 대개의 사람들은 트로트가 선보이자마자 대중의 감수성을 일거에 점령하고 전통 음악을 고사시켰다고 생각하지만, 실은 기존의 전통 음악에 신감각의 대중성을 가미한 신민요가 가장 큰 인기를 누렸다. 한국인이라면 누구나 알고 있는 〈아리랑〉이 바로 이때 나온 신민요로, 1928년 12월에 나온 한 잡지는 다음과 같이 쓰고 있다. "요사이는 〈아리랑 타령〉이 어찌나 유행되는지, 밥 짓는 어멈도 아리랑, 공부하는 남녀 학생도 아리랑, 젖내 나는 어린아이도 아리랑을 부른다. 심지어 어떤 여학교에서는 창가 시험을 보는데, 학생이 집에서 혼자 〈아리랑 타령〉 하던 게 버릇이 되어 다른 창가를 한다는 것이 〈아리랑 타령〉을 하여 선생에게 꾸지람을 듣고 〔……〕 하여간 서울에 그 노래가 퍽 유행하는 것은 사실이다."

음반사의 발매 통계나 대중 인기도에서 트로트, 재즈송, 만요를 누르고 주류가 된 음악은 신민요였다. 하지만 식민지라는 비극적 상황이 지속되면서 대중들의 정서는 애상적인 트로트로 점차 넓게 열렸다. 대중들이 상실된 세계의 감성적 보상물인 트로트에 열광하기 이전에 먼저 재즈송이 적성국의 음악으로 금지됐고, 이어서 해학과 풍자를 기본으로 하는 만요가 일제의 강압 속에 질식했으며, 충족 의식으로 가득했던 신민요의 흥겨움도 차츰 시들어갔다. 그 시절 이후 해방을 맞이하고도 트로트는 우리나라 대중가요를 대표하게 됐으며, 신민요는 다시 살아나지 못했고, 만요와 재즈송은 힙합과 JIP(Jazz Influenced Pop)라는 세계적인 팝 음악 조류를 수용하면서 간신히 명맥을 유지하고 있다.

19. 클래식에서의 '정신성'이라는 신화

《청중의 탄생》
와타나베 히로시, 윤대석 옮김 | 강, 2006

클래식 연주장의 분위기는 신에게 경배를 드리는 종교적 예식 장소와 흡사하다. 연주자는 사제고 작곡가는 그날의 성인이며, 청중은 사제와 성인의 인도에 따라 '음악 정신'이라는 종교적 열광과 각성에 다다른다. 그 때문에 클래식을 즐기지 않는 사람이 어쩌다 클래식 연주장에 가게 되었을 때는, 자신이 믿지 않는 종교의 예식을 보는 것만큼 생경해진다. 물론 이 말이 공평하기 위해서는 록이든 국악이든 여느 콘서트장은 하나같이 신흥 종교 못지않은 도취를 가지고 있다는 사실을 병기해야겠지만, 그래도 클래식 연주장은 타 장르의 연주장보다 더 엄숙하다.

클래식 연주장 하면 무엇이 가장 먼저 생각나는가? 어린이 동반 금지, 잡담 금지, 꽃다발 금지, 흡연 금지, 음식물 반입 금지, 연주 시 휘파람이나 환호 금지 등등. 거액의 입장료를 지불하고 들어간 클래식 연주회장은 온통 금지투성이다. 기침을 한번 하려고 해도 주위의 눈총에 신경이 쓰인다. 하지만 거의 청교도적이라고 해야 할 만큼 금욕적인 이런 '연주회 윤리'가 확립된 것은 그리 오래 되지 않았다.

조용한 객석에서 심혈을 기울여 고전적인 명곡을 듣는 오늘과 같은 연주회 이미지가 생겨난 것은 19세기 전반부터이며, 그 이전에는 '조용하게 듣지 않는 것'이 연주회장의 기본 매너(?)였다. 18세기의 연주회에서는 연주 중에 담배와 맥주가 용인되었을 뿐 아니라, 연주장 한쪽에서는 카드놀이가 이루어졌다. 성악곡의 경우 청중들이 너무나 시끄러워서 가사를 알아들을 수 없었기 때문에 궁여지책으로 가사를 인쇄해서 돌렸다. 1806년 프랑크푸르트에서 정해진 규칙에 "개를 데려오는 것은 금지"라는 문구가 보이는 것으로 보아, 그때까지만 해도 그런 일을 아무렇지도 않게 생각하는 사람들이 있었다.

하이든이 코번트 가든의 떠들썩한 청중들에게 두 손 들고 말았다는 일화가 요즘에야 진귀한 웃음거리지만, 그 당시엔 그게 정상이었다. 18세기의 연주장은 음악을 듣기 위한 장이라기보다는, 귀족 사회가 인간관계를 유지하기 위해 벌인 '사교의 장'이었기 때문이다. 말하자면 '음악이 있는 파티', 그게 18세기의 연주회였다. 개중에는 열심히 음악만을 들으려는 사람도 있었겠지만, 청중들 대부분은 사교적 행위를 위해 표를 샀다. 1755년의 한 기록은 이렇게 말한다. "여자는 보여주기 위해, 그리고 남자는 여자들을 보기 위해 연주회에 온다."

오직 음악을 듣기 위해 연주회에 가서 소리 하나 내지 않고 음악에 몰두하는, 우리에게 익숙한 연주회 광경이 19세기에 출현하게 된 것은 그 무렵에 일어난 사회 구조 변동과 연관된다. 산업 혁명과 시민 혁명을 통해 권력을 획득한 부르주아 계급이 연주회를 떠받치는 주요 청중이 되면서, 음악가와 청중의 관계는 귀족들 간의 '인맥 마케팅'이 아닌 불특정 다수의 청중을 상대로 하는 비개인적인 '대중문화mass culture'의 맥락으로 진입했다. 비로소 연주회는 사교적 관계의 일환이라는 사회적 족쇄에서 벗어나, 순수하게 음악을 듣고자 하는 사람들이 모이는 장소가 되었다.

1782년에 열린 모차르트의 자작 연주회 프로그램은 그야말로 뒤죽박죽이었다. 10여 개나 되는 그날의 레퍼토리는 음악 감상이 아니라 사교를 기대하고 온 인사들을 두루 만족시키기 위해 협주곡과 변주에서부터 각종 성악곡까지 고루 망라하고 있었으며, 메인에 놓여야 할 〈하프너 교향곡〉은 무참히 토막 난 채 연주회의 오프닝(1~3악장)과 피날레(마지막 악장)를 장식했다. 모차르트가 말한 것처럼 그런 시절엔 "음악을 그다지 잘 알지 못하는 이들도 일일이 따지지 않고 즐길 수 있어야 한다는 것을 염두"에 두고 작곡을 해야 했지만, 사교와 진지한 청중이 분리되면서 음악가들은 아마추어의 안색을 살필 필요 없이 예술적 독창성을 불태울 수 있게 되었다.

서양 고전 음악은 이처럼 여흥을 즐기려는 청중을 연주장에서 배제하는 것으로부터 자신의 정체성을 구축하게 되며, 진지한 청중과 경박한 청중의 구분이 급기야는 고급 음악과 저급 음악의 경계선을 긋는 데까지 나아가게 된다. 19세기 이전에는 두 청중 간의 구분이 없었으며 진지한 음악과 오락 음악의 구분 또한 없었으나,

귀족을 대신해 새롭게 부상한 부르주아 음악 청중은 음악을 정신(진지한 음악)과 감성(오락 음악)으로 나누었다. 그러면서 클래식이야말로 고급 음악이고, 오락 음악에 결여된 정신성을 가지고 있다는 논지를 편다.

19세기 중반에 활약한 부르주아 음악학자들이 다른 음악에는 없거나 약한 클래식의 정신성을 강조하게 된 것은 놀랍게도 음악이 가진 본래의 비정신성에 기인한다. 오르페우스가 하프 소리로 저승의 동물과 귀신들을 감동시켜 에우리디케를 데리고 돌아왔다는 고대 그리스 신화는 서구인으로 하여금 음악을 '악마적이고 초자연적인 힘'으로 이미지화하게 했고, 그 도저한 주술성은 정신성과는 상반되는 부정적인 것이었다. 실제로 칸트는 그의 미학서인 《판단력 비판》에서 음악을 정서를 자극하는 것으로 낮추어 보기도 한바, 클래식을 근대 미학의 기준에 맞추기 위해 부르주아 음악학자들이 사용한 방법은 두 가지다. 음악 형식 속의 정신적 측면은 강화하고, 정념에 호소하는 음악에는 '저급'이라는 딱지를 붙여 떨쳐버리는 것. 바로 이런 태도가 아직껏 여전히 남아 있는, "'클래식'과 '팝'이라는 이분법의 근저에 있는 사상이다".

《청중의 탄생》(강, 2006)을 쓴 와타나베 히로시는 19세기 중반부터 강화되기 시작한 고전 음악의 정신성 신화를 미학적 전거 속에서 찾는다. 하지만 이 책의 번역자 윤대석은 사회 구조에 좀 더 밀착한 설명을 한다. 그 시대는 서구 부르주아 사회의 성립과 함께, 서구 부르주아의 강력한 두 타자인 프롤레타리아 계급과 식민지 세계가 등장한 시기다. 이때 서구 부르주아는 계급은 '정신성/

교양/문화' 등을 앞세워 자신의 정체성 확보와 타자 배제의 원리를 작동하는 한편, 프롤레타리아와 비서구 식민지 지배의 정당성을 구하고자 했다.

1989년에 처음 출판된 이 책의 핵심은 "프리 모던pre-modern, 모던modern, 포스트모던post-modern이라는 삼분법적 역사"다. 음악 감상만을 전문으로 하는 연주회장과 음악 청중의 탄생, 집중적 청취와 정신성에 대한 몰입을 근대적 음악 환경이라고 한다면, 그것들이 미비한 상태가 음악 환경의 전근대일 터다. 그렇다면 이 독후감에서 다뤄지지 못한 후기 근대의 음악 환경은 어떻게 변했을까? 흥미진진한 이 대목은 이 책을 읽을 독자를 위해 남겨두기로 한다.

20. 헤세—음악의 성자

《페터 카멘친트》
헤르만 헤세, 김주연 옮김 | 현대소설사, 1992

《수레바퀴 아래서》
헤르만 헤세, 박병화 옮김 | 예하, 1993

《크눌프 · 로스할데》
헤르만 헤세, 정서웅 옮김 | 예하, 1993

《데미안》
헤르만 헤세, 이기식 옮김 | 현대소설사, 1993

《싯다르타》
헤르만 헤세, 박병덕 옮김 | 민음사, 1997

《나르치스와 골드문트》
헤르만 헤세, 임홍배 옮김 | 민음사, 1997

《게르트루트》
헤르만 헤세, 박환덕 옮김 | 범우사, 1988

《황야의 늑대》
헤르만 헤세, 원당희 외 옮김 | 예하, 1993

헤세는 언어로 가능한 여러 장르의 글을 쓴데다가 수백 점의 수채화와 데생을 남긴 화가이기도 하지만, 그의 본령은 역시 소설이다. 27세 때 발표한 첫 장편《페터 카멘친트》와 2년 뒤에 발표한 《수레바퀴 아래서》는, 그의 모든 소설이 조금씩 그렇기는 하지만, 여느 작품과는 비교할 수 없을 만큼 압도적인 자전적 요소를 가졌다. 헤세의 아버지는 아들을 신학자로 만들기 위해 신학교에 입학시켰으나, 거기에 적응하지 못한 헤세는 아홉 달 만에 자퇴를 한다.

훗날 헤세는 그 열네 살 적을 회상하면서 그때 자신은 "시인이 되거나 아니면 전혀 아무것도 되고 싶지 않았"(이인웅 엮음,《헤르만 헤세》, 문학과지성사, 1980)노라고 고백한다. 이십대 후반에 발표한 두 소설은 원하지 않았던 신학교 체험과 아버지와의 갈등을 적고 있다.

헤세의 전기적 사실은 꽤 어둡다. 그는 신학교를 퇴교한 직후 자살 기도를 했으며, 여러 차례 정신 병원에 입원하거나 정신 분석을 받았다. 말년에 가서야 차츰 나아졌지만, 그는 평생 동안 정신 쇠약과 우울증을 벗어나지 못했다. 너무 빤할지 모르는 추측이지만, 아버지의 소망을 이루어주지 못한 조숙한 반항이 씻기지 않는 죄책감으로 작용하지 않았나 싶다. 전기적 사실과 작품 간의 정합성을 물론 더 깊이 연구해보아야겠지만, 헤세의 전 작품이 추구했던 단일성單一性(=총체성·전일성)에 대한 강조는, 그가 저버렸던 종교 세계에 대한 문학적 보상이자 예술적 대체였다는 생각도 든다.

그는 문학을 통해 신학을 했지만, 나로 하여금 그의 모든 작품을 다시 읽고 이 글을 쓰게 한 관심사는 따로 있다. 그의 작품에서는 음악 소리가 들린다는 것. 예를 들어 취리히 대학에 진학한《페터 카멘친트》(현대소설사, 1992)의 주인공은 피아노 치는 소리에 이끌려 첫 친구 리하르트를 만나게 되고, 그가 평생 동안 잊지 못하고 미련을 두게 될 엘리자베트 역시 첫 만남에서 피아노를 친다. 그리고 페터 카멘친트가 꼽추 보피를 연민이나 동정의 대상이 아닌 자신과 동류의 인간으로 느끼게 되는 것 또한 꼽추 보피의 노래를 듣고서이다.

한편 신학교에서 병든 채 고향으로 돌아온《수레바퀴 아래서》

(예하, 1993)의 주인공 한스 기벤라트가 자학을 떨쳐낸 짧은 순간은, 철공소에 취직해서 난생 처음 공원들의 노동요를 들으며 감동을 느낀 순간이었다. "노동의 찬가" 속에는 기분 좋게 도취시키는 무언가가 담겨 있었고 그것을 들으며 한스는 "자기처럼 보잘것없는 인간과 또 자신의 하찮은 삶이 거대한 리듬에 접합되어 있음을 느"끼게 된다. 하지만 안타깝게도 한스와 세계 간의 일체감을 만들어주었던 음악 체험은 영속하지 못했다. 그가 자살을 하기 직전에 마지막으로 한 일은 강가에서 홀로 노래를 부른 거였으니, 그것은 살아서 세상과 어우러지고 싶었던 소외자의 처절한 안간힘이었다.

네 번째 장편《로스할데》(예하, 1993)는 겉으로 보면 장남의 사랑을 서로 독차지하려는 남편과 아내의 심리적 경쟁과 파탄을 구조로 하는 것 같지만, 색다른 독법으로 보면 음악적 동지인 모자와 음악을 이해하지 못하는 화가 아버지의 질투가 불화의 원인이다. 또 이 작품과 합본되어 있는 다섯 번째 장편(실은 세 개의 단편으로 이루어짐)《크눌프》의 주인공은 손풍금과 하모니카를 익숙히 다룰 줄 아는 방랑 시인으로, 일생 동안 음악과 더불어 세상을 주유한다.

여섯 번째 장편《데미안》(현대소설사, 1993)의 주인공 에밀 싱클레어는 데미안과 헤어져 있는 공백 기간에 한 음악가와 교제하게 된다. 촉망받는 신학생이었으나 신학을 포기하고 음악가가 된 피스토리우스가 추구하는 음악은 "천국과 지옥을 동시에 흔들어대는 듯한 느낌"을 주는 음악으로, 그 음악관은《데미안》의 주제이자 헤세가 끈질기게 설법한 세계관과 닿아 있다. "새는 알을 깨고 나온다. 알은 새의 세계다. 태어나려는 자는 한 세계를 파괴해야만 한다" 운운하는 저 유명한 구절 속의 아브락사스Abraxas야말로 "신적인 것과 악마적인 것"을 결합시키는 단일성의 신이 아니었던가?

헤세의 장편 속에 음악이 흐르지 않는 경우는, 서양인의 불교 이해 수준을 완벽하게 소설화한 일곱 번째 장편《싯다르타》(민음사, 1997)와 헤세의 가장 아름다운 책으로 평가받는 아홉 번째 장편《나르치스와 골드문트》(민음사, 1997). 싯다르타를 깨달음으로 인도하는 뱃사공 바주데바는 뱃노래를 한 곡조 뽑을 만도 한데 전혀 부르질 않고, 평생을 방랑하며 어떤 애정 행각도 마다하지 않았던 골드문트 역시 그랬다. 유독 이 두 작품에서 음악이 중요한 동기motif가 되지 못한 까닭을 유추해보는 것도 무척 흥미롭지만, 이 자리에서는 생략한다.

그야말로 주마간산으로 헤세의 소설 속에 나오는 '음악 모티프'를 살펴봤지만, 정작 중요한 작품은 세 번째 장편《게르트루트》, 여덟 번째 장편《황야의 늑대》, 열한 번째 장편《유리알 유희》다. 그 가운데《게르트루트》(범우사, 1988)는 아예 주인공이 작곡가이자 바이올리니스트였다. 헤세는 이 작품의 서두에 주인공 쿤을 묘사하면서 "예닐곱 살 무렵부터 나는 눈에 보이지 않는 어떤 힘에 의해 음악에 강하게 사로잡히고 지배당하도록 태어났음을 알았다. 그때부터 나는 내 고유의 세계와 숨을 장소와 천국을 가졌다"고 쓴다.

여러모로 사르트르의《구토》를 연상시키는《황야의 늑대》(예하, 1993)는 아마 유럽 대륙에서 재즈 연주자를 주요 등장인물로 만든 최초의 작품일 것이다. 단일성에 대한 헤세의 천착이 극단적인 형식과 내용을 통해 제시된 이 작품 속에서 모차르트는 남미 태생의 재즈 색소포니스트 파블로의 모습으로 환생한다. 영혼을 담아 강렬하게 연주하는 음악이라면 장르 간에 차이가 있을 수 없다는 거다. 헤세의 음악관 혹은 그의 작품과 음악 사이의 관계를 고찰하기 위해서는 뭐니 뭐니 해도 헤세 만년의 대작이자 헤세 신학의 완성인 《유리알 유희》(청하, 1989)를 꼭 언급해야겠지만, 이 기서奇書에 대해서는 한 편의 글이 별도로 쓰여야 한다. 1960년대 말, 미국의 히피들은 헤세를 물질·기계 문명에 저항하는 반反문화의 성인聖人으로 삼았으나, 그의 전작을 일별하고 나서 최후의 대작까지 살피고 나면 헤세는 단연 음악의 성자聖者다. 그는 20세 연하의 성악가를 두 번째 아내로 맞았었지만, 무척 흥미롭게도 그 결혼은 세 번의 결혼 가운데 최악이었다고 한다. 성악가 아내와 사는 일에는 실패했지만, 그는 음악 속에서 자아, 세계, 신이 하나 되는 단일성의 마력을 기꺼이 즐겼다.

21. 우리 음악 문화의 기원

《악기로 본 삼국시대의 음악 문화》
한흥섭 | 책세상, 2000

《우리 음악의 멋 풍류도》
한흥섭 | 책세상, 2003

대개의 한국 음악 통사는 우리 음악의 기원을 삼국 시대 이전으로까지 소급하거나, 어떤 경우에는 신라 시대의 향가부터 시작한다. 그런데 이런 식으로 기원을 정할 때 기술상의 한계와 취약점은 음악학자들이 취급할 수 있는 악보가 기껏해야 고려 가요 시기부터나 존재한다는 것이다.

악보 이전 시기의 음악을 연구하는 방법이 바로 구전으로 남아 있는 옛적 음악을 찾는 것이지만, 그 또한 원형을 보장할 수 없고 망실된 경우가 많다. '이가 없으면 잇몸'이던가? 음악학자들은 악보 이전의 음악사를 구성하기 위해 당대의 문헌, 고고학 자료(그림이나 벽화 등) 등의 비음악적 자료에 의지한다. 그 때문에 엄밀히 말하자면 악보 이전의 음악사는 음악사가 아니라 음악문화사다. 한흥섭의《악기로 본 삼국시대의 음악 문화》(책세상, 2000)는, 남아 있는 삼국 시대 악보는 없지만, 중국으로부터 수입·개량된 악기를 통해 그 시대의 음악 문화를 추적한다.

5세기 이전부터 중국 대륙과 직접적인 문화 교류를 가졌던 고구려는 삼국 중에서 음악 문화가 가장 발달했다. 북한과 만주에 흩어져 있는 고구려 고분 벽화에서는 주로 타악기로 구성된 취주악대의 행렬을 볼 수 있으니, 고구려인의 상무 기질이 음악에도 반영되었던 것으로 추측된다. 수隨로 통일되기 이전의 중국 북조北朝와 교호하고 실크로드를 건너온 서역西域의 악기와 음악까지 받아들였던 고구려가 우리 전통 음악에 가장 크게 기여한 바는, 왕산악이 중국의 칠현금을 개량해 거문고를 만들었다는 데 있다. 4세기 즈음에 만들어진 거문고는 한민족 최초의 개량 악기이면서, 백제와 신라로 전파되어 가야금과 함께 민족 음악의 발전에 중추적 구실을 하게 된다.

백제의 음악 문화는 고구려보다 뒤처져 있었다. 또 백제에는 고구려처럼 악기를 그린 고분 벽화도 없었고, 음악 관련 사료도 백제가 삼국 중 가장 빈약했다. 《삼국사기三國史記》와 같은 우리 문헌과 《수서隋書》·《북사北史》·《통전通典》 같은 중국 자료, 또 《일본서기日本書紀》나 《일본후기日本後記》 같은 일본 사서에 흩어져 있는 백제 음악의 편린을 모아보면, 백제는 마한의 음악을 바탕으로 중국 남조南朝와 교류했음을 알 수 있다. 백제인은 거문고와 같은 악기를 만들지는 못했으나, 일본에 거문고를 전하여 백제금百濟琴이라는 명칭으로 불리게 하는 등 일본 음악 문화에 고구려나 신라보다 더 큰 영향을 미쳤다.

삼국 가운데 가장 늦게 국가 체제를 갖춘 신라의 음악 문화는 6세기 중반 가야국의 음악 문화를 수용하기 전후로 나누어 전개된다. 낙동강 주변의 비옥한 농토에 위치했던 가야국은 신라보다 일찍 음악 문화를 꽃피웠다.《삼국사기》에 인용된《신라고기新羅古記》에 따르면 가야 왕인 가실왕은 당나라 악기를 보고 가야금을 만든 뒤 "여러 나라의 방언이 각기 다르니 성음聲音을 어찌 일정하게 할 것이냐"며 우륵에게 명하여 새 곡을 짓게 했다. 여러 나라의 방언이 다른 것처럼 각 나라의 음악도 달라야 한다는 이 발언은 주체적인 음악관을 표출한 우리나라 최초의 문헌 기록이며, 이는 훗날 세종대왕이 한글을 창제하면서 "나랏말이 중국과 달라 중국 문자와 서로 통하지 아니〔하며〕, 사방의 풍토가 다르매, 성기聲氣 또한 다르다"고 언명했을 때의 인식과 상통한다.

신라는 고구려와 가야로부터 거문고와 가야금을 전수받고, 중국 악기를 대대적으로 개량하면서 음악 체계를 잡아간다.《삼국사기》는 신라의 대표적인 악기로 삼현三絃 삼죽三竹을 든다. 삼현은 현금玄琴(=거문고)·가야금·비파며, 삼죽은 대금·중금·소금이다. 원래 비파와 삼죽에는 '향鄕'이라는 접두어가 붙었다가 탈락되었는데, 이 '향'은 신라·우리나라·동방·동토를 뜻한다. 이 사실은 ① 비파나 삼죽은 모두 당나라에서 왔다는 것, ② 신라인들은 당 악기를 그대로 쓰지 않고 자신들에 맞게 고쳐 썼다는 것을 가리키며, 비파와 삼죽은 그 후 우리나라의 대표적인 전통 악기로 자리 잡게 된다.

악기를 개량한다는 것은, 음악의 창작과 연주 기법은 물론 음색과 음악적 취향에도 고루 영향을 미치기에, 기능적 수단의 물질적 변형에 그치지 않고 외래 음악의 '독창적 수용'이라는 함의마저 지닌다. 더욱 강조할 것은, 악기 개량이 창조적 음악 예술 행위의 일종이면서 민족의 주체성과 연관된다는 점이다. 이 점을 부각하기 위해서는 중국의 천하 질서 개념과 예악禮樂 사상을 살필 필요가 있다. 중국은 천하 질서의 꼭대기에 위치하고 있으며 제후국(변방국)이 그 질서에 복종하는 것이 예禮다. 그리고 공자의 예악관에 의하면 음악은 예를 표현하고 실현하는 도구다.

중국의 악기들은 천지·음양·사시·오행 등의 철학적 우주론에 의해 만들어졌는데, 예를 들어 "금의 길이 삼 척 육 촌 육 분은 삼백육십 일을 상징하고, 너비 육 촌은 육합六合(천지와 사방)을 상징하며 〔……〕 오현五絃은 오행을 상징하고, 굵은 줄은 군주가 되고, 가는 줄은 신하가 되는" 식이다. 즉 악기는 단순한 악기가 아니라 중국식의 천하 질서 개념과 예악 사상이 구현된 것이다. 따라서 제후국이 함부로 악기를 개량한다는 것은, 천하 질서의 상징성을 벗어나 적어도 중국의 간섭을 받지 않는 자주국임을 선언하는 것과 같다.

위서僞書 여부가 판명되지 않은 《화랑세기花郞世紀》에 의지해 신라의 음악 문화를 재구성하고 있는 한흥섭의 또 다른 책 《우리 음악의 멋 풍류도》(책세상, 2003)는 지은이의 가설이 두드러지는 책이다. 한흥섭은 신라 통일의 주역이었던 화랑의 화랑도花郞道와 최치원이 말한 신라의 '현묘한 도道'라는 풍류도風流道를 동일시하면서, 화랑이 즐겨 불렀던 향가鄕歌에서 신라가 통일을 이룰 수 있었던 힘의 근원을 찾는다. 다시 말해 신라에서는 음악적 수련을 통해 사회 지도자로서의 도덕적 고결함과 청유淸遊의 품성을 길렀다는 것이며, 바로 이러한 면이 신라에는 있었고 고구려나 백제에는 없었다는 것이다.

"지금까지 고구려와 백제의 멸망은 정치·군사적인 역학 관계로만 설명되었는데, 이는 신라 향가가 지닌 정서적·문화적 힘을 간과한 것이다"라는 지은이의 가설은 음악 외적인 역사 해석을 따로 요청하는 부분이라 내가 더 할 말은 없지만, 이 발언을 통해 명료해진 것은, 음악을 백성을 교육하는 수단이나 이풍역속移風易俗(풍속을 고쳐 세상을 좋게 함)의 수단으로 보는 지은이의 정통 유교적 음악관이다. 두 책을 통해 지은이는 향가를 사뇌가詞腦歌로 보며, 사뇌가가 오늘날의 시나위로 연결된다는 학계 일부의 설을 지지한다. 무속과 관련 있는 시나위가 곧 향가라면, 풍류도의 정체도 샤머니즘과 가깝다는 주장을 위해서다.

22. 식민지 음악가의 어두운 핵심

《잃어버린 시간 1938~1944—세계적인 음악가 안익태의 숨겨진 삶을 찾아서》
이경분 | 휴머니스트, 2007

《안익태》
전정임 | 시공사, 1998

《기억하고 싶은 선구자들—한국양악인물사 1》
한상우 | 지식산업사, 2003

이경분의 《잃어버린 시간 1938~1944—세계적인 음악가 안익태의 숨겨진 삶을 찾아서》(휴머니스트, 2007)는 안익태가 독일에 머물렀던 7년간의 행적을 통해 평생 '나라 잃은 슬픔과 독립 의지를 노래했다'는 한 문장으로 요약되곤 하는 '안익태 신화'를 고쳐 쓴다. 안익태 신화란 이를테면 〈애국가〉가 완성된 것은 1936년 6월 베를린에서였으며, 두 달 뒤 손기정 선수가 일본기를 달고 우승한 베를린 올림픽이 열렸을 때, 안익태가 입장식을 마친 7명의 한국 선수와 함께 따로 〈애국가〉를 부른 게 공식적인 첫 제창이었다는 것. 또 그가 비슷한 시기에 완성한 〈코리아 판타지〉를 가지고 제2차 세계대전이 벌어지고 있던 유럽 각지를 돌며 20회 이상이나 연주했다는 자필 기록들이 있다는 것. 마지막으로, 그가 미국이 아닌 에스파냐에 안착한 것은 전후 나치 혐의를 받고 있던 R. 슈트라우스가 그의 스승이어서 그의 미국 입국이 거절되었기 때문이었다는 것.

이 책을 통해 들여다본 안익태의 삶은, 조지프 콘래드의 소설 《암흑의 핵심》을 떠올려준다. 유럽 대륙으로부터 멀리 벗어난 아프리카 오지 깊숙한 곳에서 유럽 문명의 오욕을 대면하는 게 콘래드의 소설이었다면, 식민지 조선에서 일본·미국·헝가리를 차례대로 거쳐 클래식 음악의 핵심이자 나치 독일의 중심부인 베를린으로 돌진했던 안익태의 삶이 대면한 오욕이란 어떤 것이었던가? 이 질문에 답하기 위해서는 안익태가 철저히 '세탁'해버린 독일에서의 7년을 추적해보아야 한다. 이 책은 전적으로 독일의 여러 문서 보관소에 흩어져 있는 안익태 관련 자료를 발굴하고 해석한 결과다.

이경분의 첫 번째 저서 《망명 음악, 나치 음악》에 의하면 나치가 집권한 독일에서는 정치적으로는 좌파, 인종적으로는 유대인, 음악적으로는 아방가르드, 이 중 어느 한쪽에라도 해당하는 음악가는 활동할 수 없었다. 이처럼 나치 독일 내의 모든 음악 정책과 음악인들의 활동이 선전 장관 괴벨스의 통제 아래 있었던 때, 아리아인도 아닌 일본 국적의 에키타이 안Ekitai Ahn이 전쟁으로 어수선한 베를린에서 활동할 수 있었던 비결은 무엇이었을까? 말하자면 안익태가 어떤 식으로든 일본 정부에 협력하지 않았다면, 일본의 동맹국이었던 나치 독일에서 활동하는 게 과연 가능했겠느냐는 것이다.

안익태에 관한 여러 전기와 문헌들은 이 질문을 덮어두고자, 그가 활동했던 독일을 그냥 '유럽'이라고 칭하거나 '세계 무대'라고 모호하게 표현한다. 안익태의 독일 활동을 암시하고 있는 전정임의 《안익태》(시공사, 1998)와 한상우의 《기억하고 싶은 선구자들—

한국양악인물사 1》(지식산업사, 2003)도 그런 경우다. 전자는 "안익태가 스페인으로 이주하기 전에는 베를린에 거주했을 가능성이 매우 높다"고 쓰고 있고, 후자는 "제2차 세계대전이 막바지에 이르자 안익태는 독일을 떠"났다고 적고는 있지만, 그의 음악 활동이 나치 독일과 무관한 지역에서 이루어졌다는 듯이 기술한다. 하지만 안익태가 연주회를 가진 장소는 대부분 독일과 나치의 점령 지역이었다.

1938년 초까지만 해도 안익태는 조선인이라는 자의식을 가지고 있었고, 독립을 염원했다. 그랬던 그가 어느 순간 만주국 건국 10주년을 기념하는 〈만주국 축전곡〉과 일본 황실을 찬미하는 〈에텐라쿠〉 같은 곡을 쓰고 연주하는 지경이 된 것은, 1941년 일본이 진주만을 공습하면서 독일 전역에 불어닥친 '일본 붐'과 연관 있다. 그가 청운의 부푼 꿈을 안고 일본에서 미국으로 갔을 무렵 미국은 음악적 후진국이었고, 일시적인 유럽 방문(1936) 뒤 그의 목적지는 독일로 바뀌었다. 그가 재차 유럽을 방문하여(1938) 음악 활동을 하던 때에 독일·이탈리아·일본이 3국 동맹을 맺게 되어 독일에서 일본의 위상이 높아졌고(1940), 그 이듬해 일본의 외무 장관 마쓰오카 요스케가 히틀러를 만나기 위해 베를린을 방문했을 때 베를린 거리에는 일본 깃발이 펄럭였다.

아마 그때 안익태의 심경은 크게 바뀌었으리라고 지은이는 추정한다. 유럽의 최강국인 독일의 수도 베를린 곳곳에서 나부끼는 일본기를 보면서 안익태는 '조국은 쉽게 독립되지 못할 것이다'라고 생각하며 절망감을 느꼈을 것이다. 그리고 꽤 장기간 여러 나라를 전전한 끝에 '자신은 조선인임에는 틀림없지만, 정작 자신이 봉사할 국가는 없다'는 것도 비로소 의식하게 되었을 것이다. 그런 좌절과 회의를 비집고 솟아난 것은, 자신을 베를린까지 오게 만든 음악적 성공에 대한 열망. 그는 유럽이 전화에 휩쓸려 있는 이때가 아니면 동양인 지휘자가 성공할 기회는 없다고 생각했고, 또 전쟁이 일본과 독일을 밀접하게 만들수록 자신에게 유리하게 작용한다는 것을 알게 된다.

이경분은 나치가 독일을 접수했던 기간(1933~1945) 동안 독일에서 나치에 협력했거나 해외로 망명했던 숱한 음악가들의 활동을 연구한 끝에, 가장 순수한 창조물로 여겨지는 음악 또한 순수하지 않으며, 음악 예술의 순수를 믿는 사람일수록 더 나쁜 방식으로 잘못된 정치에 복무하게 된다는 결론을 낸다. 전쟁 중인 독일은 먼 동양의 일본 제국이 친구로서 독일을 지지하고 있다는 것을 국민들에게 선전할 필요가 있었다. 그걸 수행하기 위한 단체가 유럽 거주 일본 외교관과 나치 간부들이 만든 일독회日獨會라는 문화 선전 단체였고, 안익태는 이 단체를 통해 일본의 음악 대사大使 역할을 했다. 바로 이것이 〈애국가〉를 만든 안익태가 철저히 숨기고 싶은 전력이었고, 그래서 전쟁이 끝난 뒤, 중요하지도 않은 슈트라우스와의 사제 관계를 터무니없이 부풀린 것이다.

시벨리우스의 〈핀란디아〉나 스메타나의 〈나의 조국〉과 같은 교향시Sinfonische Dichtung와 심포니적 판타지Sinfonische Fantasie는 19세기 후반 민족적 동질성을 음악적으로 형상화하고자 했던 민족주의 작곡가들이 선호했던 장르다. 〈코리아 판타지〉를 쓴 안익태

역시 그들과 같이 되고 싶은 욕망이 있었다. 하지만 새로 발굴된 자료들은 〈코리아 판타지〉의 원본이 〈교쿠토(극동)〉의 개작일 가능성과, 유럽에서 연주된 〈코리아 판타지〉의 실제 연주는 〈에텐라쿠〉였을 가능성도 제기한다.

정치권력은 야심과 명예욕이 큰 예술가일수록 쉬운 먹잇감으로 삼는다. 국립음악학교 일본인 친구들과 송별회를 하는 자리에서 "미국에서 힘껏 노력하여 런던 필하모니를 지휘하고 오겠다"고 공언하고, 또 길을 가다가 기차의 기적 소리를 듣고는 '이것은 00장조다'라고 말할 정도로 평생 음악에 헌신했던 안익태는, 음악 경력 말년에 이르러 이승만과 박정희를 찬미하게 된다.

23. 세 사람의 첼리스트

《첼리스트 카잘스, 나의 기쁨과 슬픔》
앨버트 칸, 김병화 옮김 | 한길아트, 2003

《천재와 광기》
필리브 브르노, 김웅권 옮김 | 동문선, 1998

《자클린느 뒤 프레》
캐럴 이스턴, 윤미경 옮김 | 마티, 2006

《내 아들, 요요마》
마리나 마 · 존 A. 랄로, 전원경 옮김 | 동아일보사, 2003

첼로의 기법과 레퍼토리를 혁명적으로 바꾼 인물인 카살스(카잘스)는 교회 오르가니스트이자 피아노 교사였던 아버지와 한때 피아노를 공부했던 어머니 사이에서 태어났다. 마드리드를 수도로 삼은 범汎에스파냐와 달리 바르셀로나를 중심으로 하는, 고유의 역사와 언어를 가진 카탈루냐에서 태어난 그는 스스로를 카탈루냐인으로 여긴 공화주의자였다. 프랑코가 에스파냐 공화국을 붕괴시키고자 쿠데타를 일으키자 공화국을 사수하기 위해 헌신했던 그는, 바르셀로나가 프랑코 반군에게 점령당하기 직전인 1939년 에스파냐를 떠나 평생 망명자로 살았다. 그뿐 아니라, 프랑코 정권과 외교 관계를 맺은 나라에서는 공개 연주를 하지 않겠다는 선언을 하고 그것을 지켰다.

카살스로 하여금 "저는 먼저 한 인간이고 두 번째로 음악가입니다"라고 말하게 하고 또 "양심을 가진 예술가라면 특정 정치 이슈로부터 완전하게 초연하게 있을 수는 없"다는 신념을 갖게 한 장본인은 그의 아버지다. 거기에 더하여 그 자신이 가까이서 목격했던 한 사건이 '참여하는 예술인'에 대한 신념을 심어주었다. 앨버트 칸의 《첼리스트 카잘스, 나의 기쁨과 슬픔》(한길아트, 2003)에 의하면 카살스는 스물세 살의 나이로 두 번째로 파리에 입성했던 1900년, 프랑스를 불태우고 있던 드레퓌스 사건의 전모를 관찰하면서 자유와 정의의 신봉자가 되었다.

카살스가 독재 정권을 피해 망명한 에스파냐 난민을 위한 구호 활동을 펴고 핵실험 방지를 위해 평화 음악회들을 조직한 것은, 음악을 수단으로 인간의 존엄성과 고귀함을 표현하려고 했던 카살스 신화의 일부이다. 거기에 비하면 그의 이름에서 연상되는 바흐의 무반주 첼로 모음곡에 얽힌 신화는 빛바랜 것인지도 모른다. 열세 살 난 카살스가 바르셀로나의 고서점에서 한 번도 연주되지 않은 무반주 첼로 모음곡 필사본을 발견하여 12년 동안 매일 연구하고 연마한 끝에 스물다섯이 되어 초연했다는 게 신화의 내용이지만, 그것은 사실이 아니다. 그 모음곡은 1824년경 파리에서 출판되었으며, 단일 곡 형태로 연주되어왔다. 카살스는 그것을 전곡으로 연주한 것이다.

재클린(자클린느) 뒤 프레는 영국이 낳은 최초의 스타급 첼리스트다. 그녀는 네 살 때 라디오에서 흘러나오는 첼로 소리를 듣고 "저 소리를 내고 싶어"라고 보챘고, 왕립음악아카데미를 졸업하고 위그모어 홀Wigmore Hall에서 피아노 리사이틀을 하기도 했던 어머니는 곧바로 어린 딸을 데리고 첼로 선생을 찾아갔다. 태어나면서부터 음악적 재능을 과시했던 그녀는 첼로 레슨을 시작하자마자 초인적이고 환상적인 소리를 내었다니, 신동임이 분명하다.

신동에 대한 연구는 항상 그리고 압도적으로 음악인을 거론한다. 《천재와 광기》(동문선, 1998)를 쓴 필리브 브르노는, 음악 분야에서는 십대나 그보다 더 어린 신동이 나올 수 있지만 예를 들어 문학 분야에서는 십대 천재가 나올 수 없다고 한다. 음악처럼 추상적이고 직관적인 분야에서는 가능하지만, 언어 습득과 논리적인 사고가 필요한 부문에서는 불가능하다는 것이다. 랭보의 경우도 추상적이고 직관적인 능력을 필요로 하는 시 장르였기 때문에 가능했고, 그가 택한 장르가 산문이었다면 사정은 달라졌을 것이다.

뒤 프레의 집안에는 재클린과 경쟁하는 또 다른 음악 신동이 있었고, 주위 사람들은 언니인 힐러리를 더 주목했다. 사람들은 자신의 아이가 신동이길 바라지만, 신동이 태어난 집안의 부모는 두 개의 난관에 부딪친다. 부모 양쪽 모두 혹은 어느 한쪽이 아이를 위해 전적으로 희생해야 한다는 것과, 한 아이를 위해 영재일지도 모르는 또 다른 자녀들을 포기해야 한다는 것이다. 한마디로 신동이 가족에게 미치는 영향은 정신적 혹은 신체적 장애아의 경우만큼 크다. 그렇다면 신동 자신은 어떨까? "집에서는 아이 취급을, 다른 곳에서는 어른 대접"을 받게 되는 신동은 "어느 세계에서도 편안하지 않"으며 사적인 공간에서 자신의 일에만 열중하게 된다. 사회적 부적응과 '백 년 동안의 고독'이 하늘로부터 재능을 부여받은 자의 운명이다. 캐럴 이스턴의 매혹적인 평전 《자클린느 뒤 프레》(마티, 2006)는 〈바람과 함께 사라지다〉나 폴 뉴먼이 누군지도 몰랐던 뒤 프레의 사정을 전한다.

그러나 무척 불행하게도 뒤 프레는 신동의 특권인 그 '백 년 동안의 고독'마저 온전히 누리지 못했다. 또 한 사람의 음악 천재 다니엘 바렌보임과 떠들썩한 결혼을 하면서 운명적으로 떠맡은 고독을 물리치는 듯했으나, 다발성경화증이라는 불치의 병을 앓게 된 것이다. 그 병이 서서히 진행되어 죽기까지 15년 동안, 그녀는 자신의 신체와 정신이 망가지는 것을 보면서 "어떻게 삶을 견디지요?"라고 물어야 했다.

축소 사이즈가 있긴 하지만 첼로의 현은 바이올린보다 굵어 누르기가 힘들며, 지판과 줄 사이의 간격이 넓어 어린아이가 연주하기 힘들다. 그런데도 요요마는 세 살 때 첼로를 선택했다. 중국계인 그는 프랑스에서 태어났는데, 부모 양쪽이 음악학과 성악을 공부하러 프랑스 유학중이었기 때문이다. 바로 이 지점에서 각기 다른 세대와 국적을 가졌던 카살스(1876~1973), 뒤 프레(1945~1987), 요요마(1955~)의 공통점이 도출된다.

마리나 마와 존 A. 랄로의 공저 《내 아들, 요요마》(동아일보사, 2003)에서도 설명되지만, 흔히 한 가문에서 좋은 음악가(예술가)가 나오기 위해서는 3대의 노력이 필요하다고 한다. 1세대는 자녀에게 양질의 음악 교육을 시킬 만한 돈을 벌고, 2세대는 그 돈으로 최상의 음악 교육을 받는다. 그러면 3세대에 이르러 걸출한 음악가가 탄생한다. 요요마의 조부들은 1930년대에 자식들을 유학 보낼 만큼 재력이 있었고, 요요마의 부모들은 최상의 음악 교육을 받았으니, 요요마는 두 세대의 결실이다. 카살스와 뒤 프레는 1세대의 덕을 보진 못했지만 전자는 에스파냐 왕정의 후원을, 후자는 영재를 위한 각종 장학 혜택을 받았으며, 둘 다 2세대의 음악적 자원을 물려받았다. 세 사람은 어머니의 극진한 지원이 있어야 한다는 조건과, 직업 음악가로 성공하기 위해서는 다섯 살 이전에 음악을 시작해야 한다는 조건마저 공평히 만족시켰다.

첼로는 피아노, 바이올린과 함께 '3대 악기'로 꼽히면서도 레퍼토리는 협주곡, 소나타, 독주곡을 통틀어 30여 곡밖에 안 된다. 그 때문에 이십대에 모든 첼로 곡을 녹음해버린 요요마가 할 수 있는 일은, 재녹음을 하거나 작곡가에게 첼로를 위한 신곡을 위촉하는 것이었다. 하지만 그는 바비 맥퍼린과 《Hush》(1992)라는 음반을 내놓으면서 크로스 오버를 선택했다. 그것이 첼로의 새로운 길인지는 모르겠지만, 그가 '실크로드 프로젝트'를 통해 동양과 서양의 음악적 소통을 모색하고 있는 최근의 시도는 동서양의 가치를 동등하게 중시했던 부모의 영향임이 분명하다.

24. 비가시적 억압 장치로서의 음악?

《예기·악기》
작자 미상, 한흥섭 옮김 | 책세상, 2007

악樂에 관해 논한《악경樂經》은《예기禮記》·《춘추春秋》·《시경詩經》·《서경書經》·《역경易經》과 함께 전국戰國 시대 말에서 한대漢代에 걸쳐 형성된 육경 가운데 하나였다. 그런데 어쩌다 이 책의 원본이 사라지면서 그 일부가《예기》에 수록되어 〈악기樂記〉편이 되었다. '책세상문고·고전의세계' 63번으로 출간된《예기·악기》(책세상, 2007)는 49편으로 이루어진《예기》가운데 19번째 〈악기〉편만 따로 번역한 것으로, 제목 자체가《예기》속에 들어 있는 〈악기〉라는 이 책의 사정을 압축해서 보여준다.

열거했던 육경은 사서라 불리는《논어論語》·《맹자孟子》·《중용中庸》·《대학大學》과 함께 수신을 하고자 하는 사대부나 제왕학을 공부하는 왕족들은 누구나 숙독해야 하는, 유교 질서권 최고의 교과서들이다. 그런데 이런 설명을 듣고 나면 고개가 갸웃거려지면서 다음과 같은 질문을 하게 된다. 왕이 되려는 자나 왕을 도와 정치를 하려는 자에게 음악이 그토록 중요했던 이유는 무엇인가? 대학 입시에도 나오지 않는 음악, 그래서 자율 학습 시간으로 때워질 만큼 푸대접받는 오늘의 음악 공부와 비교해볼 때, 육경에 포함되었다는 《악경》의 존재는 당대의 음악적 위상이 어느 정도였는지를 증명한다.

원래 '경經'이란 공자가 직접 편찬한 책에나 붙이는 극존칭이다. 그러므로 원래의 《악경》은 공자의 저술일 가능성도 있지만, 오늘날 전해지는 《예기·악기》는 여러 설이 분분함에도 불구하고 지은이 미상이다. 오히려 어떤 내용을 보면 공자가 아니라 순자荀子 계열의 유가 학자들이 쓴 것이라는 추측을 하게 된다. 일례로 "사람의 마음은 바깥 대상에서 감동을 받지 않으면 고요한데, 이것은 타고난 본성이다. 바깥 대상에 감동을 받아 마음속의 지력과 감정이 움직여서 표현되는 일은 타고난 욕망이다"와 같은 구절은, 두 개의 인간 본성을 동시적으로 말하고 있다. 즉 위의 문장은 바깥으로부터 유혹을 받기 이전의 '고요한 인간 본성'과 바깥의 유혹에 흔들리는 '마음속의 욕망'을 모두 인간 본성으로 인정하는데, 바로 여기에 순자의 '성악설'이 개입되어 있다.

이처럼 순자 계열의 인성론이 언뜻언뜻 드러나기는 하지만, 기본적으로 이 책은 공자의 예악禮樂 사상을 충실히 전달하고 있다. 예를 들어 《논어》에서 제자 안연이 "나라 다스리는 법"에 대해 묻자 공자는 음탕한 노래를 물리쳐야 한다면서 정나라의 음악을 꼽는데, 〈악기〉 또한 나라가 망하기 전에는 먼저 퇴폐적인 음악이 유행한다면서 망국지음亡國之音의 대명사로 정나라 음악을 거론하고 있다. 그렇다면 '음악을 통해 인간과 사회를 교화한다'는 공자와

〈악기〉의 이풍역속 음악관은 어떻게 생겨났고, 어떻게 유교 사회의 예와 결합하게 되었을까?

인류 최초의 예禮 의식은 귀신을 두려워하여 공경하는 제사를 올리는 데서 시작되었다. 이때 예 의식을 좀 더 신성히 하고 부드럽게 하기 위해 음악이 사용되었으니, 예와 악은 그때부터 함께했다. 마을 단위나 씨족 단위로 치르던 최초의 제사는 일상생활과 밀접한 종교 행위에 불과했으나, 좀 더 규모가 큰 씨족 공동체와 국가로 단위가 확대되면서 왕이 제례 의식을 주관하게 되었으며, 이때부터 예악은 지배 계층이 백성을 통치하는 데 사용하는 도구가 되었고, 사회생활과 정치 생활의 중요한 통치술이 되었다.

공자 이전과 이후에, 또 주희에 의해 한 차례씩 변화가 있긴 했지만, 기본적으로 유교 질서 속의 예악 사상은 신분 사회를 조화롭게 유지하는 것을 기조로 한다. 가령 궁宮은 임금을, 상商은 신하를, 각角은 백성을, 치徵는 일을, 우羽는 사물을 상징했으며, 이 오음五音은 각자의 본분을 잊거나 서로 침범해서는 안 되었다. 음악적 조화는 곧 신분 질서상의 조화와 안녕을 상징했다. 악은 군신君臣·상하上下·장유長幼·노소老少·부자父子·형제兄弟·남녀男女의 윤리 도덕을 표상해낼 수 있어야 한다. 그러기 위해서는 우리나라의 궁중 음악처럼, 조급하고 격렬한 곡조보다는 우아하고 느릿한 심미적 세계가 선호된다.

예와 악은 수양하는 사람의 몸과 마음을 상호 보완한다. 즉 예가 외모와 행위를 바르게 하는 겉모습으로 나타난다면, 악은 속마음에 영향을 미친다. 서로 보완하는 예악의 차이를 일컬어 "예는 서로 보답"하는 것이며, "악은 스스로 돌아보(반성)"게 하는 것이라고도 하는데, 이런 태도에서 다시금 확인하는 것은 "군자는 악을 통해 도덕적 수양을 제고하기를 즐거워하고, 소인은 악을 통해 성색의 욕망을 만족시키기를 즐거워한다"는 것, 즉 도덕적 수양의 수단으로서의 음악이다.

예악 사상에 의하면 악은 군자나 성인만이 지을 수 있다. 도덕적 수양의 장인들에 의해서만 "사람들을 즐겁게 하되 방종케 하지는 않"으며 "사람의 착한 마음을 움직여 방종한 마음과 사악한 기분에 영향을 받지 않도록"하는 곡조가 만들어진다. 백성을 다스리는 예·형(형벌)·정(정치)이 있음에도 불구하고 요순堯舜과 같은 이상적 군주들이 악을 지은 것은 그것들로는 인간의 외면만 다스릴 수 있기 때문이다. 절제하지 못하는 인간의 욕망을 다스려 예와 부합시키기 위해서는 악만 한 것이 없다고 본 것이다.

예를 중시했던 공자는 악을 예와 대등하게 보았다. 아니, 어떤 면에서는 예보다 악의 중요성을 더 강조했다. 《예기·악기》의 옮긴이 해제에 따르면, 공자는 시와 예와 악을 인격 형성의 매우 중요한 근원으로 생각했지만, 궁극적으로는 인격의 완성을 악에 두었다고 한다. 군자가 인격 수양의 힘을 통해 사회를 교화하기 위해서는 악이 예보다 더욱 근원적이고 본질적인 작용을 한다고 보았다는 것이다. 물론 이것은 개인 수양의 차원에서 말한 것이다. 왜냐하면 "예는 사회 내의 지배자와 피지배자의 적대적이고 모순적인 관계를 정당하고 필연적인 관계로 엄정하고 장중하게 문식文飾하여 등급화(질서화)하는 절차"이기 때문이다.

모순적인 적대 관계를 겉만 그럴듯하게 꾸미는 것이 동아시아의 유교 질서 속의 예의 의식일 때, 그 구조 속에서 음악이 하는 역할은 너무 뻔하다. 음미해볼 필요가 있어, 길지만 옮긴이의 해제를 다시 인용한다. "신분 사회에서 예에 따른 규정이 경직화되면 계층 사이의 반목과 불화가 조성되리라고 본 것인데, 바꿔 말하면 악은 곧 지배 계층이 피지배 계층을 정서적으로 포용하기 위한 제도적 장치였던 셈이다. 피지배 계층으로 하여금 자신이 피지배 계층임을 천지자연의 질서처럼 당연하게 그리고 천지만물의 조화처럼 즐거이 받아들이도록 예로써 구별 짓고 악으로써 동화시키고자 한 것이다. 〔……〕 악을 통해 계층 간의 정감상 동화가 이루어지는 것을 천지만물의 따뜻한 조화처럼 느끼게 한다. 이러한 고도의 통치 문화 정책이 곧 예악 사상의 본질인 것이다."

25. 열린음악과 그 적들

《국가론》
플라톤, 이병길 옮김 | 박영사, 2006

《플라톤의 교육론》
R. L. 네틀쉽, 김안중 옮김 | 서광사, 1989

《정치학》
아리스토텔레스, 이병길 옮김 | 박영사, 2003

《미국 정신의 종말》
앨런 블룸, 이원희 옮김 | 범양사출판부, 1989

〈가치교육에 있어서 음악의 효용성 : 토마스 아퀴나스를 중심으로〉
박균열, 《국가윤리 교육론》 | 철학과현실사, 2005

대중이 "새로운 노래"를 좋아한다고 말할 때, 지배자들은 대중이 "새로운 노래가 아니라 새로운 형식의 노래를 찬양하는 것은 아닌가" 하고 의심해보아야 한다. 왜냐하면 "음악적으로 새로운 것은 전체 국가에 대해 위험이 가득 차 있고 마땅히 금지되어야" 하기 때문이다. "음악의 형식이 변할 때 국가의 근본법도 언제나 이들과 더불어 변하다"고 말한 사람, 그러므로 음악은 "원초의 형태 그대로 보존"해야 하며 지배자들은 "그것들을 다치지 않게 유지하는 데 힘을 다해야 할 것"이라고 말한 이 사람은 누구?

플라톤의 '시인 추방론'은 널리 알려진 악명 높은 것이지만, 《국가론》(박영사, 2006)을 볼라치면 그가 혐오한 것은 시나 연극만이 아니라 예술 일반이었다고도 할 수 있다. 그는 영원불변의 이데아를 왜곡되게 흉내 낸 열등한 것이 바로 예술이라고 여겼다. 그러면서도 플라톤은 예술의 어떤 효용에 대해서는 마지못해 인정을 했는데, 신화나 시가 거짓말이라 하더라도 교훈적인 가치가 있다면 교육을 위해 이용할 수 있다고 본 것이다. 정리하자면, '예술은 열등하지만 사람의 마음을 움직이는 예술의 마술적 효과를 교육에 이용하는 것은 바람직하다' 정도가 플라톤이 예술에 대해 가졌던 양가적 입장이다.

예거한 모방의 저열성 말고도 플라톤이 예술을 혐오하는 중대한 또 다른 이유가 있다. 플라톤이 보기에 국가는 일사불란해야 하고(다시 말해 개인은 국가에 종속되어야 하고), 거짓말은 국가를 지배하는 자만의 특권이다. 국가의 지배자만이 공익을 위해 거짓말을 할 수 있다. 그런데 예술은 그 일사불란을 해치며, 예술가들은 임의로 거짓말을 해댄다. 그러므로 플라톤의《국가론》이 지배자(정치가), 보조자(군인), 생산자(노동자)만으로 국가 구성원을 한정한 것은 전혀 놀랄 일이 아니다. 예술가란 그저 잉여며 추방되어야 할 존재였다.

정의롭고 도덕적인 공동체를 만들기 위한 정치철학의 기초를 마련하고 있는《국가론》에는 '시인 추방론'이 분명히 언급되어 있고 시나 연극에 대한 비난이 일관되게 드러나 있지만, 그보다는 음악에 대한 언급이 압도적으로 많다. 플라톤이 활동하던 당시 그리스인들이 조각과 건축에서 탁월한 업적을 남긴 반면 음악은 초보적인 수준에 머물렀음에도 불구하고,《국가론》에서는 조각이나 건축에 대한 언급은 거의 없고 음악의 중요성만 되풀이해 강조되고 있다.

이 점에 대해《플라톤의 교육론》(서광사, 1989)을 쓴 R. L. 네틀쉽은 플라톤으로 하여금 시인(극작가)과 음악가들에게 관심을 쏟게 했던 당시의 타락적인 징표가 조각가나 건축가에게는 나타나지 않았기 때문이며, 더욱 그럴듯한 설명은 "국민의 성격에 미치는 영향이라는 관점에서 볼 때 조각가나 건축가보다는 시인과 음악가가 실질적으로 더 중요하다고 생각되었기 때문"이라고 말한다. 여기서 내 말을 첨언하자면, 조각이나 건축은 한 공간에 고정된 제약 여건 때문에 교육 자료로서의 활용도가 낮으며, 시나 연극의 경우에도 각 개인의 독해력에 따라 특정한 시간과 공간이 진입 장벽이 된다. 거기에 비해 음악은 대중적인 접근성이 훨씬 뛰어나다. 교육론으로도 읽히는《국가론》의 지은이는 분명 이 점을 간파했을 것이다.

플라톤에게 있어 음악은 인간의 내면 깊숙이까지 파고드는 최상의 의식화 교재이다. 전투적인 음악은 청소년들에게 용기와 담력을 불어넣어 용감한 병사를 만들고, 평화로운 음악은 위안과 안정을 제공하며, 정확한 박자와 음정은 질서 의식을 배양한다. 그러므로 애통하거나 술에 취한 음률, 유약하거나 나태한 음률은 추방되어야 한다. 플라톤은 이오니아 가락과 리디아 가락을 퇴폐 음악으로 꼽으면서 그 가락에 "어떤 군용적軍用的 가치가 있나?"라고 묻는다. 무릇 나라를 생각한다는 성인聖人들의 음악관은 다 이랬을까? 이 대목에서 정풍(정나라 음악)과 위풍(위나라 음악)은 개인의 심성을 해치고 풍속을 어지럽혀 끝내는 나라를 망하게 했다는《논어》의 한 구절이 생각나는 사람이 나만은 아닐 것이다.

익히 알다시피 《국가론》은 플라톤의 저술로 되어 있지만, 스승 소크라테스의 대화를 플라톤이 정리한 형식을 취하고 있다. 말하자면 이 책에 드러난 플라톤의 음악관은 그리스 철학의 시조인 소크라테스가 복화술로 이야기한 것이라 해도 좋다. 그렇다면 플라톤의 제자 아리스토텔레스의 음악관은 어땠을까? 다행히도 '인간은 정치적인 동물'이라고 말한 《정치학》(박영사, 2003) 가운데 가장 마지막 편인 8편이 바로 음악과 교육에 대한 장이다. 거기서 아리스토텔레스는 "오늘날에 있어서는 대부분의 사람들이 쾌락을 위하여 음악을 연마하고 있으나 음악은 본래부터 교육 속에 포함되어 있었던 것"이라면서, 질서를 가르쳐주며 윤리적 조화를 심어주고 성격을 형성하는 효용 때문에 반드시 "젊은이의 교육에 음악이 도입되지 않으면 안 된다"고 말한다.

플라톤에서 아리스토텔레스로 이어지는 그리스 철학자의 음악관은 휴식과 쾌락으로서의 음악적 성질을 모르지는 않지만, 그보다는 '상상의 공동체'를 만들기 위한 수단으로만 음악에 가치를 둔다. 플라톤/아리스토텔레스 음악관 속에서는, 음악이 가진 미적 자율성이나 수용자 입장에서의 개인 취향 또는 음악의 사회 저항적 가능성이 철저히 무시되거나 핍박된다. 일찌감치 칼 포퍼는 전체주의적인 이상 국가의 청사진을 제시한 플라톤을 가리켜 '열린 사회의 적'이라고 논박한 바 있으나, 오늘에 이르도록 음악은 '교육의 효용성'이나 '국가의 동원'으로부터 완전히 해방되지 못했다.

우익 엘리트 또는 국가주의자들이 음악을 대하는 방식은 음악을 정치 및 도덕과 상관있는 것으로 극진히 존중한다는 점에서 전적으로 플라톤적이다. 그것을 실감하고 싶은 독자가 있다면 미국의 네오콘을 만든 검은 대부 레오 스트라우스의 대중적 선전꾼인 앨런 블룸의《미국 정신의 종말》(범양사출판부, 1989) 가운데 1부를 보면 된다. 거기서 그는 플라톤의 음악관을 숭배하면서, 록 음악을 반문명적인 것으로 질타한다.

우리나라의 경우 박정희 시대에 벌어진 퇴폐 가요 척결과 건전가요 보급 운동은 국가주의자에 의한 '음악 동원'의 실례를 보여준다. 그리고 약간의 정도차는 있겠지만 그런 정책을 지지하는 듯한 '열린음악의 적'들은 여전히 존재한다. 박균열의《국가윤리 교육론》(철학과현실사, 2005)에 포함된 논문 〈가치교육에 있어서 음악의 효용성 : 토마스 아퀴나스를 중심으로〉는 그런 점에서 마음껏 조소할 만하다.

26. '국악'에 접근하는 법

《우리가 정말 알아야 할 우리음악》
전인평 | 현암사, 2007

FM 라디오의 국악 방송 시그널만 나와도 두통이 난다는 사람들이 있다. 실제로 나는 그런 장면을 여러 차례 봐왔다. 어느 날 친구의 차에 동승했을 때 목격했던 것처럼, 라디오에서 국악이 나오면 마치 불에 덴 듯이 잽싸게 채널을 바꾸는 사람들이 많다. '우리 것은 좋은 것이여!'라는 소리가 왕왕 들리던데, 그건 한우나 김치처럼 목구멍으로 들어가서 위를 포만하게 하는 경우에만 해당하는 것이고, 귀로 들어가서 정서를 살찌우는 음악에는 해당하지 않는 것인가 보다.

전인평의 《우리가 정말 알아야 할 우리음악》(현암사, 2007)은 국악에 관한 종합적인 소개에 충실한 책이다. 국악을 즐기는 인구가 점점 줄어드는 것에 대한 안타까움이거나 저항인 듯이 500여 쪽에 가까운 만만치 않은 분량을 과시하는 이 책은, 개괄적인 서문에 이어 곧바로 우리가 즐길 수 있는 국악의 13개 장르를 소개한다. 수제천, 영산회상, 여민락, 취타, 판소리, 산조 등으로 국악을 세분화하면서 그 음악이 유래된 역사와 감상의 포인트는 물론 각 장르마다 달라지는 악기 구성을 소개한다.

지은이가 우리 음악의 특징으로 '적응력'과 '융통성'을 꼽고 있듯이, 분업과 경계라는 서구의 장르 개념이 우리 전통 음악을 다 설명하지는 못한다. 하지만 우리 음악을 무려 13개의 음악 장르로 세분화하여 독자를 '어, 국악 가운데 이런 음악 장르도 있었어?' 하며 곤혹스러워하게 만드는 이 책은, 우리가 곤혹스러워하는 만큼, 다양하고 풍부한 우리의 음악 유산을 우리 스스로 얼마나 홀대해왔던가를 증명해준다.

흔히 사람들은 자신이 사랑하는 것은 공들여 세분화하고, 사랑하지 않는 것에 대해서는 미분화 상태에 놓아둔다고 한다. 예를 들어 클래식 애호가들은 클래식 음악을 시대에 따라 중세 음악, 바로크, 고전주의, 낭만주의 등으로 나누거나 장르별로 독주곡, 실내악, 관현악, 교향악, 오페라 등으로 잘게 쪼갠다. 하지만 자신이 좋아하는 음악을 그토록 섬세하게 나누던 클래식 애호가가 국악을 대할 때는 그냥 '국악'으로 뭉뚱그리는 것이다. 물론 국악에 대해서만 그러는 것은 아니다. 재즈를 좋아하지 않는 여타의 음악 애호가는 재즈를 그냥 '재즈'로 일체화하고, 가요를 듣지 않는 여타의 음악 애호가는 가요를 미분화된 통째의 '가요'로 보는 것이다. 재즈나 가요 속에 아주 복잡하고 다기한 분파가 동거하고 있는데 말이다.

클래식 음악에 부여된 섬세한 세분화는 클래식 음악을 고급하고 현대적인 것으로 여기게 만드는 반면, 미분화된 국악은 정체되고 발전이 없는 음악으로 느끼게 만든다. 국악을 얕봐도 되고 무시

해도 되는 '민속' 음악으로 만드는 것이다. 결말이 되겠지만, 바로 이런 주관성이 좁게는 서양 음악인이 동양 음악을 미개한 것으로 여기게 된 원인이며, 넓게는 제국주의자들에게 식민지 정복과 지배의 정당성을 제공한 근거다. 하지만 15개의 장으로 나누어진 이 책의 구성은 국악이 한 덩어리의 미분화된 음악이 아니라(마지막 두 장은 장르와 무관), 누대에 걸친 시대적 변화와 미학적 동기에 의해 세분화되고 발전된 여러 가지 음악 장르의 합合이라는 것을 가르쳐준다.

이런 사실을 알고 접근하면 당신의 '국악 시그널' 병病도 고칠 수 있다. 판소리가 싫으면 각종 산조를 들어보고, 산조가 구미에 맞지 않으면 사물놀이에서 시작해보라. 다시 한 번 클래식 음악의 예를 들자면, 오페라를 듣지 않는 실내악 팬도 있고, 실내악보다는 교향곡에 심취한 팬도 있다. 중요한 것은 국악도 그런 방식으로 사랑할 수 있다는 것. 그렇다면 나의 기호는 무엇일까? 지금 나는 숙명여대 가야금 합주단의 '크로스 오버' 국악 연주를 들으며 이 글을 쓰고 있는데, 마침 이 책의 317쪽에서 지은이는 "우리 음악과 서양 음악의 결합"과 제휴를 통해 국악이 새로운 길을 열어나가야 한다고 천명하고 있다.

이 책은 국악에 낯선 독자들을 위해 여러 가지 편집의 묘를 살렸다. 각 장과 장 사이에 우리 악기의 특성과 분류법에 대해 설명하는 글을 넣거나, 우리 음악을 좀 더 깊이 이해할 수 있는 도움말을 따로 쓴 게 그것이다. '우리 것은 좋은 것이여!'라는 당위로는 국악을 즐길 수 없다. 아는 만큼 들리는 것이다.

27. 소리에는 뜻이 있을까

《성무애락론》
혜강, 한흥섭 옮김 | 책세상, 2002

혜강이 쓴 《성무애락론》(책세상, 2002)의 '성무애락聲無哀樂'은 '소리에는 슬픔과 기쁨이 없다'는 뜻이다. 글쎄, 국악의 계면조界面調는 슬프고 애타며 우조羽調는 온화하고 밝다. 또 서양 음악의 단조短調는 어둡고 장조長調는 밝다. 그런데도 소리에는 본디 애락과 같은 내용이 담겨 있지 않다니 무슨 뜻일까?

조조의 아들 조비가 한나라의 마지막 황제 헌제로부터 제위를 선양받아 위나라를 세운 지 몇 년 뒤에 태어난 혜강(223~262)은 자라서 조비의 이복형제였던 조림의 딸과 결혼했다. 그만하면 황실과 지근거리에 있었던 상당한 신분이다. 하지만 조조의 증손자 조방이 8세의 어린 나이로 3대 황제에 오른 239년부터 위나라는 사마 씨 일족에게 농단되고 있었다. 조만간 옛날 조비가 헌제를 윽박질러 황위를 선양받았던 것과 같은 일이 다시 벌어지려 하고 있었고, 실제로 혜강이 40세의 나이로 효수당한 지 몇 년 후에 사마염은 위의 마지막 황제 조환으로부터 선양을 받아 진晉나라를 세운다.

황제가 신하의 허수아비로 명맥을 유지해야 했던 시대는, 왕은 왕답고 신하는 신하 같아야 하는 유교적 이상이 작동되지 않았던 시대다. 이처럼 유교적 이상이 현실 정치의 지도성을 상실했을 뿐 아니라 유교적 형식이 도리어 역신逆臣의 정치적 명분을 치장해주는 도구로 전락해갈 때, 당대의 지성인들은 벼슬을 버리고 초야로 숨었다. 거기서 그들은 노장老莊에 심취하거나 신선술을 실험했으며 예술가가 되었다. 위의 쇠퇴기에서부터 팔왕의 난을 겪고 난 뒤의 동진東晉 시기에 '죽림칠현'이라고 불리는 일곱 은둔자가 있었고, 혜강은 그중의 한 사람이다.

현실 세계로부터 치욕을 맛본 중국 관료가 숨어드는 장소는 자연이고, 그들이 의탁하는 사상은 노장이다. 은둔지사들은 출세를 위한 제도로 전락한 유가를 좋게 보지 않았고, 반대로 권력자들은 또 이들을 좋아하지 않았다. 흑심을 품은 자들일수록 공자를 떠받드는 체했기 때문에, 공자에 대한 은둔자들의 비난은 부정한 권력자의 위선을 지적하는 것이나 같았다. 자주 공자를 비판했던 혜강은 〈관채론管蔡論〉을 쓰면서 공자가 성인으로 숭앙하며 꿈에도 잊지 못했던 주공단周公旦을 권력욕에 눈먼 살인자로 규정한다. 주공은 어린 조카 성왕을 대신해 섭정을 펼친 후 조카에게 다시 주나라 정권을 돌려준 것으로 유명한데, 위 황제를 대신해서 섭정을 하던 사마소는 주공으로 자처하는 중이었기에 주공단을 살인자로 비난했던 혜강은 죽음을 피할 수 없었다.

다시《성무애락론》이다. 혜강의 삶과 사상이 그랬듯이 그의 음악론 역시 노장사상을 기저로 한다. 즉 모든 소리의 근원은 인위적인 조작이 없는 자연스러운 소리며 그것보다 아름다운 음악은 없다는 노장적 태도가 그의 음악관에 깔려 있는 것이다. 그러므로 혜강의 음악관은 유가의 음악관과 대척에 있다. 이 문서는 '소리가 슬픔이나 기쁨 같은 내용을 담을 수 있느냐, 없느냐?'라는 문제를 놓고 진객秦客이 힐문하듯 내놓은 여덟 개의 질문에 동야주인東野主人이 답하는 형식으로 저술되었다. 이 대결에서 진객은 유가의 음악관을 대변하고 있으며 동야주인은 혜강의 분신이다. 이를테면 진객은 이렇게 묻는다. "공자께서 말씀하시길 '풍속을 바꾸는 것으로 악만큼 효과적인 것은 없다'고 하셨습니다. 그러므로 만일 선생의 말대로 모든 애락이 결코 소리에 있지 않다면, 과연 무엇으로 풍속을 변화시키겠습니까?"

유가의 음악관을 대표하는 〈악기〉는 음악 속에 희로애락 같은 인간의 다양한 감정과 도덕이나 정치적 선善이 내재되어 있다고 전제한다. 그리고 그 전제 위에서 음악으로 인간의 감정과 윤리 의식을 순화하고 고양해 대중의 풍속을 좋게 바꾸고, 나아가 사회와 정치를 바르게 할 수 있다는 이풍역속의 음악관을 확립했다. 다시 말해 유가의 음악론은 혜강의 주장과 달리 '소리에는 슬픔과 기쁨이 있다'는 성유애락聲有哀樂 편에 선다.

혜강이 성무애락을 주장하는 논거는, 포스트모더니즘의 산종散種과 비슷하다. 포스트모더니즘의 주요 개념 가운데 하나가 기호와 기의가 1대 1로 대응하지 않으며 하나의 기호가 무수한 기의를 낳는다는 것인바, 혜강은 이 문서에서 "일반적으로 언어란 자연적인 한 가지 모습으로 정해진 것이 아니므로, 지방이 다르고 풍속이

다르면 같은 사물이라도 다르게 부르는 법입니다. 다만 다른 사람들의 편의에 따라 하나의 명칭을 사용하여 이를 표준으로 삼는 것뿐"이라고 말한다. 성무애락론은 그의 언부진의言不盡意한 언어관이 음악론으로까지 곧바로 나간 것으로, 만약 누군가에겐 흥겹게 들렸던 음악이 또 다른 사람에게는 슬프게 들렸다면, 음악은 듣는 사람의 상황이나 마음에 따라 슬프게도 들리고 기쁘게도 들릴 뿐, 음악 자체가 애락의 내용을 담고 있는 것은 아니게 된다.

음악이 인간의 감정을 담을 수 있느냐 없느냐 하는 문제는 일도양단이 쉽지 않다. 왜냐하면 확실히 블루스나 트로트는 슬프게 들리고 왈츠나 록은 즐겁게 들리기 때문이다. 그리고 작곡가들은 흔히 오선지 위에 자신의 격정을 비롯한 여러 가지 감정을 담는다고 말한다. 하지만 혜강은 굽히지 않고, 음악은 오직 빠름과 느림으로만 구분되며 거기에 대한 정서적 반응은 단지 조급함과 차분함뿐이라고 주장한다. 과연 간단치 않다.

이 얇은 문서가 독창적이고 선진적인 것은 성무애락을 주장했기 때문이 아니라, 음악을 정치적 교화의 수단으로 이해했던 유가의 타율적 음악론을 타개했기 때문이다. "인간의 감정은 각기 서로 다르며 악곡에 대한 이해는 자신에 의거"한다는 혜강의 주체적 감상론은, 음악을 정치나 수양의 도구로 이용하고자 했던 동서양의 전통적인 음악관으로부터 완전히 벗어나 있다. 음악 자체의 조화로운 형식미만으로도 감상자에게 충분히 심미적 쾌감을 선사할 수 있다는 혜강의 자율적 음악론이 형식주의 음악론이라는 이름으로 서양에 나타나기까지는 무려 1,500년도 넘는 세월을 기다려야 했다.

옮긴이의 해제에 따르면 '소리에는 슬픔과 기쁨이 없다'는 혜강의 주장은 '소리에는 애락이 무수하다'는 역설로 읽어야 더 혜강의 진의에 가깝다. 또 혜강이 오음五音으로 정제된 음악을 논하지 않고 '소리'를 음악의 연구 대상으로 삼은 것은, 인위적인 음악을 더 큰 자연의 한 부분으로 상대화하고자 한 의도로 볼 수 있다. 비약하면, 무조無調 음악이나 구체 음악 등의 다양한 현대 음악계의 시도는 혜강의 입론이 음악적 혜안을 드러낸 것이었음을 입증한다.

28. 막막했던 분들 혹은 접근하기 어렵다는 분들에게

《현대음악사》
폴 그리피스, 신금선 옮김 | 이화여자대학교 출판부, 1994

《현대음악》
이석원 | 서울대학교 출판부, 1997

스탈린이 비밀경찰을 동원하여 자신의 정적을 무수히 감옥에 처넣던 시대. 앞서 끌려간 피의자가 고문을 당하여 인사불성인 채로 감방으로 돌아온 지 얼마 뒤에, 옆 감방 사람들이 통방을 하기 위해 주먹으로 벽을 두드린다. 모스 부호 같은 신호를 통해 옆방 사람이 알고자 한 것은 다른 게 아니라 '오늘은 어떤 새로운 고문이 나왔느냐'는 것.

비밀경찰에게 잡혀 와 조사를 기다리던 피의자들이 '피떡'이 되어 돌아온 감옥 동료에게 새로 개발된(?) 최신 고문 기법에 대한 정보를 캐물은 까닭은 굉장히 단순하다. 사람들은 자신이 모르는 것에 대해 본능적인 공포를 가지고 있기 때문에, 자신이 받아야 할 고문이 어떤 것인지 미리 아는 게 중요했다. 조만간 자신이 당해야 할 고문이나, 한 번도 알려지지 않은 새로운 고문을 미리 파악하고 나면, 무시무시한 고문도 일종의 '외과 수술'처럼 받아넘길 수 있다는 것이다. 이런 끔찍한 이야기를 알게 된 것은 이십대 초반에 읽은 아서 케스틀러(쾨슬러)의 《한낮의 어둠》(한길사, 1981)이라는 소설에서다.

폴 그리피스의 《현대음악사》(이화여자대학교 출판부, 1994)와 이석원의 《현대음악》(서울대학교 출판부, 1997)에 대한 독후감을 고문 이야기로 시작하는 것은 분명 엉뚱해 보이지만, 현대 음악에 대한 우리의 공포를 상기해보면 비유의 적실성이 납득될 것이다. 말하자면 현대 음악을 불편하고 난해하게 여기는 것은 현대 음악에 대한 지식과 정보가 너무 없었기 때문이 아니겠느냐는 것이다. 이를테면 현대 음악이 어떤 역사적 과정을 통해 발생하고 발전했는지를 아는 사람은 그것을 모르는 사람보다 현대 음악을 고문으로 느끼지 않을 확률이 더 높을 것이다.

두 권의 책은 연대기적 기술과 인물(작곡가) 중심의 서술을 종횡으로 연결하여, 시대에 따른 음악 사조의 흐름과 중요 음악가들의 통시적 인간관계를 조응시키고 있다는 점에서 매우 흡사하다. 예를 들어 쇤베르크가 무조성無調性을 창시하고 음렬주의音列主義를 발견했다면 그의 제자인 베베른은 음렬 기법을 완수한다. 한편 메시앙은 거기서 더 나아간 총렬주의(전음열주의)를 선보이며, 그의 제자인 블레즈가 그 작업을 이어받는다. 이런 식의 기술은 현대 음악에 관한 알기 쉽고 흥미진진한 안내서를 쓰고자 했던 지은이들의 의도에 부합하는 것으로, 나는 이 독후감의 제목을 《현대음악》의 지은이 서문과 《현대음악사》의 역자 서문에서 한 구절씩 빌려 쓰고 있다.

이 두 권의 저서가 닮은 것은, 장점뿐 아니라 단점 역시 같기 때문이다. 이 책들은 연대기적이고 인물 중심의 방법론으로 일관하는 만큼, 음악 이론적인 설명에는 상당히 인색하다. 현대 음악사를 기술하는 데 꼭 필요한 만큼의 음악 이론과 개념을 공급하고는 있지만, 그것들은 여기저기에 비체계적으로 흩어져 있다. 그래서 온음계, 반음계주의, 12음 기법, 음렬주의, 총렬주의 등의 음악 이론을 일괄하기 위해서는 독자 스스로 책장의 여기저기에 포스트잇을 붙여야 한다.

1978년에 처음 출간된《현대음악사》의 지은이는 현대 음악의 "뚜렷한 시작"을 1892년에서 1894년 사이에 작곡된 드뷔시의 〈목신의 오후〉 전주곡에 나오는 '플루트 멜로디'로 간주하고 제1장을 썼다. 그런데《현대음악》의 지은이는 좀 복잡하다. 그 역시 이 책 마지막에서 드뷔시의 '플루트 멜로디'를 가리켜 "20세기 음악의 전주곡"이라고 쓰긴 했지만, 바그너가 1850년대 말에 작곡한 〈트리스탄과 이졸데〉 서곡 가운데 '트리스탄 코드'라고 불리는 첫 번째 화음으로부터 현대 음악의 혁명이 시작되었다고 말한다.

바그너의 '트리스탄 코드'와 드뷔시의 '플루트 멜로디'가 서양 고전 음악에 가한 충격은 컸다. 17세기 이후 약 200년 이상, 서양 고전 음악은 장조와 단조로 이루어진 조성 조직(온음계)으로 이루어져 있었다. 그런데 두 사람은 온음계 조성이라는 음악적 문법에 의문을 제기한다. 온음계 화성은 이제 많은 화성 조직 가운데 하나일 뿐 유일한 것이 아니라는 것이다. 바로 이때부터 전통적인 화성 이론으로는 설명이 되지 않는 무조성을 향한 현대 음악의 도전이 시작되었고, 쇤베르크·스트라빈스키·베베른·베르크 등의 음악은 반발·야유·아수라장·물의·고함·조롱·소란·경찰의 출동이라는 전혀 음악적이지 않은 풍경과 짝이 되었다.

현대 음악의 전사들이 불협화음, 반음계적 화성, 무조 음악으로 향하게 된 데에는 여러 이유가 있다. 먼저 음악 내적으로는, 더 이상 화성적 방법에만 의존할 수 없을 정도로 서양의 고전 음악이 난관에 봉착했다는 것이다. 서양 음악사는 그레고리오 성가부터 시작하여 점차 성부나 연주자의 수, 연주 시간이 길어지는 '팽창의 역사'로 일관해왔다. 그래서 현대 음악의 공세를 받기 직전인 후기 낭만주의 시기의 작곡가 말러는 무려 천 명의 합창단을 요구하는 8번 교향곡을 썼다. 이처럼 서양 음악이 대형주의로 치닫게 된 원인 가운데 하나는, 화성이라는 제한된 방법 속에서 물량적인 방법으로 음악적 갱신을 추진하려 한 데 있었다. 현대 작곡가들은 팽창이라는 막다른 지점에서 새로운 결단을 내려야 했다.

음악 외적으로는 산업 시대와 문명화에 따른 감수성의 변화와 기술의 발전이 있었고 다양한 문화권과의 접촉이 있었다. 이런 변화야말로 제1차 세계대전이 발발하기 1년 전에 드뷔시로 하여금 "우리의 시대를 표현하는, 즉 현대의 진보와 모험적인 기상과 승리를 상기시키는 교향적인 방식을 발견하는 것이 우리의 책임이 아니겠는가? 비행기의 세기世紀는 거기에 맞는 음악을 가질 만하다"라고 말하게 하고, 또 쇤베르크로 하여금 "만약 시대가 1914년 이전의 시대처럼 정상적이었다면, 우리 시대의 음악 상황은 달라졌을 것"이라고 말하게 한다.

예술에서 '현대'라는 개념은 연대年代보다는 양식이나 기법을 가리킨다. 그 때문에 비교적 근래에 작곡된 곡이지만 새뮤얼 바버나 고레츠키의 음악을 현대 음악이라고 부르는 사람은 별로 없다. 같은 이유로 90년도 더 전인 1912년에 작곡된 쇤베르크의 〈달에 홀린 피에로〉는 여전히 현대 음악이다. 무조성과 음렬 기법을 특징으로 하는 현대 음악은 1910년경에 시작되어 1960년대 후반에 사망 선고를 받았지만, 오늘의 작곡가들은 조성과 무조성 가운데 하나를 선택하는 것이 아니라 둘 다를 음악적 재료로 사용한다.

29. Who are you?

《푸르트벵글러》
헤르베르트 하프너, 이기숙 옮김 | 마티, 2007

카라얀이 두 개의 지구당에서 동시에 입당한 나치 당원이었으며 나치 장교였다는 것은 드러난 사실이다. 뭐, 하지만 그때 그는 막 지휘자 경력을 쌓기 시작한 애송이였다. 그가 히틀러 치하의 독일을 떠나 실력 있는 망명 음악가들로 득시글거리는 외국에서 지휘자로 성공할 확률은 미지수였다.

푸르트벵글러는 사정이 퍽 다르다. 그는 히틀러와 괴벨스가 독일의 '국가 자산'으로 떠받들었을 뿐 아니라 전 세계의 모든 오케스트라가 눈독을 들인 당대의 거장이었다. 전쟁이 한창일 동안 그에겐 자유로운 외국 여행이 보장되어 있었지만 그는 한 번도 망명을 고려해본 적이 없었다. 오히려 나치가 맡긴 공직에 있으면서 여러 종류의 위문 공연에 참여했던 행적으로 그는 전쟁이 끝나자 조사를 받았다. 잘못된 전기의 희생자들은 그가 무혐의를 선고받은 것으로 알고 있지만, 실제로 그는 나치 혐의자의 최하급인 '단순 가담자'로 분류되어 있다.

나치의 통제 아래 정치적으로는 좌파, 인종적으로는 유대인, 음악적으로는 아방가르드 예술가들의 활동이 금지되었고 그들의 생명마저 위태로웠다. 그러므로 '푸' 씨가 나치 정권 아래서 '문화 권력'으로 위세를 떨치게 된 것은 세계적인 명성이나 실력 때문이 아니라, 나치가 정한 어느 금기에도 저촉되지 않았기 때문이라고 해야 옳다. 이걸 망각하면 '푸르트벵글러 신화'가 된다. 헤르베르트 하프너의 최신 전기《푸르트벵글러》(마티, 2007)를 읽는 손쉬운 독법 가운데 하나는, 나치의 탄압의 대상이 된 위의 세 가지 조건을 염두에 둔 채 푸르트벵글러의 행적을 비교하고 종합하는 것이다.

작곡가이기도 했던 그는 동시대 작곡가들의 창작품을 자주 무대에 올렸지만 그가 포용할 수 있었던 현대 음악은 신고전주의까지였고, 그는 무조 음악에 대해서는 냉담했다. 정치적으로 보자면 그에게는 공산주의자들이 나치보다 더 상대하고 싶지 않은 사람들이었다니, 그는 결코 좌파는 될 수 없었던 인물이다. 인종적으로도 하자가 없었던 그는, 의외로 음악계의 '신들러Schindler'처럼 행동했다. 실제로 그가 아니었다면 강제수용소에 갔을지도 모르는 유대인 음악가가 그를 위해 증언을 하기도 했다.

'푸까'도 '푸빠'도 아닌 헤르베르트 하프너는 장장 700여 쪽이 넘는 이 책에서, 나치의 정치적 수혜자이자 선전원이었으면서 정치와 예술의 분리 가능성과 예술의 순수성을 강변했던 게 푸르트벵글러의 가장 큰 모순이라고 말한다. 그런데 나치 치하에서 '음악은 음악일 뿐이다'라는 예술지상주의를 신봉한 사람이 비단 '푸' 씨뿐이었을까? 순혈 독일인인 덕분에 독일에 남아 지휘봉을 잡을 수 있었던 뵘, 슈리히트, 요훔, 크나퍼츠부슈 등 대다수 음악가들의 입장이 그랬다. 그렇다고 해서 내가 슈리히트의 부르크너 9번 교향곡을 처음 듣고 '먹었던' 감동을 토해내야 할까?

이 책은 방금 말한 것처럼 '예술가들의 전체주의 권력에의 부역에 대한 판단은 어떤 기준을 필요로 하며, 그들의 작품을 정치적 과실과 별개로 취급하는 게 가능한가?'라는 간단치 않은 문제로 우리를 괴롭힌다. 그뿐 아니라, 일본을 비난할 목적으로 한국인들이 독일의 역사 청산을 너무 완벽한 모델로 이상시하고 있다는 점도 새로 살펴야 한다. 전후 독일 음악계의 경우 거의 역사 청산의 무풍지대였으며, 다른 분야의 사정도 오십보백보였다.

음악 비즈니스계에서 벌어지는 거장들의 시기와 경쟁을 엿보는 재미는 이 책의 덤이다. 특히 푸르트벵글러 사후 전혀 스타일이 다른 카라얀이 베를린 필의 지휘자로 낙점된 사연은 흥미롭다. 전후의 비참으로부터 도피하고 싶었던 독일 청중들은 '카' 씨의 아름다운 음색과 피상적 해석을 반겼다. 게다가 푸르트벵글러의 주정주의적인 해석은 공연장에서는 괴력을 발휘하지만, 음반을 통해 낱낱이 흩어진 익명의 감상자를 얻는 데는 걸맞지 않았다. 카라얀에 의해 고전 음악의 미디어화와 세계화가 활짝 열렸다지만, 독일 음악과 민족을 동일시한 푸르트벵글러가 카라얀을 병적으로 견제한 데는 나름의 까닭이 있었던 것이다.

흔히 푸르트벵글러를 카라얀이나 토스카니니와 비교하지만, 그와 동렬에 놓고 비교해야 할 사람은 철학자 하이데거다. 서구의 몰락에 대한 위기의식, 기계 기술을 존재에 대한 위협으로 간주한 점, 독일 민족의 우월성에 대한 무한한 신뢰가 두 사람을 한순간이나마 나치로 인도했다.

30. 미스터리 '바흐'

《마지막 칸타타》
필립 들레리스, 임헌 옮김 | 세종서적, 1999

《마지막 칸타타》(세종서적, 1999)는 변호사 출신의 풋내기 작가 필립 들레리스가 쓴 팩션 스타일의 추리 소설이다. 소설은 고전 음악의 원류인 독일 음악은 바흐에서부터 모차르트→베토벤→바그너→말러→베베른으로 이어져왔으며, 그들이 바흐에 관한 모종의 비밀을 전승했다고 이야기한다. 모차르트와 베베른은 그 비밀을 잘못 취급했기 때문에 암살당한 것이다. 여기서는 그 비밀을 서둘러 밝히기보다, 우선 필립 들레리스가 설정한 몇 개의 전제를 짚어 보자.

쇤베르크는 음렬주의를 발견하고 나서 '앞으로 100년 동안 독일 음악의 우위를 보증할 그 무엇을 발견했다'고 호언장담했다. 베베른은 음렬 기법이 독일 음악을 갱신하고 나아가 서구 음악계를 계속해서 제패할 것이라고 믿었던 그의 수제자다. 어떤 평자들은 진정한 의미의 현대 음악은 쇤베르크가 아니라 베베른에서 출발한다고 말하는데, 아주 흥미롭게도 그는 바흐의 영향을 받은 두 편의 칸타타를 썼으며 그의 〈두 개의 악기를 위한 협주곡〉은 아예 20세기의 〈브란덴부르크 협주곡〉으로 불린다. 작가가 베베른을 독일 고전 음악의 계보 끝에 넣은 근거는 이랬지만, 사실은 바그너쯤에서 독일 고전 음악의 전통은 종료됐다고 봐야 한다.

모차르트의 암살설은 이 희귀한 음악 천재가 죽은 당일 저녁부터 오늘까지 호사가들의 입방아에 오르내린 주제다. 나는 암살설의 근거가 빈약하다고 여기는 쪽이지만, 진실은 영구 미제라고 보는 게 맞을 것이다. 문제가 되는 것은 터무니없는 베베른의 암살설. 잘츠부르크 근교에 살고 있던 그는 제2차 세계대전이 종료된 지 한 달째 되던 날, 담배를 피워 문 채 야간통행금지령이 내려진 거리로 산책을 나갔다가 미군에게 총격을 당했다. 그 미군이 사주를 받은 것이 아니라면 아무래도 암살설은 무리다.

소설의 중심에는 바흐가 죽기 3년 전에 작곡한 〈음악의 헌정〉이 있다. 오스트리아와의 1·2차 슐레지엔 전쟁을 승리로 이끈 프로이센 왕은 포츠담을 방문한 바흐에게 직접 포르테피아노로 짧은 악구를 들려주고, 그 주제를 푸가로 연주해달라고 부탁했다. 프리드리히 2세가 제시한 그 짧은 악구를 3성부·6성부로 발전시키는 과정에서 얻은 게 바로 〈음악의 헌정〉이다. 널리 알려진 이 일화에도 이견은 있다. 마르틴 게크의 《J. S. 바흐》(한길사, 1997)는 "프리드리히 2세가 바흐가 나중에 '왕의 주제'라고 부른 형태로 자신의 주제를 내주었을 가능성은 거의 없다"고 잘라 말한다.

그런데 재미난 것은 '왕의 주제'라고도 불리는 그 주제가 모차르트(〈C단조 환상곡〉), 베토벤(4중주 제4번, 작품 18의 4 가운데 3악장

서두), 바그너(〈트리스탄과 이졸데〉 가운데 '시선의 테마'), 말러(〈대지의 노래〉 가운데 '고별'), 베베른(〈파사칼리아〉)의 음악에서 변주되고 있다는 것이다. 아마 이런 사실이 필립 들레리스에게 소설을 쓰도록 영감을 주었을 것인데, 음악적 지식이 한껏 발휘된 그 부분은 프랑스 릴 국립음악원에서 음악사와 작곡법을 공부한 바 있는 작가의 경력과 상관있을 것이다.

바흐가 살던 시대엔 수비학數秘學이 유행했다. 수비학은 유대 신비주의자들이 토라를 해석하기 위해 발달시킨 게마트리아Gematria에서 유래했다. 그것에 따르면 모든 알파벳은 고유의 숫자로 치환될 수 있으며(A=1, B=2, C=3……), 한 단어를 구성하는 문자들의 숫자 값을 모두 합하거나 나누었을 때 생기는 숫자에는 다 의미가 있다. 이때 숫자에 의미를 부여하는 것은 성서다. 일례로 7은 하나님의 숫자면서 창조의 일곱 날을 가리키고 12는 완전을 뜻한다. 반대로 7에서 1이 모자랄뿐더러 12의 반값을 가진 6은 불길한 수이고 그것이 세 개나 겹쳐진 666은 악마의 수다. 낯설게 느껴지지만, '삼세번'을 선호한다든지 '아홉수'에는 결혼을 피한다든지 하는 우리 일상을 생각해보면, 인간은 때때로 맹목적인 수비학 신도이기도 하다. 하여튼 원래의 수비학은 유대·기독교나 알파벳과 관련된 것이었으나 언제부터인가 음표에도 고유의 숫자가 매겨졌다.

음악가가 숫자의 매력에 빠지는 것은 하등 놀랄 일이 아니다. 그것은 피타고라스가 수학적 질서와 음악적 질서를 유비 관계로 본 이래 생겨난 전통이다. 거기에 심취한 바흐는 상징을 내포한 복잡한 숫자들을 박자나 음표에 도입하거나 가사의 의미를 부각하는

데 이용했다. 예를 들어 그가 남긴 칸타타를 보면 예수와 연관된 소절은 항상 다섯 번 반복되고, 〈마태 수난곡〉 가운데서 유다와 상관된 소절은 13번 나오거나 그 소절의 음표가 13개로 나타난다. 5는 오성 능력을 소유한 인간이나 예수가 십자가에서 다섯 번 못 박혔음을 상징하며, 13은 배반의 수이자 유다를 의미한다. 1950년, 신학자이자 바흐 연구가였던 프리드리히 스멘트가 이 방면의 연구서를 낸 이후로 수비학적인 숫자 놀음을 통해 바흐 음악의 숨은 의미를 찾으려는 시도가 여러 차례 있었다.

바흐의 비밀을 좇는 《마지막 칸타타》에서 역시 수비학은 추리의 동력이 된다. '왕의 주제'를 구성하는 21개의 음표는 '황금률'을 감추고 있는데, 프리드리히 2세는 강력한 통일 독일을 꿈꿨으며 독일 음악이 서양 음악을 지배하기를 원했다는 것이 프로이센 왕이 '왕의 주제' 속에 숨겨놓은 정치적 비밀이다. 그런가 하면 바흐가 〈음악의 헌정〉 가운데 은닉한 사적인 비밀은 자신이 신교도(루터파)에서 가톨릭으로 개종했다는 자필 문서를 라이프치히의 성 토마스 교회 어딘가에 감춰놓았다는 것. 독일 음악의 진정한 후계자들이면서 하나같이 가톨릭 신자였던 모차르트, 베토벤, 바그너, 말러, 베베른은 그 증거물이 어디에 있는지는 몰랐으나 바흐의 개종만은 서로에게 전승했다. 바흐의 개종을 알아차린 당대의 신교도 단체가 그때부터 그 자필 문서를 찾아내고자 음악가들을 감시해왔다는 것이 이 소설의 약간 황당한 비밀이다.

어떤 전기든 독실한 신교도였던 바흐를 말하기 때문에 그의 개종은 개연성이 많이 떨어진다. 게다가 '바흐의 비밀'은 개종을 숨겼다는 사실이 아니라 개종의 이유여야 마땅할 것인데, 이 소설에는 그 부분에 대한 설명이 모자란다. 팩션은 그저 '믿거나 말거나'가 아니라 '그거 말 되네' 장르여야 할 텐데 말이다. 끝으로, 바흐를 주제로 한 훨씬 괜찮은 추리 소설 한 권을 소개한다. 시노다 세츠코가 쓴《카논》(서해문집, 1998)에서는 늘 〈음악의 헌정〉과 함께 거론되는 〈푸가의 기법〉이 수수께끼다. 거기에 대한 독후감은《장정일의 독서일기 6》(범우사, 2004) 123~126쪽에 실려 있다.

31. 쳇 베이커—재즈의 어두운 면

《쳇 베이커》
제임스 개빈, 김현준 옮김 | 을유문화사, 2007

"쳇 베이커에게서는 청춘의 냄새가 난다"고 쓴 사람은 무라카미 하루키다. 무척 인상적인 이 표현 하나만으로도 그가 쓴《재즈 에세이》(열림원, 1998)는 충분히 책값을 한다. 그런데 장장 900여 쪽에 육박하는 제임스 개빈의《쳇 베이커》(을유문화사, 2007)는 그 표현을 약간 뒤틀어 '쳇 베이커에게서는 온갖 마약의 냄새가 난다'고 말하는 듯하다.

재즈계의 제임스 딘이라고 불렸던 쳇 베이커(1929~1988)는 그가 했던 부드럽고 연약한 트럼펫 연주와는 달리 악행으로 점철된 어두운 삶을 살았다. 그의 아버지는 컨트리풍의 밴드에서 기타를 치는 무명의 음악가였다. 그는 마을의 댄스파티에서 처음 만난 농부의 어린 딸과 눈이 맞아 곧장 결혼을 했으나, 신혼여행 대신 동료들과 공연 여행을 떠날 정도로 무책임했다. 연주자로서의 그의 경력은 1929년 10월의 주식 시장 붕괴로 끝났고, 1여 년 만에 집으로 돌아와 보니 아내는 임신 7개월째였다.

집으로 돌아온 아버지는 어느 직장에도 적응하지 못한 채 실직과 취직을 반복하면서 가족들에게 폭력을 일삼았고, 남편에 대한 신뢰와 애정을 일찌감치 거두어버린 어머니는 쳇 베이커를 남편 대용으로 애지중지했다. 양친의 부부애를 한 번도 실감하지 못했고 긍정적인 아버지상像 역시 경험해보지 못한데다가 어머니의 편애 속에서 자란 그는 성 정체성이 확실치 않았으며, 자기 본위적인 이기주의에 빠져 외부 세계나 타인의 감정에 무감각한 삶을 살게 된다.

그의 아버지는 전문 음악가로 성공하진 못했으나 지역의 소규모 공연에서 연주를 했고 집 안에서는 라디오를 통해 늘 음악이 흘렀다. 어린 시절의 쳇 베이커는 모든 재능 있는 음악가가 어린 시절에 그랬듯이, 음악을 들을 줄 아는 놀라운 귀와 집중력을 갖고 있었다. 그런 아이에게 어머니는 당시에 유행하고 자신이 좋아한 달콤한 발라드를 가르쳐주었다. 쳇 베이커의 마지막 연인이었던 다이앤 바브라는 어머니의 노래 교습이 그의 오이디푸스 콤플렉스를 자라게 했다고 증언한다. 이는 훗날 트럼페터가 된 쳇 베이커가 주위의 비웃음을 감수하면서도 보컬을 고집했던 사실을 여러모로 이해할 수 있게 해준다.

여기에는 두 가지 측면이 있다. 하나. 어머니는 아들에게 발라드를 가르쳐준 뒤 아들의 노래를 들으며 남편에게서 받지 못한 사랑을 보상받으려고 했고, 남편 역할을 떠맡은 쳇 베이커는 거기에 충실하고자 했다. 둘. 반면 아버지는 '계집애'처럼 부르는 그의 노래를 싫어했는데, 재즈 스타로 성공한 그가 보컬을 겸하게 된 상황에는 아버지의 인정을 받고픈 욕망과 아버지에 대한 저항이 복합적으로 녹아 있다. 이런 분석이 황당하게 느껴진다면 에리히 프롬의 《사랑의 기술》(문예출판사, 2000)을 읽어보는 것도 괜찮다. 프롬은 어린아이가 자연과 결별하는 데서 오는 '분리 불안'을 어떻게 극복하느냐에 한 인간 개체의 성장이 전적으로 달려 있다고 보았는데, 여기서 말하는 자연은 '부모'다.

쳇 베이커가 열네 살이 되었을 때, 아버지는 아들에게 "남자다운 이미지를 심어"주겠다는 생각에서 트럼펫을 사주었다. 어머니의 증언에 의하면 쳇 베이커는 누구의 도움도 받지 않은 채, 단 2주 만에 라디오나 음반을 통해 듣게 된 해리 제임스의 〈Two O'clock Jump〉를 따라 했다. 귀로 듣고 단번에 처음 들은 음악을 따라 하는 쳇 베이커의 능력은 타고난 것이었고, 이 책에 증언자로 나온 동료들이 모두 인정하는 바다. "그 녀석의 재주는 정말 놀라웠소. 모든 것을 아주 빨리, 한 번에 다 잡아내 버리곤 했으니 말이오." 이십대의 쳇 베이커가 한때 매일 아침 집으로 찾아가서 '한 수' 가르쳐주기를 간청했던 피아니스트 지미 라울스의 말이다.

학업보다는 학교 밴드가 주 관심사이긴 했지만, 열여섯 살 난 쳇 베이커에겐 재즈 음악가가 되겠다는 또렷한 목표는 없었다. 그가 몰두한 것은, 훗날 누구나 그가 운전하는 차에 동승하는 것을 꺼려하게 만들었던 거칠고 빠른 자동차 운전이었다. 당시 그는 휘발유를 조달하기 위해 다른 사람 차의 기름통에 호스의 한쪽 끝을 집어넣고는 다른 쪽 끝에 입을 대고 빨아들이는 방식으로 자기 차의 주유구에 휘발유를 훔쳐 넣곤 했는데, 이 일화는 쳇 베이커의 일생을 축도적으로 보여준다. 휘발유를 훔치면서 맡게 된 기름 냄새는 그에게 첫 번째 환각 체험을 선사했고, 그가 평생 동안 마약 없이는 한시도 정상 생활을 하지 못하게 했다. 그리고 재미 삼아 했던 이때의 절도 행각 또한 일생 버리지 못한 악습이 됐다. 달라진 것이 있다면, 휘발유 값을 아끼기 위해서가 아니라 더 많은 마약을 사기 위해서 좀도둑질을 했다는 점이랄까.

점점 비행 소년이 되어가던 그가 택한 탈출구는 군 입대. 법적으로 열일곱 살이 되기 몇 주 전에 쳇 베이커는 18개월 복무의 육군 입대 지원서에 서명한다. 훈련을 마치고 독일 베를린에 배치된 그는 우연히 육군 밴드의 연주를 듣게 되고, 우격다짐으로 거기에 입단한다. 이 시절에 스탠 켄턴이나 디지 길레스피를 듣고서야 그는 비로소 해리 제임스의 댄스 음악풍에서 벗어나게 된다.

좀 엉뚱하지만 쳇 베이커의 초기 연주 성향은 공격적이고 흑인 연주자에 가까웠다. 흥미롭게도 그의 재능을 인정하고 트럼페터로서의 대성을 예견한 사람은 찰리 파커였다. 쳇 베이커는 이것을 평생의 자랑으로 여겼다. 그런데 그의 연주가 백인 취향으로 바뀌게 된 것은, 역설적이게도 마일스 데이비스를 듣고서였다. 그는 마일스 데이비스를 듣고서야 자신이 어떤 음악을 해야 할지 알게 되었다. 그 때문에 마일스 데이비스는 자기 스타일을 베끼는 그를 당연히 미워했다. 퀸시 트루프와 함께 쓴 자서전《마일스》(집사재, 1999)에서 마일스 데이비스는 쳇 베이커의 사운드는 자신의 것을 훔친 것이며, 자신이 가장 연주를 못할 때도 그보다는 나았다고 야유한다. 그러나 두 사람의 음악 여정은 또 하나의 역설을 마련해놓았다.

즉 마일스가 퓨전 재즈를 창시하면서 자기 배반의 길을 갔다면, 쳇은 마일스라는 그늘 속에서 마일스의 아류라는 콤플렉스와 싸우며 마일스가 버린 그 음악을 계속했다.

1950년대에 대마초는 불법이었고, 쳇 베이커는 그 때문에 체포됐다. 판사는 군대와 감옥 중에서 하나를 선택하게 했고 그는 두 번째로 군에 입대했다. 하지만 이것은 그가 마약으로 고초를 당하게 되는 시초에 불과했다. 그는 마약으로 인해 이탈리아, 독일, 스위스에서 한 번씩 체포되어 징역을 살거나 추방됐다. 이 책《쳇 베이커》는 마약이 집어삼킨 한 재즈 트럼페터의 길고 지루한 추락기이면서, 마약으로 생을 망친 숱한 재즈 뮤지션들의 기나긴 명단을 제공한다. 쳇 베이커는 "연주를 하려 할 때 느끼는 압박감"이 마약을 찾게 된 이유라고 말한다. 이 책은 마약에 전 음악가의 어두운 면을 참으로 세세히 보여준다.

32. 클래식계의 테러리스트 혹은 네크로필리아 비평

《듣고 싶은 음악 듣고 싶은 연주》
이순열 | 현암사, 2007

이순열의 《듣고 싶은 음악 듣고 싶은 연주》(현암사, 2007)를 쉽게 생각하자면 이미 많은 종류가 나와 있는 명곡·명반 소개서 정도겠지만, 이 책을 일독하고 나면 온갖 의문이 꼬리를 물며 솟아난다. 비평이란 무엇일까? 음반이나 음악을 감상하고 평가하는 것은 어떤 행위여야만 할까? 비평가란 어떤 각오로 예술 작품을 감상하고 평해야 할까? 이를테면 인용하는 아래의 글은 비평일까?

"기교적인 측면에서만 놀랍도록 발달한 음악의 사생아 하이페츠", "가끔 들어보고는 역시 시원치 않은 바이올리니스트라고 다시 한 번 확인하게 되는 것이 안네 조피 무터이다. 남편 프레빈과 탱고라든가 〈포기와 베스〉나 연주하면서 희희덕거리는 것이 제격", "광대와 병아리 떼, 콩쥐, 팥쥐, 들쥐, 두더지 가릴 것 없이 아무나 '거장'으로 둔갑해서 설치고 있는 무대에서 젠카르와 켐페 같은 소중한 지휘자가 묻혀버릴 수밖에 없다", "'번스타인은 사람보다는 원숭이에 더욱 가깝다'고 쓴 적이 있지만, 번스타인 신도들을 위해 내 생각을 바꾸려 해도 쉽지가 않다. 그는 지휘할 때마다 사람으로서는 차마 흉내 내기도 어려운 원숭이 춤을 적어도 한 번씩은 추어 보여주기 때문이다. 이 얼마나 놀랍고 기가 막힌 원숭이인가?" 등등.

프랑스의 문학 평론가 조르주 풀레는 그의 주저《비평과 의식》(탐구당, 1990)에서 좋은 비평가는 텍스트(작품) 혹은 작가의 의식과 동화되는 비평을 한다고 주장한다. 사랑하면 곧 이해하게 된다는 뜻에서 그가 꼽는 "최초의 비평 행위는 찬사"다. 반면 나쁜 비평가는 텍스트 내부로 들어가기는 하되 텍스트나 작가의 의식과 합일하지 못하고 남의 둥지(텍스트)를 차지한 뻐꾸기처럼 자신만을 내세운다. "다른 사람의 소유물에 대한 탐욕"에서 출발한 이런 비평가는 결코 타자(텍스트)와 소통하지 못할뿐더러 결국은 자신조차도 알지 못하게 된다. 풀레는 작가와 비평가가 하나 된다는 뜻에서 전자를 동화 비평이라고 부르며, 침입자가 거주자를 몰아내는 후자의 비평은 아예 강간 비평이라고 칭한다(한국판에서는 '간통 비평'이라고 번역됐으나, 맥락상으로는 '강간 비평'이 옳다).

강간 비평과 함께 풀레가 나쁜 비평의 하나로 정의하고 있는 것이 인상주의 비평이다. 인상 비평은 텍스트에 도취된 듯이 과장되게 말하지만, 실제로는 텍스트나 작가의 의식 내부로 한 발짝도 들어서지 않는다. 인상 비평은 텍스트 바깥에서, 비평가의 평소 생활 습관이나 사고방식을 텍스트나 작가의 외적 인상으로부터 확인하고 마치 텍스트에 공감한 양 떠벌리는 태도다.《듣고 싶은 음악 듣고 싶은 연주》에서 발췌한 아래의 인용을 보자.

"구레츠키와 같은 해에 태어나 훨씬 유명해진 펜데레츠키는 창녀로 전락해 휘황한 홍등가에서 그 이름을 팔았으나 구레츠키는 잠깐 모습을 드러냈다가 다시 사라졌다. 펜데레츠키는 그의 유곽을 찾는 사람들을 위해 호텔로, 그리고 구레츠키는 음악을 찾아 산으로 갔다. 어딘지 모르게 구린내를 풍겼을 때만 유명해지고, 고귀한 넋들이 아니라 저속한 떨거지들이 손뼉을 쳐대고 기성을 지르면서 몰려들었을 때만 유명해질 수 있다는 것——그것이 바로 '유명'의 정체이다."

지은이가 구레츠키를 잔뜩 칭찬하고 펜데레츠키를 비난하는 까닭은 그들의 작품이나 음악관과는 일말의 연관도 없다. 위의 인용에서 우리가 알 수 있는 것은 두 작곡가의 본질이 아니라, 지은이가 화려한 도심보다는 은둔과 산을 좋아한다는 것과 유명세에 대한 지은이의 거부감뿐이다. 또한 지은이가 첼리스트 로스트로포비치를 경멸하고 피아니스트 '리후떼르'를 경애하게 된 사연 역시 별것이 아니다. 다시 인용한다.

"나는 로스트로포비치를 한 번도 좋아해본 적이 없었고 그래서 항상 미안함을 지니고 있었다. 모든 사람들이 경배하는 첼리스트를 나 혼자 싫어한다는 것이 아무래도 마음에 걸렸던 탓이다. 그러나 그가 무대에 등장했을 때 그 미안함은 씻은 듯이 가셔져 홀가분해졌다. 장애물 단거리 경주라도 하듯이 첼로를 든 채 뛰다시피 자리로 달려간 그는 미처 엉덩이가 자리에 고정되기도 전에 활을 그었다. 그것은 서커스 묘기의 극치였다. 그 떨떠름한 기억의 뒷맛을 말끔히 씻어준 것이 리후떼르였는데, 같은 무대를 걸어 나온 그의 모습은 모든 면에서 로스트로포비치와는 달랐다. 노쇠함이 역력한 모습으로 머리와 어깨가 한쪽으로 약간 기운 채 비틀거리듯 걸어 나온 그는, 무대의 조명이 모두 꺼진 채 촛불처럼 가냘픈 불빛 하나가 밝혀진 피아노 앞에 조용히 앉았다. 그리고 피아노와의 고독한 대화가 시작되었다. 아, 얼마나 대조적인 두 연주자의 모습인가?"

글쎄, 이건 무대 예절이나 연주가의 체질을 바라보는 관객의 기호일 뿐이지, 결코 음악가의 음악 세계나 그가 연주한 음악에 대한 비평일 수 없다. 위의 글과 또 다른 어떤 글에서 "피아노를 향해 비실비실 무대 위를 걸어 나오던 두 사람의 피아니스트를 나는 영원히 기억할 것이다. 한 사람은 포고렐리치 그리고 또 한 사람은 리후떼르"라고 거듭 쓴 것처럼, 지은이가 아무리 특정 타입의 음악가를 좋아한다 하더라도, 그건 이순열이 예술가를 바라보는 개인적인 사고방식일 뿐, 그것이 비평이라는 이름으로 공표되기는 어렵다.

지은이가 최상급으로 사용하는 형용사는 종종 냄새나 부패와 상관된다. "무대 위에서 설사처럼 쏟아내는 소화불량성 배설물의 지랄잔치orgy가 언제까지 예술의 이름으로 자행되어갈 것인가"와 같이 악평을 할 때 특히 그렇지만, 흥미로운 점은 고평을 할 때도 그런 경향이 나타난다는 것이다. "얀손스가 지휘한 음악은 언제나 잘 삭아 있다. 그의 마음속에 굉장한 음악적 효소를 지니고 있음이 분명하다. (……) 그의 오케스트라에서는 깊숙한 땅속에서 오랫동안 묵어 곰삭은 동치미에서 우러난 것과도 같은 오묘한 맛이 풍긴다"라는 식이다.

정신분석학을 정치사회학에 적용하려고 했던 에리히 프롬은 《파괴란 무엇인가》(홍성사, 1978)의 후반부를 시체에 성욕을 품거나 시체를 훼손하고 싶어 하는 네크로필리아necrophilia 증상에 바치고 있는데, 냄새에 민감한 것은 네크로파일necrophile의 한 특징이다. 마음에 들지 않는 연주자를 살아 있는 시체로 만들어 희롱한다는 점에서, 또 대부분의 찬사를 요절하거나 불치병에 시달렸던 음악가에게 바친다는 점에서 특히 그러하지만, 일상에서는 물론이고 비평문에서조차 잘 쓰이지 않는 사자성어와 각종 외래어가 섞인 고풍스러운 표현을 즐겨 쓴다는 점에서도 지은이는 시체애호증적 비평가라 할 만하다. 대체 거의 모든 음악 애호가들이 '리히터'라고 부르는 러시아 태생의 피아니스트를 독야청청(?) '리후떼르'라고 쓰는 것은 어떤 비틀어진 심보에서일까? 그것이 일본 문화에 대한 향수라면, 그 또한 청산되지 못한 시체애호증적 문화일 것이다.

33. '동양 마녀'에 대한 사실과 소문

《오노 요코》
클라우스 휘브너, 장혜경 옮김 | 솔, 2003

《존 레논—음악보다 더 아름다운 사람》
제임스 우달, 김이섭 옮김 | 한길사, 2001

비틀스 팬이라면 오노 요코에 대한 세 가지 사실과 소문을 동시에 알고 있다. 먼저 사실. 그녀는 존 레넌의 두 번째 아내였고, 일본인이었으며, 전위 미술가였다. 이번엔 소문. '동양 마녀'는 미술계에서 성공하기 위해 레넌의 명성을 이용했고(?), 그녀 때문에 비틀스가 해산하게 되었으며(?), 창작열을 불태울 시기에 레넌이 앞치마를 두른 채 전업주부로 소일하게 된 것도 페미니스트였던 요코의 등쌀에 못 이겨서였다(?).

클라우스 휘브너의 《오노 요코》(솔, 2003)는 요코를 성공한 전위 예술가로 옳게 자리매김하는 한편, 비틀스 팬이면 한 번씩 들어봤을 그녀에 대한 무수한 억측들을 바로잡는다. 도쿄 은행 미국 지점장의 딸이었던 요코는 어려서부터 클래식 음악 교육을 받았으나 정작 되고 싶은 것은 아널드 쇤베르크나 존 케이지와 같은 작곡가였다. 1957년 부모가 귀국하고, 요코는 스물네 살의 나이로 뉴욕에 홀로 남았다.

1960년 초에 태동한 플럭서스Fluxus는 예술 장르 사이의 경계를 지우고 나아가 예술과 일상을 합치시키려고 했던 국제적인 전위예술 운동이다. 온갖 가치와 아이디어를 장벽 없이 받아들이려고 했던 플럭서스 이념은 서구 사회의 이중 약자인 동양 여성에게도 문호를 열었다. 이때 요코를 비롯한 다수의 일본 여성 예술가가 동참했는데, 훗날 백남준과 결혼하게 되는 구보다 시게코도 그 가운데 한 명이었다.

1966년 전시회를 하기 위해 런던에 갔을 때 요코는 비틀스와 같은 팝그룹에는 관심이 없었다. 하지만 레넌이 화랑으로 놀러 왔을 때 '저 사람이 나를 성공시켜줄 후광'이 되리란 걸 직감하고 집요하게 접근한다. 그러므로 그녀가 미술계에서 성공하기 위해 레넌에게 의도적으로 접근했다는 소문은 얼추 맞다. 그러나 그녀가 비틀스 해산의 주범이라는 또 다른 악담은 영국 국보를 훔쳐 간 '동양 마녀'에 대한 인종적 편견에서 비롯한다.

그 소문에 대한 객관적 판단을 위해 《오노 요코》를 잠시 접고, 같은 영국 출신 저술가 제임스 우달이 쓴 《존 레논—음악보다 더 아름다운 사람》(한길사, 2001)을 편다. 비틀스가 했던 것은 기본적으로 향토색 짙은 팝 음악이다. 하지만 1960년대 후반은 베트남전과 소련의 체코 침공, 68혁명 등이 가리키듯 혁명과 분노와 반항의 시대였고 음악도 따라 바뀌었다. 팝의 시대가 가고 한층 거친 록의 시대가 올 것을 비틀스는 해산이라는 방법으로 수용하고 각자의 길을 간 것이다.

새로운 활동 영역을 모색하고 방향을 전환하려던 레넌에게 요코가 나타나지 않았다면, 레넌은 지미 헨드릭스, 재니스 조플린, 짐 모리슨처럼 약물 과용으로 죽었을지도 모른다고 제임스 우달은 말한다. 다행히도 요코를 만났기 때문에 레넌은 비틀스라는 협소한 세계를 벗어나 새로운 인생과 음악 세계를 파고들 수 있었다. 영국인들이 그토록 미워하는 '동양 마녀'는 레넌의 뮤즈였다.

레넌은 비틀스를 유지하면서 생기는 웅장한 주택보다는 요코와 함께 지내는 초라한 움막이 더 좋다고 말하곤 했는데, 많은 사람들이 좋아하는 레넌의 〈이매진〉은 그것의 적절한 은유며, 실제로 그 노래를 만들도록 설득하고 영감을 준 것도 요코였다. 그러니 페미니스트였던 요코 탓에 한창 창작열을 불태울 레넌이 앞치마를 두른 채 전업주부로 소일하게 되었다는 말도 믿을 게 못 된다. 두 사람은 라이벌처럼 서로에게 자극을 주는 사이였다.

두 사람은 결혼 직후 베트남전에 반대하기 위해 호텔 침대에서 일주일 동안 기자들과 인터뷰를 하는 저 유명한 해프닝을 벌였다. 그것은 예술과 일상은 물론 공과 사의 구분을 유머와 선적 깨달음으로 허물려고 했던 요코와 레넌의 가장 성공한 플럭서스였다.

요코가 레넌의 미망인이 되기 전까지는 모차르트의 아내 콘스탄체가 음악계의 확고부동한 악처였다. 콘스탄체와 요코 사이에는 무려 200년이 넘는 세월이 가로놓여 있지만, 두 여자의 죄는 천재를 일찍 죽도록 방치하고 남편을 따라 죽지 못했다는 것이다. 운 좋게도 새로운 평전들에 의해 두 사람의 악명이 교정되고 있는 사이에 새로운 미망인이 그 대열에 합류한다. 원제가 "누가 커트 코베인을 죽였는가?"인, 《커트 코베인, 지워지지 않는 너바나의 전설》

에서 저자 이안 핼퍼린과 맥스 월레스는 코트니 러브가 이혼을 막기 위해 커트 코베인을 청부 살해했다고 가정한다. 미망인 죽이기의 끝은 어디일까?

34. 영화와 오페라를 한꺼번에

《영화와 오페라》
한창호 | 돌베개, 2008

오페라와 영화는 공통점이 많다. 만만찮은 제작비와 될수록 많은 관객을 필요로 하는 종합 예술이라는 점, 감독·배우 등의 인적 교류가 가능한 분야라는 점, 그리고 무엇보다 '서사narrative'를 기본으로 한다는 점이 그렇다. 그래서인지 오페라와 영화는 오랜 공동 작업을 통해 서로의 공통점을 확인해왔다. "매혹의 아리아, 스크린에 흐르다"라는 부제를 지닌 한창호의 《영화와 오페라》(돌베개, 2008)는 영화와 오페라 사이의 생산적인 소통을 정리한 책이다.

강한 가족 유사성을 가진 까닭에 영화가 오페라를 수용한 역사는 꽤 길다. 오페라의 나라인 이탈리아에서는 오페라를 잘 볼 수 없었던 대중 관객에게 보여줄 목적으로, 오페라를 영화 형식으로 만든 '오페라 영화opera film'가 자주 만들어졌다. 소피아 로렌이 아이다 역을 맡고 노래는 소프라노 레나타 테발디가 대신 부르는 식으로 베르디, 푸치니와 같은 유명 작곡가의 오페라는 거의 다 '오페라 영화'로 만들어졌고 대중적인 인기도 얻었다.

영화보다는 오페라에 방점이 찍혀 있는 '오페라 영화'는 오페라의 나라인 이탈리아에 귀속된 장르며, 영화와 오페라의 첫 번째 조우기에 무성했던 형식이다. 하지만 '오페라 영화'는 1950년대 이후 그것의 고향인 이탈리아에서도 더 이상 제작되지 않으며, 모차르트의 〈마술 피리〉에 남다른 애착을 가지고 있었다는 잉마르 베리만의 〈마술 피리〉(1973), 조지프 로지의 〈돈 조반니〉(1979), 프랑코 제피렐리의 〈오텔로〉(1986)가 그나마 국적 불문하고 우리가 현재 접할 수 있는 작품이다.

누구나 지적하는 바지만, 애욕을 주제로 한 숱한 오페라의 줄거리는 개연성이나 사실성이 턱없이 부족하다. KBS-2 텔레비전에서 방영했던 〈사랑과 전쟁〉의 밀도에도 훨씬 못 미치는 것이다. 그래서인지 오페라 대본을 저본 삼아 현대적인 연출이 시도된 순수한 각색물은 좀체 찾아보기 힘들다. 신파조의 오페라 대본으로는 온갖 서사에 단련된 눈 높은 현대의 관객을 만족시킬 수 없기 때문이다. 굳이 찾자면, 극작가 데이비드 헨리 황의 원작을 각색한 데이비드 크로넨버그의 〈M 버터플라이〉만이 푸치니의 〈나비부인〉과의 상호 텍스트성을 간신히 떠올려준다.

지은이도 밝히고 있지만, 이 책에 거론된 대부분의 영화는 오페라보다는 영화에 방점이 찍힌 것들이다. 다시 말해 오페라의 줄거리보다는 오페라의 주요 모티프나 음악을 차용하면서 영화의 의미를 두텁게 하거나 반어적인 효과를 얻은 작품들이 분석의 대상이 되었다. 이 점, 중앙 일간지 기자직을 작파하고 이탈리아로 영화를 공부하러 떠났던 지은이의 이력을 상기하면 수긍이 가는 부분이다.

영화에 삽입된 오페라라면 금세 프랭크 다라본트의 〈쇼생크 탈출〉에 흐르던 모차르트의 〈피가로의 결혼〉 3막의 이중창을 떠올릴 테지만, 이 책《영화와 오페라》를 읽어보면 얼마나 많은 영화 예술가들이 오페라의 모티프나 음악으로부터 다종다양한 영감을 길어왔는지 새삼 입이 벌어진다. 페드로 알모도바르의 〈그녀에게〉와 퍼셀의 〈요정의 여왕〉, 게리 마셜의 〈귀여운 여인〉과 베르디의 〈라 트라비아타〉, 클린트 이스트우드의 〈매디슨 카운티의 다리〉와 생상스의 〈삼손과 델릴라〉, 로베르토 베니니의 〈인생은 아름다워〉와 오펜바흐의 〈호프만 이야기〉……. 서양의 감독들은 자신들의 오래된 문화유산을 퍽도 잘 활용했다. 그러고 보니 최근에 본 임상수의 〈하녀〉가 생각난다. 주인집 남자로 분한 이정재의 피아노 연주도 괜찮은 설정이었지만, 페르골레시의 〈마님이 된 하녀〉를 안주인 서우가 나오는 장면에 깔아두었다면 좀 더 복잡하고 풍부한 의미가 생산되지 않았을까?

중세와 르네상스 시기의 여러 가지 연극 전통에서 볼 수 있는 막간 음악극 형식을 넘어, 오늘날 우리가 듣고 보는 형태로 오페라가 발전된 데는 1576년부터 피렌체에서 활동했던 카메라타Camerata 그룹의 공이 컸다. 음악가, 시인, 철학자, 귀족으로 이루어진 이들은 당대의 시대정신이었던 문예부흥 운동Rinascimento에 따라 고대 비극을 원형대로 재창조하려고 했다. 그들을 오페라로 이끈 것은 고대 그리스 연극이 처음부터 끝까지 노래로 불렸으리라는 가정이었고, 그 노력은 야코보 페리의 〈다프네〉로 나타났다.

음악학자들은 1597년 혹은 1598년에 초연되었다는 〈다프네〉를 오페라의 시초로 삼지만, 오페라의 진정한 출발점이자 견고한 구조인 모노디monody 음악 양식을 확립한 것은 몬테베르디다. 그는 서정적 독창을 통해 인물의 감정을 실어 나르는 아리아aria와 기악 반주를 동반한 대사 전달부인 레치타티보recitativo를 나누고, 관현악 도입부와 합창 피날레 형식을 도입한 〈오르페오〉(1607)를 통해 현재 우리가 알고 있는 오페라 개념에 부합하는 최초의 위대한 작곡가가 되었다.

오페라가 태동한 지 어언 500년. 현재도 세계 곳곳에서 오페라가 공연되고는 있지만, 전성기를 지난 지는 오래다. 《클라시커 50—오페라》(해냄, 2001)를 집필한 볼프강 빌라쉐크는 "죽었다고 말하면 말할수록 더욱더 살아나는 매력적인 유기체"가 오페라라고 말하지만, 이 말은 진실한 진단이기보다, 사태의 부인이 오히려 진실이 되는 프로이트적 실언에 더 가깝다. 슈토크하우젠에서 진은숙까지 현대의 많은 작곡가들이 어느 시점이 되면 오페라를 갱신하려는 대열에 합류하곤 하지만, 우리가 알고 있는 오페라 작곡가의 거개는 죽은 사람들이다. 또 오페라 가수들 역시 '3인의 테너 Three Tenors'라는 키치적인 과시로만 주목을 받을 뿐, 오페라광들이 숭앙하는 명가수들은 녹음을 통해서만 만날 수 있는 경우가 대부분이다.

이 책을 읽다 보면 문득, 언제부터인가 숨을 헐떡이며 죽어가는 오페라가 영화라는 인공호흡기로 명맥을 유지하고 있는 건 아닌가 하는 비애마저 느끼게 된다. 물론 오페라가 없어진다고 해서,

인류 자체만큼이나 오래된 기획, 즉 이야기를 음악과 연결시키겠다는 아이디어가 고사하지는 않을 것이다. 오페라 극장이 귀족들의 사교장이었던 오페라 융성기처럼 많은 젊은이들이 뮤지컬 극장에서 데이트를 즐기는 요즘의 상황이 그것을 증명한다.

지은이는 젊어서부터 오페라에 심취했다고 하는데, 실제로 본문 읽기에 들어가면, 마치 숨은 그림을 찾듯 영화 속에 배어 있는 오페라의 숨결을 찾아내는 내공을 느낄 수 있다. 영화와 오페라를 사랑하는 독자들 혹은 오페라에 도전해보고 싶었으나 마땅한 계기를 찾기 어려웠던 독자들에게《영화와 오페라》를 권한다.

35. 격의格義로서의 한국 록 문화

《와이키키 브라더스》
구자형 | 안그라픽스, 2003

2001년에 개봉된 임순례 감독의 영화 〈와이키키 브라더스〉와 구자형의 소설《와이키키 브라더스》(안그라픽스, 2003)는 제목만 같을 뿐 완전히 다른 이야기다. 내막은 자세히 모르지만, 이런 짐작을 해볼 수 있다. 작가와 감독이 같은 제목과 주제 아래 함께 시나리오 작업을 하다가 작품 성격을 놓고 결별을 하는 경우가 종종 있다. 그때 제목에 대한 소유권이 공동으로 되어 있었다면, 똑같은 제목의 완전히 다른 영화와 소설이 나오게 된다.

구자형의 소설《와이키키 브라더스》의 표지에는 "한국 최초의 록 소설"이라는 광고 문구가 붙어 있는데, 과연 이 소설은 비틀스, CCR, 비비킹, 다이어 스트레이츠, 레드 제플린, 레너드 스키너드, 에릭 클랩턴, 제프 벡, 지미 헨드릭스, 블랙 사바스, 애니멀스, 딥 퍼플, 이글스, 올 맨 브러더스와 같은 록 뮤지션들로 도배되어 있다. 작가의 말을 들어보면 이 작품은 황종음 밴드의 기타리스트인 최훈을 모델로 삼았다는데, 그는 작중에서 '최기타'라는 애칭으로 불린다. 최기타는 소설 속에서 줄곧, 지상에 내려온 음악의 신으로 묘사된다. 두 대목을 보자.

"최기타가 나타났다. 겉모습은 무뚝뚝하고, 때로는 어리숙한 느낌도 있지만 소탈하고 사려가 깊은 사람이다. 최기타의 매력 중에 하나는 그가 아직 분노를 잃어버리고 있지 않다는 점이다. 이방인의 작가 알베르 카뮈가 '나는 존재하기 위해서 반항한다'라고 말한 것처럼, 최기타의 록에는 분노가 살아 있다. 지상의 모든 사랑의 훼방꾼들에게 분노를 터뜨리며, 연인들의 진실한 사랑을 보호하기 위해서 그는 기꺼이 기타를 연주하고 있는 것이다."

"최기타는 어느새 무아지경에 빠져 어머니의 자궁 안으로 회귀하고 있었다. 무대란 이토록 위대한 곳이다. 최기타는 잠재의식을 마음껏 풀어놓고 있었다. 그리고 끊임없이 객석을 향해 새로운 생명력을 공급하고 있었다. 그것은 가장 순수한 상태인 어머니의 자궁 속에서 태아가 우주의 가장 신비로운 기운과 연결되어 그 기운을 전달하는 것 같았다. 그것은 상승이었고, 다시 만나고 싶은 기분 좋은 체험이었다."

이 소설의 말미에는 〈팝과 록은 무엇인가〉라는 작가의 보유가 붙어 있다. 여기서 작가는 본문에서 충분히 강조되었던 진짜 음악(록)과 가짜 음악(팝)이라는, 환상의 경계를 다시 구축한다. "록은 따라서 아티스트의 정신이 중요하다. 언제나 기존과 기성을 경계하고 젊음의 순수성을 간직하면서 치열한 장인 정신으로 예술적인 음악을 일궈내려는 정신적 흐름이 바로 록이다. 상업적인 팝과 이 점에서 다르다. 이 소설이 말하려고 하는 것은 바로 록의 순수성이다." "그들의 본래 정체는 비주류, 비제도, 반反상술이다. 그것으로 제도에 충격을 가하는 것이다. 이 말은 그들도 변절되면 (다시 말해 스타가 되면) 제도권에 따라서 호의호식하는 상류층이 될 위험이 도사리고 있음을 시사한다."

작가의 이분법에 충실하게, 지상에 내려온 음악의 신인 최기타는 당연히 진짜 음악인 록만을 추구하며, 비주류로 떠도는 자신의 운명을 감수한다. 그 가운데 최기타를 오르페우스로 만들어주는 것은 그의 고독이다. 음악에 바쳐진 공물이자 사제로 현현한 최기타는 별칭 그대로 기타만 사랑할 수 있는 인물이며, 당연히 또 다른 연인(진짜 여자)을 섬길 수 없다. 바로 그런 이유로, 최기타가 사랑했던 여자는 죽을 수밖에 없다. 무척 역설적이고 당연한 얘기로, 그녀의 자살이야말로 최기타의 오르페우스 됨을 완성한다. 들어보라! 그의 기타 소리는 삶과 죽음이라는 이질적인 두 세계마저 연결해버리지 않는가?

"최기타의 기타 연주는 생명력이 넘쳐흘렀다. 그 스스로가 어느새 씻김굿을 하는 무당으로 변해 있었던 것이다. 그는 미친 듯 무대를 뛰어다녔다. 그 순간 최기타는 어둠을 가로질러 비행하는 한 마리 갈매기의 자유를 누리고 있었다. 순간, 최기타는 수없이 명멸하는 빛 속에서 정숙을 보았다. 정숙은 한 줄기 빛처럼 무대 위로 다가와 최기타를 가만히 포옹했다. 고마워요. 정말 고마워요. 정숙이 최기타의 품에 안겨 나지막이 속삭였다."

《와이키키 브라더스》의 주인공인 최기타를 낭만주의적 예술가의 초상으로부터 가까스로 건져내는 것은, 이 소설 군데군데 삽입된 한국 대중음악계 풍경이다. 이를테면 "한국 록의 대부 신중현마저도 1979년 12월 대마초 연예인에 대한 해금 조치가 있은 뒤, 다시 7인조 밴드 '신중현과 뮤직파워'로 화려하게 재기했었지만 조선호텔 나이트클럽에서 자신의 음악 〈커피 한잔〉, 〈님아〉 같은 노래를 부르는 대신 비지스의 디스코 사운드를 연주해달라는 경영자 요청을 거부하자 끝내 해고를 당하고 말았던 아픈 경험이 있다. 요즘도 그렇지만 한국의 음악 소비자들은 록 뮤직에 맞춰 춤출 줄 아는 록 댄스 감각이 너무 무딘 탓이었다"와 같은 연예계 비사가 없었다면 어떻게 되었을까? 작가가 그런 연예 현장을 공들여 취재하지 않았다면, 이 소설 속의 최기타는 18~19세기 때의 전형적인 낭만주의 '예술 천재'를 되풀이해 보여주는 것에 그쳤을 것이다.

소설《와이키키 브라더스》와 작품 바깥의 보유를 다 읽고도 작가의 록 예찬이 공허하게 느껴지는 것은 피할 수 없다. 그 이유는 작가나 최기타가 록 음악을 '진짜 음악'으로 여기는 선험적 태도 때문이다. 그들은 자신들이 숭앙하는 록 음악이 "영혼의 양식"이라고 믿어 의심치 않는바, 그것이 역사의 산물이자 음악 산업의 일부일 수도 있다는 것을 한 번도 고려해보지 않는다. 예컨대 한국의 록 예찬가들은 "베트남 전쟁을 종식시킨 것은 정치가들의 결단이 아니다. 그것은 미국의 록 뮤직이었다"라는 신화를 곧잘 내세우곤 한다. 하지만 그들이 입에 달고 다니는 그런 교의는 한국의 록 밴드가 한 번도 록을 통해 사회적 운동을 일으키거나 그런 일에 가세한 적이 없었기에 요청된 일종의 문화적 격의格義에 지나지 않는다.

잘못된 추측일 수도 있지만, 만약 구자형과 임순례가 공동 작업을 하다가 결별하게 되었다면 그 이유는 너무나 분명하다. 구자형의 소설《와이키키 브라더스》가 록의 가치를 선험적으로 받아들이고 끝내 그 믿음에 충실한 반면, 임순례의 〈와이키키 브라더스〉는 선험적으로 주어진 록의 신화에 의문을 제기한다.

36. 밑바닥에서 음악 하기

〈와이키키 브라더스〉
영화진흥위원회 엮음, 《2001 한국 시나리오 선집》 | 커뮤니케이션북스, 2002

임순례 감독의 영화 〈와이키키 브라더스〉를 보고 나서 《2001 한국 시나리오 선집》(커뮤니케이션북스, 2002)에 실려 있는 대본을 읽었다. 영화의 초입에 해당하는 #8은 '진짜 음악'에 대한 추구와 고집이 저 지지리도 못난 삼류 밴드의 존재 이유이면서, 밑도 끝도 없는 자긍심의 원천이라는 것을 보여준다. 성우의 밴드가 대구의 나이트클럽에서 쫓겨난 뒤 새로운 일자리를 찾지 못하고 지방 축제나 회갑연을 전전할 때, 그룹의 막내인 강수가 논바닥에서 술에 취해 목 놓아 운다. "우리가 어쩌다 이렇게 됐냐? 음악 하나 해보겠다구 온갖 드러운 꼴 다 견뎌내며 십수 년을 버텼는데……. 7인조에서 하나 둘 다 떨어져 나가고 이 시골 바닥에서 이게 뭐하는 짓거리냐구……."

강수의 '음악 하나'는 #29에 나오는 '진짜 음악'과 겹친다. 이 장면은 성우의 고등학교 시절 일화다. 음악에 대한 열정에 막 눈뜨던 그때, 성우를 비롯한 충고(충주고등학교)밴드 멤버들은 선배 음악가들을 따라 여름 해수욕장에 차려놓은 고고장에서 허드렛일을 돕는다. 거기서 성우 무리는 호기심에 가득 차 선배 음악가들의 공연 포스터를 보고 있는 여고생에게 '작업'을 걸며 이렇게 말한다. "이따 저녁에 우리 그룹 공연 보러 오세요. [……] 이 형님들은 춤추기 좋게 딴따라 음악 하는 거고……. 이따 밤늦게 오세요. 진짜 음악이 뭔지 보여드릴 테니까……."

워낙 음악이란 '참과 거짓'의 문제가 아니라 '좋아하고 싫어하고'의 문제, 즉 취향의 문제다. 그래서 누구나 다 동의할 수 있는 '진짜 음악'을 정의하기는 힘들다. 그렇기는 하지만, 충고밴드, 충주여고밴드의 인희, 성인이 된 성우와 그의 동료들인 와이키키 브라더스, 그리고 음악 학원 선생 병주가 오매불망하는 진짜 음악, '음악 하나'라고도 불린 그 음악은 록이다. 충고밴드 시절 성우는 일찍이 "퀸이나 롤링 스톤즈" 같은 음악을 하겠다고 밝힌 바 있다. 또 충주 YMCA에서 개최된 충주 시내 고교 밴드 음악회에서 인희가 충주여고밴드를 이끌고 부른 노래는 매우 상징적이게도 조앤 젯&블랙하트의 〈아이 러브 로큰롤〉이다(이때 충고밴드가 부른 노래는 옥슨80의 〈불놀이야〉).

충주고교 시절 성우와 그의 밴드는 자신들의 밴드 이름을 '와이키키 브라더스'라고 짓는데, 한참 세월이 흘러 성인이 된 성우의 밴드 이름 역시 와이키키 브라더스다. 이것은 그가 록을 초지일관 진짜 음악으로 여기고 있다는 것을 뜻하는데, 문제는 여기서 생긴다. 그에게 진짜 음악이었던 록이 다른 사람에게도 진짜 음악이 될 수 있을까? 앞서 거론했지만 피하고 말았던 '진짜 음악'에 대한 대략의 정의를 이제는 시도해보지 않을 수 없다. 지방 나이트클럽 밴드에서 회갑 잔치의 일일 밴드로 전락하고 만 성우의 비극을 좀 더 잘 음미하기 위해, 많은 사람들이 인정할 수 있는 진짜 음악의 최소 요건을 정해둘 필요가 있다.

진짜 음악이란 '지금-여기'의 정서에 부합하는 음악이다. 대중음악이든 고급 음악이든 지금-여기의 정서를 외면하고 살아날 길은 없다. 그런 의미에서, #8에서 강수가 한 말은 그들의 패착이 어디서 비롯했는지를 암시해준다. 그는 "이 시골 바닥에서 이게 뭐하는 짓거리냐구"라고 울분을 토로했지만, 사실 모든 음악이 '진짜 음악'이 되기 위해서는 '바닥'이 중요하다. 오늘날 '클래식'으로 대접받고 있는 서양의 고급 음악들도 과거엔 대부분 그 시대의 대중음악, 즉 '바닥 음악'이었다.

〈와이키키 브라더스〉의 주인공들이 '진짜 음악'으로 떠받드는 '록'은 지금-여기의 대중 정서와 상당한 거리가 있다. #80에서 성우의 음악 선생 병주가 "나훈아 땜에 먹고사는 사람 여럿"이라고 씁쓸하게 말하고, 또 #10에서 정석이 자기와 함께 전주의 나이트에서 뛰던 애송이 여가수가 트로트 메들리로 뜬 것을 우스개 삼지만, 실은 그들을 성공시킨 비밀이야말로 성우 무리가 대중과 점점 멀어지면서 밴드 해산이란 나락으로 떨어지게 된 이유와 대비된다.

그럼에도 불구하고 주인공들은 자신들이 신앙하는 '진짜 음악'과 '지금-여기'의 괴리를 모른다. 이 지점에서 잠시 참조해볼 것은, 대중음악에 대한 사회정치적 분석틀로서의 후기식민주의 이론이다. 일제 강점으로부터의 해방, 한국전쟁, 전후 경제 원조를 통해 미국은 한국인들에게 고마운 나라가 됐고, 바로 그것이 한국인들로 하여금 미국의 대중문화를 숭앙하게 했다. 어떤 한국인은 록이 미국인들의 '지금-여기'의 음악이라는 태생적 기원을 잊은 채, 록을 우리의 '진짜 음악'으로 오인한다. 그러면서 〈와이키키 브라더스〉의 주인공들은, '지금-여기'라고 부르든 '바닥'이라고 부르든 크게 다르지 않은 '대중'과 유리되어갔던 것이다. 심하게 말해 록은 '음악감상실용 음악'이었다.

식민지 예술인(혹은 지식인)이 빠지기 쉬운 이런 허위의식은 나와 대중 간의 괴리로만 끝나지 않고, 나의 자아 분열을 부른다. 성우의 음악 선생 병주는 어머니를 북한에 남겨둔 채 혼자 월남한, "무지하게 고생"한 인물이다. 평생 삼류 악사로 산 그의 진짜 음악이 록이었다는 것은, 그가 늘 틀어놓고 듣는 지미 헨드릭스의 카세트테이프로 증명된다. 그런데 그로테스크하게도 이 신산한 인물이 늘 입에 달고 사는 것은 "봄비를 맞으면서 충무로 걸어갈 때에"로 시작하는 〈서울야곡〉. 즐겁거나 슬플 때 내 몸이 내는 소리를 '음악적 정직'이라고 말할 수 있다면, 병주의 입에서 흘러나오는 〈서울야곡〉은 회한과 가난과 알코올 중독으로 망가져가는 그의 몸이 내는 음악적 정직에 값한다. 그런데도 그의 음악적 이상은 지미 헨드릭스를 떠나지 못한다. 내 몸과 괴리된 이상을 내 것인 양 여기는 것! 이게 식민지 예술가의 자아 분열이다.

영화의 마지막 장면은, 처음에 7명이었던 밴드 멤버들이 모두 떨어져 나가고 혼자 남은 성우와 채소 장수 인희가 여수까지 떠밀려 가서 심수봉의 〈사랑밖엔 난 몰라〉를 부르는 것이다. 트로트를 부르는 인희의 모습과 묵묵히, 지켜주듯 반주하는 성우의 모습은 옛날 고교 밴드 음악회에서 록 넘버를 부르던 그들을 떠올리며 격세지감을 느끼게 한다. 이런 음악적 변전은, 이 영화 전체의 음악적 변전과 상응한다. 〈와이키키 브라더스〉는 성우의 밴드가 나이트클럽에서 산타나의 〈유로파〉를 연주하는 장면으로 시작해 예의 〈사랑밖엔 난 몰라〉 장면으로 끝난다. 영화의 서두에서는 록 음악이 우세하지만, 중반엔 〈토요일은 밤이 좋아〉와 같은 '뽕끼' 먹은 코리안 록이 자주 나오고, 후반으로 가면서 영화는 차츰 트로트에 경사된다. 이런 음악적 변전을 성우의 전락으로 보는 해석도 우세하지만, 나는 그런 해석에 반대한다. 영화의 마지막 장면은, 드디어 그들이 허위의 '진짜 음악'과 결별하고 진짜 '진짜 음악'과 조우했다는 신호며, 음악적 성숙이다. 그들의 음악적 험로는 이제 바닥을 쳤다.

37. 클래식 음반—20세기의 예술

《클래식, 그 은밀한 삶과 치욕스런 죽음》
노먼 레브레히트, 장호연 옮김 | 마티, 2009

바흐는 자신이 작곡한, 서양 고전 음악의 최고봉이라는 〈마태수난곡〉을 몇 번이나 들었을까? 또 모차르트는 그 자신의 오페라 가운데 최고의 걸작이라고 평가되는 〈피가로의 결혼〉을 몇 번이나 감상했을까? 마찬가지로 교향곡의 대명사라는 5번 〈운명〉을 작곡한 베토벤은 그것을 얼마만큼 자주 들을 수 있었을까? 정확한 횟수를 아는 것은 불가능하지만, 적어도 우리만큼은 자주 듣지 못했을 거란 답은 할 수 있다.

우리가 18세기 중엽부터 만개한 서양 고전 음악을 그 시대의 사람들보다 더 자주 들을 수 있게 된 것은 그 시대보다 연주회가 더 많아서가 아니다. 연주회에 관해서라면 우리 시대는, 거의 매일 크고 작은 연주회가 열리고 신곡이 발표되었던 18세기를 결코 따라갈 수 없다. 그런데도 우리가 서양 고전 명곡을 더 자주 접할 수 있게 된 것은 오로지 음반 덕택이다.

1877년, 토머스 에디슨이 자신의 발명품인 포노그래프에 대고

'메리는 작은 양을 가졌네'라고 흥얼거린 뒤부터 많은 기술자와 장사꾼들은 '소리'를 팔 수 있다는 꿈에 매진했다. 그것이 허황된 일이 아니라 황금 알을 낳는 산업이 될 수도 있다는 것은 금세 증명됐다. 1902년, 카루소가 그라모폰에서 취입한 유명 아리아집은 나오자마자 베스트셀러가 되었고, 이른 나이에 그가 죽자 수많은 나폴리의 사촌들은 그의 음반 로열티로 먹고살았다. 리코딩 역사의 진정한 시작은 축음기를 만든 에디슨도, 납작한 원반형 디스크를 만든 에밀 베를리너도 아닌, 카루소다.

예술가들은 신발명품이나 첨단 기술을 환영하지 않는 편이다. 아니, 차라리 예술가들은 타고난 러다이트Luddite라는 게 진실에 더 부합한다. 예를 들어 클렘페러와 같은 지휘자는 음반이 실황 연주의 보잘것없는 대체품에 지나지 않는다며 "음반을 듣는다는 것은 매릴린 먼로의 사진을 들고 동침하는 것과 마찬가지"라고 말했다. 가히, 캐스팅된 여가수와 리허설 도중에 오케스트라 단원인 그녀의 남편이 보는 앞에서 도망을 치기도 했던 불륜의 마에스트로다운 비유라고 할까? 하지만 클렘페러와 달리 선에 경도됐던 금욕적인 마에스트로 첼리비다케도 클렘페러와 똑같이 생각했다. 그 역시 "청자들이 자신의 노력을 눈으로 볼 수 없다"는 이유로 1948년부터 줄곧 녹음을 사양하다가, 80세에 가까운 말년에 가서야 녹음을 허용했다.

러다이트가 예술가들의 특권인 것은 분명하지만, 이 세계에도 배신자(?)가 있다. 피아니스트 아르투어 슈나벨(1882년 출생)이 녹음은 연주자의 예술적 영감을 왜곡하고 청중들과의 교감을 제거한다고 여긴 것과 정반대로, 그보다 약간 후대의 피아니스트인 빌헬름 켐프(1895년 출생)는 리코딩이 완벽한 연주를 남길 수 있는 기회라고 생각했다. 그는 평생 녹음실을 사랑한 '스튜디오 장인'이었지만, 그렇다고 해서 연주회를 마다한 것은 아니었다. 그러나 그보다 훨씬 뒤에 활동한 글렌 굴드(1932년 출생)는 "음반이야말로 최고의 음악 형식"이라며 더 이상 실연을 하지 않았다. 여기서 우리는 굴드의 기행에 현혹되어 까맣게 잊어버렸던 하나의 질문을 던져보아야 한다. 더 이상 연주회를 하지 않으면서, 녹음실의 이퀄라이저 앞에 앉아 가위질(편집)을 하고 있는 이 사람의 직업은 대체 뭘까?

미국에서 활동하던 굴드가 갑작스레 연주 여행과 음악회를 모두 중단하고 음반 녹음만 하겠다고 선언했을 때 대서양 건너편에서 이심전심의 동지애를 느낀 사람이 있었으니, 바로 카라얀이다. 그는 '음반 녹음'이 클래식 음악의 현실이자 미래라는 것을 정확히 간파했고, 실천에 옮겼다. 전집 녹음을 통해 베토벤의 아홉 개 교향곡을 골고루 세상에 알린 사람은 카라얀, 스테레오 녹음이 정착되는 데 공헌한 사람은 카라얀, 지휘자·가수·연주자를 통틀어 역대 최고의 판매고를 올린 클래식 음악가도 카라얀이다.

흔히 카라얀이 지휘봉을 휘둘렀던 베를린 필하모닉을 가리켜 세계 최고의 오케스트라라고 말하지만, 베를린 필하모닉과 카라얀이 세계 최고가 되기 위해서 손오공처럼 별쭝난 분신술을 연마할 필요는 없었다. 다시 말해 수백 명의 카라얀과 그 수에 맞는 베를린 필하모닉이 전 세계를 순회하며 터질 듯한 '현악 파트'를 과시한 게 아니라, 1분에 33회전을 하는 음반을 대신 보내 전 세계 클래식 애호가들의 턴테이블을 점령했을 뿐이다.

밤새워 읽은 노먼 레브레히트의 《클래식, 그 은밀한 삶과 치욕스런 죽음》(마티, 2009)은 클래식 '음악'에 대해 얘기하지 않는다. 이 책은 음악이 작곡가의 창조적 내면과 비르투오소virtuoso(연주의 명인)에 대한 화제로 점철됐던 19세기적 틀을 벗어나, 오로지 클래식 '음반'의 역사만을 기술한다. 클래식 비즈니스계의 통신원이자 스파이(?)였던 지은이는 메이저 음반사의 기획자들 사이에서 벌어지는 냉혹하고 추잡스러운 싸움과, 음악 비즈니스계에서 살아남기 위해 벌였던 음악가들 사이의 경쟁은 물론이고 녹음 엔지니어들이 더 나은 소리를 얻기 위해 분투했던 노력들을 샅샅이 드러낸다. 결론은, 영화와 함께 가장 대중적이고 상업적인 20세기의 예술 형식이었던 음반은 세 가지 변수와 능력의 조화와 합이라는 것. 마케팅 능력이 있는 기획자(산업), 창조적인 녹음 엔지니어(기술), 그리고 연주력은 물론이고 연예인에 뒤지지 않는 유명세를 지닌 음악가(스타).

어떤 역사든 탄생, 성장, 완숙, 쇠퇴를 겪는다. 독자들은 이 책을 열자마자 "나는 한 음악 칼럼에서 클래식 음반의 죽음을 선언했다"라는 지은이의 서문을 보게 되고, 이 책의 1부 마지막 장에서 다시 한 번, 근 100년간 하나의 "예술 형식"으로 발전되어온 클래식 음반이란 예술은 이제 "종착점"에 다다랐다는 지은이의 묵시록을 접하게 된다. 음반이 '예술'로서의 성격을 상실케 된 까닭 가운데는, 초창기의 음반 '녹음' 작업이 연주자들끼리의 경쟁과 비교를 가능하게 해주었던 것과 달리 지금은 하나의 명연을 규범으로 제시함으로써 독주자들의 다양한 스타일을 평평하게 만든다는 병폐가 있었다. 거기에 덧붙여진 음반 '산업'의 횡포와 간섭은 음반 '예술'을 질식시키는 데 결정적인 공헌을 했다.

언제부터인가 난무하는 다종다양한 종언을 나는 물리치려고 한다. 클래식 '음반'이 아니라 클래식 '음악'에 대한 부고도 이미 나와 있지만, 내가 클래식 음악을 듣고 있는 한, 그건 죽은 게 아니다. 그리고 내가 이 책 2부에 실려 있는 '불멸의 음반 100선'을 보고 이 음반들을 다 갖추고야 말겠다는 전의를 불태우고 있는 이상(실제로 이 글을 쓰는 날, 95번째로 소개된 음반을 용케 구했다), 클래식 음반 예술 역시 아직 죽은 게 아니다. 우리는 음반 덕에 최소한의 비용으로 최고 연주자의 명연을 영구히 소유하고, 언제 어디서든 그것을 들을 수 있는 호사를 누린다.

38. 빌리 홀리데이 —세상에서 가장 슬픈 목소리

《빌리 홀리데이》
도널드 클라크, 한종현 옮김 | 을유문화사, 2007

《재즈북》
요아힘 E. 베렌트, 한종현 옮김 | 이룸, 2004

빌리 홀리데이(1915~1959). 재즈를 좋아하지 않는 사람이라도 한 번쯤은 그녀의 노래를 들어보았을 것이다. 그녀는 광고 음악을 통해서라도 누구나 무심결에 접해봤을 재즈 가수다.

"세상에서 가장 슬픈 목소리"라는 부제를 가진 도널드 클라크의 《빌리 홀리데이》(을유문화사, 2007)는 제목 그대로 그녀에 대한 전기다. 이 책이 나오기 전에 우리나라에서 오래 유통되었던, 그러나 지금은 절판되고 없는 빌리 홀리데이의 자서전이 바로 윌리엄 더프티의 《레이디 싱스 더 블루스》다. 1956년에 미국에서 출간된 이 책은 신빙할 수 없는 '구라'로 악명 높지만, 빌리 홀리데이가 감수한 자서전이라는 명성 탓에 여전히 영향력을 행사하고 있다. 도널드 클라크는 《빌리 홀리데이》의 머리말에서 "영화화를 염두에 두고 대필 작가가 집필한 그녀의 자서전은 오류투성이였고, 1972년에 제작된 영화는 잘못된 고정관념을 더욱 공고히 했다"라고 《레이디 싱스 더 블루스》를 비난하고 있다.

지은이는 1장의 앞머리에 "빌리 홀리데이의 인생이나 작품 어느 것도 유럽식 청교도 교리의 잣대로 재단해서는 안 된다"고 쓰고, 2장의 어느 대목에서는 미국 문화에서는 "그 누구도 인종주의에서 자유로울 수" 없다면서 "이것은 이 책이 다루는 첫 번째 주제이기도 하다"고 밝혀놓았다. 그러므로 독자는 이 두 개의 명제가 어떤 식으로 상호 연결되는지를 살펴야 한다.

예컨대 빌리 홀리데이의 가계는, 첫 번째 명제와 두 번째 명제를 포개보아야 비로소 이해할 수 있다. 빌리 홀리데이의 증조할머니가 리베카 페이건이라는 사실은 그 집안 사람들이 잘 알고 있지만, 증조할아버지 페이건에 대해서는 그 집안 사람들조차 전혀 알지 못한다. 또 빌리 홀리데이의 할아버지인 찰리 페이건은 할머니 매티와 법률혼 관계였지만, 빌리 홀리데이의 어머니인 세라 해리스를 낳은 여자는 매티가 아니다. 빌리 홀리데이는 그와 반대로, 어머니는 세라 해리스가 맞지만 아버지는 누구인지 확실하지 않다. 출생증명서에 기재된 프랭크 디비즈라는 설과 홀리데이가 성을 물려받은 재즈 기타리스트 클래런스 홀리데이라는 설이 아직도 대립하고 있다. 중요한 것은, 아버지가 누구이건 빌리 홀리데이가 출생했을 때 두 남자는 빌리 홀리데이의 어머니인 세라 해리스가 아닌 다른 여자들과 결혼한 유부남이었다는 사실이다.

3대에 걸쳐서 이와 같은 출생의 수수께끼가 반복되는 것은 왜일까? 지은이가 말한 '유럽식 청교도 교리'까지 들먹일 필요 없이, 그냥 우리나라 상식대로 해도 저건 '콩가루' 집안이다. 그래서 지은이는 그 '잣대'를 버리라고 말했던 바고, 빌리 홀리데이를 이해하기 위해서는 미국 문화 속의 '인종주의'에 주목해야 한다고 쓴 것이다. "〔노예 시절〕 가족들이 뿔뿔이 흩어지는 것을 겪는 비통한 심정은 후대에 와서도 치유되지 않았다. 인종 차별은 제도화되었다. 흑인들이 사회적으로 행세하는 데는 늘 압박이 따랐다. 그렇게 하고 싶어도 2류 시민의 사회·경제적 취약성으로 인해 그들에게는 그것이 원천적으로 불가능했다. 〔특히 흑인 음악가들의〕 다수가 떠돌이였다. 그 이유는 백인들에게는 흑인 여성보다 흑인 남성이 더 위협적이었기 때문이며, 따라서 그들은 더욱 철저히 소외당해서 실제로 전통적인 남성의 본분인 가장 역할마저 해낼 수 없을 정도로 무능력자가 되는 경우가 허다했기 때문이었다."

흑인 남성에게 만연한 난봉과 가족에 대한 무책임은 그들을 제대로 된 시민이나 가장으로 살 수 없게 만들었던 사회적 억압의 결과이자 그 억압에 대한 일종의 저항이다. 유대인을 향해 '너희는 돈벌레야!'라고 오랫동안 비난을 퍼부어온 결과 유대인이 '예, 그러면 우리가 고리대금업자가 되어드리지요'라고 응수한 것처럼, 노예 시절 흑인 가정을 수시로 풍비박산 냈던 백인 지배층을 향해 흑인이 '예, 그러면 우리가 난봉꾼이 되어드리지요'라고 응수한 것이 술과 마약으로 만신창이가 된 끝에 34세와 44세로 단명한 찰리 파커와 빌리 홀리데이의 삶으로, 그들은 그처럼 살 수밖에 없었던 무수한 남녀 흑인 가운데, 재즈계를 대표하는 한 줌의 흑인이었을 뿐이다.

빌리 홀리데이는 흑인이지만, 할아버지 찰리 페이건이 백인과 흑인 사이에 출생한 물라토mulatto여서 피부가 희었고, 그래서

1910년 이전까지는 백인으로 분류됐다. 밝은 피부색과 곱슬하지 않은 머릿결을 지닌 빌리 홀리데이는 그 탓에 백인 사회와 흑인 사회 양쪽으로부터 따돌림을 당했다. 카운트 베이시 밴드에서 일할 때, 그녀는 피부가 여느 흑인과 달리 너무 엷어서 흑인처럼 보이기 위해 검게 분장을 해야 했다. 그 당시에는 백인 여성 싱어가 흑인 밴드와 함께 출연하는 게 금지 사항이었기 때문이다. 그런 분장은 백인들의 심기를 고려한 것이었지만, 반대로 흑인들은 흑인 같지 않은 그녀의 용모를 나쁘게 보았다. 빌리 홀리데이의 대표곡 〈이상한 과일Strange Fruit〉은 이런 사정 속에서 불리었고, 이 곡은 아직까지도 가장 단호하고도 정열적으로 인종 차별을 고발한 노래로 평가된다.

재즈 관련서를 읽어보면 알게 되지만, 재즈사는 재즈 보컬을 취급하지 않는다. 재즈의 본령인 기악이 '사람의 목소리'를 지향하기 때문에, 재즈 보컬은 재즈 음악의 사족으로 떨어지고 만다. 다시 말해 재즈에서 재즈 보컬이란 '사람의 목소리를 지향하는 사람의 목소리'나 같은 게 되어버리니, '역전 앞'처럼 우스꽝스러운 존재가 되어버리는 것이다. 그 때문에 재즈사는 재즈 보컬을 아주 인색하게 언급한다. 크라운판으로 700여 쪽이 넘는 요아힘 E. 베렌트의 《재즈북》(이룸, 2004)은 스타일, 개별 음악가, 재즈의 구성 요소, 특정 악기들을 세분해서 기술하면서도 재즈 보컬은 20여 쪽 분량의 지면 속에 '남성 보컬리스트', '여성 보컬리스트'를 묶어 도매금으로 처리해버린다. 거기서 빌리 홀리데이는 압도적인 분량을 차지하면서 "최초의 재즈 싱어일 뿐만 아니라, 재즈의 모든 분야에서 최초의 아티스트였다"라는 찬사를 받는다. 이런 찬사는 "노래까지 부르는 뮤지션에 반대되는 개념으로서, 빌리는 최초로 위대한 뮤지션인 가수였다"라는 평가를 동반하는데, 이런 평가는 재즈 초창기에는 재즈 싱어가 독립된 뮤지션으로 존재하지 않았고, 재즈 보컬이 기악 연주자나 댄서나 코미디언이 익혀야 하는 부수적인 기예에 불과했다는 것을 증빙해준다.

많은 분량이 부담스러운데다가 너무 많은 인터뷰 자료가 성가시긴 하지만, 빌리 홀리데이의 노래를 좋아하는 애호가는 물론이고 재즈 역사의 뒤안길을 샅샅이 탐험해보려는 독자라면 이 책을 놓칠 수 없다.

39. '기타의 신'이 쓴 자서전

《에릭 클랩튼》
에릭 클랩튼, 장호연 옮김 | 마음산책, 2008

약관 스무 살에 '기타의 신'이 되어버린 에릭 클랩턴(클랩튼)에 대해 궁금할 게 뭐 있나? 원래 신이란 믿거나 안 믿거나 양단간의 문제지, 궁금하고 자시고 할 게 없다. 그러므로 그의 자서전《에릭 클랩튼》(마음산책, 2008)을 읽는 사람들은 믿음이 부족한 자들이라고 해야겠다.

에릭 클랩턴은 제2차 세계대전이 끝나던 1945년, 영국의 남부 도시 리플리에서 태어났다. 에릭 클랩턴의 아버지로 알려진 에드워드 프라이어는 독일군과의 전쟁을 수행하기 위해 리플리에 주둔 중인 캐나다 군인이었다. 에릭 클랩턴의 어머니 퍼트리샤 클랩턴이 댄스파티장에서 피아노를 연주하고 있던 그와 불장난을 벌인 끝에 임신했을 때, 그녀의 나이 고작 열다섯 살. 그런데다가 뒤늦게 밝혀진 남자의 정체는 유부남이었다.

퍼트리샤의 부모는 딸을 보호하기 위해 사람들의 눈을 피해 에릭 클랩턴을 낳게 했고, 손자를 자신들의 아이로 입적시켰다. 사생아였던 에릭 클랩턴은 일곱 살이 될 때까지 할아버지와 할머니를 친부모로 여겼고, 삼촌과 이모들을 형제로 알았다. 그러는 사이에 생모인 퍼트리샤는 또 다른 캐나다 군인과 결혼을 했고, 에릭 클랩턴이 아홉 살 때, 한국전쟁에 참전 중인 남편이 보낸 선물을 가득 안고 고국이자 친정인 리플리를 방문했다.

그 무렵엔 에릭 클랩턴도 출생의 비밀을 알고 있었다. 그래서 모든 가족들이 거실에 모였을 때, 캐나다에서 온 '누나' 퍼트리샤에게 불쑥 "이제 엄마라고 불러도 되나요?"라고 물었다. 상식적으로 생각하면, 그 순간에 진실이 드러나고 화해가 준비되어야 했다. 그런데 생모는 그걸 기피했다. "내 생각에는 할머니와 할아버지가 이제껏 너를 잘 키워주셨으니 그분들을 엄마 아빠라고 부르는 게 좋을 것 같구나." 비록 친절한 말투이긴 했으나, '엄마를 엄마라고 부르지 못한다'는 사실에 에릭 클랩턴은 상실감과 분노를 느꼈다.

자서전에 따르면 이 일로 인해 그는 평생 "버림받은 느낌"을 간직하게 되는데, 책장을 넘김에 따라 독자들은 그것이 끼친 영향을 차츰 알게 된다. 하여튼 집안에서 일어난 이 일의 충격으로 에릭 클랩턴은 학업에 대한 열정을 잃는다. 그 대신에 라디오에서 흘러나오는 온갖 음악에 심취하게 됐고, 버디 홀리, 제리 리 루이스, 리틀 리처드와 같은 미국의 초기 로큰롤을 접하면서 "저건 미래야. 내가 원하는 게 저런 거라고"라는 결심을 하게 된다.

어린 에릭 클랩턴이 좋아한 음악은 대부분 기타 음악이었다. 그가 기타를 배우기 위해 할아버지와 할머니를 얼마나 졸라댔을지는 '안 봐도 비디오'다. 적어도 열세 살 무렵, 에릭 클랩턴은 최초의 기타를 손에 넣었다. 그리고 미술전문학교에 입학한 열여섯 살 때부터 싸구려 술집을 다니며 연주를 했고, 훗날 브리티시 인베이전British invasion의 일원이 될 영국의 음악 '꿈나무'들과 교류하게 된다.

"그처럼 음악적으로 다양하고 풍성한 시기에 태어나서 얼마나 축복인지 모른다"고 1950년대의 음악 상황을 예찬하는 에릭 클랩턴은 라디오를 통해 오페라, 클래식, 로큰롤, 재즈, 팝을 동시에 들었다. 하지만 곧 비비 킹, 머디 워터스, 존 리 후커, 프레디 킹을 들으며 블루스에 깊숙이 빠져들게 된다. 이십대 이전에 형성된 에릭 클랩턴의 블루스 취향은 일생 동안 변하지 않아서, 그가 뮤지션이나 그룹의 음악성을 평가하는 데 기준이 된다. 에릭 클랩턴이 밥 딜런을 탐탁지 않게 보거나 레드 제플린을 혹평할 때, 그것은 그들에게 '블루스'가 모자라기 때문이다. 보라, 자신이 블루스 음악의 적자라는 것을 얼마나 당당히 내세우는지! "제프 벡과 지미 페이지도 훌륭했지만, 그들의 음악적 뿌리는 로커빌리였고 나의 뿌리는 블루스였다."

에릭 클랩턴이 야드버즈에서 전업 뮤지션 경력을 막 시작하려던 1963년, 앞서 유명세를 얻은 것은 비틀스였다. 그러나 그들은 다 같은 '음악 동네' 사람들이었고, 에릭 클랩턴은 비틀스 멤버 가운데서도 조지 해리슨과 절친했다. 그런데 이 무슨 '엽기발광'이란 말인가. 에릭 클랩턴은 조지 해리슨의 아내인 패티 보이드를 첫눈에 사랑하기 시작했다. 우리가 익히 알고 있는 〈Layla〉는 에릭 클랩턴이 패티 보이드에게 바친 공공연한 구애송이다. 그는 그 노래를 만든 1970년부터 패티가 조지와 이혼하고 자신의 품에 안긴 1979년까지 무대에서 주야장천 〈Layla〉를 불렀다. 참 교묘한 가정 파괴 공작이랄 수도 있겠으나, 울타리가 튼튼하면 도둑이 넘나들지 못하는 법. 가정 파괴의 진정한 주범은 허구한 날 바람을 피워댄 조지 해리슨이었다.

이 책 213쪽에는 아주 인상적인 사진 한 장이 실려 있다. 에릭 클랩턴이 자신의 차지가 된 패티 보이드를 두 팔로 번쩍 들어 가슴 앞에 안고 있는 사진이다. 이 사진에서 에릭 클랩턴의 목에 두 팔을 두른 채 매달려 있는 패티는, 마치 에릭 클랩턴의 취미 가운데 하나인 사냥의 포획물처럼 보인다. 시쳇말로, 록 스타에겐 널리고 널린 게 여자. 하필이면 평생 동안 우정을 나누게 될 친구의 아내를 탐낸 그의 심리는 대체 어떤 것이었을까?

예순두 살의 자서전은 그것을 다각도로 분석한다. "내가 패티에게 연정을 품은 이유 중 하나는 그녀가 멋진 차, 화려한 경력, 아름다운 부인 등 내가 원하는 모든 것을 가진 것만 같은 유능한 남자의 여자라는 사실이었다."(145~146쪽). "내 나이는 이제 50대 중반에 이르렀지만 아직도 나는 그녀〔어머니〕를 대신해줄 누군가를 찾고 있는 듯했다. 〔……〕 나는 여전히 어머니와의 관계를 재연해줄 여자를 무의식적으로 찾고 있었던 모양이다."(362~363쪽).

에릭 클랩턴은 패티에게 헌정하기 위해 많은 곡을 썼다. 그 가운데 가장 유명한 것이 단 10분 만에 완성했다는 〈Wonderful Tonight〉. 이 노래는 레너드 코언의 〈I'm Your Man〉과 함께 사랑에 빠진 무대책남의 애모가 물씬 풍기는 발라드이지만, 실제로 에릭 클랩턴이 이 곡을 쓰게 된 것은 패티에 대해 "화가 나고 짜증이 치" 밀었을 때 그걸 진정하기 위해서였다. 그 후로 에릭 클랩턴은 공연 때마다 패티를 무대로 불러놓고 이 노래를 부르곤 했지만, 두 사람은 그 노래처럼 달콤하게 살지 못했다. 궁금하신 분들은 바로 이 책 《에릭 클랩튼》을!

40. 마왕님, 고마워요!

《마이클 잭슨 자서전—Moon Walk》
마이클 잭슨, 베스트 트랜드 옮김 | 미르북스, 2009

음악 장르나 뮤지션에 대한 기호는 어떤 계기에 의해, 혹은 세월 따라 저절로 변한다. 나의 경우 뒤늦게 새로 발견하고 편애하게 된 가수는 신디 로퍼다. 어쩌다 그녀의 옛 노래인 〈Time After Time〉을 듣고자 인터넷 동영상을 검색하다가, 1987년 파리 제니트 극장 라이브와 조우한 것이다. 그녀의 전성 시절에 나는 한 번도 그녀에게 빠진 적이 없었다. 그런데 〈She Bop〉, 〈Girls Just Wanna Have Fun〉, 〈True Colors〉 같은 노래를 동영상으로 다시 접하면서 '광팬'이 됐다. 그게 2008년 1월부터의 일이다.

인터넷에 널려 있는 신디 로퍼의 온갖 동영상을 보면서, 나는 매일 밤 그녀와 연애했다. 거의 이틀에 한 번꼴로, 막걸리를 앞에 놓고 그녀의 한창때였던 파리 제니트 극장 공연을 위주로 비디오 클립을 감상했고, 그게 끝나면 전 세계 아마추어 가수와 연주자들이 열성으로 찍어 올린 〈Time After Time〉과 〈True Colors〉를 찾아 즐겼다. 부연하면 〈Time After Time〉은 마일스 데이비스가 리메이크한 이래 턱 앤드 패티나 비렐리 라그렌 같은 재즈 아티스트들이 꾸준히 리메이크한 탓에 재즈 애호가들의 귀에 익숙한 것이 됐고, 〈True Colors〉는 그야말로 아무리 들어도 질리지 않는 '세속의 찬송가'와 같다.

1987년은 내가 첫 시집을 냈고, 그것으로 난생 처음 상이란 걸 받아본 해다. 그래서 신디 로퍼의 파리 제니트 극장 라이브가 각별했던 것인지도 모른다. 우리는 그때 인생의 정점에 있었다. 그런데 참 별나게도, 뒤늦게 신디 로퍼를 재발견하는 바람에, 이제껏 한 번도 관심을 준 적이 없었던 '팝의 황제'를 덤으로 알게 되었다. '뭣 좀 새로운 게 없을까?' 하고 신디 로퍼의 동영상을 찾다가 접속하게 된 게 저 유명한 〈We Are The World〉. '흠, 그래 옛날에 그런 노래가 있었지, 그런데 신디 로퍼도 여기 참여했었나?' 하며 그 동영상과 접속하는 과정에서 마이클 잭슨의 숱한 비디오 클립과 만났다.

팝에 관한 내 열정은 서른 살 전후를 기점으로 급속히 식었다. 그런데다가 나의 팝 취향은 오로지 '로큰롤 헤븐'이었으니, 마이클 잭슨의 음악이 귀에 들어올 리 없었다. 물론 그와 나 사이엔 실낱처럼 가는 인연도 있었지만, 그건 음악과 전혀 동떨어진 사항이었다. 신앙으로부터 완전히 등을 돌린 아들을 회심시키기 위해 가엾은 어머니가 '정일아, 마이클 잭슨도 여호와의 증인이야'라고 말씀하셨던 게 나의 스무 살 중반 무렵이었다. 하지만 마이클이 뭐 어쨌단 말인가? 레드 제플린의 멤버 가운데 어느 누가 그랬다면 마음이 흔들렸겠지만, 어머니는 내가 마이클 잭슨 따위의 음악을 우습게 생각한다는 걸 모르셨다.

신디 로퍼의 비디오 클립을 찾다가 마이클 잭슨의 동영상을 보며 그의 천재성에 홀딱 반했다. 특히 여러 라이브 버전으로 볼 수 있었던 〈Billie Jean〉은 숨이 막힐 만큼 멋있었는데, 그보다 더 인상적인 것은 그 춤이 강하게 전해주는 이야기(내러티브)였다. 하지만 그는 새롭게 팬이 되고자 했던 나에게 서둘러 이별을 고했다. 안타깝기 짝이 없지만, 그래도 다행인 것은, 2009년 6월 25일 '팝의 황제'가 심장마비로 타계하기 직전의 마지막 몇 달 동안 내가 그를 동시대의 스타로 영접할 기회를 가졌다는 것이다.

그로부터 몇 달 후, 나는 7여 년 만에 발표하게 될 장편 소설을 쓰고 있었다. 그 소설에는 시인이 되고자 하는 고등학생 문사가 한 명 나오는데, 바로 그 때문에 꼭 시 한 편이 필요했다. 그런데 나는 1987년의 정점을 반환점으로 점차 시 쓰는 법을 잊어버렸다. 그런데도 절실히 시가 필요한 대목에서 곧바로 시가 나와주었으니, 이 모두가 마이클 잭슨 덕분이다. 아래는 소설에 삽입된 졸시 가운데 일부다.

누군가가 버린 장갑, 헛
말을 탄 카우보이
변기의 줄을 내리는 갱
맨발로 초승달의 모서리를 깎는 비보이!
누군가가 주운 모자, 헛
슬럼가를 어슬렁거리는 멋쟁이
원숭이 맘보

세상의 모든 보행법!

〈Billie Jean〉의 비디오 클립을 물리도록 본 사람이라면, 위에 인용된 구절들이 마이클 잭슨의 안무가 시적 이미지로 변용된 것임을 금세 눈치 챌 것이다. 내가 보기에 마이클 잭슨이 추었던 〈Billie Jean〉의 매력은, 길지 않은 안무 속에 인류의 모든 역사가 집약되어 있다는 것이다. 원숭이를 흉내 내는 몸짓이 인류의 과거였다면, 문워크Moon Walk야말로 인류의 미래가 아닌가? 그 사이사이에 말을 탄 카우보이와 슬럼가를 어슬렁거리는 흑인의 모습도 몽타주의 일부로 끼어 들어가 있다. 과장일지도 모르나, 마이클 잭슨은 그 춤을 통해 인류 진화의 거대한 비전과 그늘이란 양면을 함께 보여주었다.

새로 나온 소설책의 앞 장에 '신디 로퍼에게'라는 헌사를 붙이려고 했으나, 너무 장난스럽게 보일까 봐 포기했다. 마이클 잭슨은 1988년에 첫 자서전을 냈다. 그의 사후에야 우리말로 번역된 《마이클 잭슨 자서전—Moon Walk》(미르북스, 2009)가 그것이다. 이 번역본이 나온 지 20일 뒤엔 프랑스의 티메 출판사 편집부가 마이클 잭슨 사후에 출간한 《마이클 잭슨, 특별한 운명》도 번역됐다.

그에겐 온갖 소문과 추문이 따라다녔다. 그 가운데 익히 알려진 것이 상습적인 아동 성추행이다. 법정 소송까지 갔던 저런 악소문에 비한다면, 마이클 잭슨이 팔세토falsetto 창법을 간직하기 위해 거세를 했다느니 호르몬을 주입했다느니 하는 소문은 약과임이 분명하다. 사실을 말하자면, 두 책이 공통되게 말하는 바와 같이,

마이클 잭슨의 음악적 성과는 모두 쉼 없는 노력의 산물이었다. 마이클 잭슨이 일상에서 내는 음성은 원래 깊고 낮았으며, 노래할 때의 날카로운 고음은 그가 보컬 트레이너와 함께 훈련해서 터득한 것이었다.

고작 스물아홉 살 때 쓴 첫 번째 자서전의 서두에서 그는 "나는 가끔 내 자신이 늙은 것처럼 느껴진다"라고 썼다. 다섯 살 때부터 연예 사업에 종사한 그는 늘 평범함이 그리웠고, 그래서 여호와의 증인이면 반드시 하게 되어 있는 일요일 봉사를 간절히 기다렸다. 자신이 믿는 종교의 메시지를 전달한다는 기쁨도 컸지만, 그보다는 일주일간의 고된 공연을 떠나 "스스로를 남들과 같은 '평범한' 사람처럼 느낄 수 있는 기분 좋은 날"이 그날이었기 때문이다. 하지만 세월이 지날수록 그에겐 그런 평범함마저 허락되지 않았다. 역설적이지만, 저 광대한 네버랜드Neverland야말로 평범함을 누리기 위한 그만의 낙원이 아니었을까?

41. 음악은 본질적으로 아름다운 게 아니다

《호모 무지쿠스》
대니얼 J. 레비틴, 장호연 옮김 | 마티, 2009

고고학 유적지에서 발굴되는 가장 오래된 인공물에는 대개 악기가 들어 있다고 한다. 이 사실은 인류 역사가 시작된 이래로 음악은 어느 문화에나 존재해왔다는 음악학자들의 주장을 뒷받침한다. 사정은 오늘도 다르지 않다. 카페, 쇼핑몰, 수영장, 공원 등지에서 수시로 소음과 다름없는 '음악 고문'을 당해본 사람들은 물론이고, 느닷없이 터져 나오는 핸드폰의 컬러링 음악에 짜증이 치밀어 본 사람들에게는 가혹한 조롱이 될지 모르지만, 라디오와 녹음 기술이 발명되면서 음악은 과거와 비교하지 못할 만큼 일상적인 것이 되었다.

《뇌의 왈츠》로 전 세계적인 호평을 얻은 대니얼 J. 레비틴이 새 책을 냈다. 《호모 무지쿠스》(마티, 2009)가 그것으로, "여섯 종류의 노래로 이루어진 세계The world in six songs : how the musical brain created human nature"라는 길지만 축약적인 원제를 이 번역서에서는 '음악 하는 인간'이란 뜻의 제목으로 바꾸었다. 얇지 않은 부피지만 특유의 가독성을 가진 이 책에서 그는 “음악과 인간이 함께해온 역사를 이해하면 음악이 어떻게 인간 본성의 발달을 주도적으로 이끌었는지 더 잘 이해하게 된다”고 말하면서 “음악은 그저 기분 전환용 소일거리가 아니라 인간이라는 종의 정체성을 구성하는 핵심 요소로서 언어 같은 더 복잡한 행동들이 발전할 수 있도록 길을 닦았고, 대규모 협력 작업을 용이하게 했으며, 중요한 정보를 후세에 전달하도록 도왔다”고 주장한다.

인용된 두 문장을 보면, 왜 한국의 편집자가 이 책의 한국어 제목을 “호모 무지쿠스”로 바꾸었는지가 짐작된다. 지은이가 ‘인간은 음악 하는 동물’이라고 정의하고 나서기 때문이다. 그런데 가만 생각해보면, 인간 본성에 대한 이런 식의 정의는, 인간 본성에 대한 둘도 없는 완전한 정의라기보다, 그것을 말하는 사람이 어떤 사람인가에 따라 다양하게 변주되는 그런 것이다. 그것은 마치 디자이너 앙드레 김이 ‘인간은 옷 입는 동물’이라고 말하고 개그맨 김제동이 ‘인간은 웃는 동물’이라고 말하는 것과 같으며, 이명박 전 대통령이 ‘인간은 땅 파는 동물’이라고 뻰대는 것과 같다. 참고로, 대니얼 J. 레비틴은 뇌 과학과 진화심리를 음악과 결합해서 음악 인지 분야라는 새로운 인지 심리학을 개척하고 있는 학자다.

음악 인지 분야를 개척하는 학자가 ‘인간은 음악 하는 동물’이라는 가설 위에서 작업하는 것은 하등 놀랍지 않다. 밤새워 글을 쓰고 있는 나 역시 ‘인간은 독서하는 동물’이라는 신념이 없다면 애써 이 글을 쓰지 않을 것이기 때문이다. 그보다 놀라웠던 것은 한때 대학 학업을 그만두고 로커 생활을 하기도 했고 현재도 출중한 음악 프로듀서로 활약하고 있는 지은이가 "음악을 만들고 듣는 것이 좋게 느껴지는 까닭은 음악에 내재한 본질적인 속성 때문이 아니다", "우리가 노래하고 춤추고 머릿속에 노래를 담아두는 것은 노래와 춤이 본질적으로 매력적이거나 기억이 잘 되거나 미적으로 아름답기 때문이 아니다", "음악이 아름다워서 좋아하는 게 아니다"라고 거듭 말한다는 점이다.

지은이에 따르면, 인간으로 진화한 일부 영장류가 음악을 좋아하게 된 것은 음악 그 자체에 본질적인 아름다움이 있어서가 아니다. 인간으로 진화하게 된 영장류가 음악을 좋아하게 된 것은, 음악적인 신호(왜냐하면 그 당시엔 선율과 화성이 모자랐을 테니)에 민감했던 돌연변이가 그렇지 못했던 영장류보다 생존과 진화에 더 유리했기 때문이다. 예를 들어 가장 원시적인 전쟁술 가운데 하나로 심야 기습 공격이 애용되었는데 "운 좋게도 남들보다 뛰어난 인지 능력을 타고난 똑똑한 종족의 일원이 어느 순간 북소리를 내면 적들을 무화시키고 결단력을 무너뜨리고 자기 종족의 전사들에게는 힘을 불어넣는 위력을 발휘한다는 사실을 깨달았다. (……) 이제 그런 기술은 가차 없이 무자비하게 적들을 죽이는 용도로도 전용되어 막강한 저항도 무력화시킬 수 있다".

인류로 진화한 영장류는 자연 선택의 승자가 되기 위해 5만 년 동안 '음악적 뇌musical brain'를 발전시켰다. 인류가 음악적 뇌를 단련시킨 5만 년은 인류가 자연 선택에 유리한 자리를 차지해간 기간이면서, 음악이 인간의 마음(감정, 신경)을 만들어간 기간이기도 하다. 여기서 지은이는 스스로의 표현으로도 매우 "급진적 결론"에

도달한다. 인간의 음악적 뇌를 발전시킨 노래(음악)를 여섯 가지 유형으로 나눈 것이다. 그 여섯 가지 유형이란 '우애의 노래', '기쁨의 노래', '위로의 노래', '지식의 노래', '종교의 노래', '사랑의 노래'다. 최초의 호모 사피엔스는 자신의 생존에 필수적인 저 여섯 가지 감정을 음악적 뇌 속에 저장하고 또 거기서 흘러나오는 마음의 음악에 맞추어 진화한 끝에 오늘과 같은 인간이 되었다.

앞서 열거한 여섯 가지 유형의 노래를 하나씩 설명하는 6개의 장과 하나의 서장으로 구성된 이 책의 정작 놀라운 점은, 노래의 유형을 여섯 가지로 나눈 데 있지 않다. 저 노래 유형들을 뒤집어 생각하면, 단순히 노래가 아니라 인간이 저 여섯 개의 감정(신경)으로 만들어졌다는 뜻 아닌가? (성리학의 칠정론이 떠올랐다!) 지은이도 그것을 희석하고 싶었는지 이 책의 말미에 가서 "나의 중심 주제는 인간의 문명사를 형성해온 여섯 가지 종류의 노래가 있다는 것이지만, 그렇다고 여섯 가지 노래들만 있다고 딱 잘라 말할 생각은 없다. [……] 음악 문화마다 사람들이 음악을 만들어내는 방식은 실로 다양하다"라고 한 발을 뺀다.

《호모 무지쿠스》는 분명 음악 서적이지만 인지심리학, 뇌 과학, 신경과학 등이 발견한 진화와 인간 심리의 비밀을 엿보게 해주는 통섭적인 교양서다. 인간이 음악을 좋아하는 것은 음악 자체의 아름다움 때문이 아니라던 지은이는, 우리가 예쁘게 여기는 아이나("우리가 아이를 예쁘다고 여기는 것은 아이가 '본질적으로' 예뻐서가 아니라") 성적 쾌감은 물론이고("성은 본질적으로 기분 좋은 것이 아니다") 신에 대한 경외마저("최근의 과학 연구를 통해 '신 중추God centers'

라 불릴 만한 신경 부위가 존재한다는 사실이 밝혀졌다") 아직껏 전모가 드러나진 않았지만 인간의 뇌나 신경이 작용한 결과라고 보고 있으며, 우리의 뇌나 신경이 그렇게 구조화된 것은 모두 진화와 생존의 필요에 의해서였다고 말한다. "우리가 '본능'이라고 말하는 것은 사실 현재 작동하고 있는 자연 선택의 결과물"에 지나지 않는다는 것이다.

42. 포노그래프 효과?

《소리의 자본주의》
요시미 슌야, 송태욱 옮김 | 이매진, 2005

《소리를 잡아라》
마크 카츠, 허진 옮김 | 마티, 2006

토머스 에디슨이 축음기를 발명한 것은 1877년이다. 대다수의 음악광들이나 오디오 마니아들에게 축음기는 단연코 '음악을 재생'하는 기구겠지만, 에디슨은 자신이 만든 축음기가 '음악을 재생' 하는 목적에 한정되는 것을 바라지 않았다. 요시미 슌야가 쓴《소리의 자본주의》(이매진, 2005)에 따르면, 에디슨은 자신의 발명을 세계에 알리기 위해 이 장치로 가능한 열 가지 이용법을 열거했다. ① 편지 쓰기와 모든 종류의 속기를 대체하는 수단 ② 시각장애인을 위한 소리 책 ③ 말하기 교수敎授 장치 ④ 음악 재생 기구(이하 생략).

옛날 축음기가 전기로 작동되는 게 아니라 태엽으로 작동됐다는 사실을 떠올리면 그게 얼마나 원시적인 장치였는지 짐작할 수 있다. 에디슨이 발명한 것은 엄밀하게 말해 전기 장치가 아니라, 금속 원통에 두 쌍의 진동 막과 레코드 바늘을 결합한, 음의 기계적 기록·재생 장치였다. 그는 기본적으로 사람의 목소리를 기록하고 재생하는 사무용 기기를 만들고자 했으며, 오늘날의 시각에서 보면 축음기는 레코드를 재생하기보다는 구리로 된 원통에 공기의 떨림(목소리)을 직접 아로새기는 녹음기에 불과했다. 다시 말해, 이 단계로는 레코드의 대량 생산이 불가능했다. 그래서 에디슨은 가족의 추억이나 유언을 기록하고 다양한 언어를 보존하는 일에 자신의 발명품을 쓰고자 했다.

원통형 실린더에 '공기 떨림'을 이용해 목소리를 녹음하던 방식은, 1887년에 원반 프레스식 복제법을 개발한 에밀 베를리너와 1920년대 중반에 실용화된 전기 녹음으로 극복된다. 베를리너에 의해 원반 레코드로 동일한 음성을 기계적으로 수없이 복제하는 게 가능해지면서 레코드는 100여 년 가까이 현대인의 음악 생활을 지배해왔다. 에디슨의 의도와 달리, 축음기는 사무용 기기가 아닌 음악 재생 기구로 발달한 것이다.

그렇다면 음악가들이 음악을 취입하게 되고 또 대중들이 레코드를 통해 음악을 듣게 되면서 음악 문화와 음악 미학엔 어떤 변화가 생겨났을까? 《소리를 잡아라》(마티, 2006)를 쓴 미국의 음악학자 마크 카츠는 축음기와 레코드의 대량 보급이 대중들의 음악 생활은 물론이고 음악의 미적 기준마저 크게 바꾸어놓았다고 주장한다. 그는 소리를 유형물 속에 보존하는 녹음 기술이 개발되면서 음악 전반은 '녹음의 영향'을 받게 되었다면서 그것을 '포노그래프 효과'라는 개념으로 설명한다.

포노그래프 효과가 음악 문화나 생활에 끼친 영향을 먼저 살펴보자. 소리를 보존하는 레코드의 유형성과 간편한 이동성 그리고 손쉬운 반복성은 음악 선생은 물론이고 아이들에게 '좋은 음악' 교양을 습득시켜주려는 대다수 부모와 교육자들에게도 '복음'이나 같았다. 레코드와 축음기는 계급과 재력을 크게 가리지 않고 모든 사람들에게 유럽의 고전 음악을 들려줄 수 있는 것처럼 보였다. 그게 연주회 입장권보다 훨씬 저렴한 레코드의 유형성과 이동성의 장점이라면, 레코드의 반복성에는 두 가지 미덕이 있었다. 그 시절의 문화적 선민의식에 따르면, 레코드의 반복성은 좋은 음악과 나쁜 음악을 쉽게 판가름해주는 잣대였다. 대중음악은 많이 들으면 금방 질리는 반면 유럽 고전 음악을 뜻하는 '좋은 음악'은 많이 들을수록 더 흥미를 느끼게 하므로 레코드의 반복성은 청소년의 귀에서 쓰레기 같은 음악을 걸러줄 수 있다고 여겨졌다. 또 그것은 감상자가 어려운 고전을 제대로 감상하도록 도와준다.

이 책에 묘사된 1920~1930년대의 미국인들은 자신들이 문화적으로 유럽에 훨씬 뒤처져 있다고 생각했고, 유럽의 고전 음악을 '고급 음악'으로 표현했다. 따라서 "사람들은 축음기로 고전 음악을 가정에서 들을 수 있게 됨에 따라 세련미와 고상한 취미를 기를 수 있다"고 생각했다. 이 대목에서 지은이는 "오늘날 음악, 특히 서구 예술 음악을 좋아하는 취향이 남성적이지 않다고 비웃음을 사지 않는다면 바로 축음기라는 기계가 끼어들었기 때문"이라고 말한다. 본래 고전 음악은 오랫동안 여성의 영역으로 치부되어 남성이 음악을 들으면 '계집애 같다'거나 '연약하다'는 평가를 들었다. 그런데 축음기가 그런 생각을 한 방에 날려 보냈다. "축음기 역시 기계이므로 전통적으로 남성의 영역이라 여겨지던 전문성이나 기계

조작과 관련"되었기 때문이다. 그래, 우리나라의 많은 '아저씨'들이 기계를 좋아하는 오디오 마니아가 아니었다면 클래식 음반 시장은 얼마나 위축되었을 것인가! 음악이 아니라 오디오를 만지작거리다가 음악에 귀의하는 중년들은 의외로 많다.

다음으로 포노그래프 효과가 음악 미학에 끼친 영향. 음악에 관심이 있는 사람이라면 익히 알고 있듯이, 거개의 대중음악의 러닝타임이 3분대인 것은 긴 음악을 기피한 라디오 탓도 있지만, 레코드가 처음 나왔을 때 최장 녹음 기술이 그것밖에 되지 않았기 때문이다. 레코드가 처음 만들어진 1877년부터 71년간 한 장의 레코드가 음을 재생할 수 있는 시간은 4분 30초밖에 되지 않았다. 그것이 30여 분대로 늘어난 것은 1948년 LP 음반이 도입되면서부터다(LP 이전의 4분짜리 음반을 SP라고 한다).

녹음 기술의 미비는 대중음악뿐 아니라 고전 음악 연주회장에도 영향을 미쳤다. 고전 음악의 경우 20세기 초반의 레코드 카탈로그에서는 특정 분위기나 외적인 사상을 표현하는 짧은 '성격 소품', 아리아, 행진곡이 지배적이다. 그런데 녹음 기술상의 시간 제약이 연주회장의 프로그램마저 강제하게 됐다. 1917년 카네기홀에서 열린 한 바이올린 연주회는 짤막한 소품 위주였는데, 이런 연주회 풍조는 LP가 등장하고 난 1950년대부터야 바뀌어 긴 작품(소나타)이 연주되기 시작했다. 이것이 의미하는 바는, 실황 연주에 나선 연주자들이 레코드 음악에 익숙한 대중들의 습관에 부응했다는 것이다.

이 책의 가장 논쟁적인 대목은 바이올리니스트의 비브라토 문제다. 20세기 이전의 바이올리니스트는 비브라토를 '역병'처럼 여겼다. 그런데 1910년경부터 비브라토가 널리 사용되었다고 한다. 지은이에 따르면 바로 그게 포노그래프 효과인바, 첫째, 초창기의 녹음 기술이 미세한 소리를 잡아내지 못했기 때문에 연주자들이 과장된 비브라토를 쓰게 됐다. 둘째, 레코드의 반복 감상은 연주자의 불완전한 조음을 쉽게 알아차리게 하는데, 비브라토는 그걸 무마해준다. 셋째, 레코드 감상 이전의 음악 감상에서는 항상 연주자를 대면하면서 그의 몸짓과 표정으로부터 감정을 전달받았으나 레코드는 그런 시각적 차원을 제거했고, 그래서 비브라토를 통해 눈에 보이지 않는 연주자의 개성과 감정을 시각화하게 되었다.

재즈는 포노그래프 효과를 단단히 본 음악 장르로, "고전 음악에서와 반대로 재즈에서는 연주가 일차적인 텍스트이며 악보는 단순한 해석"에 지나지 않는다. 그래서 "재즈에서는 레코드를 들으며 연구하는 것이 필수"다. 많은 재즈 뮤지션들은 "당사자들이 실제로 만난 적"은 없지만 레코드를 통한 "사제 관계"를 맺었다.

사족이다. 이 책은 겉보기와 달리 '녹음이 음악 문화나 미학을 좌지우지했다'는 식의 기술 결정론을 배격한다. 음악은 녹음 기술에 지배되지 않았고, 녹음 기술을 이용하는 사람과 지역에 따라 다양한 변용과 수용의 모습을 보여주었다.

43. 음악계에는 왜 여성이 부재하는가

《서양음악사와 여성》
에바 리거, 김금희 옮김 | 이화여자대학교 출판부, 1991

서양 음악을 듣거나 서양 음악사를 읽다 보면, 1급의 작곡가와 연주자들 모두가 남성인 것을 알게 된다. 그것은 너무나 자연스러워서, '음악계에는 왜 여성이 부재하는가?'라는 의문조차 낯설게 한다. 하지만 에바 리거의 《서양음악사와 여성》(이화여자대학교 출판부, 1991)은 여성 음악가의 부재는 여성의 음악적 재질이나 창조력이 열등해서가 아니라, 남성 가부장 사회의 억압이 여성 음악가의 탄생을 가로막았기 때문이라고 단언한다.

이 책의 1장은, 중세기에서부터 현대에 이르기까지 여성과 남성에게 달리 적용된 음악 교육을 분석한다. 중세의 교회와 근대 국가의 여성에 대한 음악 교육은 주로 찬송이나 노동요와 같은 노래를 부르는 것에 국한되었다. 반면 남성에겐 기악과 이론은 물론이고 작곡과 같은 높은 수준의 음악 교육이 차별적으로 행해졌다. "기본적으로 음악 교육이 여자에게도 남자와 마찬가지로 행해졌지만, 여자에게는 남자에게 요구했던 것 같은 높은 수준의 것을 요구하지 않았다. 대개의 경우 여성의 음악 교육은 간단한 연습 등 기초 단계에 머물렀"던 것이다.

중세나 현대의 교회나 국가는 어진 아내나 모성애 넘치는 어머니를 이상적인 여성상으로 여겼고, 여성이 가사와 예술 활동을 양립하는 것을 용납하지 않았다. 프랑스 혁명과 계몽주의 운동에 의해 확대된 인도주의적 이상에도 불구하고 여성 교육이 초래할지 모르는 여성과의 경쟁이나 가정의 붕괴, 여성다움의 상실 등은 남성들이 원하는 게 아니었다. 그래서 음악뿐 아니라 여러 분야에서 여성 교육은 일반적이고 실용적인 분야와 차원에 방치됐다.

이 책의 2장은 성 역할 구분에서 비롯된 성차별 사상이 어떤 식으로 음악에 영향을 주었는지를 소상하게 기록한다. 18세기 중엽부터 절대적인 영향력이 약해지기 시작한 기독교 문화는 약화된 신성神性의 절대화를 남성 예술가(천재)에게 이월하는 것으로 세속화된다. 이에 따라 '예술가=남성=창조의 신'이라는 등식이 완성된다. 이 등식에 따르면 여성은 '창조의 신'도 '예술가'도 될 수 없는 열등한 존재다. 신의 세속화한 이름인 천재와 영웅적인 남성이 결합될수록 여성은 예술로부터 점점 소외당했다. 그 대신에 천재의 대열에 낄 수 없는 여성들을 위해 남성들은 하나의 자리를 마련해 놓았다. 즉 여성은 천재에게 예술적 열정을 불러일으키는 '뮤즈'로 턱없이 이상화되었는데, "여성을 단 위에 우러러 모셔놓고, 그 주체적 및 개인적 가능성을 부정하고, 창조의 과정에서 소외시키는 것은 여성 '찬미'의 형태를 빙자한 폭력 행위에 다름 아니다".

원래 색깔에는 성별이 없음에도 불구하고 사람들은 아이의 옷이나 장난감을 고를 때 남아에게는 파란색을, 여아에게는 빨간색이나 노란색을 권해준다. '이게 여자 색깔이야, 이게 남자 색깔이야' 하면서! 이런 남녀 역할의 고정화와 차별화는 음계나 음악 기법 그리고 음악 장르와 악기마저도 남성의 것과 여성의 것으로 구획했다. 예를 들어 미사곡과 교향곡은 남성의 장르고 여성의 작곡 영역은 가곡에 국한되었으며, 실내악은 부분적으로만 여성에게 허용되었다. 또 관악기와 첼로, 바이올린 등은 남성의 전유물이었고 여성에겐 플루트나 하프만이 주어졌다. 그리고 폭넓은 음정의 도약과 푸가나 스타카토는 남성적인 것으로 간주됐고, 서정적인 선율과 평이한 리듬은 여성적인 것으로 분류됐다. 이 장을 읽다 보면, 서양 음악의 진행 과정 전체가 바로 이런 성차별 의식을 세련화하고 양식화해온 역사라는 생각마저 든다.

지은이는 남성들이 독점한 천재관天才觀은 물론이고 예술 분야에서 여성을 배척하려는 남성들의 심리적 근저를 해명하면서 "남성들의 창조성의 원동력은 자신들이 생명 탄생에 부수적으로밖에 관여할 수 없다는 열등감"과 "여성의 임신 및 출산 능력에 대한 그들의 막연한 불안"이라고 주장한다. 즉 남성은 "여성의 출산 능력"에 대한 "선망 또는 질투심" 때문에 여성의 출산 능력과 동등한 "문화적 창조"를 통해 결여를 메우고자 한다는 것이다. 그러므로 "여성이 문화적 활동에 참여하게 되면 남성은 심리적으로 위협"을 받게 되고, 따라서 여성들의 예술 활동을 "위험한 행동"으로 보고 억압한다는 것이다.

이 책의 3장은, 재능은 있었지만 사회적 관습과 차별에 의해 자신의 예술 세계를 펼쳐 보이지 못한 여성 작곡가들의 생애를 추적한다. 슈만의 아내였던 클라라, 리스트의 딸이자 바그너의 아내였던 코지마, 멘델스존의 누나였던 파니 헨젤, 말러의 아내였던 알마, 그리고 첼발로 연주가이면서 음악학자였던 에타 하리히 슈나이더. 이들은 뛰어난 작곡가이면서도 동료이자 가족인 남자들에게 견제와 멸시를 당했고, 자기 이름으로 작품을 발표하지 못하고 남편이나 동생의 이름으로 발표했다(몇몇 작품은 아직도 원작자의 이름이 정정되지 않고 있다). 그들은 하나같이 남성 예술가(천재!)에게 영감을 주는 뮤즈(천사!)로 만족할 수밖에 없었다.

그렇다면 20세기의 상황은 어떨까? 오늘날의 상황을 조명한 4장에서 지은이는, 중세만큼은 아니지만 음악계의 여성 차별은 여전하다고 판단한다. 예를 들어 1975년 베이징에 온 베를린 필의 상임 지휘자 카라얀에게 한 기자가 베를린 필에는 왜 "여성이 없느냐"고 물었을 때, 카라얀은 "여성은 부엌에 있어야지 오케스트라에 있어서는 안 된다"고 대답했다. 실제로 지은이의 나라인 독일에는 여성 단원이 없는 유서 깊은(?) 오케스트라들이 아직껏 존재하며, 그 숱한 독일 오케스트라 가운데 여성은 전 단원의 8퍼센트에 불과하다(이 책이 독일에서 처음 출간된 것은 1981년으로, 현재는 상황이 많이 호전되었을 것이다).

무척 흥미롭게도, 음악계에 만연한 이런 성차별은 여성 작곡가들에게 강박으로 작용한다. 러시아 출신의 구바이둘리나를 비롯한 몇 명의 현대 여성 작곡가들은 특히 12음 기법을 자주 사용하는데, 이처럼 여성들이 "수학적 이론에 의한 작곡"을 즐기는 이유는 두 가지다. 첫째는 "젊은 여성 작곡가들이 수학 등 전통적으로 남성만의 것으로 여겨졌던 분야를 여성들도 남성들 못지않게 통달할 수 있다는 증명"을 하기 위해서고, 둘째는 "여자는 감정 표현이 지나치다든가 감정의 폭발을 억제하지 못한다든가 또는 이성적이지 못하다는 등의 편견에 대항"하기 위해서다.

음악사회학이 있기 이전까지의 음악학은 악보와 문헌만을 연구의 기초 자료로 삼았다. 그런데 음악이 기록되고 연구의 대상이 된 이래 음악 연구를 지배해온 것은 언제나 남성이었다. 《서양음악사와 여성》은 지금까지 남성이 차지해온 음악의 해석 독점권에 이의를 제기하면서, 악보와 문헌 이외의 "인간적인 고뇌와 사건들을 발굴하여 연구의 대상"으로 삼는다. 지은이는 여성 예술의 창조를 위한 시안으로 쓰인 5장을 통해, 여성이 평등하게 문화에 참여할 기회를 얻고 예술가가 되려는 소망을 이루기 위해서는 "우선 남성에게 뿌리 깊게 박혀 있는 감정적인 여성 편견과 남성에 대한 여성의 경제적 의존을 없애는 것이 필요"하며, 다음 단계로는 "고정된 남녀의 역할 분담을 유동화"하려는 노력이 따라야 한다고 역설한다.

44. 칸타타 147번 〈인류의 기쁨 되신 예수〉

《소피의 선택》
윌리엄 스타이런, 한정아 옮김 | 민음사, 2008

윌리엄 스타이런의 《소피의 선택》을 민음사(2008) 본으로 다시 읽었다. 내가 처음에 읽은 판본은 성훈출판사(1992)의 것이었는데, 하권 145쪽엔 음악 애호가가 알면 펄쩍 뛰며 웃어댈 유명한 오역의 사례가 나온다. "그날 아침 그녀의 라디오에서 흐느껴 울 듯 흘러나온 〈성마태의 열정〉 중 미친 듯이 슬픈 한 소절이 내 귀에 쟁쟁했다"라는 대목이다. 새로 나온 민음사 본은 "이상하게도 오늘 아침 소피의 라디오에서 흘러나오던 〈마태 수난곡〉의 애절한 절규가 귓가를 울렸고"라고, 바흐의 'Matthaus Passion'을 제대로 번역하고 있다(Passion에는 수난과 열정이라는 두 가지 뜻이 있다).

이 소설의 시간적 무대가 되는 1947년은 뉘른베르크에서 속개된 나치 전범 재판으로 유럽이 떠들썩하던 때였고, 미국의 남부 버지니아 주에서는 이해에 바비 위드라는 열여섯 살 난 흑인 소년이 백인 소녀에게 치근댔다는 이유로 산 채로 음경과 불알이 잘렸다. 린치에 가담했던 백인들은 소년의 목숨이 아직 붙어 있는 동안 활활 타오르는 용접용 버너로 그의 가슴에 'L'자 낙인을 그렸다. 그해는 대서양 양쪽에서 서구 문명 그 자체가 심문받고, 인간 속에 숨어 있던 악마성이 소환된 해였다.

작가가 되기 위해 뉴욕에서 가장 집값이 싼 브루클린에 거처를 정한 스물두 살의 버지니아 청년 스팅고는 이사를 마친 이튿날 "천장에 달린 전등이 마치 줄에 매달린 꼭두각시처럼 이리저리 흔들"리며, "회반죽을 칠한 천장에서 장밋빛 먼지가 날아 내"리고, "금방이라도 그 방의 침대가 내 얼굴 위로 떨어질 것" 같은 위층 남녀의 섹스에 기겁을 한다. 끝도 없이 계속될 것 같던 엎치락뒤치락하기가 갑자기 끝나고 "마침내는 어울리지 않게 베토벤의 〈4번 교향곡〉 느린 악장의 매혹적이고 달콤한 주제가 전축을 타고 흘러나왔다. 미친 듯한 성교와 음악에 대한 끈질긴 관심은《소피의 선택》을 지배하는 주요 동기로, 그것들은 상처 받은 주인공들이 세상에 등을 돌리는 방법이면서, 그들을 살아가게 하는 동력이다.

화자인 스팅고의 집 윗집에는 아우슈비츠에서 살아남은 삼십 대 폴란드 여성 소피가 살고 있었고, 같은 건물에 그녀의 애인인 유대계 미국인 네이선이 살고 있다. 천주교인과 유대인이라는 이 어울리지 않는 한 쌍과 친구가 된 스팅고는 두 사람을 '인생의 선배' 삼아 뉴욕에서 생존하기 위한 훈련은 물론, 작가가 되기 위한 훈련을 쌓는다. 네이선과 소피는 스팅고의 성에 대한 갈망을 해소해주고자 배려하며, 이 남부 촌놈에게 음악을 가르쳐준다.

유대인이 워낙 많이 희생되었기 때문에 나치의 인종 말살이 유대인만을 겨냥했던 것처럼 오해되고 있지만 진실은 그렇기 않다는 게 이 소설의 특별한 해석이다. 나치는 애초부터 모든 인종의 우열을 등급화해놓았고, 자신들이 열등하다고 간주한 민족을 유럽 내에서 몰살시키려고 했다. 그 계획에 따라 유대인 600만, 폴란드인 200만, 세르비아인 100만이 희생되었고 많은 집시와 러시아인도 거기 희생되었다.

나치가 유대인 다음으로 싫어한 민족이 폴란드인이었지만, 나치 점령하의 유럽에서 독일 다음으로 많이 유대인을 핍박한 나라가 폴란드였다. 윌리엄 스타이런은 이런 역설을 설명하고자, 폴란드인들이 스스로를 보호하기 위해 유대인 말살 정책에 앞장서 협력했다는 논리를 편다. 다시 말해 폴란드인들은 나치 독일이 "폴란드 민족을 대단히 혐오하고 있어서 유대인이라는 더 큰 혐오의 대상이 처리되고 나면 그다음 목표는 폴란드인"이 되리라는 사실을 깨닫지 못하고, 폴란드의 안전을 위해 나치의 유대인 말살 정책에 적극 협조했다는 것이다. 아우슈비츠를 비롯한 집단수용소의 대부분이 폴란드에 세워진 데는 그런 까닭도 있었다.

이런 주장은 "폴란드와 미국 남부" 사이의 불길한 유사성으로까지 확장된다. 미국 내의 다른 지역과 달리 미국 남부 지역에서 유독 백인들이 유대인에게 유화적이고 비차별적인 우정을 보이는 것은 흑인에 대한 적대감으로 뭉친 남부 백인들에게 유대인까지 미워할 여력이 없기 때문이라는 것이다. 이런 사실은 크고 작은 집단 속에서 벌어지는 인종적·지역적 차별의 원인이 모두 사회적 위계에 따른 '희생양 찾기'라는 비밀을 드러내준다.

작품의 제목처럼 소피는 여러 번의 중요한 선택을 한다. 폴란드의 지하 운동가들이 그녀의 독일어 능력을 필요로 했을 때, 두 아이의 안전을 구실로 거부한 것이 아마 그녀가 한 최초의 선택이었을 것이다. 그녀의 두 번째 선택은 아우슈비츠에서의 첫날, 두 아이 가운데 한 아이만 가스실 직행을 피할 수 있으니 한 명만 골라보라는 친위대 소속 의사의 지시에 어린 아들 얀을 선택한 것이고, 세 번째는 얀을 구하기 위해 수용소 소장인 헤스에게 몸을 제공하기로 결심한 것이다.

아우슈비츠에서 구출된 그녀는 미국으로 건너와 네이선을 만난다. 그들이 사랑을 시작한 1947년은 나치 전범 재판과 각종 미디어를 통해 집단수용소의 존재가 대대적으로 폭로되던 시점이었고, 네이선은 유대인을 박해한 폴란드인이자 아우슈비츠에서 생존한 소피에게 의구심을 갖게 된다. 작가가 네이선을 몇 차례나 정신병원을 들락거린 편집성 정신분열증 환자로 설정한 것은 나치에게 희생된 600만 유대인과 그들의 고통을 상징적으로 보여주기 위해서며, 그것은 소피와 스팅고가 존스 비치로 소풍을 가는 버스 속에서 만난 한 떼의 이스라엘 농아 학교 아이들의 존재로 거듭 환기된다.

소피의 마지막 선택은, 스팅고와 함께 살기 위해 스팅고의 고향까지 동반한 소피가 서둘러 네이선에게 되돌아간 것이다. 그녀의 마지막 선택은 곧장 네이선과의 동반 자살로 마무리되는데, 그녀의 죽음은 아우슈비츠 체험 이후 더 이상 신을 믿을 수 없게 된 자신의 절망과, 폴란드에서 죽어간 유대인의 고난에 바친 폴란드인의 대속처럼 여겨진다.

이 작품은 음악을 주제로 하고 있지 않지만, 모든 문장과 페이지에 음악과 음표가 가득하다. 어려서부터 소피의 꿈은 피아니스트였고, 바흐의 무덤에 꽃을 바치는 거였다. 따라서 독자들은 클래식 음악가들의 이름과 클래식 음악 작품에 대한 열띤 감상을 수시로 맞닥뜨리게 되며, 곳곳에서 "음악은 나한텐 피 같은걸요. 삶을 유지시켜주는 피 말이에요" 같은 음악 예찬을 듣게 된다. 그 가운데 한 대목이다. "소피와 네이선을 만난 후 지난 며칠 동안 우리의 유대감이 더 커진 것은 셋이 모두 음악을 아주 좋아하기 때문이란 생각이 갑자기 들었다. 네이선은 재즈에도 심취해 있었지만, 여기서 내가 말하는 음악이란 위대한 전통을 가진 클래식을 가리키는 것이다. [……] 소피와 네이선과 마찬가지로 나에게도 음악은 단순한 음식과 음료 이상의 의미를 가지고 있는, 아편과도 같은 성스러운 숨결과도 같은 그 무엇이었다. 당시의 내게 음악은 존재의 이유와도 같아서, 신비하게 짜인 비단 같은 바로크 음악의 화려하고 때로는 애절한 멜로디를 오래도록 듣지 못했다면 서슴지 않고 흉악한 범죄를 저질렀을 것이다."

45. ACI 혹은 싱어송라이터

《바람만이 아는 대답—밥 딜런 자서전》
밥 딜런, 양은모 옮김 | 문학세계사, 2005

《샹송을 찾아서》
장승일 | 여백, 2010

《밥 딜런 평전》
마이크 마퀴스, 김백리 옮김 | 실천문학사, 2008

한국인들에게 가장 유명한 샹송 가수는 살바토르 아다모일 것이다. 하지만 프랑스의 '국민 가수'는 조르주 브라상스다. 그는 1921년 프랑스 남부의 작은 지중해 연안 도시에서 태어났다. 유복하지는 않았지만 모든 가족이 모여 노래를 즐기는 집안에서 자란 브라상스는 다섯 살 때 이미 모르는 노래가 없었다. 그렇게 된 데에는 집집마다 보급된 라디오의 역할이 큰데, 브라상스가 그때 섭렵한 음악은 샹송에서 재즈까지 매우 폭이 넓다. 그는 일찍부터 장고 라인하르트와 루이 암스트롱의 팬이 되었고, 그 추억이 만년에 해리 에디슨, 조 뉴먼, 에디 데이비스 같은 쟁쟁한 재즈 뮤지션과 함께 자신의 자작곡을 재즈로 편곡하도록 만들었을 것이다. 1979년에 더블 앨범으로 출시된 그 음반은 그해의 '최고의 디스크'가 되었다.

본명이 로버트 앨런 지머맨인 밥 딜런은 1941년 미네소타 주 덜루스에서 태어났다. 소아마비를 앓았던 그의 아버지는 아들이 기계를 다루는 기사가 되기를 원했는데, 그것은 유대계가 선택할 수 있는 여러 가지 현실적인 진로 가운데 하나였다. 하지만 딜런은 어려서부터 예술가가 되고 싶었다. 별다른 정보가 없어서, 그의 집안이 음악적이었는지에 대해서는 잘 알 수 없지만, 그 역시 라디오 다이얼을 이리저리 돌리며 온갖 대중음악을 즐겼던 것은 확실하다. 아직 비틀스나 롤링 스톤스는 나오지 않았을 때, 그는 라디오를 통해 킹스턴 트리오, 브러더스 포 같은 대학생풍의 포크와 주트 심스, 스탠 게츠 같은 재즈를 함께 들었다. 브라상스가 만년에 재즈를 취입했듯이, 매너리즘과 슬럼프에 빠졌던 어느 해에 딜런은 우연히 들어간 작은 바에서 연주되는 재즈 발라드를 듣고 "파워를 어떻게 얻는지, 파워를 발견하기 위해 어떻게 하는지"를 절실하게 느꼈다고 한다.

미네소타 대학에서 미술을 전공한 딜런과 달리 브라상스의 '가방 끈'은 길지 않다. 그는 어느 인터뷰에서, "만약 샹송 가수가 되지 않았다면 분명 도둑이 되었을 거"라는 자조적인 말을 했는데, 실제로 그는 고등학생 시절 친구들과 어울려 상습적인 절도 행각을 벌였다. 범행이 발각되어 15일 징역을 언도받고 집행유예로 풀려난 그는 퇴학 처분을 받고 18세의 나이로 정규 학업을 마친다. 그 대신에 나치에 점령된 파리의 친척 집에서 더부살이를 하게 된 브라상스는 2년 동안 "시립도서관 세 개에 해당하는 책"을 읽고 수백 편의 시를 쓴다. 1942년 주위 사람들의 호주머니를 털어 출간한 《경쾌하게》와 《칼로 물 베기》는 그 시기의 결과물이다.

시인이 된 기쁨은 잠시였다. 곧이어 브라상스는 나치가 노동력을 차출하기 위해 만든 의무봉사제도(OST)의 요원으로 징집되어 독일에 있는 BMW 공장에 배치된다. 그가 부지런히 노래를 만들고 부르기 시작한 것은 프랑스 노동자들을 수용해놓은 막사에서였다. 불멸의 명곡이라고 불리는 많은 곡들이 그곳에서 만들어졌고, 브라상스의 신곡을 처음으로 들은 사람들도 바로 독일 공장에 징집된 프랑스 동료들이었다.

대학에 진학한 밥 딜런은 일찌감치 포크 뮤직에 매료됐다. 그는 포크뮤직에서, 인류의 원형을 선명하게 그리고 내면의 지혜를 드러낼 뿐 아니라 현실적이고 진실한 삶을 동시에 구현할 수 있는 가능성을 발견했다. 그가 생각하기에 포크 뮤직에는 "엄청난 이야기"가 있는데, 문제는 포크 뮤직이 구식인데다가 현실성이나 시대의 경향과 적절히 연결되지 못하고 있다는 거였다. 이때 그가 만난 게 우디 거스리다. 우디 거스리의 앨범을 처음 듣는 순간 딜런은 "지금까지 깜깜한 어둠 속에 있었는데 누군가 스위치를 올린 것 같았"다. "그의 음악을 통해서 나는 예리하게 초점을 맞추며 세상을 보기 시작했다. 거스리의 가장 위대한 제자가 되겠다고 단단히 마음먹었다"라고 밥 딜런은 고백했다.

막사의 스타였던 브라상스는 파리에 돌아와 노래할 곳을 찾았으나, 1952년에야 제대로 된 무대에 설 수 있었다. 전후의 프랑스 음악계는 에디트 피아프, 모리스 슈발리에, 샤를 트레네와 같은 전전의 스타들이 여전히 장악하고 있었고, 해방 직후 성공적인 데뷔를 치른 가수로는 에디트 피아프의 지원을 받은 이브 몽탕이 유일했다. 그런데다가 브라상스에겐 대중성에 방해되는 두 개의 장애가 있었다. 하나는 아나키스트의 입장에서 권력과 부르주아를 풍자하는 그의 공격적인 가사였고, 또 하나는 새로운 샹송의 주역이 될 그의 운명이었다. 그때까지 프랑스의 대중음악에서는 작사자, 작곡가, 가수가 엄격히 구분돼 있었으나 브라상스는 혼자서 세 가지 역할을 겸했다. 그처럼 이질적이면서도 데뷔 1년 만에 일약 프랑스 샹송의 최고봉에 오른 브라상스는, 차후 프랑스어로 ACI(auteur-compositeur-interprète)라고 약칭되는 새로운 스타일의 선구가 되었다. 그것은 딜런이 대서양 건너편에서 맡았던 싱어송라이터singer-songwriter에 해당한다.

딜런의 자서전《바람만이 아는 대답》(문학세계사, 2005)은 장승일의 브라상스 평전《샹송을 찾아서》(여백, 2010)와 달리 연대기 형식으로 기술되지도 않은데다가, 딜런 자신이 말하고 싶어 하지 않는 주제는 외면하거나 축소해놓아서, 딜런의 팬들이 알고 싶어 하는 몇몇 사항들이 여전히 안개에 싸여 있다. 역사상 통기타 하나로 빌보드 차트 1위를 차지한 최초의 포크 싱어인 그가 1965년 뉴포트 포크 페스티벌에서 전기 기타를 들게 된 심경, 사회 참여와 저항운동의 상징이었던 그가 개인주의자로 돌아가면서 자신의 경력을 부인한 연유, 유대인 예식을 철저히 지켰던 그가 기독교인으로 전향하게 된 까닭들이 그렇다. 그 때문에 마이크 마퀴스의《밥 딜런 평전》(실천문학사, 2008)을 더 들춰보아야 한다.

브라상스와 딜런의 공통점은 싱어송라이터라는 외형에만 있지 않다. 브라상스의 가사는 보들레르, 베를렌, 발레리 등의 시와 함께 거론될 만큼 걸출하며(《샹송을 찾아서》를 통해 그걸 맛볼 수 있다), 자신의 예명을 영국 시인 딜런 토머스에게서 빌려 온 딜런의 가사 또한 높은 문학적 성취를 얻은 것으로 평가된다. 두 사람 모두 엄청나게 문학 작품을 읽은 독서가들인데, 그 가운데 그들을 연결하는 유일한 시인은 프랑수아 비용이다. 브라상스는 어느 대담에서 "시인이 되고 싶었습니다. 이삼 년을 비용처럼 되려고 노력하며 살았습니다"(32쪽)라고 말했으며, 딜런 역시 비용을 읽어봤느냐는 물음에 답하면서 "내 작품에 그의 영향이 묻어 있다는 느낌을 받았다"(124쪽)라고 고백했다. 비용이 누군지 궁금하신 분들은 송면의 《프랑수아 비용》(동문선, 1995)을!

46. 천재는 사회의 공조물

《베토벤 천재 만들기》
티아 데노라, 김원명 옮김 | 경성대학교 출판부, 2009

베토벤은 1770년 12월 16일 쾰른 근방의 본에서 태어났다. 로맹 롤랑의 《베토벤의 생애》(문예출판사, 1972)는 베토벤의 아버지가 "본디 총명하지 못한데다가 술주정뱅이 테너 가수"였다면서, 그를 어린 아들의 음악적 재질에 '신동'이란 간판을 붙여 푼돈이나 벌어보려 했던 염치없는 사람으로 묘사한다. 이런 과장된 소문은 베토벤에 관한 일련의 고정된 연쇄 이미지를 만드는데, 그 이미지들은 하나같이 '고뇌하는 인간' 혹은 '의지의 인간'이란 깔때기를 거쳐 '악성樂聖 베토벤'에 당도한다. 하지만 티아 데노라의 《베토벤 천재 만들기》(경성대학교 출판부, 2009)는 베토벤의 성공이 그 혼자만의 고뇌와 의지의 산물이라는 신화를 거부한다.

대개의 서양 음악사가는 서양 음악이 오늘날 클래식이라고 불리는 '진지한 음악'으로 재탄생하는 과정과 '음악 천재'의 등장을 이런 가설로 설명한다. 즉 18세기 말, 귀족들의 경제적 어려움 때문에 귀족들이 개별적으로 운영하던 숱한 가내 악단이 사라지면서, 고용으로부터 해방된 자유 음악가들의 개성 경쟁과 음악적 탐구가 전례 없이 복잡하고 진지한 작품을 창작할 수 있는 기반이 되었다는 것이다. 하지만 티아 데노라는 그런 가설에 동의하지 않는다. 우선, 1796년 무렵에 귀족들이 개별적으로 운영하던 가내 악단이 거의 해체된 것은 맞지만, 빈 귀족들의 경제적 몰락이 가내 악단 쇠퇴의 이유는 아니라는 것이다.

귀족들의 가내 악단은 왕실의 궁정 악단을 흉내 낸 것으로, "궁정에서 세워진 예를 먼저 최상위 귀족이 따르고 그다음 계급의 귀족이 따라 한 것"이다. 그 시대의 귀족들이 너도나도 가내 악단을 만들어 음악을 후원한 것은, 음악에 대한 무한한 애정과 이해 때문이라기보다는 "관습의 준수, 의무, 유행, 경쟁심" 때문이었다. 음악이란 궁정이나 최상위 귀족들과 가까이 지내기 위한 필요 불가결의 도구였고, 그러한 도구를 통해서 지위와 명성을 증명하고 또 얻거나 잃을 수도 있었다. 가내 악단을 소유한다는 것은 궁정을 상향 모방하는 당대의 문화적·신분적 인증 절차였으므로 귀족들의 가내 악단은 점점 경쟁으로 치달으며 융성하게 된다.

지은이에 따르면, 귀족들의 가내 악단이 고급화되자 오히려 궁정은 궁정 악단을 심드렁하게 여기면서 궁정 악단에 대한 지원을 중단하게 된다. 그것은 "한 사회적 특권 계급이 어떤 특권을 갖게 되면 그 바로 위 계급 사이에서 그 특권은 더 이상 특권으로 인정받지 못하는 원리"에 따른 당연한 결과다. 예를 들어 부유층이 사용하는 명품을 '개나 소나' 쓰게 되는 순간, 명품 사용자로서의 부유층의 광휘는 사라지는 것이다. 그런데 궁정이 음악 후원 경쟁에서 물러나자 귀족들이 음악을 후원할 최우선적인 이유가 사라져버렸다. 가내 악단은 더 이상 사회적으로 유용한 관습이 되지 못했던 것이다.

궁정 악단이 해체되면서 귀족들 또한 가내 악단을 해체시켰지만, 그렇다고 해서 귀족들의 음악 후원이 중단된 것은 아니었다. 귀족들은 비용이 많이 드는 상설 악단을 두기보다는, 그때그때 음악가를 초대하는 살롱 연주회 방식으로 음악 후원을 계속했다. 그러면서 상류 귀족들은 음악 시장에서 하류 귀족과 상류 중산층 계급의 참여가 늘어나는 것을 위기로 느끼게 되었고, 적극적으로 자신들의 취향을 그들과 구분하고자 했다. 이제 음악은 양적 소비에서 질적 소비로 차별화되어야 했고, 하류 귀족과 상류 중산층의 취향과 구별되고자 하는 상층 귀족의 욕망은 '진지한 음악'이라는 기준과 그것을 담보해줄 '음악 천재'를 후원하게 된다.

베토벤이 오스트리아 제국의 수도이자 음악의 수도인 빈 땅을 밟은 것은 스물한 살이 막 지난 1792년 무렵이다. 이때는 가내 악단이 명맥을 유지하고 있을 때였지만, 베토벤은 가내 악단에 소속돼 있지 않았다. 그 대신에 지리학적인 의미에서 외국인임이 분명했던 베토벤은 본에 있을 때 알게 된 발트슈타인 백작 인맥을 통해 곧바로 빈의 상층 귀족과 만날 수 있었고, 그들의 개인적인 지원을 받게 되었다. 이후 베토벤의 빛나는 음악적 성공은 대중이나 대중음악 시장과 단절된 채, 상층 귀족의 보호 아래 이루어진다. '진지한 음악'이라는 기준을 통해 자신들의 음악 취향을 드높이고 '음악 천재'에 대한 후원을 통해 음악계에서의 주도권을 행사하고자 했던 상층 귀족들에게 베토벤은 안성맞춤이었다.

한 예술가의 성공을 개인의 카리스마나 재능으로 설명하는 것은 예술가와 사회 사이의 복잡한 공조 과정을 묵살하는 빈궁한 해석이라고 말하는 이 책은, 베토벤과 유사한 음악적 스타일과 이력을 가진 베토벤의 경쟁자 J. L. 두세크를 들어 그러한 논지를 강화한다. 총명하지 못한 술주정뱅이였다는 로맹 롤랑의 날조와 달리 베토벤의 아버지가 할아버지와 마찬가지로 궁정 음악인이었던 반면, 베토벤보다 10년 연상의 작곡가인 두세크의 아버지는 평범한 초등학교 교사이자 오르가니스트로 "아들이 집중된 관심을 받도록 해줄 만한 직책에 있지 않았다". 또 "궁정과의 유대가 없었던 어린 두세크는 베토벤이 경험했던 것보다 큰 편성의 기악 앙상블을 실제로 경험할 수 없었다". 두세크가 잠재적 후원자들에게 자신을 노출시키기 위해 하찮은 공식 교육을 연장하고 있을 때, 베토벤은 후원자들을 찾을 시간과 에너지를 "창조적인 작품을 위해 사용했다".

오늘날 베토벤은 '천재'로 추앙받지만, 두세크의 이름을 아는 음악 애호가는 거의 없다. 두 사람의 운명을 결정적으로 가른 것은, 베토벤과 두세크가 활동했던 오스트리아 빈과 영국 런던을 지배한 음악 생산의 구조다. 음악이 상층 귀족의 명예와 위신을 나타내주는 수단이었던 빈에서 상층 귀족들이 작곡가를 후원했다면, 런던에서는 상층 귀족들로 이루어진 심미적인 후원층보다 시장이 더 발달해 있었고 작곡가들은 대중의 변덕에 내맡겨져 있었다. 평이한 베토벤의 작품 제목에 비해 두세크의 작품 제목이 길다는 것, 베토벤이 여러 장르의 음악을 작곡한 데 비해 두세크의 레퍼토리는 주로 피아노에 한정됐다는 것, 또 베토벤은 자신의 작품을 귀족들에게 헌정했으나 두세크가 헌정한 상대는 평범한 사람들 일색이라는 것은, 음악을 둘러싼 빈과 런던의 구조가 얼마만큼 달랐는지를 보여준다.

이 책을 읽고 베토벤의 성공과 재능의 출현을 단순히 집안 내력으로 축소시켰다고 말할 오독가도 없지 않을 테지만, "여기서 특별히 천착했던 물음은 새로운 종류의 음악적 재능을 획득하는 데 있어서 왜 베토벤이 당시의 동료 음악가들보다 더 유리한 위치를 점하게 되었는지의 문제였다. 그 대답은 빈 음악 세계의 구조 내에서 베토벤이 처한 상황에 있으며, 특히 위대한 음악의 '이상'에 점점 더 많은 관심을 갖게 된 강력한 음악 후원자들과의 인맥 속에서 그 대답을 찾을 수 있다". 자유 음악가로서의 베토벤의 자존심은 여러 가지 일화를 남기고 있으나, 《베토벤 천재 만들기》는 그에 대한 퍽 다른 관점을 보여주고 있다.

47. 스트라드—불멸의 악기

《스트라디바리우스》
토비 페이버, 강대은 옮김 | 생각의나무, 2005

예술가가 작품을 통해 불멸성을 성취하는 것은 흔한 일이다. 그런데 스트라디바리라는 현악기 제작자에 의해 그의 생전에 1,000대 이상 제작되어 그 가운데 600대가 현존하는 것으로 알려진 스트라드(스트라디바리가 만든 현악기를 통칭하는 용어)는, 바흐나 베토벤의 작품과 동격의 불멸성을 얻은 희귀한 경우다. 만들어진 지 250년이 넘는 스트라디바리의 바이올린과 첼로는 세계 최고이고, 이 악기의 비밀은 과학과 기술이 모든 해답을 가지고 있다고 믿는 현대인들에게 풀리지 않는 수수께끼다. 토비 페이버의《스트라디바리우스》(생각의나무, 2005)는 스트라디바리와 스트라드 중 가장 유명한 여섯 대의 명기를 소개한다.

스트라드를 만든 안토니오 스트라디바리는 악기 제작으로 유명한 크레모나에서 태어났는데, 출생 연도는 1644년으로 추정된다. 그의 스승이 누구인지는 확실하지 않지만, 그가 22세에 만든 초기 바이올린에 붙어 있는 "니콜로 아마티의 제자인 크레모나의 안토니우스 스트라디바리우스, 1666년 제작"이라는 라벨이 유력한 단서로 제시되곤 한다. 라벨뿐 아니라, 바이올린의 디자인과 골든브라운색의 바니시(목재에 칠하는 도장)가 전체적으로 아마티와 비슷하다는 점이 결정적으로 논쟁의 여지를 없애준다.

스트라디바리가 36세 되던 1680년까지 만든 초기 바이올린은, 당시에 유럽 최고의 현악기 명가였던 니콜로 아마티의 공방에서 나온 악기들과는 견주지 못한다는 평가를 받았다. 하지만 그는 자신의 바이올린이 점차 완벽으로 나아가도록 새로운 디자인을 실험할 수 있을 만큼 부유했으며, 남아 있는 여러 기록은 그의 재산이 1670년대부터 크게 증가했다고 가르쳐준다. 다시 말해 그는 악기를 제작하는 일 이외의, 목공예와 상관된 다른 일거리를 가지고 있었다. 열세 살도 안 되는 나이부터 아마티의 바이올린에 장식하는 일을 도왔던 천재적인 재주가 스트라디바리를 불멸토록 했지만, 실험을 계속할 수 있는 재산과 생계를 유지하기 위한 별도의 부업이 없었다면 스트라디바리는 단순한 주문 제작자에 머물렀을지도 모른다.

스트라디바리의 장인적 기량이 눈에 띄게 향상된 것은 1680년대부터다. 그것과 맞물려 '크레모나의 영광'을 선도했던 니콜로 아마티와 아마티 공방의 유일한 경쟁자였던 티롤의 야코프 슈타이너가 연이어 사망한 탓에, 새로 열린 스트라디바리의 전성기에는 다른 공방에 일거리가 돌아가지 않았다. 하지만 대당 94만 7,500파운드를 호가하는(1998년에 막심 벤게로프가 '크로이처Kreutzer'를 구입한 가격) 현재의 스트라드는 오늘의 명성과 달리, 당대엔 아마티보다 낮게 평가됐다. 실제로 1737년 스트라디바리가 사망한 연후 스트라드의 가격은 줄곧 하락했다. 1775년에 아마티의 악기가 40질리아티(1,600파운드)에 팔렸다면 스트라드의 가격은 10질리아티에 불과했다.

그러나 그로부터 20년이 채 안 되어 모든 것이 바뀌었다. 그 사정을 알기 위해서는 스트라디바리가 가장 열정을 기울였던 바이올린의 역사에 대해 먼저 알아야 한다. 바이올린 이전의 모든 현악기를 바이올린의 전신으로 삼는 무리를 피하고자 한다면, 바이올린의 발명은 르네상스 후기의 공적이라고 봐야 한다. 하지만 모든 악기가 그렇듯이 바이올린 또한 순간의 영감에 의해 만들어진 것이 아니라, 오랜 발전 과정을 거쳤다. 사료에 따르면, 이탈리아의 여러 왕실에 봉사한 한 공방이 아랍인의 류트에 영감을 받아 이탈리아의 리라를 개량한 게 바이올린 발전의 첫 단추다. 그래서인지 1740년대에 이르기까지 바이올린은 '술탄 바이올린'이라는 별명으로 불렸다.

오늘날 바이올린은 뛰어난 기술을 구사하는 연주자의 독주 악기로 널리 알려져 있지만, 바이올린이 이탈리아를 거쳐 유럽에 처음 소개될 때는 독주 악기의 지위를 갖지 못했다. 바이올린은 그저 춤음악을 반주하기에 맞춤했고, 그 때문에 음란하고 부도덕한 악기라는 오명마저 뒤집어썼다. 바이올린의 발명자는 아니지만, 후대 제작자들을 위한 청사진을 만들었다는 영예를 얻은 아마티의 바이올린이 스트라드에 비해 달콤한 소리를 냈던 건, 바이올린의 용도가 애초에 반주 악기로 출발한 탓이다.

18세기 말엽부터 스트라디바리가 아마티보다 두각을 나타내게 된 것은, 그의 사후 바이올린이 협연이 아닌 독주 악기로 자립하면서, 바이올린 독주자가 기량을 온전히 발휘하기 위해서는 강한 음색의 바이올린이 필요했던 사정과 연관된다. 바이올린이 오늘처럼 독주 악기로 인기를 얻게 되리라고 생전의 스트라디바리가 얼마만큼 예견했는지는 알 수 없지만, 그는 현역 바이올리니스트로부터 얻은 정보를 통해 바이올린 독주가의 요구를 만족시키고 그들의 기량을 빛낼 수 있는 쪽으로 악기를 개량했다. 스트라드의 완성이라고 일컬어지는 '롱 스트라드'는 표준 사운드박스(몸체)보다 고작 2센티미터밖에 더 크지 않지만, 감미로운 음색을 희생시킨 대신 더 강한 음색을 얻었다. 그러나 앞서 말했듯이 스트라디바리가 자신의 롱 스트라드 시기부터 기대했던 보다 강한 소리의 바이올린에 대한 수요는 아직 도래하지 않았다. 왕실이나 명문 귀족의 후원에 의존하는 작은 방에서의 연주에는 강한 스트라드보다 달콤한 음색의 아마티가 더 적합했다.

스트라드의 성공은 바이올린 비르투오소의 출현과 공생 관계에 있기 때문에, 토비 페이버의 《스트라디바리우스》는 자연스럽게 초기 바이올린 비르투오소의 탄생과 계보를 스트라드와 연관해서 기술하고 있다. 흥미로운 점은, 스트라디바리 생전의 작곡가이면서 최고의 바이올리니스트였던 아르칸젤로 코렐리가 1693년에 제작된 특별히 뛰어난 롱 스트라드를 소유하고 있었지만 연주 시엔 야코프 슈타이너의 '알바니Albani'를 선호했다는 것이다. 또 최초의 성공한 바이올린 비르투오소이자 작곡가였던 니콜로 파가니니 역시 스트라드 예찬자이자 수집가였으면서도, 실연 시엔 아마티 공방에서 분가해 한때 스트라디바리보다 탁월한 바이올린을 제작하기도 했던 주세페 과르네리 델 제수의 '카논Cannon'을 분신처럼 애용했다.

스트라드를 알리는 데 있어서 최대의 공헌자는, 1782년 파리 공연에서 스트라드로 자신의 바이올린 협주곡을 연주했던 당대 최고의 기교가 바티스타 비오티다. 그의 연주에 귀 기울인 청중은 자신들이 전에 들었던 것과 아주 다른 것을 듣고 있다는 사실을 알아차렸고, 얼마 지나지 않아 프랑스의 바이올리니스트들 "모두가 비오티의 소리를 모방하고 싶어 했는데, 이것은 곧 스트라드로 연주하고 싶다는 의미였다". 예후디 메뉴인, 나단 밀스타인, 다비드 오이스트라흐, 지네트 느뵈, 이자크 펄만, 오귀스탱 뒤메, 안네 조피 무터, 기돈 크레머, 빅토리아 물로바, 김영욱, 정경화……. 스트라드를 자신의 분신으로 삼을 수 있었던 선택받은 연주가들과 악착같이 스트라드를 구하고자 하는 무수한 바이올리니스트들의 스트라드에 대한 집착은 현재 진행형이다. 스트라드와 바이올린 비르투오소들은 스트라디바리를 영원케 하는 불멸의 이인삼각 경기를 이어가고 있는 것이다.

48. 어느 첼로의 자서전

《첼로 마라》
볼프 본드라체크, 이승은 옮김 | 생각의나무, 2005

안토니오 스트라디바리가 제작한 1,000여 대의 현악기 가운데는 바이올린이 가장 많지만, 그는 첼로의 전신인 비올라 다 감바를 비롯해 비올라, 첼로, 기타는 물론이고 하프까지 만들었다. 바이올린과 함께 그의 성가를 드높인 것은 현재 50대가량 남아 있다고 추정되는 첼로다. 토비 페이버의《스트라디바리우스》가 거의 바이올린 위주로 기술된 것과 달리, 볼프 본드라체크의《첼로 마라》(생각의나무, 2005)는 첼로, 그것도 오직 단 한 대의 첼로에 바쳐진 책이다.

토비 페이버의《스트라디바리우스》에서 보았듯이 모든 스트라드에는 고유의 애칭이 있다. 주로 옛 소유자들의 이름에서 유래하는 경우가 많은 스트라드의 애칭은, 그 악기에 인간의 삶과 똑같은 연륜과 생생한 개성을 부여한다. 이런 관례에 더 잘 부응하려는 듯이《첼로 마라》를 쓴 볼프 본드라체크는, 아예 곡절 많은 한 대의 첼로를 의인화해버린다. 그래서 이 책은 도서관의 '예술/음악' 서가가 아닌 '소설/독문학' 서가에 버젓이 꽂혀 있다. 《첼로 마라》는 '마라Mara'를 주인공으로 한 전기 소설인 것이다.

첼로인 '나'의 이름은 첼리스트로 활약했지만 악덕, 여자, 사치, 방탕한 술꾼으로 더 악명 높았던 조반니 마라(1744~1808)에게서 따온 것이다. 어떤 사람들은 잘생겼던 보헤미아 출신의 그를 가리켜 위대한 천재라고까지 말하지만, 그가 온 힘을 기울인 것은 독주자로서의 경력을 가꾸는 일보다 여자들을 유혹하는 일이었다. 프로이센의 왕자 하인리히가 그를 궁정 악사에 임명하자, 그는 모든 사람들이 꿈꾸는 그 행운을 이용하여, 궁정 오페라 여가수로 이름을 날리고 있던 엘리자베스 슈멜링과 눈을 맞추는 데 성공했다.

그때부터 긍정적으로 표현하면 매니저요, 부정적으로 말하면 팔자가 늘어진 '셔터맨'의 삶이 펼쳐진다. 그는 아내의 고액 출연료를 가로채, 그토록 좋아하는 술을 마시고 바람을 피우거나 싸움을 일삼았다. 당대를 기록한 이런저런 회상록에는 그의 악행이 기록되어 있는바, 슈멜링은 시퍼렇게 멍이 든 눈가를 화장으로 가린 채 프리드리히 대왕 앞에서 노래를 불렀다. 마라는 아내의 출연료도 모자라 빚을 얻곤 했는데, 곧 돈을 꾸는 일에는 누구 못지않게 될 모차르트는 "모두들 주제넘은 마라 때문에 화가 났습니다"라고 아버지에게 써 보내기도 했다.

아내를 앞세워 유럽 각지를 누볐던 마라는 끝내 이탈리아 플루트 연주자에게 아내를 빼앗기고 빈털터리가 되었다. 그는 유일한 재산인 '나'를 영국인 궁정 악사 존 크로스딜에게 팔고 네덜란드로 갔는데, 알코올 중독자가 된 채 허름한 술집에서 선원들을 상대로 밤새 춤곡을 연주하다 죽었다. 한편 영국 왕 조지 4세의 음악 선생이기도 했던 크로스딜은 '나'를 8년 동안 왕실이나 귀족들이 사는 별장으로 끌고 다녔다. 그때는 유리 섬유가 없던 때여서, 첼로 케이스가 나무 관棺처럼 묵직했다. 하지만 이 점잖고 착실했던 궁정 악사는 돈 많은 과부와 결혼하면서 연주회와 멀어져갔다. 이후로 고만고만한 숱한 첼로 애호가들이 '나'를 일시 소유했다.

1902년, 아르헨티나의 첼리스트이자 열렬한 하이든 애호가인 카를로스 톤퀴스트는 '나'를 아르헨티나로 데려갔고, 24년간의 좋지도 나쁘지도 않은 동거 끝에 헤어졌다. 새로 만난 사람은 노력한 만큼 재능이 발휘되지 않았던 딱한 첼리스트 앤서니 피니였는데, 예술의 희생자라고도 할 수 있는 그는 우울증으로 죽었다. 400년 동안 진화하고 이후 400년 동안 퇴화하는, 총 800년이나 되는 '나'의 수명을 감안하면 이런 사별이 불가피하다고나 할까? 이후 세계적인 명성을 가진 트리에스테 삼중주단의 명 첼리스트 아마데오 발도비노에게 팔려 대서양을 건넜다. 고향인 이탈리아로 돌아온 것이다. 하지만 남미 순회공연을 위해 다시 아르헨티나행에 나선 게 '나'에게는 다시없는 비극이었다.

짙은 안개로 부에노스아이레스로 가는 몬테비데오 공항이 폐쇄되자, 삼중주단은 라 플라타 강을 운항하는 배편으로 몬테비데오를 떠나 부에노스아이레스로 향했다. 그런데 그 배가 한밤에 사고를 당해 침몰한 것이다. 다행히도 삼중주단원은 구사일생으로 살아났지만, 하류로 떠내려온 '나'는 케이스 속에서 산산조각 난 채로 물에 불었다. '나'의 비참한 운명은 1949년 지네트 느뵈와 함께 아조레스 제도에서 산화한 스트라드, 또 4년 뒤 자크 티보와 함께 알프스에서 수명을 다한 스트라드, 그리고 허리케인에 휩쓸려 간 또 다른 스트라드 형제인 '붉은 다이아몬드'와 같은 길을 가게 될 것이었다. 그러나 '나'는 장장 9개월 동안의 수술 끝에 기적적으로 부활했으니, 당신들은 '나'의 육성을 오스트리아의 첼리스트 하인리히 시프의 연주로 들을 수 있다.

오늘날 500만 내지 600만 달러를 호가하는 '나'의 명성에 필적하는 또 다른 스트라드 첼로는 '다비도프Davidov'다. 재클린 뒤 프레가 다발성경화증으로 마흔두 살의 짧은 생을 마감하자 요요마를 새 주인으로 맞은 다비도프는, 1838년 라트비아에서 태어나 스물다섯 살의 나이에 유럽 최고의 첼로 비르투오소로 칭송받았던 카를 다비도프의 이름을 땄다. 다비도프에 대한 얘기는 단지 여섯 대의 스트라드 명기만을 집중 소개한 토비 페이버의《스트라디바리우스》에 자세히 나와 있다.

우리가 알고 있는 모든 스트라드는 엄밀히 말해 스트라디바리 생전의 원 모습이 아니다. 바이올린의 경우 연주자가 왼손을 지판finger board 위아래로 쉽게 움직일 수 있게 넥neck을 뒤로 기울이고 쐐기형의 지판을 잡기 쉽게 납작하게 바꾼 것처럼 첼로도 그와 비슷한 개량을 거쳤는데, 그 모두는 큰 소리를 낼 수 있는 방향으로 이루어진 '성형'이었다. 첼로는 각종 동물의 내장으로 만들던 거트gut 현絃을 바이올린보다 먼저 강철 현으로 대체했고, 몸통 밑에 엔드핀end-pin(받침 못)을 설치했다. 엔드핀은 음색에 직접적인 영향을 주진 않았지만, 연주자가 두 무릎으로 첼로를 고정시켜야 했던 불편에서 벗어나 활을 좀 더 쉽게 움직이고 왼손을 자유롭게 지판 상하로 이동할 수 있게 해주었다. 또 그것은 여성들에게 첼리스트가 될 수 있는 길을 열어주었는데, 엔드핀이 있기 전에는 첼로를 두 다리로 고정시키는 것이 너무 여성스럽지 못하다고 간주되었다.

스트라드에 관한 연구 논문은 헤아릴 수 없이 많고, 확인되지 않은 낭설 또한 그에 버금한다. 그런데 참 특이하게도 이 책을 쓴 볼프 본드라체크는 스트라디바리에게 무슨 비법이 있었다고 결코 믿지 않는다. 지은이는 말한다. 확실한 것은 "스트라디바리가 최고라는 사실", 그리고 스트라드는 시간이 흐를수록 더욱 귀해지며 주인이 바뀌면 "가격은 올라간다"는 사실이라고! 하지만 스트라디바리 바이올린이 델 제수란 막강한 적수를 가졌듯이, 스트라디바리 첼로에게도 몬타냐나라는 만만찮은 경쟁자가 있다. 세상은 그런 것이다.

49. 빛의 음악, 빛의 아들

《개인적인 체험》
오에 겐자부로, 서은혜 옮김 | 을유문화사, 2009

《빛의 음악》
린즐리 캐머런, 정주연 옮김 | 이제이북스, 2003

대학원에서 영문학을 공부하던 '버드'는 스물다섯 살에 결혼했다. 그리고 그해 여름부터 갑작스레 독주를 마시기 시작했다. 학업도 아르바이트도 모두 팽개친 채, 밤은 말할 것도 없고 대낮에도 어둡게 해놓은 집안의 거실에서 레코드를 들으며 그저 위스키를 마셔댔다. 어느 여행가에 따르면 아프리카 오지에서도 볼 수 있는 만취滿醉 현상은, 이 아름다운 마을에서의 생활에도 여전히 무언가 부족한 점이 있다는 것, 곧 절망적인 자포자기로 사람들을 몰아가는 근원적인 불만이 있다는 것을 나타내주는 증거라고 한다.

대학원을 자퇴하고 장인이 얻어준 일자리인 대학 입시 학원에서 2년째 강사 노릇을 하고 있는 버드는 자신의 내부에 무언가 결락이 있다는 것과, 스스로 대면하기를 피해왔던 근원적인 불만이 있다는 것을 감지한다. 그는 오래전부터 아프리카를 여행하고 싶었고 아프리카 여행기를 쓰는 게 꿈이었는데, 결혼이 그 꿈을 가로막은 것이다. 설상가상으로 오늘은 아내가 첫 출산을 하는 날. 버드는 결혼과 함께 자신이 감옥에 갇히긴 했으나 아직 감옥의 문은 열려 있다고 생각해왔지만, 이제 막 태어날 아이는 그 문마저 닫아버릴 것이다.

아이와의 대면을 미루기 위해 길거리를 배회하다가 불량 청소년 패거리와 싸움을 벌인 버드는 혼자 집으로 돌아가 누웠다. 새벽녘에 그를 깨운 것은, 갓 태어난 아기에게 이상이 있으니 급히 병원으로 와달라는 의사의 전화다. 신생아는 두개골 결손으로 뇌가 두골 밖으로 빠져나온 '뇌 헤르니아hernia'(뇌 탈장) 상태로, 빠져나온 뇌를 밀어 넣는다고 해봤자 식물인간이 될 공산이 컸다. 뇌 전문의를 찾아 아이를 대학병원으로 옮기는 구급차에 동승한 의사는 "이 아이를 위해서도 당신들 부부를 위해서도 이 애는 빨리 죽는 편이 좋을 것"이라고 조언한다.

오에 겐자부로는 1994년도 노벨문학상 수상 작가로 널리 알려졌지만, 1964년 일본에서 출간되고 10개국어로 번역된 《개인적인 체험》(을유문화사, 2009)으로 이미 세계적 명성을 쌓았다. 지나칠 정도로 익살스러운 이 버드라는 인물은, 카뮈가 쓴 《이방인》의 주인공과 많이 닮았다. 뫼르소가 어머니의 장례와 추모에 어울리지 않았던 것처럼, 아이의 수술 여부를 결정짓지 못하고 옛 여자 친구를 찾아가는 등의 자유분방을 보여주는 버드 역시 실존이라는 병증을 앓는 인물이다. 많은 비평가들이 수작으로 꼽는 이 작품은 겐자부로의 경험을 바탕으로 한 작품이다. 겐자부로는 버드와 비슷한 나이인 스물여덟 살에 뇌 탈장아를 첫아이로 낳았다. 두개골 밖으로 나와 있는 뇌를 제거하는 수술에 성공하더라도 곧 죽을 가능성이 높았고, 생존하더라도 백치가 될 가능성이 농후했다.

지금은 예전과 다르겠지만, 당시의 일본 사회는 죽은 것도 살아 있는 것도 아닌 이런 아이를 기르는 일에 굉장히 인색했다. 일본 신도神道는 '정화淨化'를 중시하는데 신도의 정화는 서양 기독교의 '정화/더러움'이 도덕적 측면을 강조하는 것과 달리 매우 물질적이다. 그래서 유사 이래 일본에서는 질병, 죽음, 그리고 부상자를 포함한 죽은 자, 죽어가는 자와의 접촉이 사회를 더럽히는 행위로 여겨졌다. 게다가 이때는 아직 일본 경제의 기적이 시작되기 전인 1963년이었다. 그러니까 국가의 자원과 사람의 노력을 지체아를 위해 희생시킬 것이 아니라 국가의 다른 부족한 부분에 쏟는 것이 더 정당하다고 여겨지던 때였다.

《개인적인 체험》에 나오는 버드의 옛 여자 친구는 수술을 결정한 그에게 "수술로 아기의 생명을 구한다고 한들, 그래서 뭐가 되지? 버드. 그는 식물인간이 될 뿐이라고 하잖아? 넌 자신을 불행하게 만들 뿐 아니라 이 세상에게도 전혀 무의미한 존재 하나를 살아남게 만드는 거야. 그것이 아기를 위하는 길이라도 된다는 거야?"라고 말하며 비웃는데, 어쩌면 그것은 조소가 아니라, 불치병을 가진 신체가 사회를 더럽힌다고 여기는 사회 속에서 친구가 해줄 수 있는 가장 일반적인 충고라고 할 수 있을 것이다. 그러나 작중의 버드도, 실제의 겐자부로도 모두 아이의 수술을 결정했다. 물론 거기엔 갈등이 없지 않아서, 훗날 겐자부로는 그 자신도 혼란에 빠져 "그 아이가 죽어버리고 우리가 이 짐을 덜게 되는 꿈"을 꾸기도 했다고 고백한다.

소설은 성공적으로 수술을 마친 아이를 안고 버드 부부가 병원을 나서는 장면에서 끝나지만, 린즐리 캐머런의 《빛의 음악》(이제이북스, 2003)은 겐자부로 부부가 뇌 탈장아로 태어난 아들을 키우는 이야기로 시작한다. 겐자부로는 의사로부터 아이가 앞을 볼 수 없을 것이란 말을 듣고(시력 0.03), 직감적으로 아이의 이름을 히카리光(=빛)라고 지었다. 히카리의 지능지수는 의사들의 예측대로 55~70에 머물렀고, 정신 연령은 8~12세에서 멈추었다. 겐자부로는 언어 소통과 인지 능력이 뒤떨어진 아들을 키우면서 소설가란 "표현할 수단이 없는 사람들의 내적 목소리"를 듣는 "통역사"라고 여기게 됐고, "고통 받는 인간의 목소리를 표현"하는 게 바로 문학이라는 생각을 굳혔다. 이런 설명들은 《빛의 음악》을 '백치 아들'을 문학적 화두로 삼았던 겐자부로 소설의 입문서로 읽게 한다.

일본에서는 겐자부로의 전체 작품을 '백치 아들 서사'로 부르기도 한다니, 아들의 존재가 아버지의 문학에 끼친 영향은 가히 절대적이다. 그런데 이 글을 쓰면서 지금까지 감추었던 이 책의 부제가 "장애 아들을 작곡가로 키운 오에 겐자부로의 이야기"다. 그래서 이 책은 156쪽을 전후로 '겐자부로 소설 입문서'이기를 그치고, 그의 아들인 '히카리의 음악 세계'를 펼쳐놓는다. 여섯 살이 되어서야 겨우 짧은 말을 하기 시작했던 히카리는 한 번 들은 음악을 고스란히 악보에 옮겨 적는 능력을 가졌다. 그가 열세 살에 처음 작곡을 했을 때, 어머니는 아들이 한 번 들은 곡을 옮겨 적은 것이라고 가볍게 생각했다.

히카리는 스물아홉 살이 되던 1992년에 25곡의 자작곡이 실린 첫 음반을 냈고, 1994년에는 22곡이 실린 두 번째 음반을 냈다. 1997년 4월에 나온 어느 집계는 두 음반의 전 세계 판매량이 30만 장이라고 하고, 거기 따른 수입은 노벨문학상을 받은 아버지의 인세보다 다섯 배가 많은 800만 달러에 이른다고 한다. 겐자부로가 말한다. "그 상 덕분에 내 책의 판매량이 계속 늘고 있지만 아직도 히카리보다는 못합니다."

발달장애 또는 유아기의 자폐증이나 정신분열증과 같은 중대한 정신병을 가진 사람들이 그 장애와 현저하게 모순되는 재능을 지니는 희귀한 상태를 '천재백치'(idiot savant 혹은 savant)라고 하는데, 우리에겐 영화 〈레인맨〉에서 더스틴 호프먼이 맡았던 역할로 잘 알려져 있다. 《빛의 음악》의 말미는 우리가 깊이 몰랐던 천재백치에 대한 정리를 하고 있지만, 그보다도 이 책은 소위 정상인들이 장애자를 껴안으면서 자신의 삶과 인격을 보완하게 되는 삶의 신비에 대한 깨달음과, 예술 작품에 대한 평가와 감상에서 작품 외적인 배경을 전적으로 배제하는 게 얼마만큼 가능하며 순수한 객관성이라는 이상에 집착할 필요가 있는가 하는 의문을 함께 제공한다. 더 이상 당부가 필요 없겠지만, 《개인적인 체험》과 《빛의 음악》은 함께 읽어야 한다.

50. 정치 선전은 음악이 최고!

《프로파간다와 음악》
이경분 | 서강대학교 출판부, 2009

나치의 선전 정책과 라디오 음악 프로그램을 분석한 이경분의 《프로파간다와 음악》(서강대학교 출판부, 2009)은 정치와 문화 그리고 기술이 나치의 이념과 실천 속에서 어떻게 상호 작용했는지를 적나라하게 분석한다. 앞서 읽은《망명 음악, 나치 음악》과《잃어버린 시간 1938~1944—세계적인 음악가 안익태의 숨겨진 삶을 찾아서》가 그랬듯이, 이번에도 지은이는 내는 책마다 해당 주제에 관해서는 타의 추종을 불허했던 업적에 도전한다.

1933년 히틀러가 독일 제국의 총통이 되었을 때, 독일 라디오 방송은 거의 10년의 역사를 가지고 있었다. 합법과 무력을 적절히 배합한 나치가 바이마르 공화국을 접수한 그해부터, 괴벨스는 라디오 방송 체제의 개편과 수신기 보급 정책을 적극 추진했다. 훗날 정치 선전의 귀재로 역사에 이름을 남기게 될 괴벨스는 라디오 청취자를 늘리기 위해 당시로서는 파격적인 제조비와 할인가로 라디오 보급률을 높였다.

괴벨스가 라디오 보급에 진력한 것은 신문이나 팸플릿 같은 구시대의 활자 매체가 갖지 못한 무한한 잠재력을 라디오에서 보았기 때문이었다. 우선 언어나 장소의 제약을 받는 활자와 달리 광범위한 파급력을 갖고 있는 전파는 '제국 만들기'에 훨씬 유리했다. 선전 매체로서의 활자 매체는 독일어, 독일 민족, 독일 지역으로 경계 지어진 일국에는 효과적이지만, 선전의 범위가 일국의 언어, 민족, 지역을 벗어날 때는 상당한 장애가 된다. 그래서 기술의 발전과 제국 혹은 제국주의는 항상 동반 관계를 이룬다. 아쉽지만, 제국주의와 기술의 이와 같은 연관 논리는 이 책 213쪽에 암시적으로 언급되었을 뿐 본격적으로 다루어지지 못했다.

다음으로, 활자 매체는 그것을 접하는 사람에게 신중한 사고와 비판 의식을 불러일으키지만, 전파 매체는 활자 매체보다 한층 감각적이어서 호소력이 뛰어난데다가 수용자를 일시에 강한 일체감으로 묶어준다. 대중문화나 복제 기술에 유보적이었던 당대의 엘리트들은 "집단적인 소비"의 상징이었던 라디오를 "문화의 수도꼭지"라고 격하했지만 괴벨스는 오히려 "각 개인의 개성을 약화시키고, 합리성을 하향 평준화해주므로, 정신적인 단일화(획일화)"를 가져오는 라디오의 선전적 가치에 열광했다.

히틀러가 독일 제국의 총통이 되었을 때 국민의 48퍼센트는 나치당을 지지하지 않았다. 제3제국의 선전장관으로 독일 방송국의 모든 권한을 장악한 괴벨스는 라디오야말로 전체 독일 국민이 나치의 세계관을 받아들이도록 "활성화하는 데 유리한 도구"라고 확신했고, 방송 종사자들에게 "이 도구로 여론을 만들어"줄 것을 주문했다. 바로 이런 이유들로 괴벨스는 '민족의 수신기'라고 명명된 저가 라디오를 보급하는 일에 열을 올렸다. 그래서 나치가 집권하기 이전에 불과 416만이었던 청취자 수는 나치 집권 3년 만에 750만이 되었고 연이어 910만(1938), 1,100만(1939)이 되었으며, 전쟁 발발 2년 후인 1941년에는 1,600만을 넘어섰다. 이는 당시 세계 최고의 라디오 보급률이었다.

그렇다면 나치가 집권한 12년간의 라디오 프로그램은 어땠을까? 괴벨스의 지휘를 따랐던 독일 제국의 라디오 방송은 음악 프로그램 일색이었다. 이런 양상은 우리가 상식적으로 짐작하는 '선전'과 상당히 거리가 멀다. 보통 선전이라면 연설, 논평, 대담 등의 '말'을 떠올리기 쉽지만, 괴벨스는 이 점에 대해 단호했다. "지루해서는 안 됩니다. 삭막해서도 안 되고, 이것저것 전시하듯 나열해서도 안 되지요. 매일 저녁 행진곡을 방송으로 내보내고는 나치 정부에게 최고로 봉사한다고 믿으면 큰 오산입니다. 더욱이 방송은 말에 병들어서도 안 됩니다. 그러면 청취자는 의도를 바로 알게 되고 기분이 나빠지니까요."

프로파간다를 예술의 경지로 끌어올린 괴벨스는 의도를 드러내지 않고 사람의 마음을 얻기 위해서는 선전이 문화적이고 즐거운 오락이 되어야 한다고 강조했다. 그래서 전체 프로그램에서 음악이 차지하는 부분은 1935년 이래 매해 늘어나서 1938년에는 69.4퍼센트까지 증가했으며, 전쟁이 한창이던 1943년에는 독일 방송에서 음악이 차지하는 비율이 90퍼센트에 육박했다. 이런 현상은 영화에서도 마찬가지여서 1933~1945년에 독일에서 제작된 영화 가운데 공공연한 정치 선전 영화는 전체의 6분의 1에 그쳤다. 같은 시기에 영국의 BBC 라디오는 음악보다는 언어에 치중해, 전쟁 기간 동안 언어로 된 방송 프로그램이 점점 줄어든 나치 방송과 완전히 다르게 정치 연설, 문학, 종교, 학문, 취미 등의 순수 언어 프로그램으로 70퍼센트를 채웠다.

괴벨스에 의해 선택된 음악은 외부적으로는 독일 민족(문화)의 우수성을 과시하고 내부적으로는 민족의 공동체적 가치와 단결을 고취하는 것이어야 했다. 독일 민족의 문화 영웅인 베토벤과 히틀러가 유일하게 인정하는 스승이자 총통에게 독일 민족을 구원할 원대한 꿈을 앞서 제시했다는 바그너는 제3제국의 국가 의전 행사와 방송 음악 프로그램을 '쌍끌이'로 이끌었다. 그에 비해 바흐와 헨델은 그저 독일 내의 기독교인을 달래기 위해 이용됐다. 그 자체로 종교였던 나치는 원래 기독교에 호의적이지 않았고, 히틀러는 최후의 승리를 성취하게 되면 교회도 제거할 생각이었다. 그보다 흥미로운 경우는 베토벤이나 바그너만큼의 이용 가치가 없었던 모차르트다. 모차르트는 나치가 방송 정책을 오락으로 바꾸고자 했던 1935년의 전환기에는 중요한 음악가였으나, 그 후엔 독일의 위대한 음악성을 드러내는 "얼굴 마담" 역할에 그쳤다. 다시 말해 나치의 세계관을 북돋우는 데는 큰 효용이 없었다.

선택된 음악가와 장려된 음악 장르가 있었던 만큼, 배제되고 금지된 음악가와 음악 장르도 있다. 나치는 고전 음악을 장려하고 다양하게 이용했지만, 12음 기법과 같은 현대 음악, 그리고 쇼스타코비치와 같은 적성국의 작곡가는 방송이나 연주회 프로그램에서 제외했다. 또 '문화의 흑사병'이라며 재즈를 박해했는데, 현대 음악과 달리 재즈는 1920년대부터 워낙 대중화되었기 때문에 나치 당국은 재즈에 대한 금지 정책을 일관되게 수립할 수 없었다. 재즈를 금지하면 대중들은 영국 방송 등의 외국 방송을 불법으로 청취했고, 그렇다고 재즈를 대신할 마땅한 '댄스 음악'을 찾기도 어려웠다.

나치의 방송 정책은 언어보다는 주로 독일의 유구한 고전 음악을 통해 국민을 통합하려고 했고, 패전 직전까지 수정 없이 그러한 방향으로 일관했다. 이렇듯 나치 방송이 두드러지게 오락성을 강조하긴 했지만 그렇다고 해서 선전을 포기한 것은 아니었다. 선전을 위해 나치 방송은 "끼워 듣기 효과"라는 원칙을 교묘히 활용했는데, 그것은 재미있는 프로그램 사이사이에 15분가량의 정치적 연설이나 선전 뉴스를 끼워 넣는 것이었다. 이런 방식은 괴벨스가 말한 것처럼 청취자가 자신이 선전에 감염되었음을 알지 못하도록 선전을 "스며들게 하는 것"이었고, 바로 그것이 괴벨스로 하여금 말을 포기하고 음악과 같은 오락성 프로그램으로 방송 시간을 채우게 한 "프로파간다의 비밀"이었다.

51. 신이 음악임을 증명하는 삼단논법

《하나님은 음악이시다—모차르트가 들려주는 신의 소리》
레기날트 링엔바흐, 김문환 옮김 | 예솔, 2006

《칼 바르트가 쓴 모차르트 이야기》
칼 바르트, 문성모 옮김 | 예솔, 2006

《모차르트, 음악과 신앙의 만남》
한스 큉, 주도홍 옮김 | 이레서원, 2000

내가 가장 행복할 때는 모차르트 음악을 들으면서 모차르트에 관한 책을 뒤적일 때다. 그래서 레기날트 링엔바흐의 《하나님은 음악이시다—모차르트가 들려주는 신의 소리》(예솔, 2006)를 읽으면서는 지은이가 특별하게 권했던 〈클라리넷 협주곡〉을 들었고, 이 글을 쓰면서는 〈마술 피리〉를 듣고 있다.

'하나님은 음악'이라고 말하기 위해서는, 그 명제를 입증할 수 있는 확실한 기초와 논리가 필요하다. 하지만 이 책은 명제만 제시해놓고 논증에는 별 힘을 들이지 않는다. 제목만 거창할 뿐, 이 책은 하나님에 대한 새로운 신학을 염두에 두지 않으며, 음악이 간직하고 있는 영성의 힘이나 종교성을 세심히 탐구하지도 않는다. 도미니코 수도회의 수사이기도 한 이 책의 지은이는 하나님은 음악이라는 자신의 주장을 논증적·철학적으로 입증할 목적에서 이 글을 썼다기보다, 주로 모차르트 음악을 들으면서 틈이 날 때마다 묵상하듯 이 글을 썼다. 그래서 옮긴이는 생략과 비약이 눈에 띄는 이 책을 "명상 형식"이라는 글쓰기로 분류한다.

이 책이 명상 형식이라는 것은《하나님은 음악이시다》의 결함이 단순히 이론적이지 못하거나 주관성에 매몰된 것에 그치지 않는다는 것을 암시한다. 옮긴이도 잘 지적하고 있듯이, 이 책의 기본 전제는 모차르트를 신의 영감을 받은 천재 내지 천사로 오도하며, 모차르트 애호가들로 하여금 음악을 음악으로 대하지 못하게 하고 그들을 특정한 종교 교의로 인도한다. 이러한 두 가지 문제점 중에서 전자는 무수한 논쟁 끝에 거의 폐기 처분된 낭만주의적인 천재관과 일맥상통하는 것이며, 후자는 종교적 전례로부터 독립하고자 했던 자유 예술가로서의 모차르트를 상당히 곡해하는 것이다.

모차르트의 음악에 매료되어 신학적으로 그의 음악에 접근하고자 했던 신학자는 꽤 있다.《칼 바르트가 쓴 모차르트 이야기》(예솔, 2006)의 저자인 칼 바르트와《모차르트, 음악과 신앙의 만남》(이레서원, 2000)을 쓴 한스 큉이 그렇다. 하지만 신학자로서 모차르트를 숭앙한 최초의 인물은 키르케고르다. 그는 성당지기로부터 추기경에 이르는 모든 성직 종사자를 움직여 모차르트를 모든 위인들 중 가장 높은 자리에 모시도록 하겠다고 공언하면서, 그렇게 되지 않으면 신앙에서 이탈하여 모차르트를 최고로 숭배할 뿐만 아니라 오로지 그만을 숭배하는 새로운 종파를 창설하겠다고 위협하기까지 했다. 이 일화는《칼 바르트가 쓴 모차르트 이야기》와 그 책을 인용한《하나님은 음악이시다》에 똑같이 나오는데, 직접 확인하고픈 독자는《이것이냐 저것이냐》(종로서적, 1981) 제1부 상권 66쪽을 보면 된다.

이 책의 지은이는 무수한 서양 작곡가들 가운데 어째서 바흐도 아닌 모차르트가 '하나님의 텍스트'가 될 수 있는지에 대해 친절하게 설명하지 않지만, 그런 가운데서 그가 찾아낸 이유들은 다음과 같다. 첫째. "모차르트는 강요하지 않는다." 이 미덕은 신이 인간에게 허용한 자유 의지를 연상시킨다. 반면, 우리는 베토벤의 음악을 들으면서 결코 자유를 느끼지 못한다. 베토벤의 음악을 듣고 나면 "어쩐지 내가 완력에 휘말린 듯한 느낌"을 갖게 된다.

모차르트의 두 번째 특성 또한 첫 번째 특성과 연관 깊은데, 모차르트의 음악은 모차르트에게로 향하게 하는 것이 아니라, "'다른 어떤 곳'에 이르는 길로 계속 나아가도록" 한다. 이처럼 모차르트는 인간의 근본적인 해방을 통해 신과의 만남을 주선한다. 그러면서 지은이는 탁월한 '모차르트 지휘자'로 알려진 칼 뵘은 모차르트가 부재하는 고통스러운 경험만 우리에게 준다면서, 그가 연주한 41번 〈주피터 교향곡〉을 브루노 발터의 연주와 비교해보라고 말한다. "우리를 해방시켜주고, 우리에게 강요하지 않으며, 기를 쓰고 우리를 유혹하려 하지 않"는 해석만이 모차르트의 본모습이라는 것이다.

모차르트의 또 다른 특성은 완전성이다. 모차르트는 우리를 어디로 끌고 가든 "완전성"에 이르게 해주는데, 그의 완전성은 우리를 창조주의 완전성과 조우하게 해준다. 밀로스 포먼의 〈아마데우스〉는 모차르트를 빈궁하고 비극적으로 보이도록 채색했지만, 이 책에 나타난 모차르트의 초상은 다정하고 밝고 따뜻한 인간애를 내뿜는 그런 모차르트다. 밀로스 포먼의 〈아마데우스〉 탓에 우리는

〈레퀴엠〉에서 모차르트의 음악적 유언을 찾으려고 하는데 “모차르트가 죽기 직전에 오로지 〈레퀴엠〉에만 전념하고자 했다는 전설은 그릇되고 날조된 것”이다. 임종 자리에서조차 모차르트의 가슴을 가득 채웠던 것은 〈마술 피리〉로, 이 오페라의 주제인 자유·평등·박애는 모차르트가 간직했던 완전성 가운데 일부다.

지은이에게 모차르트는 “사랑하기 위해, 그리고 남들에게 자신의 사랑을 전달하기 위해, 오로지 그것만을 위해 살았노라”라는 말이 무색하지 않은 사람이다. “생애 전체가 그것을 입증”하고도 남는다는 모차르트의 삶은, ‘사랑의 하나님’을 떠올려준다. 그리고 무엇보다 모차르트는 사랑의 절정인 용서를 자기 오페라의 복음으로 삼았다. 〈후궁으로부터의 유괴〉는 기대하지 않았던 용서를 얻고 그에 대해 감사하는 것으로 끝나고, 〈돈 조반니〉는 용서해주겠다는 제안을 받고도 거절하는 인간의 어리석음을, 〈피가로의 결혼〉은 용서해주기를 거절했으나 이내 도리어 용서를 빌게 되는 용서의 불가피함을, 〈마술 피리〉는 용서와 사랑의 왕국을 묘사하고 있으며, 모테트 〈아베 베룸〉은 용서와 사랑의 근원을 노래한다.

명상 서적과 같은 이 책은, 음악을 하나님의 비밀을 나타내는 말씀으로 간주한다. 단순성을 무릅쓰고 말해본다면, 신과 음악은 보이지 않고 잡히지 않는다는 점에서, 우리의 귀와 마음으로 들어야 한다는 점에서, 해석의 유동성을 가진다는 점에서, 창조라는 점에서 유비가 가능하다. 문제는, 이것 말고도 얼마든지 많은 유비를 찾아낼 수 있겠지만, 그렇다고 해서 음악이 하나님이 될 수 있는 것은 아니란 점이다. 그런 뜻에서 이 책의 표제는 억지처럼 여겨지는

데, 지은이는 그걸 포기하지 않는다. 하나님은 사랑이며, 음악은 사랑으로 통하는 통로이자 사랑이다. 고로 하나님은 음악이다. 이런 삼단논법인 것이다.

모차르트는 내게 행복을 줄 뿐 아니라, 사람들로 하여금 책을 쓰게 한다. 거론된 신학자들이 그랬듯이, 일본의 저술 집단 드림프로젝트가 기획한《클래식의 미스터리—명곡에 얽힌 치명적인 비밀》(웅진윙스, 2007)도 모차르트가 집필 동기로 작용한 책이다. 이 책은 일본에서 2007년에 출간되었는데, 한 해 전인 2006년에 모차르트 탄생 250주년을 맞아 일본에 클래식 붐이 일어난 탓에 기획되었다. 78개 꼭지로 구성된 이 책은 명곡에 얽힌 재미난 의문과 부정확한 소문에 대해 질문하고 답하는 형식으로 쓰였다.

이 책은 네 개의 꼭지를 모차르트에 할애한다. 제목만 열거하면 "〈마술 피리〉에 숨겨진 모차르트의 사망 원인은 무엇일까?", "일부러 유치하게 악보를 쓴 모차르트의 저의는 무엇일까?", "〈레퀴엠〉의 작곡을 의뢰하여 모차르트를 죽음으로 몰고 간 사람의 정체는?", "모차르트와 동명이인인 음악가가 실제로 있었다고?". 이 가운데 두 꼭지가 모차르트의 사인을 해명코자 하는데,《하나님은 음악이시다》에서 레기날트 링엔바흐는 〈마술 피리〉를 작곡하는 데 너무 많은 기력을 쏟았기 때문이라고 밝혔다.

52. 조선 시대의 3D 직종

《장악원, 우주의 선율을 담다》
송지원 | 추수밭, 2010

우리 국악을 대별하면 궁중 음악과 민속 음악으로 나뉘는데, 학자들은 전자를 아악雅樂이나 정악正樂이라 하고 후자는 민속악民俗樂이나 속악俗樂이라고 부르기를 즐긴다. 송지원의 《장악원, 우주의 선율을 담다》(추수밭, 2010)는 그 가운데서 궁중 음악만 떼어 취급한다. 이 책을 통해 우리는, 우리 음악이지만 왠지 낯설고 멀게만 느껴졌던 궁중 음악의 세계로 들어가는 것이다.

오늘날의 한국인들이 사용하는 '음악'이라는 말은 외래어인 '뮤직music'을 번역한 말이다. 하지만 유가를 대표하는 음악론인 《예기》의 〈악기〉편을 보면, '음音'과 '악樂'은 각기 다른 의미를 갖고 있지만 뗄 수 없는 짝이다. 동양에서의 '음'은 외래어 뮤직처럼 음이 일정한 질서로 배열되어 일정한 곡조를 이룬 것을 뜻하고, '악'은 춤을 의미한다. 다시 말해 동양에서 말해지는 음악은 서양에서 말해지는 음악에 춤이 부가된 것이다. 이렇게 된 것은, 동양의 음악이 제사 의례와 뗄 수 없는 것이었기 때문이다.

유가 전통 속에서 음악은 예악 정치를 위해 반드시 필요한 것이다. 예가 인간의 차별적 질서를 강조하느니만큼, 음악 문화 전체를 아우르기도 하는 악은 인간의 조화와 공존에 필요한 보완물이다. 아울러, 정치와 의례를 비롯한 모든 삶의 원리를 성리학적으로 꿰맞추었던 조선에서는 음악에 관련된 모든 사항 역시 유학의 우주관을 반영해야만 했다. 이를테면 각종 제례 때, 댓돌 위에는 등가登歌라는 악대가 편성되고 댓돌 아래엔 헌가軒架라는 악대가 편성되었으며, 등가와 헌가 사이에는 춤을 담당한 일무佾舞가 편성되었다. 여기서 등가와 헌가는 하늘과 땅을 상징하며, 그 사이에서 줄을 지어 추는 일무는 사람을 상징한다. 이는 유학적 우주관의 기초인 천지인天地人 사상의 반영이다.

이처럼 음악이 중요했기 때문에 조선 시대에 음악을 전담하는 기관이 따로 있었던 것은 당연하다. 책의 제목이 된 장악원掌樂院은 왕실의 행사와 제례 때 연주와 노래, 춤을 담당했던 조선의 대표적인 음악 기관이다. 승정원, 사간원, 홍문관, 예문관, 성균관, 춘추관과 더불어 정3품 관청이었던 장악원은 오늘날의 국립교향악단보다 훨씬 위상이 높았고 복합적인 역할을 떠맡았다. 악사들의 선발과 훈련은 물론이고, 악기를 개량하고 연주법을 연구하고 음악 이론과 제도를 정비하는 등의 일을 모두 이곳에서 담당했던 것이다.

장악원은 행정 관리와 전문 음악인으로 구성되었는데, 정3품의 원장에서부터 모든 행정 요직은 과거 시험을 통과한 행정 관리의 몫이었다. 사대부가 나라의 근간이었던 조선 시대에 음악인이 음악 기관에서 홀대받는 이런 전문가 기피 현상은 비단 장악원만의 사정이 아니었으며, 오늘날의 예술 행정도 조선 시대에 못지않다. 전문 음악인으로서 오를 수 있었던 가장 높은 품계는 정6품 전악典樂으로, 요즘 말로 하면 음악 감독쯤 된다. 전악은 악사들의 훈련에서부터 각종 행사 일정의 파악과 감독까지 두루 담당하는 것은 기본이고 해외 출장도 잦았다. 왕의 국서를 전달하는 일에도 악대가 따라가야 했기 때문이다.

이곳에 속한 전문 음악인 가운데 연주가들은 악생樂生과 악공樂工으로 구분되었다. 악생은 제사 음악인 아악을 연주하는 음악인으로 양인良人(양반과 천민 사이의 중간 신분)이나 악생의 자제들로 충당했으며, 연회 행사를 도맡았을 악공은 속악이라고 불리는 당악唐樂과 향악鄕樂을 연주하는 음악인으로 관에 소속된 공노비에서 충원했다. 이처럼 업무와 신분에서 차이가 났으므로, 악생과 악공은 장악원 속의 물과 기름 같았을 것이다. 하지만 송지원의 이 책은 필히 있었음직한 이들 두 구성원 간의 반목은 물론이고, 이들의 처우가 어떻게 달랐는지에 대해서도 별다른 천착이 없다. 아쉬운 대목이다.

성종 대에 편찬된《경국대전》은 장악원 소속의 음악인 수를 법으로 규정해놓았는데, 춤을 추는 무동舞童을 합쳐 총 829명이었다. 이들은 왕실의 종묘제례와 유학자를 모시는 문묘제례를 필두로 온갖 의례에 동원되었는데, 지은이의 표현에 따르면 "살인적인 스케줄을 소화"해야 했던 이 직업은 가히 "3D 직종의 하나"였다. 게다가 월급도 넉넉지 않아, 궁 밖의 잔치판에 불려가 부수입을 올리지 않으면 이들은 최하 극빈층으로 살 수밖에 없었다. 아래는 1723년

3월 25일, 장악원 악공 김중립 등 67명이 올린 상소의 일부다. "장악원은 한 달에 여섯 차례씩 시험을 보고 제사 및 각종 의례에서 음악을 연주하는데, 그 절차를 어긴 적이 없습니다. 그런데도 저희가 받는 것이라고는 한 달에 베 한 필뿐이니 굶주림을 참으면서 살아가는 형편입니다." 예악이 정치의 근본이었다는 나라에서 왕실 음악인들의 생계가 이처럼 어려웠다는 사실이 쉽게 납득이 안 되지만, 따지고 보면 신분 사회였던 조선에서 음악인이 존경받을 리가 없었다.

인용한 상소문 속에 "한 달에 여섯 차례씩 시험"을 본다는 말이 있는데, 그것은 매달 2자와 6자가 들어가는 날에는 연습을 하도록 법전에 규정되어 있기 때문이었다. 즉 2일, 6일, 12일, 16일, 22일, 26일은 연습을 하는 날이자 거기에 따른 평가가 내려지는 날이었다. 이 외에도 연주자들의 실력을 향상시키기 위한 부정기적인 연습과 습의習儀라는 이름의 리허설이 있었고, 연말에는 또 한 차례 시험이 있었다. 이 과정에서 성적이 좋으면 상금을 받았지만, 나태함이 드러나면 태형을 받았다.

《장악원, 우주의 선율을 담다》는 장악원과 궁중 음악에 대한 상식을 1장과 2장에 배치하고, 3장에서는 조선의 대표적인 궁중 음악가 10명을 소개하며, 4장에서는 궁중 음악에 쓰이는 아홉 종류의 대표적인 악기를 설명한다. 이런 부챗살 구성은 책 제목만 보고 요즘 유행하는 조선 시대의 일상사나 미시사라고 반가워했던 독자를 머쓱하게 만든다. 역사학자가 아닌 음악 연구자가 쓴 책이어서인지, 장악원과 소속 음악인들에 대한 좀 더 구체적이고 실감나는 얘기가 모자랐던 것이다.

지은이에 따르면 고려 시대 음악 가운데 조선 시대로 이어진 것들이 많다. 그리고 고려 시대의 궁중 음악은 당나라와 송나라에서 건너온 중국 음악이다. 추측건대, 조선 초기에는 중국에서 건너와 고려의 궁중 음악이 된 당악을 이어 썼으나, 차츰 조선의 아악이 자리 잡으면서 당악이 궁중 음악 내에서 속악으로 전락한 것으로 보인다. 하지만 지은이가 조선 궁중 음악과 관련해 중국 음악의 영향 여부나 고려 궁중 음악의 잔존 여부에 대해 주마간산한 면이 없지 않아서, 이 대목에 대해서는 심화된 별도의 독서가 필요하다.

53. 마돈나학學이라고?

《마돈나—포스트모던 신화》
조르주 클로드 길베르, 김승욱 옮김 | 들녘, 2004

신화神話myth에 대한 다양한 이론이 있지만, 여기서는 myth의 어원인 그리스어 muthos가 뜻하는 그대로를 취하고자 한다. muthos는 설화說話를 의미한다는데, 그렇다면 신화는 설화가 좀 더 신격화된 상태라고 말할 수 있지 않을까? 신화에는 신이나 영웅처럼 항상 초자연적이거나 초인간적인 존재가 등장한다. 오늘날에는 스타가 바로 신이고 영웅이다. 이들이 있는 한, 현대에도 신화는 가능하다. 조르주 클로드 길베르의 《마돈나—포스트모던 신화》(들녘, 2004)는 포스트모던 전략을 통해 스스로를 신화적 영웅으로 빚어낸 마돈나를 분석한다. 지은이는 자신의 연구에 마돈나학Madonnology이라는 이름을 붙였다.

마돈나 루이즈 베로니카 치코네라는 긴 이름을 가진 마돈나는 1958년 미시간 주의 디트로이트 근처 베이시티에서 태어났다. 그녀는 이탈리아계 미국인으로 가톨릭 교육을 받았고, 다섯 살 때 어머니를 여의었다. 열여섯 살 때부터 춤에 재능을 보인 그녀는 무용

학원에서 처음으로 동성애자인 크리스토퍼 플린을 만나 친구가 되었다. 그리고 고등학교를 졸업한 뒤 앤아버에 있는 미시간 대학에 무용과 장학생으로 입학했고, 그곳에 와 있던 플린을 만나 게이 클럽을 전전하며 놀았다.

엄격한 가톨릭 가정에서 자란 마돈나는 게이 클럽을 통해 자신이 접해온 것과는 전혀 다른 세상이 있다는 것을 알게 되었다. 플린은 스타를 꿈꾸는 그녀에게 뉴욕으로 가서 운을 시험해보라고 권했고, 마돈나는 무일푼으로 뉴욕으로 향했다. 아는 친구 집에 억지로 쳐들어가서 눌러앉거나 남자 친구와 동거를 하며 지내던 그녀는 앨빈 에일리가 운영하는 무용학교에 들어가게 되었고, 거기서 수많은 동성애자들과 여러 분야의 예술가들을 만나 어울린다. 같은 시기에, 한편으로는 용돈을 벌기 위해서 웨이트리스는 물론이고 질 낮은 독립 영화의 단역과 누드모델까지 닥치는 대로 아르바이트를 했고, 다른 한편으로는 여러 밴드에서 노래를 하고 드럼을 연주했다.

허다한 미국의 여자 연예인은 피그말리온처럼 후견인이나 산업에 의해 키워진다. 그런데 마돈나는 "1인 스타 제조 공장"처럼 자력으로 스타가 되었다. 마돈나가 자력으로 스타가 되기 위해 구사한 첫 번째 방법은, '성적 교란'과 '헤픈 여자 이미지'처럼 자신의 육체와 성애를 구경거리로 내던지는 것이다. 그렇게 함으로써 마돈나는 에드가 모랭이 《스타》(문예출판사, 1992)에서 공식화한 스타의 원형을 파괴한다. 모랭은 스타와 핀업-걸을 구분하면서 이렇게 말한다. "핀업-걸은 자신의 몸, 가슴, 허리, 맨살을 돋보이게 한다. 그러나 스타는 결정적인 드문 순간에만 신체를 노출한다. 스타의 중요성은 사진으로 보여준 다리의 양과 반비례한다."

아마도 마돈나는 공연 의상으로 란제리 패션을 선택한 선구자일 것이다. 대개 스타가 되면 노출을 극도로 자제하면서 신비화 전략을 구사하게 된다. 그런데 마돈나는 정반대의 전략을 택했다. 마돈나는 말 많았던 사진집 《섹스SEX》가 비평가들에게 받아들여지지 않은 이유를 이렇게 말한다. "부유하고 유명하고 똑똑한 여자가 알몸을 드러낸 모습을 보면 대부분의 사람들이 움찔한다. (……) 바보라면, 또는 희생자로 인식되는 사람이라면, 또는 대상화될 수 없는 사람이라면 알몸을 드러내도 괜찮다는 것이다." 그렇다. 우리는 가난한 여자가 벗거나 매춘을 하는 것에 대해서는 '생계의 필요'를 인정한다. 그런데 부유하고 유명하고 똑똑한 여자가 똑같은 일을 하는 것에 대해서는 난색을 표한다. 왜냐하면, 생계와 연관 없이 벌어지는 그 일에서는 결코 인정되어서는 안 되는 여성의 '쾌락'이 전면화하기 때문이다. 게다가 《섹스》는 규범적인 포르노물이 가부장-남성-이성애에 봉사하는 것과 달리, 동성애·양성애·자기성애·수간 같은 전복적인 이미지를 내세운다.

마돈나의 슬레이브걸 전략은 미국의 페미니스트 진영을 분열시켰다. 일부 여성주의자들은 마돈나가 여성 비하와 여성 혐오증을 불러일으키고, 여성의 완전성과 존엄성을 공격한다고 말한다. 이들은 마돈나가 "여성 해방 운동을 30년 전으로 되돌려놓았다"고 주저 없이 단언한다. 그러나 마돈나를 지지하는 여성주의자들은 그녀가 "자신의 성과 삶을 스스로 장악했다"면서, 매릴린 먼로와 같은 전통적인 여성 스타 이미지와는 전혀 다른 역할 모델을 다른 여성들에게 제공했다고 반박한다. 흥미롭게도 마돈나를 비난하는 여성주의자들과 마돈나를 "성공한 스트리퍼"로 보는 미국의 종교적 우파는 이 대목에서 교집합을 이룬다.

"처녀와 요부, 어머니와 창녀의 이분법이 존재하는 것은 성차별적인 주류 문화가 여자들을 더 용이하게 지배하기 위해서 그것을 만들어냈기 때문이다. 처녀이니 요부이니 하는 것들은 여자라는 항목의 하위 항목이다. 남녀의 역할이 다르다는 사고방식이 독재자처럼 사회를 지배하고 있는 가운데 만들어졌기 때문이다. 어린 소녀들은 사회가 요구하는 여자의 틀에 순응하기 위한 압박을 경험한 후에도 계속 이런 하위 항목 중 하나에 속해야 한다는 새로운 압박을 참아내야 한다. 착한 여자가 되든지, 아니면 나쁜 여자가 되어야 하는 것이다. 마돈나가 이처럼 끔찍한 사회 구조를 뒤흔들고 있는 것이 놀랍게 보이는가?"

많은 대중음악 비평가들은 록 가수와 샤먼에게서 공통점을 발견한다. 전통적인 록 콘서트는 샤먼을 중심으로 둘러앉은 부족들의 모임, 즉 예배와 같은 역할을 한다. 환상을 통해 미래를 내다보는 가수는 거대한 집단 황홀경을 일으켜 청중을 다른 세상으로 안내한다. 짐 모리슨이 이런 유형의 샤먼이었는데, 마돈나에게서는 그런 면모를 찾아볼 수 없다는 것이 조르주 클로드 길베르의 주장이다. 마돈나는 농담과 장난, 속임수 등으로 "자신과 청중 사이에 더 커다란 거리"를 두려고 한다는 점에서 청중을 황홀경으로 인도하는 샤먼과는 다르다는 것이다.

전근대 사회는 황당무계한 신화로 사람들을 달래려고 했고, 현대 사회는 세상을 합리적으로 설명하려는 보편 서사를 자신의 신화로 삼았다. 반면 포스트모던은 그와 같은 현대 사회의 확신을 해체하려고 한다. 이분법적 경계를 넘나드는 마돈나는 확신에 찬 고정관념을 장난감처럼 가지고 놀면서 동요시킨다. 마돈나에게는 정체성이 없다는 반反포스트모던 마돈나 혐오가도 있지만, 지은이는 그녀가 전술적으로 여러 개의 아이덴티티를 만들어내서 필요할 때마다 새로 조합된 아이덴티티로 자신의 텅 빈 정체성을 채웠다고 말한다. 그런 점에서 마돈나야말로 "20세기 말과 21세기 초의 포스트모더니즘을 구현"하고 있는 '포스트모던 신화'라고 할 수 있다.

54. 장르적 접근과 스타일적 접근

《트로트의 정치학》
손민정 | 음악세계, 2009

《한국대중가요사》
이영미 | 시공사, 1998

아줌마, 아저씨, 관광버스, 장터, 카바레……그리고 왜색倭色과 저질. 트로트 하면 떠오르는 일반적인 선입견이다. 손민정의《트로트의 정치학》(음악세계, 2009)은 트로트에 관해 갖고 있는 우리의 선입견을 확인하고 트로트를 재정의하고자 한다.

트로트의 음악적 기원이나 양식에 대해서는 그동안 많은 연구가들이나 음악인의 연구와 증언이 있었다. 트로트trot는 서양의 춤음악인 폭스트로트foxtrot를 어원으로 하지만, 폭스트로트의 형식이나 리듬으로부터는 아무런 영향을 받지 않았다. 대중음악사 연구가들은 1920년대 중반부터 쏟아져 나온 우리나라 최초의 대중가요들이 일본식 음계(요나누키)를 바탕으로 했다는 데에 합의하고 있다. 요즘의 감각으로 이 시절의 음악을 들으면 우스꽝스럽고 촌스럽지만, 일본식 음계를 도입한 〈사의 찬미〉나 〈황성옛터〉 같은 곡들은 당대의 예술로 대접받았다. 요나누키 음계를 쓴 저 노래들은 개화한 지식인층의 전유물이었고, 당대의 서민이나 하층민들은 민요풍의 '신민요'를 들었던 것이다.

당시에는 오늘처럼 여러 장르의 대중음악이 있지 않았기 때문에 신민요를 제외한 대중가요는 그냥 '유행가'로 불렸을 공산이 크다. 그런데 해방 이후 새로운 대중가요 양식이 무더기로 도입되면서, 일제강점기부터 내려온 유행가 양식을 이름을 붙여 구분할 필요가 생겼다. '엔카'라는 일본식 용어는 가능하지 않았고, 그렇다고 해서 비하하는 느낌이 강한 '뽕짝'이란 명칭도 적당치 않았다. 그래서 리듬 패턴이 흡사했던 서구의 춤음악인 폭스트로트에서 '트로트'라는 말을 빌려 온 것이다.

《한국대중가요사》(시공사, 1998)를 쓴 이영미는 우리나라 최초의 대중음악이자 최대의 대중음악인 "트로트 양식의 왜색성을 인정"한다면서, 우리나라에서 트로트가 저질로 인식된 이유에 대해 이렇게 말하고 있다. "필자는 사람들이 현재 대중가요의 양색성을 지적하기보다 트로트의 왜색성에 소리를 높이는 것은, 한편으로는 우리나라 사람들이 지닌 반일 감정에 기인하는 것이면서 다른 한편으로는 이러한 담론을 유포하는 고학력 대중이나 지식인들의 취향과 무관하지 않다고 생각한다. 쉽게 이야기하여, 현재의 지식인 혹은 고학력 대중들은 양색의 대중가요에 비해 왜색의 트로트 가요를 싫어하는 취향을 가지고 있으며, 트로트의 왜색성은 바로 그러한 취향을 합리화하는 데에 좋은 구실이 되어준다는 것이다."

이영미에 따르면, 1960년대 이후 대중가요의 최대 장르가 된 트로트를 좋아하는 사람들은 대부분 "하층민과 저학력" 계층이었고, 그것을 혐오하는 고학력 중산 계층에 의해 트로트 저질론이 유포됐다. 이때, 상대 계층의 음악적 취향을 효과적으로 비난하기 위해 '트로트의 기원은 일본'이라는 민족주의 담론이 동원됐다. 이 점에서 이영미는 트로트를 비난하기 위해 동원된 민족주의 담론이 해방 이후 소위 고학력 중산층이 즐겨온 미국 대중음악(혹은 그것의 영향)에는 적용되지 않는 모순을 꼬집는다.

일본풍과 미국풍에 잣대를 달리 적용한 민족주의 담론의 모순을 지적하고 또 "트로트 양식의 왜색성을 인정"한다는 점에서 이영미의 논의는 굉장히 진취적이다. 그런데 저 인용문에서 눈에 띄게 두드러지는 '왜색성'이란 표현과 그것의 대구對句로 사용된 '양색성'이란 표현은《한국대중가요사》가 선 자리를 암시해주는 듯하다. 좁게는 음악이든 넓게는 문화든, 내 속에 든 불순물(왜색성, 양색성)을 추출할 수 있을 만큼 음악과 문화가 자기 완결적인 것일까? 한 나라의 대중음악에서 '나만의 정체성'을 상정할 수 있다는 전제는 다소 무모하지 않을까?

손민정의《트로트의 정치학》은 오늘날의 푸대접과 달리 일제 강점기엔 트로트가 "도시 중산층이 즐긴 특권적 음악"이었다는 평가 등에서 이영미의 선행 작업을 그대로 이어받는다. 그러나 우리나라의 유행가가 연극이나 영화를 위한 부수 음악incidental music으로 출발했다는 주장은 퍽 새로운 가설이다. 손민정에 따르면 우리나라 최초의 창작 가요로 기록되는 〈낙화유수〉는 1927년 제작된 같은 이름의 영화 주제가였으며, 〈사의 찬미〉와 함께 본격적인 유행가 시대를 연 〈황성옛터〉도 극단 취성좌가 단성사에서 공연할 때 막간 음악으로 사용하여 대중에게 알려진 경우라는 것이다. 이런 가설은 그 시대에 유성기가 오늘날의 MP3나 CD처럼 흔전만전 하지 않았다는 사실에 기초한다.

몇몇 공통점이 있기는 하지만, 이 책이 이영미의 작업과 뚜렷이 구별되는 것은 방법론에 있어 음악인류학과 현장 연구에서 출발하기 때문이다. 지은이가 설명한바 음악인류학은 ① 단독으로 존재하거나 그 자체로 닫혀 있는 음악은 없으며, 모든 음악은 상대적 존재라는 점 ② 연구 대상으로 삼고 있는 음악 현상을 일차적으로 다룰 것이 아니라 지역적 분석과 국제적 해석을 병행하여 다차원적으로 다뤄야 한다는 점 ③ 타자의 음악이 갖는 상대성을 우리의 입장으로 바꾸어볼 수 있어야 한다는 점을 두루 살핀다.

음악인류학적인 방법론의 가장 큰 특징은 "음악을 개별적인 구조로 분석하리라는 강박관념에서 벗어나, 음악의 장musical field을 보다 넓은 맥락에서 접근"한다는 것이다. 음악인류학적 연구가 개별적 음악 구조를 떠남에 따라 연구자에겐 "트로트를 단순한 음악 장르가 아닌 음악 양식music style"으로 볼 수 있는 폭넓은 시야가 열린다. 트로트를 음계·박자·가사 형식으로 간주하는 게 장르적 접근 방법이라면, 그런 음악적 특징을 포함하여 트로트의 사회적 기능이나 가치, 공연 형식, 가창 방식, 청중의 반응과 수용 방식 등을 함께 아우르는 게 음악 양식적 접근이다. 일례로 '남인수 가요제'는 평소 선행을 실천하고 있는 가수에게 '선행상'을 주는데, 장르적 접근만으로는 '선행상이 가요제와 무슨 관계'가 있는지를 설명하지 못하지만, 음악 양식적 접근은 그것을 가능하게 한다.

여타의 인류학이 그렇듯이 음악인류학에도 필히 현장 연구가 동반된다. 지은이는 트로트 작곡가·가수·PD를 만나는 것은 물론이고 가요제, 효도 잔치, 고속도로 휴게소, 카바레, 팬클럽을 누비고 훑는다. 그 결과 지은이는 트로트가 "진실됨, 정직함, 진중함, 그리움"이라는 정서를 배양하고 있으며, 트로트를 통해 배양되고 전수된 고유의 정서가 종족 미학ethno-aesthetics으로 고착되고, 나아가 만들어진 공동체의 전통으로 주조되는 것을 확인한다. 〈가요무대〉 진행자의 과장되리만큼 진중하고 부드러운 언행은 트로트가 가진 음악적 양식과 뗄 수 없는 것이다.

20세기에 만들어진 거의 대부분의 미국 대중음악은 라틴 음악의 영향을 받으며 발전했다. 이처럼 전 세계의 모든 대중음악은 상호 보완적이며, 그것을 받아들이는 문화적 주체의 의지와 현재적 의미가 거기에 개입된다. 상호 작용하는 문화를 고립적으로 파악하게 되면 양색성과 왜색성이란 딱지가 난무하게 된다.

55. 톨스토이와 지드

〈크로이체르 소나타〉
레프 톨스토이, 이기주 옮김, 《크로이체르 소나타》 | 펭귄클래식코리아, 2008

《전원 교향악》
앙드레 지드, 김중현 옮김 | 펭귄클래식코리아, 2009

톨스토이 만년의 작품인 〈크로이체르 소나타〉(《크로이체르 소나타》, 펭귄클래식코리아, 2008)는 아들 세르게이와 바이올리니스트 율라 라소타가 베토벤이 작곡한 같은 제목의 바이올린 소나타를 함께 연주하는 것을 듣고 감명을 받아 쓴 작품이다. 액자 형식의 이 소설은 아내를 죽인 포즈드니셰프의 독백으로 이루어져 있다. 귀족 가문에서 태어난 그는 형의 대학 친구들을 따라 열다섯 살 때부터 창가를 출입했는데, 어른들 중에 아무도 그 행위를 꾸짖지 않는 것을 보고 성과 사랑이 분리된 성인 세계의 이중 잣대를 일찌감치 깨달았다.

매일 호텔이나 무도회장을 찾아 여성을 농락하는 한편 육체적으로 순결하고 도덕적으로 완벽한 처녀와의 결혼을 꿈꾸었던 그는 자신의 이상형과 결혼을 했지만 행복하지 못했다. 청춘 시절의 난봉이 그에게 여성에 대한 불신을 심어놓았기 때문이다. 그의 생각에 따르면, 오랜 역사 동안 남성들이 여성들의 육체를 남용한 끝에,

여성들은 본능적으로 자신의 육체가 남성을 꼼짝 못하게 하는 권력이요 재산이 될 수 있다는 것을 알게 되었다. 사회의 온갖 분야로부터 추방당한 유대인들이 "우리가 장사꾼이 되기를 바라는군요. 좋습니다. 우리가 장사꾼이 돼서 당신들을 지배하겠습니다"라고 말하게 된 상황처럼, 여성들 역시 "우리가 육욕의 대상이기만을 바라는군요. 좋아요, 그렇게 하는 대신 당신들을 노예로 만들겠어요"라는 식으로 진화하게 되었다는 것이다.

톨스토이의 이런 여성관은 관능적인 요부를 찬미하는 일각의 페미니스트 이론가들이 주장하는 '슬레이브걸slavegirl' 이론을 떠올려준다. 이를테면 마돈나와 같은 전복적인 요부는 "여성들은 남성들의 육욕을 자극하여 자신들의 그물에 가둠으로써 복수하고 있는 겁니다. (……) 여성들은 남성의 성욕을 자극하는 무기를 스스로에게서 찾아내 만들었고, 이로 인해 남성들은 여성들을 편안한 마음으로 대할 수 없게 되었습니다. 남성들이 여성들에게 다가가자마자 그녀에게 마취되어 바보가 되어버리는 겁니다"라는 포즈드니셰프의 두려움을 고스란히 체현한 여성이다.

〈크로이체르 소나타〉가 베토벤의 음악에서 제목을 빌려 왔듯이 앙드레 지드의 《전원 교향악》(펭귄클래식코리아, 2009) 역시 일명 〈전원〉이라고 불리는 베토벤의 6번 교향곡에서 제목을 빌려 온 소설이다. 또 톨스토이의 〈크로이체르 소나타〉가 까딱했으면 '아내를 살해한 어느 남편의 이야기'라는 멋대가리 없는 제목을 달 뻔했듯이, 이 소설 또한 애초에는 '맹인'이라는 건조한 제목을 염두에 두고 쓰였다. 하지만 제목이 중도에 바뀐 것은 지드가 젊은 시절부터 음악에 심취한데다가, 작중에도 나오듯이 그에겐 〈전원〉보다 더 황홀한 음악이 없었기 때문이었을 것이다.

이 소설의 주인공인 목사는 눈먼 고아 소녀 제르트뤼드를 자신의 목사관으로 데려와 사물을 익히게 하고 글을 가르친다. 그러면서 그 소녀를 이성으로 사랑하게 되지만, 그는 자신의 애욕을 기독교적인 애덕이라고 속인다. 그러던 어느 날 주인공은 신학교에 다니는 장남 자크가 그녀를 사랑하고 있다는 것을 알아채고, 아들을 제르트뤼드로부터 떼어놓는다. 눈먼 소녀의 "장애와 순진함과 천진난만함을 악용하는 것은 가증스럽고 비열한 짓"이며 사랑이란 "아직 그 아이에겐 너무 이른 감정"이라면서! 눈먼 고아 소녀와 부자가 삼각관계에 빠지는 것은 문학사에서 전무후무한 일이다.

목사는 그즈음 복음서를 새로 읽으면서, 예수의 사랑이 바울의 율법에 의해 왜곡되었다는 확신을 하게 된다. "나는 복음서의 어느 구절에서도 계명이니 위협이니 금지니 하는 것들을 발견하지 못했다. 그 모든 것은 성 바울로부터 유래한 것들일 뿐이다." 하지만 뜻밖에도 제르트뤼드가 목사를 사랑한다면서 '당신의 아이를 낳고 싶다'는 대담한 고백을 하자, 주인공은 솔직하지 못하게 그것은 죄라고 그녀를 타이른다. 여기서 눈먼 사람은 제르트뤼드가 아니고, 스스로를 기만하는 목사다. 그는 제르트뤼드의 제안을 거부하면서 속으로는 모순되게도 "타인의 행복을 해치거나 우리 자신의 행복을 위태롭게 하는 것만이 유일한 죄임을 제르트뤼드에게 가르치고 믿게 할 때 내가 그리스도에 더 가까이 갈 수 있고 그 애 역시 그렇게 할 수 있게 해주는 일이 아닐까?"라며 번민한다.

이렇듯 《전원 교향악》은 율법보다 사랑을 강조하는 것 같지만, 결말을 보면 그렇지도 않다. 망막 수술을 하고 시력을 찾게 된 제르트뤼드는 목사관에 초대된 날 저녁에 자살을 시도하고 이튿날 죽게 된다. "목사님 곁으로 돌아오자마자 저는 그 점을 깨닫게 되었어요. 그리고 제가 차지하고 있던 그 자리가 저 때문에 슬퍼하고 있는 다른 분의 자리였다는 것도요. 저의 죄는 바로 그 점을 좀 더 일찍 깨닫지 못했다는 거예요. (……) 이제야 제 눈으로 직접 수심이 가득한 그분의 가엾은 얼굴을 볼 수 있게 되자 저는 그 슬픔이 저 때문이라는 생각에 더 이상 견딜 수가 없었어요." 눈을 뜨는 것과 죄를 아는 것이 동시에 이루어진다니, 인간 존재와 인식이란 얼마나 보잘것없는 것인가?

두 작품은 음악가를 주인공으로 삼거나 음악을 주제로 한 작품은 분명 아니지만, 〈크로이체르 소나타〉의 경우에는 톨스토이의 음악관을 명료히 드러내고 있다. 포즈드니셰프가 아내를 죽이게 된 것은 그녀가 외간 남자와 〈크로이처(크로이체르)〉 소나타를 연주하는 것을 목격하고 질투에 사로잡혔기 때문이었다. 여성의 마르지 않는 매력과 무한한 성적 오르가즘 능력에 대한 남성 본연의 불안과, 난봉으로 청춘을 보낸 남자답게 여성이 육체와 정욕 이상의 존재일 수 있다는 것을 알지 못하는 그의 미성숙이 질투의 원인이었다. 하지만 그는 자신의 질투를 순전히 음악 탓으로 돌리는데, 거기엔 영혼을 자극하고 청중을 최면 상태로 이끄는 음악이 파멸을 불러올 수도 있다는 톨스토이의 음악관이 반영되어 있다. "중국에서 음악은 국가가 관장합니다. 이렇게 하는 것이 옳습니다."

지드의 소설 가운데 목사가 색가色價(색의 명암도)를 전혀 상상하지 못하는 제르트뤼드에게 교향곡에 나오는 악기의 음량을 가지고 "각각의 색이 더 짙을 수도, 옅을 수도 있다는 것과 색들이 무한히 섞일 수 있다"는 것을 설명해주는 대목은 무척 생기가 있다. 특히 다음의 시적인 묘사는 랭보의 〈모음들〉에 대한 강한 메아리다. "나는 또한 자연의 붉은색과 오렌지색은 호른과 트롬본의 음색과 유사한 것으로, 노란색과 초록색은 바이올린과 첼로, 콘트라베이스의 음색과 유사한 것으로, 그리고 보라색과 하늘색은 플루트와 클라리넷과 오보에를 연상시키는 것으로 상상해보라고 했다."

56. 1980년대 대학가 노래패의 후일담

《기타여 네가 말해다오》
조용호 | 문이당, 2010

아타우엘파 유팡키의 노래 제목을 소설 제목으로 차용한 조용호의《기타여 네가 말해다오》(문이당, 2010)는 1980년대 초반에 대학의 노래패에 몸담았던 세 주인공의 20년 행적을 추적한 장편소설이다. 아르헨티나 출신의 유팡키는 1960~1970년대에 라틴 아메리카 대륙에서 움텄던 누에바 칸시온Nueva canción 운동의 중심 인물 가운데 한 명이다. '새 노래'라고 번역될 수 있는 누에바 칸시온은 라틴 아메리카의 민속 음악을 현대화하고 좌파 운동과 결합하면서 1970~1980년대에 라틴 아메리카 사회 변동에 영향을 끼쳤다. 그래서 누에바 칸시온의 중심인물들은 라틴 아메리카 전역의 우익 군사 정권 아래서 핍박을 면치 못했다. 칠레의 피노체트 정권은 빅토르 하라를 살해했고 비올레타 파라를 추방했으며, 메르세데스 소사는 아르헨티나에서 에스파냐로 망명했다. 이 소설에는 거론된 네 명의 가수와 그들의 노래가 빈번히 인용된다.

현재와 과거가 교차 반복되는 이 소설은, 1980년 초 대학가 노래패의 일원이었다가 대중가요계로 진입해서 인기를 모았던 강연우의 실종으로 시작된다. 그는 자취를 감추기 전에, 현재는 신문기자이지만 학창 시절에 같은 노래패의 동료였던 '나'에게 자신의 삶을 정리한 비망록을 보내온다. 작가는 연우의 비망록을 다섯 대목으로 나누고(과거), 그 사이사이에 신문기자인 '나'와 연우의 아내인 승미가 3개월째 행방불명인 연우의 행방을 좇는 이야기(현재)를 교차시켜놓았다. 덧붙일 사실은, 신문기자인 '나'와 연우가 노래패의 뛰어난 가수였던 성악과 출신의 승미를 동시에 사랑했다는 것.

연우는 유년 시절을 부모와 함께 보내지 못했다. 부모가 대처로 돈벌이를 나가면서 그를 시골의 할머니에게 맡겼기 때문이다. 훗날 그는 열 살 무렵까지 할머니의 판소리와 판소리풍(?) 가요를 들으며 자란 그 시절을 '잃어버린 에덴'이라고 명명하며 줄곧 그리워한다. 군산이라고 추정되는 도시에서 합류한 아버지는 기차역에서 화물을 부리는 인부였지만, 가난이 불행한 건 아니었다. 오히려 불행은 아버지가 하역판 노동조합의 간부가 되면서 시작되었다. 그가 고등학교에 갓 입학했을 때, 어머니는 그에게 "아버지가 퇴근 무렵에 나가서 어디로 가시는지 조용히 한번 따라가 보"라고 시킨다.

택시를 타고 아버지가 탄 버스를 쫓아간 끝에 그가 목격한 것은 낯선 집의 초인종을 누르고 들어가는 아버지의 뒷모습이었다. 그런데 잠시 뒤, 아버지가 들어간 대문이 열리고 여중생 하나가 나와서 항구로 걸어갔다. 끌리듯 따라간 그에게 그녀가 말했다. "아빠는 내가 초등학교 3학년 때 교통사고로 돌아가셨어요. 새아빠가 생겼는데 엄마와 크게 싸운 뒤로 돌아오지 않았어요. 요즘은 엄마와 둘이 사는데 가끔 어떤 아저씨가 찾아와요. 그 아저씨가 오면 바깥으로 먼저 나와버려요. 그 아저씨보다 엄마가 더 미워 죽겠어요. 이런 날은 내가 엄마한테 짐이 되는 것 같아 멀리 도망가 버리고 싶어요."

숫기 없고 내성적이었던 아버지가 술청에서 만난 여자에게 푹 빠진 것은 해금 때문이었다. 그녀는 "해금 따로 나 따로가 아니라, 해금이 나였고 내가 해금"이었던 여자로, 그 논리대로라면 아버지 역시 분리되지 않는 '여자와 해금'을 동시에 좋아했을 것이다. 하지만 몰래 찾아온 어머니의 청에 따라 여자가 갑자기 사라지자, 아버지는 가산을 말아먹고 병에 걸려 죽었다. 아버지가 잊지 못한 것은 여자였을까, 해금 소리였을까?

군부 독재 시절이던 1980년대 초, 강연우는 운동권 서클인 노래패에 들어가긴 했지만, 이른바 운동과는 체질적으로 거리가 멀었다. 특히 할머니와 살던 시골에서 도시로 나오면서부터 낙원 상실을 느끼게 되었다는 그가 "에덴에서 멀어졌다는 증좌는 노래를 잃어버리는 것으로 나타났다"고 말하는 것을 보면, 그가 노래패를 찾은 것은 운동이나 이념보다는 파탄 이전의 세계에 대한 향수 때문이다. 지면이 적어 작가가 말하는 에덴의 의미를 다 분석할 수는 없지만, 퇴행적이고 도착적이라는 느낌을 지울 수 없다.

그런 그에게 두 명의 여자가 있었다. 한 명은 현재의 아내인 승미. 빅토르 하라를 경모하는 그녀는 '기타는 총, 노래는 총알'이라는 누에바 칸시온 정신으로 무장하고 지하로 잠적하기까지 했던 활동가다. 반면, 우연히 연우의 노래 테이프를 듣고 노래패로 찾아온 해금 전공의 국악과 학생 유선화는, 음악을 운동이나 당파성 또는 이념에 묶어두기를 거부한다. 그녀는 사람의 마음을 포획하여 파멸시키는 세이렌처럼 인간의 욕망에 솔직한 음악을 하고자 하는데, 이게 운동을 위한 음악보다 쉬운 음악이라고는 아무도 말 못한다. 오디세우스를 유혹하는 데 실패한 세이렌이 바다에 제 몸을 던졌듯이, 가객들은 대중의 마음을 사지 못하면 사라지는 수밖에 없다.

뒤에 가서 드러나지만, 선화는 연우의 아버지를 파멸시켰던 해금 연주자의 딸이다. 잃어버린 유년을 상처로 지닌 두 사람은, 그들의 부모가 그랬듯이 숨은 사랑을 한다. 하지만 우울증과 승미에 대한 죄의식으로 선화는 연우를 피해 칠레로 도피한다. 그러므로 이 소설은 칠레로 떠난 선화를 따라 실종된 연우를 찾아가는 '나'와 승미의 이야기로 정리된다. 대를 이은 애증이 소설을 신파에 접근시키고 있지만, 연우의 "두 여자를 놓으려 하지 않는 무의식"은 승미와 선화로 대표되는 음악의 두 존재 양식으로 풀이된다.

두 추적자는 빅토르 하라가 우익 쿠데타군에 의해 무참하게 두 손이 짓이겨진 채 총살되었다고 알려진 산티아고 국립운동장에서 연우의 모습을 흘낏 보게 되지만, 소설의 잠정적 결말은 네루다가 마지막으로 거처했다는 발파라이소 근처의 해변 암벽에서 연우와 선화가 투신했다는 것이다. 그러나 에필로그는 "후일 인터넷 검색을 하다가 우연히 한 여행 블로그에 올라온 사진을 보고 소스라치게 놀란 적이 있다. 칠레와 이웃한 페루의 리마 거리에서 선화를 닮은 여인이 해금 비슷한 악기를 연주하고 연우를 닮은 동양인 사내가 곁에 서서 노래를 부르는 모습을 한국인 관광객 한 명이 찍어서 올린 사진이었다"라고 여운을 남긴다.

1990년대 중반 이후, 형식적인 민주화는 민중가요를 급속하게 대중가요 속에 용해시켜버렸다. 소설의 어느 대목에서는 끝내 주류 가요계에 편입되지 않았던 노래패들의 신산한 삶이 묘사되어 있는데, 1987년에 있었던 국내의 3당 합당과 1989년의 베를린 장벽 붕괴에 뒤이은 현실 공산주의의 몰락은, 1980년대를 온통 노래 운동에 바쳤던 노래패들로부터 이념의 좌표와 활동의 근거를 빼앗아 갔다. 그런 뜻에서 이 소설은 운동권 후일담류라고 할 수 있다. 민중가요의 대중가요계 진입은 1989년에 '노래를 찾는 사람들'의 음반 취입으로 성사됐고, 이후 몇몇 민중가요 대표작은 방송가의 인기 차트와 노래방 레퍼토리로 등장했다. 그러나 1990년대 중반 이후 민중가요는 창작자나 수용자 양쪽에서 발전의 동력을 잃었다.

57. 차이콥스키와 〈비창〉

《차이코프스키》
에버렛 헬름, 윤태원 옮김 | 한길사, 1998

'한길로로로' 시리즈로 출간된 에버렛 헬름의《차이코프스키》(한길사, 1998)는 한국어로 읽을 수 있는 거의 유일한 차이콥스키(차이코프스키) 전기다. 그의 음악이 꽤나 대중적임에도 불구하고 이처럼 그의 전기가 희귀한 것은, 베토벤이나 모차르트의 전기가 흔한 것에 비추어 납득하기 어렵다. 그런데다가 이 책은 이미 절판된 지 오래됐다.

우랄 지방의 봇킨스크 출신인 차이콥스키(1840~1893)는 중령 출신의 사업가 아버지에게서 태어나, 어린 시절부터 귀족 교육을 받으며 자랐다. 당대의 러시아 귀족 교육은 서유럽의 교양과 언어를 배우는 것으로, 차이콥스키 역시 다섯 살 때부터 아홉 살이 될 때까지 파니 뒤르바흐라는 젊은 프랑스 여성으로부터 프랑스어와 독일어를 배웠다. 그녀는 음악에 관한 지식이 전혀 없었을 뿐더러, 음악이 어린 차이콥스키에게 발휘하는 강력한 힘도 이해하지 못했다. 그녀는 훗날 차이콥스키의 명성에 항상 따라붙게 되는 잦은 우울증이나 극단적인 감정 기복이 모두 음악 탓이라고 생각했다.

하지만 그녀의 판단과 달리, 차이콥스키의 우울증과 변덕의 원인 중 하나는 그녀 자신이었다. 아버지가 시골에서 모스크바로 이사를 하면서 차이콥스키는 그녀와 헤어지게 되었는데, 그녀와의 이별이 차이콥스키에게 첫 번째 신경성 위기를 안겨주었다는 게 지은이 헬름의 주장이다. 이때부터 그는 평생 동안 우울증 증세에 빠지게 됐는데, "잦은 우울증과 격렬한 울음, 심리적 고통은 바로 그가 좋아했던 파니와의 이별이 낳은 결과였다. 그는 그녀에게 히스테리적인 편지를 보내곤 했다".

차이콥스키의 우울증과 신경쇠약은 숱한 천재들이 조금씩 가지고 있는 기질로 볼 수도 있지만, 그의 성적 기호와 관련하여 또 다른 해석이 필요하다. 이 책의 지은이와 책 말미에 정리된 연보는 차이콥스키가 콜레라로 사망했다고 적고 있다. 하지만 일본의 집단 저술가 모임인 드림 프로젝트가 출간한《클래식의 미스터리 : 명곡에 얽힌 치명적인 비밀》(웅진윙스, 2007)에서는 다른 가능성이 제기된다. "1987년, 옛 소련 출신의 음악학자 알렉산드라 오를로바는 이 미스터리에 대해서 차이콥스키와 같은 법률학교 출신인 알렉산드르 보이토프라는 인물의 증언을 토대로 대담한 가설을 발표했다. 그에 따르면, 차이콥스키는 자살을 강요당했다는 것이다. 동성애자였던 차이콥스키는 만년에 어떤 귀족원 의원의 조카와 관계를 가졌다. 그 사실을 알게 된 의원은 황제에게 고발장을 보냈다. 이때 사건을 담당한 사람은 귀족원 의장으로 차이콥스키와 같은 법률학교 출신이었다. 의장은 이 일이 모교의 명예가 걸린 중대한 사태라고 판단하고 추문을 수습하기 위한 의회를 소집했다. 의회는 '차이콥스키는 책임을 지고 자살해야 한다'는 결정을 내렸다."

《클래식의 미스터리》와 세부가 일치하지는 않지만, 러시아 귀족 사회가 동성애 추문에 휩싸이는 것을 피하기 위해 차이콥스키에게 일종의 '명예 자살'을 권했다는 가설은 여러 곳에서 볼 수 있다. 《차이코프스키》를 읽어보면 헬름 역시 그런 소문을 일찌감치 알고 있었던 듯하지만, 이 책에서는 그런 개연성을 아예 묵살했다. 그 대신에 차이콥스키의 동성애 성향을 거론하는 것이 불가피하다는 것만은 자인하고 있다. "차이코프스키에게 자주 나타났던 신경통과 졸도 증상에 그의 동성애적 성향이 어느 정도까지 영향을 미쳤는지는 쉽게 판단할 수 없다. 〔차이코프스키에 관한 최초의 전기를 쓴 남동생〕 모데스트가 쓴 전기의 몇몇 부분과 차이코프스키의 일기장에 적힌 내용 중 오해의 여지가 적은 여러 부분에는 차이코프스키의 아주 심각했던 동성애 문제들이 암시되어 있다. 당시의 사회에서, 특히 그가 교제하고 있던 계층에서는 동성연애는 어떤 경우에도 숨겨야 할 수치로 여겨졌다."

차이콥스키는 서른일곱이라는 늦은 나이에 결혼을 했는데, 헬름은 그의 만혼이 동성애를 위장하기 위한 술책일 수도 있다는 것을 암시한다. 실제로 차이콥스키는 어떤 편지에서, "결혼에 대해서라면 타고난 혐오감을 갖고 있는 서른일곱 살이나 된 제가 이제 사랑하지도 않는 한 여자와 갑자기 무리하게 결혼하려는 것은 매우 어려운 일"이라며 "저는 현 상황이 요구하는 바로 그 사랑 없는 결혼을 하려고 합니다"라고 쓰고 있다. 그리고 자신의 진심과 어긋나지 않게, 차이콥스키는 채 석 달을 넘기지 못하고 결혼 생활을 끝냈고, 이혼은 하지 않은 상태에서 다시는 아내를 보지 않았다. 앞서 지은이는 차이콥스키의 동성애와 우울증 사이의 연관을 유보했지만, 거의 "정신질환 증세"라고까지 표현되는 차이콥스키의 우울증과 인간 혐오는 사회의 인정을 받을 수 없었던 동성애와 그로 인한 자기혐오가 빚어낸 산물이라고 보아야 한다.

가장 널리 알려진 차이콥스키의 교향곡 6번은 〈비창〉이라는 표제로 더 유명하다. 이 교향곡은 차이콥스키가 아꼈던 조카 블라디미르 다비도프에게 헌정되었지만, 원래는 콘스탄틴 콘스탄티노비치 대공이 자신의 죽마고우 아푸흐친의 진혼곡으로 의뢰한 작품이다. 보비크라는 애칭으로 불렸던 블라디미르 다비도프는 여동생 사샤의 아들로, 지은이보다 앞선 차이콥스키 연구자 리하르트 슈타인은 "조카에게 보내는 그의 많은 편지는 마치 젊은 애인들 사이에서나 있을 법한 어투로 씌어 있다"고 평하고 있다. 또 차이콥스키의 일기장을 출판한 블라디미르 라콘트는 조카에 대한 "그 애정이 정신적 사랑 이상이었다고 믿을 만한 이유가 있다"고 기술한다. 이 조카는 차이콥스키 사후인 1906년에 35세의 나이로 자살했다.

〈비창〉은 차이콥스키가 죽기 9일 전에 자신의 지휘로 초연한 작품으로, 초연 직후 모데스트가 그 제목을 지었지만, 이 교향곡이 심리적인 의미에서 차이콥스키의 '자서전적' 작품이라는 것에는 의심의 여지가 없다. 지은이는 이 작품에 대한 낭만적 해석을 거부하지만, 많은 평론가들은 차이콥스키가 이 작품을 자신의 임박한 죽음을 예감하며 썼다는 것을 증명하려고 한다. 앞서 언급한 리하르트 슈타인은 아예 "〈비창〉이 차이콥스키의 죽고 싶은 마음을 증명해주고 있다"고 말할 정도다. 차이콥스키 자신이 최고작이라고 여겼던 이 작품의 초연 시, 청중의 반응은 냉담했다. 그래서 차이콥스키의 자살이 〈비창〉의 초연 실패에 따른 우울증이라고 주장하는 이설도 간혹 볼 수 있다.

차이콥스키는 여섯 개의 공식 교향곡을 작곡했고, 4번과 5번 사이에 번외의 교향곡인 〈만프레드〉가 있다. 교향곡 전집으로는 숱한 명반이 있지만, 내가 가장 좋아하는 것은, 눈물로 유리구슬을 닦는 것만 같은 '마리 얀손스/오슬로 필하모닉 오케스트라(Chandos)' 전집이다. 거기에 비해 오랜 명반인 '므라빈스키/레닌그라드 필하모닉 오케스트라(DG)'는 너무 둔중하다. 또 내가 듣는 최고의 〈만프레드〉는 '이고르 마르케비치/런던 심포니 오케스트라(IMG Artists)'이지만, 조만간 '블라디미르 유로프스키/런던 필하모닉 오케스트라(LPO Classics)' 음반을 입수하게 된다.

58. 드보르자크—억지로 내몰린 유럽주의자

《드보르자크》
쿠르트 호놀카, 이순희 옮김 | 한길사, 1998

《음악의 정신사》
롤랑 마누엘, 안동림 옮김 | 홍성사, 1979

체코의 작곡가 드보르자크(1841~1904)는 프라하에서 30킬로미터 떨어진 넬라호제베스(뮐트하우젠)에서 태어났다. 발칸 지역의 인종과 종교가 워낙 복잡해서 체코의 역사 또한 간단치 않다. 체코는 1618년부터 시작된 30년전쟁이 끝난 1648년부터 오스트리아-헝가리 제국의 지배를 받다가 1918년에 체코슬로바키아로 독립했으나, 1938년 나치 독일에 합병되었다. 그 후 나치가 패망하고 제2차 세계대전이 끝난 1945년부터 소련의 위성국이 되었던 체코슬로바키아는 소련이 해체된 지 몇 년 후인 1993년에 체코와 슬로바키아로 평화적으로 분리되었다.

괄호 안의 생몰 연도를 보면 알겠지만 드보르자크는 체코슬로바키아라는 나라가 없던 때에 살았던 사람으로, 그때는 국민 국가에 대한 체코슬로바키아인의 욕망이 도가니처럼 들끓고 있었다. 그 탓에 드보르자크는 본의 아니게 스메타나의 적수가 되었다. 체코의 민족적 정체성을 확립하려는 범슬라브주의자들이 보기에 드보르자크는 스메타나(1824~1884)와 달리, 유럽의 선진 문화에 체코를 귀속시키려는 유럽주의자로 비쳤던 것이다. 과격주의자들의 편 가르기에 불과한 이런 비난은, 드보르자크보다 한 해 먼저 태어난 차이콥스키가 러시아에서 비난받은 것과 같은 맥락이었다. 차이콥스키는 동세대에 활약한 러시아 국민악파인 5인조(발라키레프, 보로딘, 쿠이, 무소륵스키, 림스키코르사코프)에 포함되지 않은 채 그들과 불화했다.

드보르자크는 대대로 여관업과 푸줏간을 해온 집안의 장남으로 태어났다. 13세가 되자 그의 부모는 두 가지 실질적인 목적을 위하여 아들을 가까운 도시인 즐로니체로 보냈다. 그곳의 간이실업학교에서 드보르자크는 독일어와 푸줏간 기술이라는 애초의 교육 목적을 완수하고, 자신의 음악적 재능을 발견해줄 후원자까지 만난다. 독일인 음악 선생인 안톤 리만은 그에게 오르간·피아노·비올라 연주법과 음악 이론을 지도했고 베토벤의 작품을 익히게 했다. 평전《드보르자크》(한길사, 1998)를 쓴 쿠르트 호놀카의 유머러스한 표현을 빌리자면 "음악사상 도축업자 자격증을 가진 유일한 작곡가"로 꼽히는 그는, 나중에 자신이 쓴 첫 번째 교향곡에 "즐로니체의 종소리"라는 표제를 붙이기도 했다.

아버지는 학교를 졸업하고 고향으로 돌아온 드보르자크에게 도축업자의 길을 고집했으나 음악 선생 리만과 외삼촌의 설득에 못 이겨, 16세가 된 아들을 교회 음악가 양성 기관인 프라하의 오르간 학교로 보낸다. 그곳에서 드보르자크는 프라하의 오랜 전통이 되어버린 모차르트 숭배에 만족하지 않고, 독일 낭만주의자 그룹인 리스트와 바그너를 알게 되었고, 또한 평생토록 흠모하게 될 슈베르트를 알게 된다. 이와 같은 드보르자크의 이력은 서구의 클래식 음악이 넓게는 서유럽의 것이며, 좁게는 독일 고전주의와 낭만주의 음악의 동의어라는 것을 암시해준다. 다시 말해 거론된 대독일(오스트리아+독일)의 음악가들은 유럽 변방에서 태어난 드보르자크가 음악가가 되기 위해 반드시 배워야 하는 참고서였다.

프랑스의 작곡가이자 음악학자인 롤랑 마누엘이 여러 대담자들과 함께 쓴《음악의 정신사》(홍성사, 1979)에 따르면 소위 유럽의 클래식 음악이란 18세기 후반부터 밀라노, 빈, 만하임, 파리에서 형성된 "공통의 언어"를 말한다. 물론 이때도 국적, 종족, 기질에 따라 작곡가 각자의 악센트(개성)가 실리기는 했지만, 그것은 저도 모르게 우연히 나타난 것이지 의식적인 게 아니었다. 하지만 그런 보편적인 스타일은 두 가지 연원에 의해 19세기 후반부터 분해되기 시작한다. 첫 번째는 19세기 후반에 만개한 낭만주의 음악, 두 번째는 프랑스 혁명이 유럽 전체에 퍼뜨린 민족주의 의식. 이 둘이 합치면서 국적, 인종, 지리, 역사가 의식적·의도적으로 유럽 음악에 나타나기 시작한다. 마누엘은 이 사태를 "낭만주의의 정치적 산물"이라고 절묘히 요약하고 있거니와, 러시아 5인조를 비롯해 스칸디나비아(시벨리우스, 그리그)와 동유럽(스메타나, 드보르자크, 모니우슈코, 버르토크, 에르켈)의 국민악파Nationalist School 음악가들은, 서유럽 음악의 극단인 19세기 낭만주의에서 갈라져 나온 또 다른 극단(지역 음악)이다.

스메타나 추종자들과 드보르자크 추종자들 사이에서 벌어진 범슬라브주의와 유럽주의의 반목은 이런 배경에서 태어났다. 앞서 차이콥스키의 예가 잠시 언급되었지만, 오늘날의 음악 애호가들은 차이콥스키가 누구보다 더 '러시아적'이라고 여기지만, 동시대의 대중들과 러시아 5인조의 시각은 달랐다. 그들이 볼 때 차이콥스키는 때때로 민속 음악을 접목시켰을 뿐, 서구화된 작곡가였다. 에버렛 헬름의 《차이코프스키》를 보면, 이런 비난에 대해 차이콥스키는 "전반적으로 저의 모든 음악 속에서 러시아적인 요소, 즉 러시아 민속 음악과 비슷한 선율의 진행과 화음이 나타"난다고 항변했다. '막강한 소수'였던 당대의 러시아 5인조와 차이콥스키 가운데 누구에게 진실이 있을까?

헬름이 쓰고 있듯이, 러시아 5인조의 음악적 이상은 민족적인 것을 "즉시 알아차릴 수 있게 음악"을 만드는 것이었다. 러시아 5인조의 이런 단견은, 마누엘이 《음악의 정신사》에서 국민악파의 등장을 분석하면서 "그들〔국민악파〕의 약점은 바로 이들의 인공적이며 미리부터 정해두었던 의도에 따라 창작한 점에 있다"라고 평가한 바와 정확히 일치한다. 다시 말해 차이콥스키가 "자신의 민족적인 정체성을 전혀 잃지 않고 국제적인 음악 언어로 자신을 표현"한 것이 러시아 5인조에게는 '서구적'인 것으로 들렸다. 하지만 훗날 스트라빈스키는 "차이콥스키야말로 우리 모두들 가운데 가장 러시아적인 사람이었다"라고 보증했다.

이런 사정은 드보르자크에게도 고스란히 적용된다. 이십대 초반의 드보르자크가 음악 경력을 막 시작했던 1866년에 스메타나는 체코어 대본을 사용한 최초의 체코 오페라 〈팔려간 신부〉를 초연하고, 일약 체코 민족 부흥의 영웅이 되었다. 체코인들이 스메타나에게 받은 그때의 인상이 너무 강했기 때문에, 드보르자크는 스메타나의 찬미가들에 의해 억지로 유럽주의자 진영에 세워졌다. 하지만 9번 교향곡 〈신세계에서〉와 4중주 〈아메리카〉를 비롯한 드보르자크의 유명 작품들이 보헤미아(체코의 옛 이름)의 민속 음악적 특징인 5음계 선율을 흔히 차용하고 있듯이 그의 음악은 "체코적"이었다. 그런 한편 그는 "민속적인 것을 단순히 사용하기만 해서는 높은 수준의 국민 음악을 창작할 수 없다는 것"을 알고 있었다. 질풍노도와 같은 국민악파의 열기가 지나간 오늘날, 드보르자크만큼 "시간과 환경이 그에게 설정해준 주된 과제를 넘어 세계적 위치로 성장한 사람"은 없다는 게 《드보르자크》를 쓴 호놀카의 결론이다.

59. 당신도 명장名匠이 되고 싶은가

《세계의 명장 진창현》
진창현 | 혜림커뮤니케이션, 2002

진창현 자서전《세계의 명장 진창현》(혜림커뮤니케이션, 2002)을 읽었다. 그는 1929년 경상북도 김천에서 태어나 열네 살 때 공부를 더 하겠다는 욕심으로 일본으로 건너갔다. 일본에는 세 명이나 되는 손위 이복형들이 있었지만, 큰 도움이 되지는 못했다. 막노동과 공장일 등 닥치는 대로 일을 하며 주경야독을 하던 중에, 일본이 전쟁에서 패하고 조선도 따라 해방됐다. 그때 일본에는 240만 명의 조선인들이 있었는데, 60만 정도가 귀환하지 않고 잔류했다. 이들을 재일 조선인 1세대라고 하는데, 일본 정부는 이들에게 국적을 부여하지 않고 영주권만을 보장했다.

500년 내내 농업 국가였던 조선을 강점한 일본은 조선인의 농토를 빼앗았다. 토지 조사를 한다는 포고를 붙여놓고 기간 내에 신고하지 않은 토지를 몰수하는 방법으로, 일제는 일본어를 읽고 쓸 줄 모르는 농민의 땅을 강탈했다. 땅을 빼앗긴 농민은 북(만주, 연해주)이나 남(일본)으로 농토와 일자리를 찾아 떠나면서 유민이 됐다.

해방이 되자 일본의 앞잡이로 간주되었던 중국 쪽의 조선인들은 귀환 말고는 선택의 여지가 없었으나, 일본 쪽의 조선인들은 생계나 교육 등의 이유로 귀환하지 않는 경우가 많았다. 진창현은 학업을 계속하고자 체류를 택했다.

종전이 되어서도 궁핍과 조선인 차별은 가시지 않았지만 그는 선착장의 짐꾼과 인력거꾼을 하면서 모은 돈으로 메이지 대학교 영문과 야간부에 입학했다. 교사가 꿈이었던 그는 대학교 3학년 때 교직 과정의 학점을 모두 따고 교원 자격증을 손에 쥐었다. 그러나 교원 자격증을 얻고야 그는 국적이 달라서 교사가 될 수 없다는 사정을 알게 된다. 실의에 빠져 귀국을 고려하고 있을 즈음, 어느 집에서 흘러나오는 피아노 소리를 듣고 갑자기 바이올린 소리를 떠올렸다. 그가 고향에서 소학교를 다닐 때 일본인 교사가 그의 집에 산 적이 있었고, 바이올린을 가지고 있던 그 교사가 잠시 그에게 바이올린을 가르쳤었다.

그길로 대학가의 고물상을 찾은 그는 일본에서 가장 흔했던 스즈키 바이올린을 사서 바이올린 학원에 등록했다. 직업 연주자가 되겠다는 꿈보다 〈치고이너바이젠〉 같은 곡을 직접 켜보고 싶다는 소박한 염원에서였다. 불투명한 장래로 암울하던 어느 날 그는 '바이올린의 신비'라는 강연 포스터를 보고, 바이올린에 대한 궁금증과 강연자의 특별한 이력에 끌려 강연장을 찾게 된다. 강연자 이토가와 히데오 교수는 태평양전쟁 때 일본 공군의 주력기였던 제로 전투기를 설계한 공학자였다. 그는 이날 강연에서 300년 전의 명기인 스트라디바리우스에 대한 연구를 들려주면서, "스트라디바리우스의 음은 영원한 수수께끼이며 인간의 노력으로는 복원해낼 수 없는 영원한 신비"이며 "인간의 과학 기술로는 로켓을 만들어 달에는 갈 수 있을지 몰라도 스트라디바리우스의 음을 재현해내는 것은 불가능하다"라는 결론을 내렸다.

'불가능'이란 단어와 '영원한 신비'라는 단어가 자극적인 울림이 되어 무기력하게 늘어져 있던 진창현을 뒤흔들었다. "아무 잘못도 없이 꿈을 좌절당하고 인생의 벼랑 끝으로 내몰린 그 당시의 나로서는 내 앞에 가로놓인 운명에 정면으로 맞서보겠다는 오기"가 생겼다. 이상하게도 바이올린 실력은 좀처럼 늘지 않았지만, 그의 귀는 좋은 소리를 감별하는 데 유별났다. 그래서 자주 들렀던 악기점의 주인에게, 바이올린을 만들고 싶으니 장인을 소개해달라고 졸랐다. 그래서 여든이 넘은 어느 장인을 찾아가 제자 되기를 청했다. 젊은 제자가 생긴 장인은 처음에는 숙식을 제공함은 물론 도구까지 모두 물려주겠다며 기뻐했으나, 그가 한국에서 태어났다는 말을 듣자 바로 태도를 바꾸었다.

그 일을 안타까워한 악기상은 이후 동경에 있는 바이올린 장인들을 거의 다 소개해주었으나 그들은 모두 조선인이라는 이유로 그를 문전박대했다. 그는 수제 바이올린 장인의 도제가 되는 것은 불가능하다는 결론을 내리고, 바이올린을 만드는 공장에 들어가 기초적인 기술을 먼저 배우자는 생각을 한다. 그래서 키소에 있는 스즈키 바이올린 공장을 찾아갔는데, 쉬울 줄 알았던 그 길마저 단지 조선인이라는 이유로 거부당했다. 그때가 스물여덟 살이었고, 그동안에도 그는 생계를 위해 온갖 일을 섭렵했다.

과장하자면, 진창현은 바이올린을 발명했다. 아무도 그에게 바이올린 만드는 법을 가르쳐주지 않았기 때문이다. 키소에 살면서 퇴근하는 스즈키 바이올린 공장의 공원들을 붙들고 묻는 게 바이올린 제작법에 대한 그의 공부였다. 공원들은 자기가 맡은 공정만 알고 있었기 때문에, 전체를 짜 맞추는 것은 온전히 그만의 일이었다.

서른 살 무렵에야 자신의 바이올린 1호를 제작한 그는, 바이올린이 40대 넘게 만들어지자 그 가운데 완성도가 높은 열 대를 골라 졸업 이후 한 번도 발 딛지 않았던 도쿄로 가지고 올라갔다. 악기점을 몇 군데 들러보았지만 바이올린을 사주겠다는 곳은 없었다. 그러다가 모교 근처에 있는 악기점에서 악기 브로커를 만났다. 그는 진창현의 바이올린을 세심하게 시험해보더니 "세공은 아직 부족"하지만 "소리는 상당히 좋"다면서, 악기점에 내놓고 팔기는 어렵지만 음질이 좋으니 바이올린 교습용으로 판로를 찾아보라고 권했다. 그러면서 일본 바이올린계의 세 거장 가운데 한 사람인 시노자키 히로구츠를 소개해주었다. 그날 시노자키는 진창현의 바이올린 열 대를 대당 3,000엔에 모두 샀다. 그러면서 진창현에게 도쿄에서 일할 수 있도록 집을 얻어주겠다는 제의를 한다. 서른두 살에야 진창현에게 바이올린 장인의 길이 비로소 열린 것이다.

진창현의 바이올린이 대당 3,000엔일 때 대졸 월급자의 월급은 5만 엔이었으니 그것은 그야말로 헐값이었다. 그런데 한 학생이 그 바이올린으로 일본 최고의 예술대학이라는 동경예술대학에 합격하는 일이 생겼다. 음악대학에 입학하려는 학생들은 대당 400만 엔에서 500만 엔 정도의 것을 사용했다. 개중에는 2,000만 엔이나

3,000만 엔이나 되는 고가의 바이올린을 가진 학생도 있었고, 심지어는 2억 엔짜리 스트라디바리우스를 가진 고등학생도 있었다. 이 일을 계기로 그의 이름은 소문을 타기 시작했고, 그의 나이 마흔다섯 살 무렵에는 그의 바이올린이 150만 엔을 호가하게 됐다. 그러나 이것은 아직 출발에 불과했다.

1976년 필라델피아 시에서 열린 국제 현악기 대회에서 그는 자신의 이름을 세계에 드날렸다. 그의 바이올린이 전 6개 종목에서 5개의 금메달을 석권한 것이다. 또 1984년에는 그가 미국 바이올린제작자협회로부터 세계에 다섯 명밖에 없는 '마스터 메이커 Master Maker' 칭호를 수여받았다. 현재 그는 '동양의 스트라디바리우스'로 불린다.

조선인이라는 이유로 그를 박대했던 수많은 일본 장인들이 그를 문하생으로 받지 않으려고 "바이올린은 누구한테 배우는 게 아니라 직접 해보는 방법"밖에 없다고 둘러댔을 때 진창현은 무척 야속하고 섭섭했다. 그러나 스트라디바리우스도 자신의 제작 비결을 후대에 전하지 않았고, 진창현은 나중에 자기 손으로 직접 바이올린을 만들어보고 나서야 그들의 핑계가 아주 틀린 것은 아니라는 것을 깨달았다. 당신도 명장이 되고 싶은가? "문제를 해결하려는 노력" 속에 "보편 원리를 스스로 터득"하는 직관이 있어야 한다.

60. 오르가니스트와 피아니스트

《오르가니스트》
로버트 슈나이더, 안문영 옮김 | 북스토리, 2006

《피아니스트》
블라디슬라브 스필만, 김훈 옮김 | 황금가지, 2002

로버트 슈나이더의 《오르가니스트》(북스토리, 2006)의 독일어 원제 "Schlafes Bruder"를 직역하면 '잠의 형제'. 작가는 바흐의 칸타타 〈나 기꺼이 십자가를 지겠노라〉에 나오는 "오라, 오, 죽음이여, 그대 잠의 형제여"라는 가사에서 제목을 따왔다. 작품의 무대는 포어알베르크 산 중턱에 있는 마을인 에쉬베르크로, 이 산은 오스트리아의 포어알베르크 주에 있다. 첩첩 두메산골에서 벌어지는 이 소설은 마치 지방지地方誌를 흉내 내는 듯하다.

제프 알더의 아내 아가테 알더에게서 엘리아스가 태어난 때는 1803년. 하지만 이 아이는 제프의 아이가 아니라, 마을 성당의 보좌신부 엘리아스 벤쩌의 사생아다. 벤쩌는 "모든 여성에 대해 정열"을 품은 '참 나쁜 신부'인데, 이 작품은 좋게 봐줘서 바로크적이고, 나쁘게 보면 데생을 배우지 못한 엉터리 초상화가가 얼치기로 그려낸 듯한 괴기스러운 인물들의 소묘로 가득하다.

엘리아스는 불륜의 신체적 표시로 누런 눈동자를 갖고 태어났다. 이 때문에 그는 어린 시절부터 누런 색깔의 "소 오줌"이라는 별명을 얻었고, "악마"처럼 경원시되었다. 하지만 신은 그에게 누런 눈동자를 준 대신, 누구도 따라갈 수 없는 특별한 재능도 주었다. 온갖 소리를 감별할 줄 아는 청각 능력과 온갖 소리를 흉내 낼 수 있는 성대 묘사력. 그는 평생 짝사랑하게 될 엘스베트가 아직 태 속에 있을 때 그녀의 심장 박동 소리를 들었다. 또 그는 자신의 목소리로 온갖 가축과 야생 동물을 부를 수 있었다.

이 소설은 장이나 문단이 바뀔 때, 자주 기독교 성례일을 명시하는 것으로 시작된다. "1803년 성 요한 축일(6월 24일) 오후에", "1815년 그리스도 강림절에", "두 번째 강림절에", "성탄절 나흘 전날 밤에", "에쉬베르크의 성탄 미사는", "1815년 불운한 성탄절 무렵", "세족 목요일 점심 무렵" 등이 그렇다. 이런 장치는 에쉬베르크 주민들이 신앙 속에서 은총을 누리며 살고 있는 것처럼 여기게 만든다. 하지만 여기에는 작가가 의도한 역설이 있다. 말씀과 은총 속에서 살고 있는 것처럼 보이는 이 산촌의 주민들이 여느 야만인이나 악인들보다 더 무지하고 그악스럽다는 것.

작가는 이런 역설을 통해 오로지 '잠들지 않는 사랑'만이 무지와 악 속에서 인간을 고귀하게 한다고 주장하려는 듯하다. 하지만 엘리아스는 그런 사랑에 다가가는 방법을 알지 못했다. 그 대신에 마을 한가운데 있는 교회의 오르간을 차지하고, 자신의 사랑을 오르간 연주에 쏟았다. 그 가운데 가장 재미난 대목은, 엘리아스가 여자의 나신을 처음 보고 나서 불협화음을 발명하게 된 부분. "청각의 법칙에 어긋나는" 불협화음을 알고 나서 "순진했던 그의 연주는 악마의 힘을 얻게 되었다". 엘리아스는 엄청난 초능력을 갖고도 사랑을 얻거나 행복한 삶을 살지 못했다. 신을 향해 "이 가짜 신아!"라고 저주하는 그는, 자신의 천재적인 능력을 사용하지 않는 것으로 신에게 복수했다고도 할 수 있다. "나, 요하네스 엘리아스 알더가 몰락한다면, 그것은 내 의지이지, 당신의 의지가 아니란 말이야!"라고 말하는 그의 저항과 죽음은, 참으로 '고집불통 마을'의 주민다웠다.

블라디슬라브 스필만의 《피아니스트》(황금가지, 2002)의 원제는 "한 도시의 죽음"으로, 1946년 폴란드에서 처음 출간되었다. "1939년부터 1949년까지 바르샤바에서 살아남은 한 사람의 수기"라는 부제를 달고 있는 이 회고록은 말 그대로 유대계 폴란드인인 지은이가 나치 점령하의 폴란드에서 살아남은 생존기다. 홀로코스트에 대한 증언은 이미 책과 영화를 비롯한 갖은 매체를 통해 접해왔기 때문에 식상한 데가 없지 않다. 그런데다가 600만의 희생자를 딛고 만들어진 현재의 이스라엘이 팔레스타인 사람들에게 하는 '히틀러 따라잡기'를 보면, 예전과 같은 공분이 생기거나 유대인에 대한 공감이 솟아나지 않는다. 이스라엘 국민이나 유대인 가운데 내가 쓴 이따위 책을 읽을 사람이 없다는 것을 단단히 믿어서 하는 말이지만, 이 정도의 표현도 미국이나 유럽에서는 '유대인 혐오 범죄'로 추궁당할 것이다.

폴란스키가 이 회고록을 영화로 만들면서 지은이의 이름이 널리 알려지자 《Wladyslaw Szpilman The Original Recordings Of The Pianist》(SONY)라는 음반이 반짝 출시되었듯이, 스필만은 피아니스트이자 작곡가였다. 바르샤바의 폴란드 라디오 방송국 전속 피아니스트였던 그는 나치가 폴란드를 점령해 바르샤바 북쪽 한 귀퉁이에 게토를 만들고 유대인을 수용했을 때에도 게토 내의 카페에서 피아노 연주를 하는 것으로 가족의 생계를 책임졌다. 무려 50만의 유대인을 수용한 게토가 전쟁이 끝날 때까지 유지될 수 있었다면, 아마도 스필만은 거기서 피아노를 치면서 견뎠을 것이다.

나치 시대의 유대인 절멸 과정을 보면서 우리는 한 가지 의문을 품게 된다. 그것은 "우리 50만 유대인이 독일 놈들을 공격했더라면 우리는 게토를 탈출할 수 있었을 거야. 아니면 적어도 명예롭게 죽어서 역사의 오점을 남기지 않았을 거고!"라고 분노하는 어느 치과 의사의 생각과 상통한다. 이에 대해 스필만의 아버지는 "무슨 근거로 놈들이 우리를 사지에 몰아넣을 게 분명하다고 단정하시는 거죠?"라고 반문했다. 나치 아래의 유대인들은 생존의 가능성이 10퍼센트만 보여도 모험보다는 순응을 택했다. 그것이 훗날 스필만이 깨닫게 된 '자기기만의 구조'다.

여기에 나치의 유대인 절멸 정책이 그만큼 교묘했다는 사실을 덧붙여야 공평하다. 나치는 현재의 폭력과 이주 정책이 과도기의 일시적인 것이며 질서를 찾고 나면 모든 게 정상으로 돌아가게 될 것이라는 식의 회유를, 야만스러운 폭력과 번갈아가며 사용했다. 그때마다 유대인들은 "이번 한 번만은 독일인들의 약속이 사실일 것이라는 환상"을 품었다.

스필만의 회고록을 토대로 만든 폴란스키의 영화 〈피아니스트〉를 보면, 나치의 폴란드 침략과 폴란드 유대인 대량 학살이라는 역사적 참화가 일순 '인간적인 독일 장교와 무명 피아니스트' 사이의 오디션으로 순치되어버리는 '할리우드 쇼'를 목격하게 된다. 나아가 생사를 건 오디션으로 순치되어버린 저 순간은 필연적으로, '만약 스필만이 심사를 통과하지 못할 정도였다면 그 장교는 스필만을 처형하거나 독일군에게 넘기지 않았을까?'라는 질문을 불러온다. 이것은 회고록에 나오는 독일 장교의 신상을 영화가 제대로 취급하지 못해서 생긴 오해다. 빌름 호젠벨트로 밝혀진 그 독일 장교는 곤경에 빠진 유대인과 폴란드인을 자주 구했다. 행여 연주가 서툴렀다 하더라도 피아니스트가 처형당하지는 않았다는 말이다.

61. 새로운 것을 찾고 싶다면…바흐

《J. S. 바흐》
마르틴 게크, 안인희 옮김 | 한길사, 1997

클래식 애호가들이 집안의 음반 수납장이나 음반점의 진열대 앞에서 '뭐 좀 새로운 게 없을까' 하고 궁리하다가 번번이 뽑아 드는 것이 바흐다. 모차르트도 이런 경우에 드는 작곡가이지만, 물리지 않기로는 바흐를 따라올 작곡가가 없기 때문이다. 그러나 이상하게도 모차르트의 평전을 읽은 사람은 흔한데 바흐의 평전을 읽었다는 사람은 잘 없다. 까닭은 모차르트의 삶이 독자들의 호기심을 자극하는 전형적인 예술가형인 반면에 바흐의 삶에는 그처럼 극적인 구석이 없기 때문이다. 바로 그 때문에 바흐의 평전에서는 자칫 골치 아픈 음악 이론을 대면해야 할지도 모른다는 염려를 갖게 된다.

독자를 안심시키려는 듯, 혹은 떠보려는 듯, "일생 동안 일어난 행운의 사건들과 지겨운 사건들을 열거하는 것이 연대기 기록자의 의무일까? 연대기 기록자는 우리를 '인간' 바흐에게 좀 더 가까이 데려다주어야 하는가, 아니면 그저 그의 '작품'에 대해서만 말하면

되는가?"라고 말하고 있는 마르틴 게크의 《J. S. 바흐》(한길사, 1997) 역시 이런 염려가 틀리지 않았음을 보여준다. 이 바흐 평전은 다른 작곡가들의 평전에 비해, 바흐의 작품과 음악 이론에 많은 공을 들인다.

체코의 모라비아 지방에서 살던 바흐의 가계는 1545년 개신교 박해를 피해 독일의 베히마르에 정착했다. 그곳에 안착해서 빵 굽는 일을 한 바흐의 조상은 부업 삼아 여기저기서 보조 연주자 노릇을 했는데, 대를 내려오면서 마침내 부업이 주업으로 바뀌었다. 바흐의 할아버지들은 모두 시의회 음악가와 오르간 연주자로 활동했으며, 바흐의 아버지와 숙부들 또한 궁정과 시의 음악가나 관현악단의 지휘자가 되었다. 훗날 바흐는 무려 53명에 달하는 자기 집안 음악가들에 대한 짤막한 전기인 《음악가 집안 바흐 일가의 기원》을 쓰기도 했다. 이런 가계가 말해주는 것은, 음악가로서의 요한 제바스티안 바흐를 이야기할 때는 '음악성'이란 타고나는 것인가 후천적으로 얻어지는 것인가 하는 질문이 완전히 무의미하다는 사실이다. 그의 집안은 여러 세대에 걸쳐서 음악가들을 보여주기 때문에, 아니 음악가 외에는 다른 어떤 것도 보여주지 않기 때문에, 바흐의 예술적 천재성은 유전이나 환경 그 어느 한쪽으로만 치우쳐 설명될 수 없다.

바흐는 1685년 3월 21일, 아이제나흐의 궁정 트럼펫 연주자이자 시의 관현악단 지휘자인 암브로지우스 바흐와 그곳의 모피 제조자의 딸인 엘리자베트 레머히르트의 막내로 태어났다. 그의 형제들은 대부분 유년기나 청소년기를 넘기지 못하고 죽었으나, 살아남은 두 형은 당연히 음악가가 되었다. 아이제나흐에서 태어난 바흐는 열 살이 될 때까지 그 도시에서 자랐는데, 음악으로 가득했던 그 작은 도시는 바흐의 '근원적 장면'(원초경)이나 같았다. 그래서인지 그는 일생 동안 튀링겐-작센 지방을 벗어나지 않았는데, 이것은 그가 태어난 곳에서 그리 멀지 않은 할레에서 그보다 몇 주 일찍 태어난 게오르크 프리드리히 헨델과는 사뭇 다른 면이었다. 대부르주아의 유복한 아들이었던 헨델은 대도시 함부르크는 물론이고 현대 음악의 진원지였던 이탈리아에서 배운 뒤 영국으로 건너가 국민적인 영웅이 되었다. 그에 비하면 바흐는 시골의 붙박이 목사를 연상시킨다.

모차르트가 아버지로부터 극성스러운 영재 교육을 받은 것과 달리, 바흐는 평범한 음악 교육을 받았다. 그는 아버지에게 바이올린을 배웠고, 아버지의 사촌형에게 작곡 기법을 배웠다. 열 살이 되었을 때 어머니와 아버지가 차례로 죽자, 교회의 오르간 연주자로 가정을 꾸리고 있던 열네 살 위의 맏형이 그를 거두었다. 형의 수입이 변변치 않았기 때문에 바흐는 라틴어 학교를 다니면서 교회 아동 합창단원이 되어 장학금을 받거나 교회에서 음악을 연주했다. 그러면서 형이 직업상 필요로 한 유명 작곡가들의 악보를 필사하거나 형이 쓴 작품들을 악보로 옮기면서 그의 장기가 될 오르간 음악을 익혔다.

지은이에 따르면 바흐는 "자기가 처한 사회적·정신적 공간을 완전히 통달한 다음 그것을 자기 마음대로 다루고, 그 공간을 벗어나지 않고도 예술가로서 그 공간을 초월하는 그런 종류의 인간"이었다. 꽤 정확한 이 인물평은, 두 번의 결혼 생활에서 무려 20명의 자녀를 낳고 기른 바흐의 삶을 관통한다. 라틴어 학교와 수도원의 기숙학교를 마친 바흐는 열일곱 살 때부터 평생 교회와 궁정에 소속된 음악가로 살았다. 갓 교회 연주자가 된 젊은 시절에는 연주해서는 안 되는 불협화 반주음과 지나치게 화려한 방식의 합창단 반주로 지적을 받을 만큼 반항적인 면모를 보이기도 했으나, 스물세 살에 결혼을 하고부터는 그마저도 사라진 듯하다. 그 대신에 그는 평생 동안 교회 음악이나 궁정이 엄격하게 금한 음악 영역을 자신에게 맡겨진 예술적 도전으로 여기고, 그 속에 귀의 만족을 위한 음악과 자율적인 예술의 이상을 새겨 넣었다.

당대의 음악가들이 밥벌이를 했던 교회는 음악가들에게 "교회의 좋은 질서를 지키는 가운데 음악이 너무 길지 않도록, 또한 음악을 오페라 식으로 만들지 않고 청중에게 경건한 신앙심을 일깨우도록 만들 것"을 요구했다. 하지만 점점 세력이 커지고 있던 시민 계급은 귀족의 특권이었던 음악에 접근하고 싶어 했고, "음악이란 이제 더는 교회와 계급의 조건 안에만 속하는 것이 아니라, 직접적이고 감각적인 즐거움을 베푸는 자율적인 미적 창조물로 체험되지 않으면 안 되었다. 물론 시민 계급은 궁중의 제도적이고 재정적인 가능성들을 갖지도 못했고, 귀족 계급처럼 순수한 만족만을 추구하는 것도 에토스에 어울리지 않았다. 그래서 음악 정책의 새로운 방향이 교회의 공간 안에서 이루어졌다는 것은 필연이며 또한 미덕이기도 한 것이다". 바로 이 지점에 서양 음악사의 최고봉이라는 바흐의 〈마태 수난곡〉과 그가 작곡한 숱한 칸타타가 있다. '음악을 통한 드라마'로 지칭되기도 하는 이 음악들은 교회 음악 안에 숨어 들어간 '작은 오페라 혹은 오페레타'이다.

음악학자인 지은이는 바흐의 작곡 방식을 '모든 것을 하나 속에'와 '모든 것을 하나로부터'라고 설명한다. "앞의 것은 서로 다른 장르들을 하나의 작품 안에 통합시키려는 바흐의 성향으로 드러나고, 뒤의 것은 가능한 한 적은 재료로 가능한 한 많은 음악적 실체를 얻고자 하는 그의 열망"을 나타낸다. 바흐가 비발디에게 영향을 받아 발전시킨 협주곡이나 그가 심취했던 대위법에서처럼 독립적인 성부나 주제 또는 악기들을 조화롭게 결합시킨 그의 신기는, 언제나 마르지 않는 '현대적이고 감각적인' 바흐 해석을 가능하게 만들었다.

62. 마르크시즘 역사가의 눈에 비친 재즈의 역사

《저항과 반역 그리고 재즈》
에릭 홉스봄, 김동택 외 옮김 | 영림카디널, 2003

《미완의 시대》
에릭 홉스봄, 이희재 옮김 | 민음사, 2007

에릭 홉스봄은 20세기 최고의 마르크스주의 역사가로 평가된다. 그러므로 가벼운 역사 에세이로 분류될《저항과 반역 그리고 재즈》(영림카디널, 2003)를 그가 쓴 여러 주저 가운데 위치시키는 것은 분명 무리다. 이 책은 심혈을 기울여 역작을 쓸 때 부수적으로 생겨난 글감을 알뜰히 챙긴, 그런 종류의 책이다. 하지만 어떤 때는 본격적인 요리보다, 요리를 한 뒤에 남은 재료로 만든 찌개가 더 맛있을 수도 있다.

"저항과 반역 그리고 재즈"라는 한국어 제목은, 500여 쪽이 넘는 이 책이 마치 '재즈는 저항과 반역의 음악이다'라는 기치 아래 온통 재즈를 말하는 책인 양 오해하도록 만든다. 하지만 이 책은 원제가 "평범하지 않은 사람들Uncommon People"로, 역사의 변혁이나 혁명 운동에 참여했던 기계 파괴자들, 제화공, 농민, 산적, 노동 운동가, 전위 예술가, 학생들의 삶을 다루고 있다. 평범하게 태어났으나 평범하게 살기를 거부했던 인물들의 초상을 그리는 것은, 유물론 역사가이면서 '아래로부터의 역사', '민중의 사회사'를 추구했던 그가 즐겨 다루는 주제였다. 궁금하신 분들은 《원초적 반란》(온누리, 1984)이나 《밴디트—의적의 역사》(민음사, 2004)를 보시라.

본문은 500여 쪽이 넘지만 재즈와 연관된 것은 말미에 붙은 일곱 편의 글로, 도합 99쪽에 지나지 않는다. 일곱 편의 글 가운데 네 편은 각기 시드니 베셰, 카운트 베이시, 듀크 엘링턴, 빌리 홀리데이에게 바쳐졌고, 나머지 세 편은 재즈에 대한 통사라고 할 수 있다. 이 가운데 통사 격인 세 편의 글은 음악 평론가가 아닌 일급의 역사가가 어떻게 재즈의 흥망성쇠를 설명하는지를 눈여겨보게 한다.

홉스봄은 재즈가 소수의 가난한 흑인들과 술에 전 백인들이 즐긴 별 볼일 없는 음악이었다고 말한다. 지은이가 재즈의 발전 과정에서 가장 중요하게 생각하는 1920년대, 캔자스시티에서 빅 밴드(핫 재즈, 스윙 재즈)가 꼴을 갖출 무렵, 심하게 말해서 재즈를 '듣는' 사람은 아무도 없었다. 그것은 그저 춤을 추기 좋은 음악이었다. "서민 계급 출신의 밤의 생활자들이 만들어낸 재즈는 소박한 꿈을 갖고 살아가던 직업 연예인들의 음악"으로, 당시의 재즈는 유사 '실내악'은 물론 아니었고 '예술'은 더더욱 아니었다. 또 미국 출신 대중음악 비평가들은 인정하지 않으려고 들지만, 미국에서 탄생한 재즈와 블루스가 "최초로 진지하게 받아들여진 곳"도 미국 밖이었다.

미국 백인 사회가 천대한 재즈와 블루스를 가장 먼저 받아들인 곳은 영국이었고, 유럽이 그 뒤를 따랐다. 여기서 지은이는 "영국 재즈 청중의 대중적·민중적 성향은 유럽 대륙의 재즈 청중이 안정된 중산층이나 대학에 진학할 정도의 계층을 중심으로 형성되어 있었다는 사실과 확실히 다른 점"이라고 말하는데, 이 사실과 함께 유럽에서는 블루스가 그렇게 환영받지 못했다는 것도 기억해놓자. 그러면 영국과 유럽에서 나란히 재즈가 인기를 끈 이유는 무엇일까? 바로 "미국의 음악"이었기 때문이다. "재즈는 그저 이국적이고 원시적이며, 비부르주아적인 음악이어서만이 아니라 현대적인 음악으로 여겨졌기 때문에 널리 받아들여졌던 것이며, 실제로 재즈 밴드들은 바로 자동차 왕 헨리 포드의 나라에서 배출되었다. 제1차 세계대전 직후 재즈에 관심을 갖기 시작한 유럽의 지식인들과 예술가들은 재즈의 매력 가운데 하나로 항상 현대성을 꼽았다." 재즈는 제1차 세계대전에서 유럽을 구원한 나라의 음악이었다.

유럽은 두 번에 걸쳐 재즈에 큰 공헌을 했다. 최초의 공헌은, 앞서 말한 것처럼 재즈의 예술적 가치를 알아보고 재즈를 극진히 환대한 것이다. 반면, 영국에서는 환대와는 다른 '융합'이 일어나고 있었다. 이미 말했듯이 영국에서는 재즈가 대중 속으로 파고들어, 재즈나 블루스와 다른 음악을 만들어냈다. 그 때문에 홉스봄은 "재즈 애호가의 영향이 없었더라면 영국 록이 과연 어떻게 존재할 수 있었겠는가?"라고 반문하고 있는 것이다. 물론 로큰롤의 모태는 재즈보다 블루스이지만, "흑인 블루스가 남부 및 몇몇 주와 북부 흑인 게토를 벗어나 일반 대중의 주목을 받게 된 것은 재즈 연주자와 재즈 팬들 덕분"이었고, 영국에서 이루어진 일이 바로 그것이었다. 이처럼 두터운 영국의 재즈 팬은 훗날 '영국의 침공British invasion'의 저력이 되었다.

지은이는 "1950년대 미국 대중음악에서는 존속 살인이 일어났다. 록이 재즈를 살해한 것이다"라고 말하면서, 유럽이 재즈에 공헌한 두 번째 사례를 든다. "유럽의 재즈 청중은 1960년대와 1970년대 미국에서 록의 물결이 재즈를 거의 내몰았을 때 특히 중요한 역할을 했다. 미국의 연주자들 중 일부는 아예 유럽에 정착하면서 유럽에서 열리는 콘서트와 페스티벌 순회공연에 크게 의존하고 있었는데, 지금까지도 그런 상황이 이어지고 있다." "1960년대에는 다양한 이국 취향이 나타났다. 달리 말하면, 재즈는 이전보다 덜 미국적인 것이 되었고 훨씬 국제화되었다. 이것은 아마도 재즈에 있어서 미국의 재즈 대중이 차지하는 비중이 상대적으로 줄어들었기 때문이기도 하고, 다른 이유로는 1962년 이후로 프리 재즈가 재즈의 가장 중요한 스타일로 자리 잡게 된 사실 때문인데, 이 프리 재즈의 역사는 유럽에서 일궈낸 중요한 발전과 유럽 연주자들을 빼놓고는 논할 수 없다." 그러나, 홉스봄은 꺼져가는 '재즈의 불씨'를 간직해준 것에 대해서는 유럽에 감사해하지만, 재즈를 예술로 격상시킨 끝에 대중과 완전히 격리시킨 프리 재즈를 그가 좋아했을 것 같지는 않다.

"필자는 열여섯 살 때, 런던 교외의 한 무도장에서 소위 '모닝 댄스'를 위해 연주하던 엘링턴 밴드의 너무나 당당한 모습에 완전히 마음이 빼앗겼다"라는 대목이 나오기는 하지만, 주로 재즈 서적에 관한 서평으로 구성된 이 책에서는 지은이 자신의 재즈 체험이 잘 드러나지 않는다. 오히려 그것은 그의 자서전《미완의 시대》(민음사, 2007)에서 더 자세하다. 그는 듀크 엘링턴의 음악을 처음 들었던 그때를 회상하면서, "첫사랑을 느낄 만한 열여섯 아니면 열일곱 살 무렵에 나는 이렇게 음악의 계시를 받았다. 내 경우에는 재즈가 첫사랑의 자리에 비집고 들어왔다. (……) 지적 유희와 말에 온통 점령당한 나의 삶에 말로는 표현되지 않는 절대적 감성을 심어준 것은 바로 재즈였다"라고 고백한다.

그의 자서전과 《저항과 반역 그리고 재즈》는 "재즈의 민주적이고 민중적인 성격"을 부각하면서, 재즈 초창기에 재즈를 응원하고 퍼뜨린 것은 정치적 좌파였음을 거듭 강조한다. 유물 사관에 충실한 그는 영국과 프랑스의 재즈 수용사를 비교하면서, 영국에서는 도시 노동 계층이 형성돼 있어서 재즈가 노동 계급의 댄스 음악이 된 데 비해, 프랑스에서는 그렇지 못했기 때문에 재즈가 지식인층의 예술이 되었다고 주장한다. 원래 좌파와 재즈는 한통속이었으나, 젊은이들의 마음을 빼앗아 간 록이 혁명마저 탈취하고 비밥과 함께 재즈가 대중적 활기를 잃게 되면서 좌파들은 재즈와 소원해지고 포크송에 열중하게 되었다는 진단도 흥미롭다. 같은 좌파이지만 재즈를 적대시했던 아도르노를 향해 홉스봄은 "재즈에 대한 가장 지루한 글"을 쓴 사람이라는 일침을 날렸다.

63. 블루스의 맥박과 재즈의 리듬으로 쓴 시

《랭스턴 휴즈》
밀턴 멜저, 박태순 옮김 | 실천문학사, 1994

밀턴 멜저의 《랭스턴 휴즈》(실천문학사, 1994)는 '흑인 계관 시인' 또는 '할렘의 셰익스피어'라고 불렸던 랭스턴 휴스(휴즈)의 평전이다. 랭스턴 이전에는 흑인 시인이 없었다고 말한다면, 분명 인종 차별적인 언사일 것이다. 하지만 미국에서 가장 널리 알려진 흑인 시인이 랭스턴 휴스라고 말한다면 사정이 다르다. 랭스턴이 생계의 한 방편으로 미국 전역을 누비며 시 낭송회를 열기 이전에는, 시인이라면 금발머리에 푸른 눈을 가진 백인을 연상하는 게 전혀 이상하지 않았다.

1902년 미주리 주에서 태어난 랭스턴의 혈통은 복잡하다. 랭스턴의 증조할아버지와 증조할머니는 각기 유대계 노예 무역상과 스코틀랜드계 양조업자 집안 출신으로, 증조할아버지가 흑인 하녀에게서 얻은 아이가 랭스턴의 할아버지였다. 백인 아버지와 흑인 어머니 사이에서 태어난 혼혈을 물라토라고 하는데, 흑인으로 간주되는 이들은 백인에 가까운 외모와 갈색 피부 때문에 흑인으로부터도 경멸 혹은 질투를 받았다. 랭스턴이 시와 단편, 희곡을 통해 흑백 문제는 물론이고 혼혈 문제 또한 끊임없이 되풀이해 다룬 까닭이 여기에 있다.

랭스턴의 아버지 제임스 휴스는 법률가가 되고자 했을 만큼 재능이 있는 사람이었으나, 흑인이라는 이유로 응시 자격을 박탈당했다. 이 같은 장벽에 부딪친 흑인들이 보이는 태도는 보통 두 가지로, 하나는 완전히 절망하여 암울한 침묵 속으로 가라앉는 것이고, 다른 하나는 분노의 불길을 태우면서 저항 운동으로 나아가는 것이었다. 혼자 멕시코로 떠나 미국을 완전히 등졌던 그는 전자의 경우로, 이런 사람은 자신을 억누르는 압제자를 미워하는 게 아니라, 정반대로 자기 자신과 자신의 검은 피부를 증오하게 된다. 그런 탓에 그는 아들이 대학에 가거나 시를 쓰는 것에 코웃음을 쳤다.

평생 구직과 병고에 시달렸던 랭스턴의 어머니는 어린 아들을 외할머니 메리 랭스턴에게 맡겼고, 랭스턴은 외할머니의 지대한 영향을 받으며 자랐다. 오하이오 주의 오벌린 대학을 다닌 최초의 흑인 여성인 그녀의 첫 번째 남편은 루이스 리어리다. 그는 1859년에 있었던 존 브라운 무기고 습격 사건의 흑인 가담자 가운데 한 명이다. 그것은 백인 노예폐지론자 존 브라운이 버지니아 주의 연방 무기 창고를 털어 흑인을 무장 봉기시키려 했던 사건으로, 루이스 리어리는 전투 중에 부상을 당해 죽었다.

첫 번째 남편이 죽자 메리는 똑같은 대의를 위해 똑같은 위험을 무릅쓴 또 다른 남자와 재혼을 했다. 두 번째 남편인 찰스 랭스턴은 노예 해방 결사 조직의 일원으로 탈주 노예의 탈출을 돕다가 유죄 판결을 받고 감옥살이를 하기도 했으며, 노예 제도가 폐지되고 나서는 허울뿐인 자유를 넘어 흑인의 동등권을 얻기 위한 정치 투쟁을 계속했다. 칠십대의 외할머니는 일곱 살 난 손자에게 흑인 영웅들에 대한 이야기를 들려주었으며, 자신이 구독하는 전국유색인종지위향상협회NAACP의 기관지인 《크라이시스》를 보게 했다. 앞서 말했듯이, 랭스턴이 막 시인으로 이름을 떨칠 무렵은, 흑인 시인이란 흑인 대통령만큼이나 있을 수 없는 존재라고 생각되던 시절이었다. 그런 랭스턴에게 용기를 불어넣어 준 것은, 그가 중등학교 때 발견한 폴 로렌스 던바의 시집이었다. 도주한 흑인 노예의 아들이었던 던바는 엘리베이터 보이를 하던 스물한 살 때 첫 시집을 냈다. 그는 흑인 사투리를 그대로 썼을 뿐 아니라, 스윙의 음률과 박자를 활용했다. 어린 시절부터 떠돌이 재즈 악단원과 블루스 가수들의 노래를 들으며 자란 랭스턴은, 폴 로렌스 던바의 시에서 백인 시인들에게서는 찾아볼 수 없는 흑인성을 자각했다. 그렇지 않았다면 그는 펜으로 백인의 비위를 맞추어주는 또 한 명의 '엉클 톰'이 되었을지도 모른다.

고등학교를 졸업한 열여덟 살의 랭스턴은 대학에 갈 형편이 안 되었고, 흑인이 할 수 있는 일은 호텔 수위나 버스 차장이 고작이었다. 그때 랭스턴은 아버지가 자신을 대학에 보내줄지도 모른다는 희망을 품고 멕시코행 기차를 타게 되는데, 기차에서 미시시피 강을 보고 쓴 시가 바로 그의 시 가운데 가장 유명한 〈니그로, 강에 대해 말하다〉이다. 멕시코에 도착한 랭스턴은 기차 안에서 완성한 이 시를 《크라이시스》에 보냈다. 이 시는 랭스턴의 등단작으로도 의

미가 있지만, 이 시에서 그가 흑인의 고유한 영혼을 나타내고자 쓴 '소울soul'이라는 단어의 중요성 때문에도 의미가 있다. 물론 이 단어를 랭스턴이 처음 쓴 것은 아니지만, 이 시에 의해 소울은 오로지 흑인들만 느낄 수 있고 표현할 수 있는 흑인성의 정수, 흑인의 영성을 나타내는 중요한 용어가 되었다.

랭스턴은 스물네 살 때인 1926년에 첫 시집《피곤의 블루스》를 출간했다. 비평가들은 그를 추어올리며 칼 샌드버그와 비견했다. 하지만 랭스턴의 첫 번째 시집은 그 혼자만의 노력으로 나온 것이 아니었다. 당시에 태동하고 있던 할렘 르네상스라는 흑인 문화 운동이 그 시집에서 큰 몫을 했다. 검다는 것을 부끄러워하지 않고 자랑스럽게 드러내고자 한, 인종적 자부심과 과거의 전통에 대한 자부심, 그리고 완전한 시민권에 대한 요구와 투쟁이 혼합된 흑인 문화 운동이 없었다면 흑인 계관 시인도, 할렘의 셰익스피어도 생겨나지 않았을 것이다.

랭스턴은 블루스나 재즈 음악가가 되고 싶다는 꿈을 한 번도 가져본 적이 없지만 고등학교 시절부터 블루스와 재즈를 듣는 것에서 더할 수 없는 행복을 맛보았고, 컬럼비아 대학에 다닐 때는 흑인 뮤지컬을 관람하느라고 용돈을 탕진했다. 그는 시를 쓰기 위해 블루스의 맥박을 감지하고자 했으며, 재즈의 리듬을 언어의 리듬으로 바꾸기 위해 애썼다. 그가 소련에 체류했던 1932년의 일이다. 공산당원이면서 훗날《한낮의 어둠》으로 유명해진 아서 케스틀러가 "왜 당신은 당에 가입하지 않느냐"고 묻자, 랭스턴은 "러시아에서는 재즈가 공식적으로는 퇴폐적인 자본주의 음악이라고 거부되고" 있다면서, "혁명을 위한다는 명분으로 자기가 좋아하는 음악을 포기할 수는 없기 때문"이라고 대답했다.

그의 시는 "블루스의 음조의 진수"를 포착하고 있다거나 "언어로 된 재즈"라는 평가를 받는다. 하지만 영어의 운율을 모르는 한국 독자들이 번역 시로 랭스턴의 특성을 느끼기란 거의 불가능하다. 다음은 그가 쓴 〈빌리 홀리데이를 위한 노래〉의 한 대목이다. "무엇이/노래와 슬픔으로 가득한 내 가슴을/씻어줄 수 있겠는가./슬픔의 노래 이외의/무엇이/내 가슴을 씻어줄 수 있겠는가."

64. 음악적 보수주의와 정치적 진보주의

《레너드 번스타인》
배리 셀즈, 함규진 옮김 | 심산, 2010

자주 가는 도서관에서 배리 셀즈의 《레너드 번스타인》(심산, 2010)을 발견했다. 레너드 번스타인이라면 잘 모를 독자도 있겠지만, 그는 헤르베르트 폰 카라얀만큼 유명한 지휘자다. 특히 그가 1960년대에 구스타프 말러의 교향곡 전곡을 최초 녹음하면서 일으킨 '말러 붐'은 현재까지 이어지고 있는데, 2005년에 서울시립교향악단의 예술감독이 된 정명훈이 2010년부터 열성을 기울인 것도 '말러 사이클'이다.

1918년 미국 보스턴에서 태어나 1990년에 타계한 번스타인은 미국이 낳은 20세기의 '문화 영웅' 가운데 한 사람이다. 하버드 대학에서 음악 이론과 철학을 전공하고 커티스 음악원에서 지휘를 공부한 그는 스물다섯 살이던 1943년부터 지휘와 작곡에서 명성을 쌓았다. 하지만 제2차 세계대전이 끝나고 미·소 냉전이 시작되던 1950년대 초반에 그는 미국 내의 어떤 오케스트라도 지휘할 수 없었을뿐더러, 해외 활동에 필요한 여권까지 빼앗겼다. 정치학자인 지은이는 번스타인 사후에 비밀 해제된 FBI의 '번스타인 파일'을 바탕으로, 그의 경력에서 공백 처리된 몇 년간의 수수께끼를 풀었다.

번스타인이 대학생이던 1930년대 중반은 미국에서는 루스벨트의 뉴딜 정책이 실시되고 독일과 이탈리아에서는 파시즘 체제가 기틀을 잡아가던 때였다. 이런 국내외 정세는 미국 내 지식인들과 노동자들을 진보 운동에 가세시켰고, 사회주의나 공산당도 미국에서 기지개를 켰다. 예술계의 사정도 다르지 않아서 자본주의 문명과 미국 사회의 치부를 폭로하는 온갖 장르의 작품이 이 시기에 쏟아졌다. 번스타인은 재즈, 가스펠 같은 미국 민중의 음악적 자산과 노동자 계급을 한데 묶을 수 있는 음악 이론 작업을 하면서 창작에 열중했다.

비밀 해제된 문서를 보면, 번스타인은 좌파 예술 단체와 정치 운동에 열성적으로 참여했던 대학 시절부터 FBI의 감시를 받았다. 최초의 기록에 따르면, 그는 하버드 대학에 자생하는 '빨갱이 집단의 실질적 지도자'였다. 그러나 이런 사실이 그의 성공을 막지는 못했다. 그때는 미국의 우파 세력이 '빨갱이'로 경원시했던 루스벨트가 대통령이었던데다가, 파시즘과의 일전이 확실한 상황에서 소련은 미국의 중요한 우군이었다. FBI가 작성한 '빨갱이 리스트'가 괴력을 발휘하기 시작한 것은 제2차 세계대전이 끝나고부터였다. 소련의 핵 실험 성공(1949)과 중국의 공산화(1949)에 연이은 한국전쟁(1950)이 매카시즘과 연결되면서 '빨갱이 사냥'이 불붙었다.

1950년대에 벌어진 빨갱이 사냥을 매카시 개인의 '빨갱이 공포증'에 전가하는 것은 한참 모자란 해석이다. 미국 우파와 공화당은 루스벨트의 뉴딜적 요소를 뿌리 뽑기 위해 매카시와 하원의 반미활동조사위원회를 이용했다. 미국 유수의 CBS 방송과《라이프》지의 블랙리스트에 오른 번스타인은 반미활동조사위원회의 소환 앞에 전전긍긍했다. 그는 여동생에게 쓴 편지에서 '감옥에 보낸다는 위협 앞에서 친구들을 팔지 않을 용기'와 '증언대에 서게 될 때 옳다고 믿는 일을 할 용기'를 갖기를 소망했다. 다행히도 그는 반미활동조사위원회에 출두하는 대신 서면으로 "본인은 공산주의자가 아닐뿐더러 결코 공산주의를 추종하지 않았으며, 의심이 가는 조직과 혹시 관계가 있다면 단지 '별 의미 없는' 접촉이었고, 그들의 진의를 모르는 상태에서 생각 없이 접촉했을 뿐"이라는 진술서를 쓴 뒤 요주의 인물에서 놓여났다.

여러 종의 번스타인 전기는 그를 '속아 넘어간 공산주의자'로, 그의 정치 참여를 젊은 시절의 치기로 기술한다. 하지만 번스타인은 반미활동조사위원회의 압박을 받고 지휘봉과 여권을 빼앗겼던 몇 년간을 제외하고는 한 번도 정치 활동을 중단한 적이 없었다. 그는 1964년 흑인 민권 운동의 기폭제가 된 셀마 대행진에 참여했고, 베트남 전쟁 반대 운동에 줄곧 힘을 실었다. 또 유대인임에도, 이스라엘이 웨스트뱅크에 유대인 정착촌을 건설하자 팔레스타인 아랍인의 생존권을 청원했다.

이 책을 읽다 보면, 시모어 마틴 립셋의《미국 예외주의》(후마니타스, 2006)가 저절로 떠오른다.《미국 예외주의》에서 우파 정치학자인 지은이는 "왜 미국에는 사회주의가 없는가?"라는 질문을 내놓고 그에 대한 해명을 시도했다. 결론은, 평등하고 계층 상승의 기회가 열려 있는 자유로운 사회가 혁명을 필요 없게 했고, 경쟁적인 양당 구도가 사회주의의 설 자리를 없앴다는 것이다(양당은 표를 얻기 위해 진보의 의제를 가로챘다). 반면 이 책은 번스타인이 오페라로 만들려고 했던 '사코·반제티 사건'과 같은 사회주의에 대한 철저한 탄압이야말로 미국 예외주의의 숨은 원리라고 폭로한다.

《레너드 번스타인》 원저의 부제는 "한 미국 음악가의 정치적 삶"인데 번역본에서는 이것이 "정치와 음악 사이에서 길을 잃다"로 둔갑했다. 하지만 번스타인은 결코 그 사이에서 길을 잃은 적이 없다. 그가 작곡을 하기 시작한 1930년대에 그의 앞에는 쇤베르크류의 아방가르드(무조 음악)와 스트라빈스키류의 신고전주의라는 두 갈래 길이 놓여 있었다. 정치적 진보주의자였던 그는 의외로 당대의 미학적 진보였던 무조 음악을 비판하면서, 미국 음악의 모태인 흑인 음악(재즈)을 이용해 미국의 국민 음악을 만드는 길을 선택했다. 이에 대해 지은이는, 그의 음악적 보수주의는 정치적 진보주의와 함께 간 것이었다고 강조한다. 번스타인은 조성 음악이 '윤리적 도시 국가'를 구현하는 수단이라고 간주하면서, 진보에 대한 여하한 희망을 포기한 사람들이나 무조 음악을 옹호한다고 보았다.

2011년에 서울시향 예술감독직 재계약을 앞두고 '과다 급여' 논란에 휩싸였던 정명훈은, 심경을 묻는 기자에게 "나는 신문을 안 본다. 아침에 일어나 악보를 보고, 집에서 나와 연습을 하고, 다시 집에 가서 요리하는 사람이다"라고 대답했다. 그의 답변은, 우연히도 1950년대의 미국을 묘사한 《레너드 번스타인》의 한 대목을 떠올리게 한다. "정치는 고위층의 전유물"이고, "질서 유지는 공공기관의 검열, 비밀경찰, 그리고 범법자를 서슴없이 장기형에 처하는 사법부의 몫"이며, "새로운 중산층 계급은 이념적으로 논란의 여지가 없는 건전한 유흥을 즐기며 가족과 생계, 그리고 개인의 삶을 보다 윤택하게 만들어줄 상품을 소비"한다. 이런 세계에서 우리는 차츰 축생畜生이 되고, 자나 깨나 정명훈처럼 살고 싶어진다.

65. '시나트라 히스테리'
—전기처럼 감염되는 흥분 상태

《프랭크 시나트라—세기의 목소리》
앤터니 서머스 · 로빈 스원, 서정협 옮김 | 을유문화사, 2011

와우! 이렇게 재미있는 평전이! 앤터니 서머스와 로빈 스원의 《프랭크 시나트라—세기의 목소리》(을유문화사, 2011)를 읽으면 이런 탄성이 저절로 나온다. 사실 이 책을 읽기 전까지, 프랭크 시나트라는 내게 특별한 인상이 없는 팝 가수였다. 나만이 아니라, 이 글을 읽는 대부분의 독자에게도 그럴 것이다. 시나트라라면 그저 오륙십대 아저씨들이 노래방에서 애창하는 〈마이 웨이〉를 부른 가수나, 제임스 존스의 소설을 가지고 프레드 진네만 감독이 만든 영화 〈지상에서 영원으로〉(1953)에서 몽고메리 클리프트의 친구로 나오는 말썽쟁이 안젤로 마지오 역으로 더 잘 기억할 것이다. 그것도 아니라면, 여름철에 간간이 듣게 되는 〈섬머 와인〉을 리 헤이즐우드와 함께 불렀던 낸시 시나트라의 아버지로 기억하는 팬도 혹 있을지 모르겠다.

하지만 이 책 뒤에 붙어 있는 재즈 칼럼니스트 김현준의 간명한 해설에 따르면, 시나트라는 빙 크로즈비나 프레드 아스테어 같은 정통파 백인 남성 재즈 가수의 뒤를 이어 토니 베넷, 멜 토메와 함께 1960년대 전후의 백인 남성 재즈계를 삼분했던 가수다. 스윙이 강하고 리듬감 있는 음악에서는 시나트라보다 훨씬 앞서 입지를 굳혔던 빙 크로즈비나, 그와 비슷한 시기에 음악 경력을 쌓은 멜 토메가 한 수 위라고 평가되지만, "그가 남긴 극단적으로 느린 발라드"들은 "천의무봉"의 매력을 지녔다.

시나트라의 할아버지는 마피아로 유명한 시칠리아에서 태어나 마흔세 살 때 미국으로 이민했다. 그의 할아버지가 미국으로 건너오기 전에 살았던 곳은 시칠리아 남서쪽 구릉 지대에 위치한 레르카라 프리디라는 마을로, 그는 미국 지하 세계의 우두머리이자 '현대 마피아를 창시한 사람'이라고 정의되는 러키 루치아노와 같은 마을 사람이었다. 이런 배경은 연예계에서 성공한 시나트라를 평생 따라다닌 구설의 원인이 되었고, 실제로 시나트라는 마피아의 후원으로 초기 경력을 쌓아갈 수 있었다.

뉴욕 맨해튼에 정착한 할아버지는 온갖 허드렛일을 하다가, 뉴욕 시민들이 즐겨 찾는 근처의 해변 휴양지 호보컨으로 옮겨서 작은 식료품점을 차렸다. 시나트라는 1915년에 호보컨의 이탈리아 마을에서 태어났는데, 그 시대에 이탈리아인은 흑인, 유대인, 동구 이민자와 함께 미국 사회의 최하층을 차지하고 있었다. 이탈리아인들은 먼저 미국에 도착한 독일인들과 아일랜드인들에게 업신여김을 받았고, 남부에서 흑인들이 린치를 당하던 시대인 20세기 초에 미국인들은 이탈리아 사람을 백인으로 여기지 않았다. 이탈리아 사람들은 다른 인종이 다니는 교회에 다닐 수 없었고, 천한 일을 해야 했으며, 경찰에 괴롭힘을 당해야 했다. 시나트라가 어린 시절부터 보고 겪은 이런 차별은 그에게 두 가지 결과를 남겼다. 하나는 그가 자기 보호 욕구에 충실한 거의 본능적인 공격성을 가지고 폭력을 행사하곤 했다는 것이고(소란을 즐기는 정도가 아니었다), 다른 하나는 흑인 지위 향상을 위해 초인적인 노력을 기울였다는 것이다.

시나트라의 가계에는 전문 음악가가 없었지만, 그의 가족은 많은 이탈리아인들이 그런 것처럼 음악을 즐겼다. 시나트라의 삼촌은 열다섯 살 때 그에게 우쿨렐레를 사주었고(1930년대의 젊은이들에게는 이 악기가 최고로 인기가 많았다. 기타는 몇십 년이 지나서야 이 악기의 인기를 따라잡을 수 있었다), 그는 그것을 익혀 학교의 농구 시합 중간에 연주하며 세레나데를 불렀다. 그때 환호성이 계속 나와서 그는 노래를 멈출 수 없었다. 그러나 시나트라가 1학년 때 중퇴한 고등학교의 한 교사가 훗날 증언한 바에 따르면 "야망이라고는 도저히 찾아볼 수 없었"던 그는, 열일곱 살에 고등학교를 작파하고 신문사 사환, 조선소 공원, 출판사 짐꾼, 선박 청소부로 잠깐씩 일했다. 당시의 그의 꿈은 대중음악, 라디오 쇼, 영화에서 최고 우상이었던 빙 크로즈비가 되는 것이었으나, 그에게는 지역 밴드 말고는 연예계로 진출하는 데 필요한 끈이 없었다.

모든 이민자 사회에는 그 사회의 궂은일을 맡아 하고 단합을 도모하는 '마당발'이 있게 마련이고, 이민자 사회의 마당발은 주류 정치계와 지역 사회를 접속하는 중요한 역할을 한다. 시나트라를 과보호한 어머니가 그런 존재였다. 그의 어머니는, 염원했던 뉴욕

근처의 러스틱 캐빈 클럽의 오디션에 떨어져서 몇 시간이고 흐느끼는 아들을 보고 자신이 구축한 연줄을 동원했다. 그것은 나이트클럽과 거기에 연계된 연예계를 지배하고 있는 고향 사람들의 힘을 빌리는 것이었다.

그 결과 시나트라는 자기 목소리를 방송으로 실어 나를 수 있는 조건이 된 러스틱 캐빈 클럽의 직원이 될 수 있었는데, 그는 거기서 웨이터와 사회자로 일하면서 노래도 불렀다. 이것이 그와 마피아 사이의 '첫 단추'였는데, 표면적으로 드러난 그의 후견인은 어머니와 잘 알던 호보컨 출신의 지역 마피아 단원이었지만, 그 위에는 러키 루치아노의 두 심복인 프랭크 코스텔로와 윌리 모레티가 있었고, 최종적으로는 금주법이 종료된 다음 음악·극장·영화 산업을 장악하기 시작한 마피아가 있었다. 이후, 시나트라는 고비마다 고향 사람들의 도움을 받았다. 특히 시나트라가 미국 최고의 밴드라고 스스로 치켜세웠던 토미 도시 밴드와 맺은 계약을 2년이나 앞서 파기한 1942년, 그가 버는 수입의 3분의 1을 평생 차지할 수 있었던 토미 도시로부터 그를 자유롭게 해준 것도 윌리 모레티 일당이었다.

토미 도시 밴드에서 자유롭게 되기 한 해 전인 스물여섯 살 때, 시나트라는 대학생을 대상으로 한 인기 조사에서 남자 가수 1위로 뽑혔다. 그때부터 미국 사람들은 그와 빙 크로즈비를 놓고 우열을 가리는 열띤 토론을 벌이기 시작했지만, 추는 금방 시나트라에게로 기울었다. 스물일곱 살 되던 해에 그는 '보비삭서bobbysoxer'라고 불리는 십대 초중반 여학생들을 몰고 다녔는데, 대중음악사는 그

현상을 10년 뒤의 엘비스 프레슬리 팬들과 1964년의 비틀스 팬들이 보인 우상 숭배의 기원이라고 기록하고 있다.

평전의 재미는 평전의 주인공이 내면적으로나 외향적으로 얼마만큼 극적으로 살았는지에 좌우된다. 그런 점에서 시나트라의 평전은 '바른 생활 사나이' 같았던 재즈 피아니스트 빌 에번스의 평전과는 비교를 불허한다. 그가 흑인 인종 차별과 대적해 싸운 일화와, FBI와 반미활동조사위원회가 그를 공산주의자로 옭아매기 위해 갖은 수를 쓰는 가운데서도 꿋꿋하게 '사회적 약자'들을 위한 정책을 지지하고 실천한 것은 깊은 감동을 준다. 그리고 여기 시시콜콜히 다 적을 수 없는 여성 관계와, 그를 통해 드러나는 케네디 가와 J. F. 케네디의 은밀했던 사생활도 이 책에서 눈을 떼지 못하게 한다.

1960년대 말부터 재즈에 바탕을 두었던 가수들은 팝으로 전향하기 시작했고, 시나트라도 대세를 따르지 않을 수 없었다. 하지만 대중의 귀는 이미 록 비트에 길들고 말았고, 그는 고리타분한 팝 가수가 됐다. 그러나 유튜브YouTube를 통해 쉽게 들을 수 있는 그의 대표곡들은 우리를 놀라게 한다. 작은 성량과 절제된 호흡 속에 얼마나 강한 호소력과 절묘한 스윙감이 살아 숨 쉬는지!

66. 친구

《수상한 음파 탐지기》
한음파 | 텍스트, 2010

텍스트 출판사에서 '우리 시대 젊은 만인보'라는 이름으로 출간하고 있는 이삼십대 젊은이들의 자서전 시리즈를 재미있게 읽고 있다. 열여섯 번째로 나온《수상한 음파 탐지기》(텍스트, 2010)의 지은이는 한음파인데, 한음파는 사람이 아니라 록 그룹 이름이다. 네 명의 '한음파' 멤버가 현재도 진행형인 자신들의 밴드 생활을 각기 회고하고 있는 이 책은, 대한민국의 소년이 어떻게 록 음악을 발견하고 밴드를 만들게 되며, 또 새로운 음악을 만들고 연주하면서 좀 더 나은 음악을 찾아가게 되는지에 대한 현장성 높은 보고서다. 1976년생 둘과 1977년생 둘로 구성된 이 밴드의 멤버들은 고등학교 때부터 밴드를 한 만큼, 이미 중학교 때부터 음악적 기호가 뚜렷했다. "중학교에 들어간 나는 헤비메탈을 듣기 시작했다. 이른바 '메탈 키드'가 된 것이다. 당시에는 머틀리 크루Motley Crue를 비롯해서 메탈리카Metallica · 메가데스Megadeth 같은, 기타를 전면에 내세운 음악을 즐겨 들었다. 실제로도 보컬 목소리나 다른 악기보다

기타 사운드에 집중하면서 음악을 듣곤 했다. 나도 모르는 사이 기타에 대한 동경이 점점 커졌다."(박종근).

초등학교 때 중학생이던 형이 치다가 싫증이 나서 팽개쳐둔 기타를 만지작거리며 기타리스트를 꿈꾼 박종근과 달리, 베이시스트인 또 다른 멤버의 음악 이력은 중학교 때부터 광적으로 빠져들었던 레코드 수집에서 시작한다. "기나긴 하굣길에는 다섯 번의 유혹이 날 기다리고 있었다. 당구장, 오락실, 이런 곳들이야 친구들과 몰려가는 곳이니 일단 패스. 혼자 걸어가는 길에서 가장 큰 유혹은 바로 다섯 군데의 레코드 가게들이었다. 여기를 지나치는 게 오락실을 안 가는 것보다 훨씬 어려웠다. [……] 문제는 이렇게 자주 레코드 가게에 들러 LP나 테이프를 사 모아도 내 호기심을 채우기엔 턱없이 부족했다는 사실이다. 좋아하는 뮤지션이 생기면 그 사람의 디스코그래피를 모두 채우고 싶은 욕심. 앨범이 멋있으면 아무 정보도 없이 마구 사고 싶은 욕심. 재고 정리하는 가게에서 떨이로 파는 음반은 그냥 다 사들이려는 욕심. 음반을 살수록 욕심만 늘어났다. 그렇지만 굉장히 잘사는 집 아들도 아니고 한 달에 참고서 몇 권 정도 살 돈으로는 내 욕심을 결코 채울 수 없었다. 아쉬운 대로 팝 음악만 틀어주는 라디오 방송을 들으며 거기에서 나오는 팝 음악의 정수를 공 테이프에 하나씩 담기 시작했다."(장혁조).

한편 기독교 집안에서 태어나 복음 성가를 들으며 자란 드러머는, 중학교 때 친한 친구가 록 음악이 담긴 카세트테이프를 선물하자 "싫어. 록은 사탄의 음악이야"라면서 듣지도 않고 다시 돌려주었다. 그러다가 친구가 자신의 미니 컴포넌트 옆에 몰래 놓고 간 헬

로윈Helloween의 〈Live In The U.K.〉를 호기심에서 들어보게 된다. "나는 엄청난 드럼 소리에 심장이 멎는 듯했다. 곧 힘차고 리드미컬한 기타의 리프 소리가 질주하듯 박차고 나온다. 으아아! 〔……〕 테이프를 다 듣고 나서야 몸에 힘이 풀리면서 감탄사를 연발했다. 아, 이런 거였구나. 이런 거였어."(백승엽).

같은 고등학교에 다니던 박종근과 백승엽은 학예회 때 학생들의 노래자랑에 반주를 해주기 위해 밴드를 급조했다. 이후 동네 록 그룹 콘서트에서 만나 알게 된 이정훈(보컬, 마두금)과 뒤늦게 합류한 장혁조가 낀 '심고사'(심장병을 고친 사람들)라는 밴드를 만든다. 그들을 의기투합하게 만든 것은 펄잼Pearl Jam을 좋아한다는 음악적 공통분모였고, 실제로 심고사는 '펄잼 카피 밴드'로 맨 처음 이름을 알렸다. 그때가 홍대 인디 음악계가 막 형성되기 시작한 1995년 무렵이었다.

하지만 심고사는 가장 뜨겁고 참신했다는 1997～1999년 무렵의 홍대 인디 음악계에 서지 못했다. 모든 것이 잘 굴러가던 최고의 시절, 한 멤버 앞으로 징집영장이 나온 것이다. "혁조 형의 군대 영장으로 우리 모두는 깊은 고민에 빠진다. 고민하고 또 고민한 끝에 지금의 멤버 가운데 한 사람이라도 빠지면 안 된다는 결론을 내렸다. 어차피 다들 언젠가는 가야 하는 군대인 만큼 다 같이 입대해서 비슷한 시기에 제대하기로 했다. 그렇게 한다면 지금의 멤버로 계속 음악을 하는 데 큰 어려움은 없을 터였다. 한두 달 차이로 앞서거니 뒤서거니 입대를 했다. 그리고 1999년 6월 멤버 전원이 민간인 신분으로 재회한다."(박종근).

제대를 하고 다시 만난 멤버들은 카피 밴드를 벗어나 자신들만의 음악을 만들고자, 아르바이트를 한 돈으로 연습실을 마련하고 악기와 장비를 설치했다. 그리고 밴드 이름도 새로 지었는데, 한음파라는 밴드명은 이름을 짓기 위해 고심하던 중에 보컬리스트가 쥐고 있는 마이크의 상표를 보고 그대로 따라 쓴 것이다. 이즈음에 와서는, 처음에는 마냥 즐거워서 시작했던 음악이 모두의 삶에서 제일 중요한 일이 되었고, 다른 어떤 일보다 밴드 활동이 우선시됐다. 심고사 시절에는 그저 공연이 재미있어서 무대 위에서 한바탕 신나게 놀았다면, 한음파로 출발한 뒤에는 무대가 더 이상 즐거운 놀이터일 수만은 없었다.

한음파는 단 1년 만에 홍대 인디 음악계에서 유명해졌고, 2001년 4월에는 멤버들이 공동으로 작곡한 〈초대〉, 〈매미〉, 〈도미노〉, 〈독설〉을 가지고 EP 앨범을 만들었다. 그런데 함께 밴드를 하기 위해 단체 입영까지 했던 이 밴드는 너무 쉽게 해체됐다. "너무 지친 나머지 이 생활에 대한 환멸감마저 느껴졌다. 아무 의미 없는 지루한 연주들이 계속되었다. (……) 무언가 새로운 것을 만들고 연주하는 재미가 사라졌다는 표정으로 서로의 얼굴을 쳐다보았다. 서로에게 어떤 나쁜 말도 할 수 없는 소심한 관계. 상처 주지 않기 위함이었나, 그러면서 받는 상처가 더 큰데 말이다. 곪아가는 상처를 웃음으로 외면하고 있다는 것을 그때까지는 아무도 몰랐다."(장혁조).

첫 번째 EP 앨범이 기대한 만큼의 반응을 얻지 못한 데서 온 상처와 작업실을 잃어버린 불편한 환경 속에서 강행하던 두 번째 EP

앨범 작업 중에 누군가의 입에서 나온 "잠깐 쉬자"라는 말이 기약 없는 해체로 이어졌다. 그사이 멤버들은 자격증 시험에 매달리거나 대학원에 진학했고, 중국과 호주로 떠났다. 《수상한 음파 탐지기》는 해체된 밴드의 멤버들이 다시 만나자는 아무 약속 없이, 어떻게 6년 동안 밴드에게 "돌아갈 시간"(이정훈)을 재면서 자기들만의 음악을 꿈꾸었는지를 감동 깊게 보여준다.

67. 자알 헌다, 임방울!

《임방울—우리 시대 최고의 소리 광대》
전지영 | 을유문화사, 2010

전지영의 《임방울—우리 시대 최고의 소리 광대》(을유문화사, 2010)는 세 가지 층위로 읽을 수 있다. 첫째는 제목이 가리키는 바와 같은 임방울 전기. 둘째는 판소리에 대한 소고. 셋째는 기존의 판소리 담론이나 전기물에 대한 반성. 이런 분류는 이 책을 읽은 사람의 편의일 뿐, 지은이는 이 세 층위를 잘 융합해놓았다.

임방울(1905~1961)은 오늘의 광주광역시 광산구 도산동에 해당하는, 전라남도 광산군 송정읍 도산리에서 태어났다. 부계는 비가비 광대(세습 광대 집안 출신이 아닌 광대)였고, 모계는 무속인이었다. 판소리 연구자들은 호남에서 발생하여 서울을 거쳐 전국으로 확산된 판소리의 기원을 호남 지역의 세습무世襲巫에게서 찾는데, 이는 김창환, 조몽실, 공창식, 김연수 등의 호남 출신 판소리 명창들이 모두 무속 집안과 관련 맺고 있다는 점으로 입증된다. 또 서편제 대가이면서 이동백, 송만갑과 함께 일제강점기 동안 원로 명창으로 이름을 드날렸던 김창환이 임방울의 외숙이었다는 사실은,

임방울에게 영향을 준 집안이 모계라는 판단을 굳히게 한다.

모든 전통 연행이 그렇듯이, 판소리 역시 어려서는 자신이 사는 지역의 선생에게서 기초를 닦고, 다음에는 그보다 더 유명한 선생을 찾아다니며 자신에게 모자라는 기술이나 스승의 비기를 전수받는다. 이렇게 선생을 찾아다녀야 하는 것은 판소리의 특성 때문이다. "판소리는 악보에 의해 배우지 않고 스승이 한 대목 먼저 불러주면 제자들이 따라 부르는 방식으로 전수된다. 판소리는 워낙 변화무쌍하고 목 쓰는 기교가 어려워서 실제로 악보로 배우기가 불가능한 분야이기도 하다." 게다가 판소리는 소리꾼의 역량에 따라 기존의 장단과 선율, 가사를 다른 '바디'로 새로 짤 수 있다('받았다' 혹은 '받은 것'이란 뜻을 가진 바디는 영어 '버전'에 해당하는 우리말이다). 이 때문에 소리를 배우기 위해 여러 선생을 찾아다니는 것이 그 시절에는 자연스러웠다.

서편제 명창으로 알려진 임방울 역시 똑같은 과정을 거쳤다. 그는 어느 인터뷰에서 "14세 때부터 창에 취미가 있어 명창 박재실 선생에게 〈춘향전〉, 〈흥보전〉을 배웠다"고 밝혔는데, 임방울과 같은 시기에 소리를 했던 사람들 중에 박재실이라는 인물을 아는 이는 없다. 이후 임방울은 서편제의 적통 가운데 한 사람인 공창식, 동편제 명창 장판개, 동편제 대가이면서 자신만의 〈수궁가〉 바디를 만든 유성준에게 배웠다. 이런 사실이 가르쳐주는 것은, "당시까지만 해도 더 나은 소리를 완성하기 위해 다양한 선생을 찾아 학습하는 것은 당연"하게 여겨졌다는 점이다. 하지만 1964년 무형문화재 제도가 만들어지고 국악과가 대학에 개설되면서부터 "다른 선생을 찾아가는 것이 금기시되고 선생 입장에서도 자신의 제자와 남의 제자를 엄격하게 구분"하게 되었다. 지은이는 "이런 현상은 판소리 발전을 위해서도 그다지 바람직하지" 않다면서, 오히려 "임방울이 학습하던 시기가 판소리 전승을 위해 훨씬 더 합리적인 시대"였다고 주장한다.

지역의 무명 선생과 전국의 유명 선생을 찾아다니며 기본기를 닦는 것만으로 명창이 되지는 않는다. 명창이 되기 위해서는 독공獨工을 통해 자신만의 목소리를 완성해야 한다. 독공은 깊은 산중이나 폭포 앞에서 목을 수련하는 일인데, 보통 몸이 상하지 않는 봄과 여름을 택해서 이루어진다. 소리꾼의 목소리는 험난한 연마 과정을 거쳐 완성되지만, 연마를 그치거나 관리에 소홀하면 금세 그 목소리를 잃게 된다. 그래서 득음을 유지하기 위해서는 생애에 단 한 번이 아니라 수시로 독공을 해야 하며, 이러한 점에서 독공은 선가의 돈오점수를 연상하게 한다. 임방울은 변성기가 온 17세 때, 매형이 지어준 토굴 속에 들어가 꼬박 백 일 동안 독공을 했다.

1929년 9월, 도산리의 이름 없는 청년이었던 임방울은 매일신보사가 주최한 전국명창대회에 참가하고자 서울로 향했다. 그는 거기서 〈쑥대머리〉로 1등을 거머쥐었고, 여세를 몰아 경성방송국에 진출한다. 임방울의 입상 배경과 방송 출연에는 고종의 총애 덕에 국창國唱이라는 명성을 얻게 된 외삼촌 김창환의 후원이 없지 않았지만, 임방울이 입상한 그날부터 곧장 당대 최고의 인기 명창이 된 것은 오로지 준비된 그의 실력 덕분이었다. 스물다섯 살이던 그해 11월, 임방울은 일본으로 건너가 첫 녹음을 했다. 그것을 시작으로 그는 총 120곡이 넘는 유성기 음원을 녹음했고, 〈쑥대머리〉와 〈호남가〉는 각각 120만 장씩 팔렸다는 소문이 떠돌았다.

판소리는 우조와 계면조가 중심적인 악조를 이루는데, 우조는 꿋꿋하고 우직하게, 계면조는 나긋나긋하고 사무치게 불러야 한다. 그런데 임방울은 "우조도 계면조로 바꿔 부르는 것이 다반사"였다. 비유하자면, 밝고 힘찬 록 넘버를 청승맞은 트로트로 바꿔 불렀다는 말이다. 이 때문에 임방울에 대한 평가는 지금도 엇갈리는데 "최고의 명창이라는 찬사와 계면 일변도의 통속화된 소리를 했다는 비판"이 맞서고 있다. 임방울을 폄하하는 사람들은 계면조가 우조보다 소리의 격이 낮고 얄팍하다거나, 일제강점기의 패배주의적 정서와 야합한 것이라고 여긴다.

하지만 지은이의 생각은 퍽 다르다. "계면조의 예술성은 우조보다 낮지 않으며, 다만 우조에 비해 계면조가 대중에게 좀 더 호소력이 있을 뿐이다. 그리고 우조와 계면조는 서로 뽐내는 멋이 다를 뿐, 우열의 차이가 있는 것은 아니다. 〔……〕 계면조의 소리를 잘하고 우조를 계면조로 바꾸어 부를 수 있다는 것 역시 뛰어난 음악성이 전제되지 않으면 불가능하다." 지은이는 임방울의 계면조가 일제강점기의 한을 표출한 것이라거나, 나아가 판소리가 통째 '한의 미학'이라는 규정을 거부한다. 계면조에서 느껴지는 한은 계면조 선법에서 오는 효과이지 일제강점기의 산물이 아니며, 계면은 호남 지역 기층 음악의 핵심적 음 조직일 뿐, 그것만으로는 판소리가 지닌 희로애락의 다양한 모습을 온전히 드러내지 못한다는 것이다.

임방울을 비롯한 일제강점기의 소리꾼들은 겨우 60년 전 사람들이다. 그럼에도 불구하고 이들의 삶과 예술은 신비와 설화로 채색되어 있으며 영웅 서사시를 방불케 한다. 근대화 과정 속에서 천대받고 잊히게 된 판소리 예술의 반작용이 그 원인으로, 소리꾼과 애호가들은 대중 사회로부터의 소외와 궁핍을 보상받고자 "유명 선배 예인들의 행적에 신화적 덧칠"을 하거나 그들에 대한 잘못된 기억을 방치한다. 그럼으로써 "자신이 담당하는 예능의 사회적 가치"를 상승시킬 수 있다고 믿는 것이다. 지은이 전지영은 임방울 평전을 쓰는 데 있어서 일체의 설화성과 신비화를 걷어내고자 했다.

*** 사족**

나는 을유문화사에서 나오는 '현대 예술의 거장' 시리즈에 한국 예술가가 들어가야 한다고 생각해 사장을 설득했다. 내가 첫 번째로 추천한 사람이 임방울인데, 출판사 측에서 필자를 찾아달라고 해서 나는 판소리 관련 서적의 필자를 모두 검토해봤다. 서점에서 볼 수 있는 판소리 관련서의 필자는 거의 다 국문과 교수다. 추측건대, 이들은 국문과에서 '판소리계 소설'을 공부하면서 '판소리'를 접한 사람들이다. 나는 이들은 음악을 모른다고 생각한데다가 전지영의 《갇힌 존재의 예술, 열린 예술》을 흥미롭게 읽었기에 처음부터 전지영을 염두에 두고 있었다.

68. 취미는 '이중생활'

《오디오의 유산》
김영섭 | 한길사, 2008

동화책과 장난감은 아이들 차지다. 그런 것들은 어른이 되면 버리는 것이다. 이렇게 생각하는 어른들이 많다. 하지만 어른들에게도 동화책과 장난감이 필요하다. 오디오 잡지, 자동차 잡지, 카메라 잡지……등이 바로 어른들의 동화책이고 장난감이다. 아이에게 그렇듯이 어른에게도 동화책과 장난감은 싱싱한 꿈이 솟아나게 한다.

모름지기 동화책은 그림이 많고 읽을 게 적어야 한다. 그뿐 아니라, 그림 옆에 적힌 글을 읽지 않더라도 감흥이 줄지 않아야 하고, 무엇인가 상상을 하게 만들어야 한다. 내 인생 최고의 동화책인 김영섭의 《오디오의 유산》(한길사, 2008)에는 글이 적지 않지만, 나는 그걸 정독하여 읽은 적이 없다. 이 책은 아예 동화책이 되고자 가로와 세로가 30센티미터에 육박하는 판형으로 만들어졌고, 매 쪽마다 훌륭한 사진이 가득 실려 있다.

여기에 실려 있는 오디오는 모두 지은이가 현재 가지고 있거나 한 번씩 사용해본 것들이다. 그런데 이 책은《허제의 명반산책 1001》처럼 '분발해야겠다!'라는 각오를 불러일으키지 않았다. 한 순간도 그런 적이 없었다고 하면 거짓말일 테지만, 그런 전투욕은 좀체 생겨나지 않았다. 여기 나오는 명기들은 어느 것 하나도 내가 만만하게 손에 넣을 수 있는 것이 아니었다. 우선은 가격 면에서 그랬다. 그리고 설령 함부로 쓸 수 있는 몇천만 원의 돈을 가지고 있더라도 운이 따라주지 않으면 평생 알현하지 못할 옛 기기도 많다. 그걸 갖기 위해서는 상당한 시간과 정열을 바치지 않으면 안 된다.

사막 속에 우물이 있다. 내가 범접할 수 없는 명기들 속에, 나도 사보고 써본 것이 있다. 이 책 313쪽에 나오는 엠파이어598 턴테이블이 그것이다. 이 제품은 1997년쯤 대구의 건들바위 근처에 있는 오디오점에서 50만 원에 샀다. 집에 오디오를 좋아하는 친구들이 놀러 오면 나는 꼭 이 쪽을 펼쳐서 보여주는데, 찾기 좋으라고 아예 포스트잇을 붙여놓았다. 이마저 없었다면 이 동화책은 얼마나 잔혹했겠는가?

언젠가 취미에 대한 짧은 글을 쓴 적이 있다. 거기서 나는 취미의 본질을 '공공연한 이중생활'이라고 보았다. 우리나라에서 이중생활이라면 흔히 기혼자의 불륜을 꼽는데, 실은 취미야말로 어느 것보다 악질적인 이중생활이다. 불륜과 취미의 다른 점은, 전자가 남에게 들키지 않게 은밀히 하는 반면에 후자는 아예 드러내놓고 한다는 것. 취미란 아주 뻔뻔스럽다.

불륜이 항상 누군가에 대한 도덕적인 죄책감을 동반하는 반면, 취미에 빠진 자들은 언제나 결백을 주장한다. '나는 적어도 다른 여자(남자)를 만나지는 않았다'는 것이다. 게다가 그 취미가 오디오나 음악 취미인 경우, '나의 취미는 술이나 도박처럼 건강을 해치거나 패가망신을 자초하는 나쁜 취미와는 다르다'는 자부심마저 더해져 더욱 당당하게 군다. 그뿐 아니라, 이 투명한 이중생활자들은 도리어, 자신을 이해하지 못하는 배우자나 주위 사람들에게 자신이 핍박받는다고 느끼기까지 한다. 그래서 이들의 동호회는 결속력이 높다.

공공연한 이중생활에 남편(아내)을 빼앗긴 배우자는 그것만으로도 억울한데, 거기에 더하여 자신이 남편(아내)의 공공연한 이중생활을 잘 보필하고 있지 못한 것은 아닌가 하는 자책마저 하게 된다. 스스로를 이해심이 모자란 사람으로 몰아가는 것이다. 오디오나 음악 같은 것에 빠져 공공연한 이중생활을 하는 남편(아내)을 바라보는 배우자의 심정은 거의 지옥이다. 배우자를 꼬드겨낸 상대가 사람이라면 머리채라도 잡아 뜯겠는데, 이놈은 실체가 없는 '취미'라네!

어떤 경우, 취미는 그 사람의 상처이기도 하다. '나 말이야, 어릴 적에 전축이 있는 옆집 친구가 그렇게 부러웠어. 그런데 우리 집은 가난했거든……' 혹은 '음악이 너무 듣고 싶었는데 아버지가 너무 무서웠거든……'. 어떤 사람의 취미가 그 사람의 상처나 결핍과 연관되어 있을 때, 우리는 그 사람의 취미를 미워하기 힘들다. 취미 삼아 살인을 저지른 유영철 정도면 결코 용서할 수 없지만, 그 지경이 아니고는 오히려 이해하고자 노력하거나 최소한 면죄하거나 방기하게 된다.

바둑이든 등산이든 낚시든……취미는 외설스럽기 짝이 없다. 그런데 오디오나 음악 취미는 열거한 취미보다 더 외설스럽다. 등산이나 낚시는 저 외설스러운 이중생활을 그나마 밖에서 한다. 무형의 애인이 집 밖에 있는 형국이다. 그런데 오디오와 음악 취미는 무형의 애인을 아예 집 안에 들여놓는다는 것. 이만큼 뻔뻔하고 외설스러운 세계도 또 없다.

취미라는 공공연한 이중생활은 배우자를 안심시키면서 자신만의 '사적 연애'를 맛보기 위한, 자유의 행사이다. 그래서 배우자와 한 번씩 이중생활에 동행할 수는 있지만, 배우자가 그걸 같이 하자고 넘보면 이중생활로서의 취미에 대한 열기가 식는다. 그 때문에 오디오나 음악 감상에 미친 사람들은, 좌우 스피커와 삼각 꼭지를 이루는 '오디오 룸' 복판에 아예 단 하나의 의자만을 놓아둔다. '내 의자는 왜 없어?'라고 묻는 '배우자-타인'에게(타인이다!) 그가 내놓는 답변은 안 들어도 뻔하다. '최적의 음질을 들을 수 있는 스위트 스폿sweet spot은 한 점밖에 없거든.'

남녀 관계가 위계적이어서, 아내는 남편의 취미에 무력하기 일쑤지만 남편은 아내의 취미를 단속한다. 워낙 부부 관계가 평등하지 못해서이기도 하고, 여성에 대한 남성의 성적 불안감 내지 독점욕이 더 크기 때문이기도 하다. 그래서 취미는 물론이고, 아내가 종교를 갖는 것까지 극구 방해하는 남편도 많다.

나는 이 책의 지은이를 비롯한 내로라하는 오디오 애호가들의 시청실에서 억대에 가까운 소리를 동냥해보았다. 거기서 들을 때는 흥감하지만, 그 체험은 여행과 똑같다. 우리는 아무리 좋은 곳에

갔더라도 집에 돌아와서는 '우리 집이 최고다!'라고 말하지 않는가? 내가 지은이의 집에서 음악을 듣고 집으로 돌아왔을 때도 그랬다. 내 오디오 소리가 최고야! 동화책에 푹 빠졌다가도 금방 현실로 돌아오는 아이들의 능력은 마술에 가깝다. 아이들에게 그런 마술적인 능력이 없다면 모두 정신 분열을 앓을 것이다. 어른은 아이가 자란 것에 불과하다.

69. 나는 오디오를 통해 인생을 배웠다

《소리의 황홀》
윤광준 | 효형출판, 2001

윤광준의 《소리의 황홀》(효형출판, 2001)이 나오자 제꺼덕 이 책을 샀었다. 그때는 작가 생활 15여 년 만에 처음으로 집필실이라는 것을 만들어 집에서 그곳으로 출퇴근을 하던 시절이었다. 7평도 채 안 되는 작은 공간에 550만 원이나 되는 인테리어 비용을 쏟아붓고서 줄곧 음악만 들었으니, 아예 음악 감상실이었다. 집에는 매킨토시 MC6900, 코플랜드 CTA401, 유니즌 리서치 SIMPLY TWO 등속의 앰프와 와디아23 CD 플레이어, 그리고 JBL 4425, 플로악 Tablette 50 Signature, AR 2ax 따위의 허다한 스피커가 넘쳐났으나 고르고 골라 집필실로 가져온 것은 아담했다. 피셔250 TX 앰프와 토렌스 TCD 2000 CD 플레이어를 연결하고, 천장에 보스121 스피커를 달았다.

나는 어두컴컴한 카페에 앉아 있다가 멀리서 반짝이는 커피 추출기의 붉은 램프를 보고 오디오인 줄 알고 벌떡 일어나 구경을 하러 달려갔던 얼빠진 사람인데다가, 영화를 보다가 화면에 오디오가 비치면 갑자기 두 눈의 럭스lux가 밝아지는 사람이다. 다른 사람들은 허진호 감독의 영화 〈봄날은 간다〉를 어떻게 감상했는지 모르겠지만, 나는 직업 음향 기술자인 상우가 어떤 음향기기를 사용하는지에만 신경이 곤두섰다. 직업 음향 기술자가 소니나 티악 같은 일제 음향기기를 쓰면 국제 영화제에 나가서 비웃음을 당하거나 '테크니컬 감점'을 당할 텐데……. 아, 그런데 나그라NAGRA가 아닌가? 소품의 완성도까지 돌보는 우리는 이제 '촌놈'이 아니다! 혼자 뿌듯했던 이 기분은 오직 오디오파일audiophile들만이 알아줄 것이다.

이런 사람에게 《소리의 황홀》 같은 책은, 대학생들을 온통 '빨갱이'(?)로 물들였다는 1980년대의 이념 서적보다 더 무섭다. 그래서 나는 거의 한 달 동안이나 쓰다듬으며 보던 이 책을, 집필실에 놀러 온 선배에게 선뜻 건네주고 말았다. 마크 레빈슨, 제프 롤런드, 패스, 골드문트……다른 사람에게 저 보석 같은 이름을 가진 역병을 몰래 옮기고 저 혼자 살아남겠다는 듯이 말이다. 그런데도 이 책은 내가 자주 들르는 구립 도서관의 음악 관계 서가를 기웃거릴 때마다 나를 손짓해 불렀다.

오디오파일을 일컬어 '재생 기기를 통해 득음'의 경지를 추구하는 사람이라고 한다. 이런저런 이유로 음악 감상의 대부분을 재생 수단(LP · CD, 라디오 등)에 의지한 사람들에게, 현장의 감동을 내 집에서 재현해보려는 욕구는 당연한 것이다. 그뿐 아니라, 어떤 오디오파일의 궁극은 연주회장의 원음을 복원하는 게 아니라 보다 특화된 자신만의 소리를 찾는 데로 향한다. 말하자면 오디오파일은, 원음 재현을 목표로 삼는 리얼리스트와 자신만의 이상적인 음을 추구하는 모더니스트로 나누어지는 것이다. 이쯤에서 모더니스트라고 할 수 있는 지은이의 '주체 사상'에 귀 기울여보자.

"오디오는 음악과 기기, 인간 세 축으로 이루어진다. 음악성이 빠진 오디오는 공허하다. 오디오적인 섬세함이 빠진 음악도 마찬가지다. 이 균형을 유지하는 나는 진정한 주체다. 오디오란 스스로 만들어가는 사운드의 완성을 통해 음악의 도취를 이끌어내는 작업이다. 결국 인간의 문제다. 수많은 사람들의 취향과 고뇌가 얽혀 있는 오디오는 그 이면에 숱한 이야기를 담고 있다."

모든 음악 애호가나 음악 관련 종사자들이 죄다 오디오파일의 선동에 동의하는 것은 아니다. 이 책에도 나오는 재즈 평론가 김진묵의 예와 같이, '리얼리스트냐 모더니스트냐?'라는 논란 자체를 거부하면서, 그저 소리만 나면 됐지 그 이상 무엇이 필요하냐고 생각하는 사람들도 많다. 단지 오디오파일이 아닐 뿐, 음악을 사랑한다는 점에서는 하등 뒤지지 않는 이 신념범들 또한 두 갈래로 나눌 수 있다. 하나는, 기계보다는 오로지 CD나 LP에만 혈안이 된 레코드 컬렉터. 이들은 '세상은 넓고 모을 디스크는 많다'는 확신으로 사방 벽은 물론이고 집안 전체를 CD나 LP로 발 디딜 틈 없이 만든다. 둘은, 음악을 들으려면 실제 연주의 감동을 느끼는 것이 최고라는 라이브live파. 이들은 LP든 CD든 오디오를 통해서 흘러나오는 소리를 '통조림에 든 음식'과 같이 취급하면서 억만금의 오디오에서 흘러나오는 소리보다 실황 연주가 주는 감동이 훨씬 크다고 강조한다. 이 두 부류는 오디오파일만큼 돈이 들지는 않는 것 같지만,

'마니아'의 경지에 들면 오십보백보다.

오디오 취미가 천하의 역병인 것은 무엇보다 지은이의 말처럼 오디오란 "들인 돈만큼 정확하게 소리를 들려준다"는 데서 오는 유혹 때문이겠지만, 오디오 취미만큼 '디드로 효과diderot effect'를 강요하는 것도 없다는 점 또한 이유다. 18세기의 프랑스 철학자 드니 디드로는 어느 날 친구에게 서재용 가운을 선물받았다. 그가 그것을 걸치자 집 안의 모든 풍경이 새 가운과 어울리지 않았다. 그래서 그는 책상과 책장, 커튼 등을 차례로 바꾸다가 결국은 멀쩡했던 온 방 전체를 바꾸고 말았다. 이 책에도, 좋은 CD 플레이어가 나왔다는 오디오 숍의 전화를 받고 와디아를 산 지은이가 새 CD 플레이어의 뛰어난 수준을 기존의 앰프와 스피커의 성능이 받쳐주지 못한다는 이유로 제프 롤런드를 넘본 경험담을 적고 있다. 실제로 이런 식의 시험에 드는 것은 오디오파일에게는 흔하고 사소한 일에 지나지 않는다.

세상에는 여러 바보가 있지만, 그 가운데 최고의 바보는 '남한테는 있는데 나에게는 없는 것을 부러워하는 사람'이다. 모두들 대학교를 나왔는데 나는 왜 고등학교밖에 다니지 못했을까, 누구에게는 돈 많은 부모가 있는데 내게는 왜 그런 부모가 없을까, 나는 왜 장동건이나 고소영만큼 잘생기지 못했을까……. 남에게는 있고 나에게는 없는 것을 부러워하는 사람은 단연코 불행한 사람이다. 그런 사람은 무엇을 해도 행복하지 않다. 그럼에도 불구하고 나는 이 책을 쓴 지은이의 직업이 부러웠다. 본업은 사진이지만 오디오 평론을 겸업하고 있는 그의 작업실에는 고가의 최신 오디오가

리뷰어용으로 들락날락한다. 하지만 미루어 짐작건대, 책을 읽고 독후감을 쓰는 것이 생업인 사람의 독서가 즐겁지 않듯이, 의무적으로 시청기試聽記를 써야만 하는 지은이 역시 고역일 게 분명하다. 그러므로 솔직히 말하자면, 부러운 것은 오디오 평론가라는 지은이의 직업이 아니라, 거금을 들여 오디오 편력을 할 수 있었던, 내게 없는 그의 재력이다.

그러나 지은이도 부자는 아니었다. 오디오를 통해 인생을 배웠다는 그는 "'절실하게 필요할 땐 가질 수 없고, 가질 수 있을 땐 그 필요가 절실해지지 않는' 쌍곡선의 비애가 바로 삶"이며, 바로 그렇기 때문에 "인간에게 유보시킬 행복은 없다"고 말한다. 그리고, 행복을 향한 열정은 "어떠한 희생을 감수하더라도 지금 당장 충족시키고자 할 때 힘을 갖는다"며, 먼저 저지르라고 말한다. 그러면 그 때문에 더 열심히 살게 된다면서!

70. 흑인 음악의 원천은?

《다인종 다문화 시대의 미국 문화 읽기》
태혜숙 | 이후, 2009

태혜숙의 《다인종 다문화 시대의 미국 문화 읽기》(이후, 2009)는 미국 안의 대표적 에스닉ethnic 집단인 인디언, 흑인, 치카노(멕시코계), 아시아계를 중심으로 미국의 역사, 문학, 영화, 대중음악을 분석한다. 이 책에서 지은이가 분석의 잣대로 취하고 있는 것은 '비판적인 다인종 다문화 관점'이다. 이것은 다양성과 이질성을 평등하게 인정하는 자세를 취하는 '다문화' 관점과 상당히 다르다. 인종의 다원성과 이질성을 인정하는 것에 그치는 다문화 담론은 문화적 다양성을 존중한다는 '정치적 올바름'의 태도 아래, 자유민주주의와 개인주의의 승리를 선언하고 시장의 완벽성을 과시한다. 반면에, 비판적인 다인종 다문화 관점은 다문화주의 담론에 의해 순치된 다인종 사회 속의 차별과 지배 전략을 드러내고자 한다.

대중음악에 100여 쪽의 분량을 할애한 지은이는 "음악은 시대와 문화를 반영하면서 동시에 형성한다. 음악은 문화와 정치가 고찰되고 판단되는 맥락을 수립한다. 사회의 형식과 관심이 음악에 각인된다"라는 전제에서 출발한다. 그런 끝에, 대중음악에는 "성적·인종적·계급적 정체성, 인종차별주의, 성차별주의, 국가의 저항 정치, 지구화의 효과"가 어쩔 수 없이 스미게 되어 있다는 결론에 도달하는바, 음악사회학적 사고에 익숙한 독자에게는 새삼스럽지 않은 결론이다.

20세기 서양 음악의 중요한 특징은 클래식 음악이 대중음악에 자리를 내주었다는 것인데, 여기서 견인차 역할을 한 것이 미국 대중음악이다. 미국 대중음악의 특징은 19세기의 유럽 예술 음악, 영국·독일·이탈리아·프랑스 등 각국에서 유래된 민요적 요소, 아프리카 흑인 음악, 아메리카 인디언과 아시아와 라틴아메리카 여러 나라들의 민속 음악 등이 융합됐다는 것이다. 하지만 그중에서 가장 지속적이고 강력하며 결정적인 역할을 한 것은 흑인 음악이다. 그 때문에 아놀드 쇼는 《미국의 흑인 대중음악》의 서문에 "20세기 미국 대중음악은 19세기 미국 대중음악, 또 그 전의 미국 음악이 없었다면 결코 존재할 수 없었다. 미국 대중음악의 역사를 거슬러 올라가다 보면 그 근원에는 흑인 음악이 도도하게 자리 잡고 있다"라고 썼으며, 태혜숙도 따라서 "미국 대중음악사 자체가 새로운 시대의 추세를 따르는 백인 음악가와 청중들이 흑인 문화의 스타일과 가치들을 재발견하여 대중음악을 원기왕성하고 풍성하게 만들었던 역사적 변천의 지속적인 과정이라고 해도 과언이 아니다. 미국 대중음악을 18세기부터 20세기 말에 이르는 300년의 장구한 역사 속에서 폭넓게 본다면, 흑인 음악은 미국 대중음악의 원천이자 거대한 맥이다"라고 쓴다.

미국 흑인 음악의 출발점은 17세기 말, 미국 남부 노예 농장에서 흑인 노예들이 부른 노동요와 '들판의 고함 소리field holler'로 거슬러 올라간다. 전자에서 나타나는 독창 선창자와 응답 합창군 사이의 교창 관계(부름과 응답), 후자에서 보이는 고음 팔세토와 외침, 부름, 독백, 감탄과 같은 음성적 요소는 이후 흑인 음악의 중요한 자산이 된다. 흑인 음악인 노동요는 발생 이후 100년간 백인 음악과 아무런 교류를 이루지 못했으나, 18세기 초 미국 백인 사회에서 일어난 '대각성 운동Great Awakening'이라는 종교 부흥 운동과 접촉하면서 최초의 아프리카계 미국 음악 양식인 흑인 영가를 만들어냈다. 그 후 흑인 음악은 재즈, 블루스, 리듬 앤드 블루스, 소울 등으로 이어지거나 분화되었다.

미국 대중음악사를 바라보는 지은이의 기본 관점은, 흑인이 기본적인 음악 스타일을 만들어내면 백인이 그것을 상업화하는 패턴이 반복되어왔다는 것이다. 재즈와 로큰롤은 물론이고 펑크와 랩마저 그런 과정을 밟았다. "재즈의 탄생과 발전을 통해 원래 흑인들의 음악 스타일이었던 것을 백인들이 각색하고 종합하여 주류 음악 흐름으로 만드는 패턴이 확립되기 시작한다." "백인들이 리듬 앤 블루스 양식을 수용하는 데는 커버 신드롬Cover Syndrome 현상, 즉 히트한 흑인 리듬 앤 블루스 음악을 백인 가수가 뒤쫓아 다시 녹음하는 현상을 거쳐야 했다. [……] 미국 전역에서 백인 가수와 백인 십대 청중이 백인이 커버한 리듬 앤 블루스 음악에 폭발적인 관심을 보였다. 미국의 다양한 지역들(대부분 남부)의 백인 십대들은 이러한 음반을 통해 리듬 앤 블루스를 접했으며, 그것에 열광했다.

백인들은 리듬 앤 블루스에서 새로운 흥분과 전자성, 비트를 간파했다. 엘비스 프레슬리는 백인 음악인 컨트리에다 리듬 앤 블루스의 이러한 면모를 절묘하게 섞어 넣음으로써 흑백 음악의 융합을 극적으로 만개시켰다."

지은이는 "하루 종일 춤추며 즐기자는 것 이상의 무엇을 창조하지 못"했다고 엘비스 프레슬리를 비판하거나, "'민중에 대한 그들의 이야기는 건전한 부르주아의 신화"라는 등으로 밥 딜런을 비롯한 백인 주류 음악계의 스타들을 비판한다. 이런 사정은 이 책의 의도를 다시 되새기게 해준다. "1970년대 이후 록의 실험적 갈래들(포크 록, 모던 포크, 안티 포크, 하드 록, 인디 록, 펑크, 소울, 헤비메탈, 하드코어 등)은 성적인 에너지로 가득한 노래를 들려주었지만 록의 지배적인 섹슈얼리티는 남성이었다. 다른 분야와 마찬가지로 록에서도 여성이 '부재'하거나 '배제'되었고 백인 청년 중심의 반란이었던 록에는 미국 사회 전반에 팽배한 백인 우월주의적 성차별주의가 배어 있었다."

이 간략한 미국 대중음악사에서 가장 읽을 만한 부분은 랩 음악에 관한 기술이다. 힙합 문화의 음악적 표현인 랩은 서아프리카의 구전 전통에 닿아 있으면서, 앞서 열거된 모든 아프리카계 미국 음악의 전통과 연관되어 있다. 또한 랩은 미국 아프리카계 음악의 최신 유행이자 지류이면서, "중상층 백인들에게만 일자리와 성공을 허용하는 사회 구조"와 "대학 교육뿐 아니라 학업, 적절한 주거, 오락 행위, 음악 레슨에 접근을 거부당한 흑인" 젊은이들의 사회정치적, 역사적 경험에서 나온 대항적 문화 영역이다. 하지만 흑인 남성들의 랩은 백인 우월주의적이고 자본주의적인 가부장제 감성에 종속되면서 퇴행적이고 모순적인 양태를 띠기도 한다. 반면, 지은이가 공들여 기술한 여성 래퍼들은 흑인 남성 래퍼들보다 더 의식적으로 주류 사회와 지배 담론에 대항한다.

흑인 문화를 관통하는 것은 '영성spirituality'이라고 말하는 지은이는, '전 지구적 자본주의 가부장 체계'를 극복할 원리로 백인 문화에는 없는 그것을 든다. 그러면서, 흑인 음악이 미국 대중음악을 이끌 수 있었던 이유는, 지성적인 '문화적' 접근을 특징으로 하는 백인 문화와 달리 '근육 운동 지각적kinaesthetic'이라는 데 있다고 말한다. 백인 음악가들이 흉내 낼 수 없는 정서적 효과와 대중의 참여 본성을 끌어내는 데 탁월한 흑인 문화의 이러한 특성은, 그들이 겪었던 고통스러운 역사와 현재도 지속되고 있는 사회적 차별과 무관하지 않다.

71. 로큰롤 랭보

《여기서는 아무도 살아 나가지 못한다》
제리 홉킨스 · 대니 슈거맨, 조형준 옮김 | 청담사, 1992

《반역의 시인, 랭보와 짐 모리슨》
월리스 파울리, 이양준 옮김 | 사람들, 2001

올리버 스톤의 영화 〈도어스The Doors〉(1991)는 제리 홉킨스와 대니 슈거맨이 함께 쓴 《여기서는 아무도 살아 나가지 못한다》(청담사, 1992)를 바탕으로 만들어졌다. 짐 모리슨에 관한 가장 정평 있는 전기인 이 책은, 짐이 아르튀르 랭보의 생애와 시에 심취했다는 것을 알려준다. 열다섯 살 때부터 짤막한 시작詩作 메모를 했던 짐은 미국에서 가장 유명한 록 스타가 된 이십대 후반에, 열아홉 살의 나이에 시작詩作을 완성하고서 북아프리카로 사라진 랭보에게 매혹되었다. 하지만 올리버 스톤은 짐이 랭보나 니체에게 반했던 사실보다, 죽은 인디언의 혼이 자신의 몸속으로 들어와 자신이 '인디언 샤먼'이 되었다는 짐의 환각에 더 이끌렸다.

월리스 파울리의 《반역의 시인, 랭보와 짐 모리슨》(사람들, 2001)은 제목에 나온 그대로, 랭보와 짐 모리슨의 삶과 예술을 동가에 놓고 비교한 평전이다. 지은이는 미국 듀크 대학교 불문학 교수로 프루스트 · 랭보 · 말라르메 · 지드 · 클로델 · 스탕달 · 생 종 페르스를 연구하고 가르쳤으며, 미국에서 처음으로 랭보의 전집을 번역했다. 평생 프랑스 문학을 연구한 학자이면서 독실한 가톨릭 신자인 그가 짐을 알게 된 계기는 무척 흥미롭다.

지은이가 번역한 랭보 전집이 나온 해는 1966년이다. 그 후 몇 년 동안 그는 그 시집을 읽은 사람들로부터 여러 통의 편지를 받았는데, 그 가운데는 현재 듀크 대학교 도서관 박물관에 보관되어 있는 다음과 같은 것도 있었다. "월리스 파울리 씨께. 랭보 번역집을 내주셔서 감사합니다. 제 불어 실력이 신통찮은 관계로 이런 게 꼭 필요했거든요. 저는 록 가수입니다. 교수님이 번역하신 책은 언제나 저와 함께 있습니다." 하지만 이 편지를 받았을 때 지은이는 짐의 존재를 몰랐고, 학생들에게 "짐 모리슨이 누구지?"라고 묻는 바람에 창피를 당했다. 그도 그럴 것이 그때 지은이의 나이는 예순이었다.

그런 일이 있고서도 지은이는 짐의 음악을 들어볼 생각이 없었다. 그가 도어스의 앨범을 듣게 된 것은 1980년대에 들어서였다. 그는 자신의 강의를 듣는 유명 농구 선수가 경기가 있을 때마다 매번 자신이 경기를 관람할 수 있도록 경기장 매표소에 자신의 표를 맡겨놓았던 것에 대한 감사(?)의 표시로, 그 선수가 읽어보기를 권한 《여기서는 아무도 살아 나가지 못한다》를 읽게 된 것이다. 앞서 말한 것처럼 그 책에는 짐이 랭보의 작품을 자주 읽었다는 얘기가 여러 군데 나왔고, 지은이는 자신이 번역한 랭보 전집에 대해 짐이 편지를 보냈던 사실을 다시 떠올렸다. 예순이 넘은 노학자가 도어스의 앨범을 듣고 짐의 가사를 평가한 것은 그때부터였다. 도어스의 음악을 들어보고서 "짐 모리슨의 노랫말은 랭보로부터 영향을 받았음을 감지"한 그는, 이후 랭보와 짐 모리슨 또는 시와 로큰롤 음악에 대한 세미나와 강좌를 열었다.

1854년생인 랭보는 신앙심 깊고 고지식한 어머니 밑에서 끊임없는 질책을 받으며 자랐다. 육군 대위였던 남편이 종적을 감추자, 랭보의 어머니는 사라진 남편에 대한 원망을 아들에게 투사했던 것이다. 부모의 사랑을 받지 못한 조숙한 천재들이 그러하듯이 랭보는 어린 나이에 어린이의 자연스러운 천성을 상실했고, 일찌감치 자신의 초상을 '지상에 유배된 천사'로 설정했다. 그가 열다섯 살에서 열여섯 살 사이에 쓴 것으로 추정되는 〈저녁의 기도〉에는 "나는 이발사에게 맡겨진 천사처럼 앉아 있다"라는 구절이 나오는데, 천사가 주로 흰옷을 입는 것으로 표현되듯이, 여기서 랭보는 이발소 의자에 앉아 흰 가운을 둘러쓴 자신을 천사와 연결시키고 있다. 이 '천사 이미지'는 스스로가 용인한 소외와 반항의 낙인이면서, 자신의 타락에 대한 사람들의 도덕적 비난을 덜어주는 장치다. 지은이는 1970년대의 히피들과 록 싱어들이 랭보가 사용한 천사 이미지에 매료되었으며, 히피를 뜻하는 '플라워 칠드런flower children' 역시 천사 이미지의 변용이라고 본다.

'지상에 유배된 천사'를 자처한, 말라르메가 "주목해보아야 할 통행자"라고 일컬었던 랭보의 삶은 반항으로 점철되어 있다. "랭보는 일상에 반항했다. 철이 들면서 그는 가족(정확하게는 가족 중의 한 사람)에게 반항했고 샤를빌 중학교의 교사들에게 반항했고 노트르담 교구 소속 마을 성당의 사제들에게 반항했고 샤를빌이라는 지역 사회에 반항했고, 열너덧 살에 시를 쓰기 시작하면서부터는 급기야 19세기 프랑스 시단에 반기를 들었다."

1943년생인 짐 모리슨의 유년은 랭보와 흡사하다. 미 해군 역사상 최연소 제독이었던 짐의 아버지는 아들을 낳자마자 임지로 배치되어 가족을 보살피지 못했다. 어머니 밑에서 기지촌을 전전하면서 자란 유년이 그의 오이디푸스 콤플렉스를 어떻게 지배했는지는 확실하지 않지만, 조지 워싱턴 고등학교에서 짐에게 영어를 가르쳤던 선생은 제임스 조이스의 《율리시스》를 읽고 이해했던 유일한 학생으로 짐 모리슨을 기억한다. 랭보와 거의 같은 나이에 시를 쓰기 시작한 그는 고등학교를 졸업하고 UCLA 영화학부에 입학했는데, 그때 캘리포니아에는 비트 세대beat generation의 철학과 히피들이 그득했다. 짐은 거기서 삐딱하기로 소문난 일당과 어울려 다녔고, 훗날 프랜시스 코폴라 감독의 조수가 된 데니스 제이컵과 랭보의 생애에 대한 영화를 만들 계획을 세우기도 했다.

도어스가 음악 활동을 할 때, 많은 밴드가 사랑과 평화를 노래했다. 반면에 도어스는 성과 죽음에 대해 노래했다. 폭력과 정념을 주제로 삼은 랭보의 시와 짐의 가사에서 유사점을 찾기도 한 지은이는, 랭보와 짐이 추구했던 '추醜의 시학'을 이렇게 평가한다. "예술은 추한 존재에게도 매력을 부여하고 아름다움을 가져다준다. 그것이 예술이 지닌 힘이며 자랑거리다." 그리고 추를 미로 변환시킨 예술 작품은 길이 남지만, 그런 일에 봉사한 예술가는 가혹한 운명을 받아들여야 한다. 이른 나이에 절필을 선언하고 아프리카행을 택한 랭보와, 인기의 절정에서 밴드를 방치한 채 파리행을 택한 짐은 그런 가혹함으로부터 도피한 것이었을까?

여러 사람 앞에서 자신이 만든 노래를 들려주는 고대의 전통은 트루바두르troubadour라고 불린 12세기 남프랑스의 음유 시인들에게까지 전승되었다. 랭보가 노래를 했다는 기록은 없지만, 다행히도 짐은 자신이 쓴 시를 노래로 지어 불렀다. 지은이는 짐을 트루바두르의 후예로 자리매김하는 한편, 기성 사회에 안주하지 못했던 랭보와 짐을 부아유voyou로 명명한다. 악당, 깡패, 건달을 지칭하는 부아유라는 단어에는 범죄의 색채가 짙은 나쁜 행동이라는 뜻도 담겨 있다. 어릿광대이자 떠돌이이기도 한 부아유 가운데 12세기에 나온 작자 미상의 시 〈노트르담의 곡예사〉로 처음 모습을 드러낸 부아유는 프랑수아 비용과 아르튀르 랭보로 이어졌다. 미국 중산층의 규범을 거부하고 섹스, 마약, 록 음악을 결합한 새로운 반항을 시도한 짐 모리슨은 더 이상 설명이 필요 없는 '부아유 시인'이었다.

72. 러시아 록의 전설

《태양이라는 이름의 별—빅또르 최의 삶과 음악》
이대우 | 뿌쉬낀하우스, 2012

"빅또르 최의 삶과 음악"이라는 부제가 붙은 이대우의 《태양이라는 이름의 별—빅또르 최의 삶과 음악》(뿌쉬낀하우스, 2012)은 러시아 록의 전설이라는 빅토르(빅또르) 최의 간략한 평전이다. 빅토르 최는 1962년에 레닌그라드(현 상트페테르부르크)에서 태어났는데, 러시아의 한인 4세로 태어난 그를 설명하기 위해서는 그의 집안 내력을 잠시 살펴볼 필요가 있다. 그의 할아버지 최승준은 원주 출신으로, 구한말에 부모와 함께 블라디보스토크 지역으로 이민한 것으로 추측된다. 그랬다가 스탈린의 소수 민족 분산 정책에 따라 카자흐스탄 크질오르다 시로 강제 이주를 당한 게 1937년이다. 최승준은 거기서 4남 1녀를 두었는데, 둘째 아들 로베르트가 빅토르의 아버지다.

한국인에게 독특한 유전자가 있다면, 아마도 그것은 높은 교육열일 것이다. 최승준은 그 자신 수만 명의 고려인들이 세운 크질오르다 시의 고려인사범대학을 졸업한데다 자식들에게도 고등 교육을 받게 했다. 그 덕택에 로베르트도 대학을 마치고 엔지니어가 되었다. 1960년대 초반이던 당시에는 때마침 스탈린에 이어 흐루쇼프가 서기장이 되면서 가혹했던 소수 민족 차별 정책이 완화되어, 고려인도 레닌그라드나 모스크바에서 직장을 구할 수 있게 되었다.

카레이스키(고려인)라고 불리는 러시아의 한인들에게는 될수록 다른 민족과 피를 섞지 않으려는 순혈주의가 강했으나, 레닌그라드에는 고려인들이 거의 살지 않아서 로베르트는 이례적으로 그곳 출신의 백계 러시아 여성인 발렌치나 바실리예브나와 결혼을 했다. 그렇게 해서 빅토르 최가 태어났다. 빅토르 최는 동양계가 흔치 않은 레닌그라드에서 검은 머리칼과 까만 눈으로 지내기가 힘들었는지, 과묵하고 얌전하게 소년 시절을 보냈다. 특기할 만한 점은 교사인 어머니의 영향으로 어려서부터 독서에 취미를 붙였다는 것인데, 그의 독서열은 성인이 되어서도 지속되었다. 소년 시절부터 책을 끼고 산 것은 훗날 그가 노랫말을 쓰는 데 밑천이 된다.

교사인 어머니를 따라 학교를 세 번이나 옮긴 빅토르는 열한 살 무렵에 미술학교로 전학하게 되어 처음으로 그림을 접했고, 그 무렵 부모와 함께 모스크바를 방문하게 되어 트레티야코프 미술관을 구경했다. 이때 어린 빅토르는 진심으로 화가가 되고 싶은 열정에 사로잡혔다. 이 열정은 그가 음악가로 유명해져 바쁜 일정을 보낼 때에도 그림 작업을 계속하게 만들었고, 음반 제작에 필요한 삽화나 디자인을 모두 그가 직접 해결하게 해주었다.

트레티야코프 미술관 구경과 더불어 빅토르의 인생에서 중요한 계기가 된 것은, 미술학교에서 동급생 막심 파시코프를 만난 것이었다. 그는 빅토르를 자신의 집으로 불러 손수 기타를 치면서, 빅토르가 한 번도 들어본 적이 없는 영어 노래를 불렀다. 기타 위에서 자유자재로 움직이는 친구의 손가락과 낯설고 생소한 노래는 예술적 감수성이 풍부한 빅토르에게 적지 않은 충격을 안겼다. 파시코프가 부른 노래는 냉전 시대의 소련에서는 좀처럼 듣기 힘든, 블랙 사바스의 노래였다. 1974년 무렵, 소련 정부는 록 음악을 어느 정도 통제하기는 했으나, 젊은 세대 사이에서 록 음악이 이미 거스를 수 없는 대세가 된 만큼, 극단적인 사회 문제를 일으키지 않는 한 록 음악에 대한 적극적인 대응을 자제하고 있었다.

미술학교를 졸업하고 세로프 미술대학에 입학한 빅토르는 대학에서 낙제한 파시코프와 '제6병동'이라는 록 밴드를 만들었고, 레닌그라드 언더그라운드 음악계의 마당발이자 뮤지션인 파노프와 교류하게 된다. 하지만 2학년 진급을 기다리던 1학년 말, 빅토르는 학교로부터 석연치 않은 퇴학 통지서를 받는다. 빅토르와 그의 어머니는 그의 퇴학 처분이 로커에 대한 당국의 박해라고 믿었다. 소련 사회에서는 아무 일도 하지 않는다는 것은 반사회적인 범죄 행위였기 때문에, 대학에서 쫓겨난 빅토르는 곧바로 주물 공장 프레스공으로 취직했다. 하지만 외동아들을 아낀 어머니는 며칠 만에 빅토르를 야간 학교에 입학시켰다. 그때 그의 나이가 열여섯 살이었다.

빅토르가 파노프의 아지트를 들락거릴 때, 파노프는 빅토르를 채근해서 곡을 만들게 했다. 그것이 소련 사회에 적응하지 못하는 젊은이들의 초상을 솔직하게 형상화한 〈나의 친구들〉이란 곡이다.

빅토르의 가장 초기 작품 중 하나인 이 곡은 젊은이들 사이에서 인기를 누렸고, 자신감을 얻은 빅토르는 이때부터 자기 노래를 만들기 시작했다. 러시아에서 록 그룹의 이합집산은 너무 흔한 일이라서 그가 활동한 밴드의 역사를 여기 다 적지는 못하지만, 그를 러시아 록의 전설로 만든 것은 1982년에 결성되어 그의 여생과 함께한 '키노'(영화) 밴드다. 그는 이 밴드를 통해 최상의 창조력을 과시했고, 인기를 얻었으며, 비로소 다른 직장을 그만두고 음악에만 몰두할 수 있게 됐다.

러시아 록 음악에서 주목해야 할 특징은 수많은 록 그룹이 1960년대의 음유 시인들과 같이 문학적 전통에 깊이 닿아 있다는 것이다. 러시아 가수로 한국에도 꽤 알려져 있는 블라디미르 비소츠키의 예에서 보듯이, 러시아의 로커들은 가수이자 시인이면서 사회 비판가의 역할도 짊어졌다. 이 때문에 이들의 노래는 국가가 음반사를 독점하고 있던 구소련 시절에는 정식 음반보다 카세트 녹음 형식으로 은밀히 제작되고 유포되었다. 빅토르 역시 언더그라운드 문화의 선배 격인 음유 시인의 전통을 물려받아, 단순한 대중음악 가사가 아니라 완성도 높은 사회 풍자적 가사를 선율에 실었다. 이대우의 《태양이라는 이름의 별》은 빅토르 최의 삶과 음악을 소개했다는 선구적인 공도 있지만, 그보다는 본문 분량에 육박하는 빅토르의 가사를 알뜰하게 모아 번역해놓은 공이 더 크다.

블라디미르 비소츠키가 가수보다는 배우로 더 알려지기를 바랐듯이, 빅토르 또한 그에 못지않게 영화와 연기에 관심을 기울였다. 하지만 두 사람의 진정한 공통점은 뛰어난 작사 능력으로 시인의 위치에 올랐다는 것과 너무 이른 나이에 죽음을 맞았다는 것이다. 빅토르 최는 마흔두 살에 심장마비로 죽은 블라디미르 비소츠키와 경쟁이라도 하려는 듯, 스물여덟이라는 아까운 나이에 교통사고사를 당했다. 워낙 갑작스러운 죽음인데다가 빅토르의 체제저항적인 성향 탓에 KGB 관련설도 있지만, 지은이는 그런 음모론에는 동의하지 않는다.

73. 쿠바 음악의 힘

《내 영혼의 마리아》
오스카 이후엘로스, 정순주 옮김 | 고려원, 1993

오스카 이후엘로스가 두 번째로 발표한 장편 소설《내 영혼의 마리아》(고려원, 1993)는 1990년도 퓰리처상을 수상한 수작이지만, 우리나라 독자들에게는 안 글림처Arne Glimcher가 연출한 영화 〈맘보 킹The Mambo Kings〉(1992)으로 더 잘 알려져 있다. 하지만 그렇고 그런 영화에 불과한 〈맘보 킹〉은 원작이 갖고 있는 세심하고 풍부한 면모를 제대로 그리지 못했다. 1949년 쿠바(아바나)에서 미국(뉴욕)으로 이민을 온 카스티요 형제는, 1950년대 중반 미국을 달뜨게 했던 '맘보 붐'의 주역이 된다. 형 세자르와 동생 네스토르는 돈독한 형제애를 자랑하지만, 삶에 대한 태도는 완전히 달랐다.

첫사랑의 여인 마리아를 잊지 못하는 네스토르는, 한 번으로 영원히 완성되는 '사랑의 원형'을 추구한다. 이런 유형은 로맨스 소설의 주인공이 되기에는 적당하지만, 현실에서는 몽상가로 여겨지기 십상이다. 사랑의 원형이란 그야말로 이상적인 것일 뿐이기 때문이다. 네스토르는 자신의 몽상가적 기질을 잘 파악하고 있다. 그래서 델로레스와 연애를 하던 때에 그는 이렇게 말한다. “때때로 난 유령, 즉 투 사베스tu sabes라는 느낌이 들어요. 내가 정말로 이 세상에 속해 있는 것 같지가 않아요.” 그가 삼십대 중반의 나이에 갑작스러운 죽음을 당했을 때, 그를 아는 모든 친구들은 “난 이 세상에 속해 있는 느낌이 들지 않아”라는 그의 말버릇을 기억했다.

세자르는 공동묘지를 지나갈 때마다 “자 보라, 저기 미래가 있다”라고 농담을 하곤 했던 만큼, ‘오늘을 즐기라!’라는 계율에 충실했다. 그 결과 “아나, 미리엄, 베로니카, 비비안, 미미, 베아트리츠, 로자리오, 마가리타, 아드리아나, 그라시엘라, 죠세피나, 버지니아, 미네르바, 마르타, 알리시아, 레지나, 비올레나, 필라, 피나스, 마틸다, 쟈신타, 아이린, 홀란다, 카르멘시타, 마리아 데 라 루스, 에우랄리나, 콘치타, 에스메랄다, 비비안, 아델라, 이르마, 아말리아, 도라, 라모나, 베라, 질다, 리타, 베르콘, 콘수엘로, 엘러이사, 힐다, 후아나, 페르페투아, 마리아 로시타, 델미라, 폴로리아나, 이네스, 디그나, 안젤리카, 다이아나, 아센시온, 테레사, 알라이다, 마누엘라, 셀리아, 에멜리나, 빅토리아, 머시디즈, 그리고……”라고 나열해도 끝이 나지 않을 만큼, 숱한 여자와 사랑을 나누었다.

사랑에 대한 두 사람의 태도는 극과 극인 듯이 보이지만, 삶에 대한 태도만큼 다른 것은 아니었다. 네스토르가 한 여자를 향한 사랑 속에 세상의 모든 여자와의 사랑을 담았다면, 그와 반대로 세자르에게서는 셀 수 없이 무수한 여자들과의 사랑이 모두 하나의 사랑으로 수렴된다. 그랬다는 것은, 그가 동생이 죽기 전에 쓴 노래 가사를 자신의 유서 대신 적어놓았다는 데서 짐작된다. “마리아,

내 생명, 내 영혼의 아름다운 마리아." 예순두 살이 되도록 지치지 않고 여성을 찾아다녔던 그 또한 '마리아'로 불리는 사랑의 원형을 갈구했던 것이다. 그러므로 이질적인 것은 사랑에 대한 태도가 아니라, 세자르의 현세적인 인생관과 네스토르의 회의적인 인생관이었다.

《내 영혼의 마리아》를 쓴 오스카 이후엘로스는 카스티요 형제처럼 쿠바에서 미국으로 이민한 부모에게서 태어났다. 그런 까닭에 이 작품에는, 쿠바 혁명 이전에 미국에 둥지를 튼 쿠바 이민자들의 풍속도가 잘 묘사되어 있다. 하지만 그보다 더 진하게 그려진 것은, 1950년대의 미국 대중음악계를 풍요롭게 했던 쿠바 음악에 대한 살가운 애정이다. 직접 맘보를 연주하기도 한다는 작가는, 어려서부터 들어왔던 쿠바 음악에 대한 감사의 표시로 이 작품을 썼다. 라틴 음악과 재즈에 밝은 독자들은 이 소설에 등장하는 페레스 프라도, 몽고 산타마리아, 레이 바레토, 티토 푸엔테, 티토 로드리게스, 마치토, 에디 팔리에리라는 실명을 발견하고 흥겨움을 느낄 것이다.

쿠바는 야구, 시가, 사탕수수, 럼, 사회주의 혁명의 나라로 많이 알려져 있지만, 쿠바는 '음악의 섬'이기도 하다. 쿠바 음악의 다양성은 과히라Guajira, 룸바Rumba, 콩가Conga, 손Son, 단손Danzon, 맘보Mambo, 살사Salsa, 차차차Chachacha 등 갈피를 잡을 수 없는 여러 종류의 음악으로 증명되는데, 쿠바의 음악이 이처럼 다양해진 원인은 세 가지다. 첫째는 1492년 콜럼버스가 쿠바에 발을 디딘 이후에 진행된 에스파냐에 의한 식민 역사. 둘째는 카리브 해의 교통

요충지라는 지역적 특성. 세 번째는 원주민(크리올), 흑인, 유럽인(백인) 등이 어우러진 복잡한 인종 융합.

쿠바 음악의 특성 가운데 하나는 음악이 춤과 결합되어 있다는 것이다. 그래서 맘보, 살사, 차차차 등의 쿠바 음악은 음악의 명칭이자 춤의 명칭이다. 쿠바 음악의 이런 특성은, 대규모 농장에서 노예 노동을 해야 했던 흑인들의 유일한 여가 활동이 바로 춤이었던 아픈 역사에 기인한다. 천샤오추에의 《쿠바—잔혹의 역사, 매혹의 역사》(북돋움, 2007)에서 한 대목을 인용한다.

"노예 해방 전 흑인 노예들은 종교 행사에만 참여할 수 있었다. 그래서 종교 축제는 흑인들의 재능을 뽐낼 수 있는 유일한 통로였다. 이들은 평소와 다른 복장으로 최대한 화려하게 치장하고 아프리카 음률과 종교 의식에 사용하는 음악을 행진곡으로 사용하면서 쿠바 음악 장르를 만들어냈다. 〔……〕 쿠바 카니발은 문화의 역사이며 민족 음악의 요람이다. 본래 약소 문화는 강대 문화의 보조 혹은 단역에 머문다. 그러나 뜻하지 않게 강대 문화 안에서 모순적인 변화가 일어나면서 약소 문화가 주목을 받고 카니발의 주역으로 떠오르게 되었다. 약소민족은 주신 바커스의 신도처럼 음악의 매력에 빠져 하루빨리 불행이 지나가고 새로운 삶을 시작하기를 기원했다. 카니발의 매력은 바로 민중의 기대 심리에서 비롯된 것이었다. 적어도 카니발 때만은 희망 없는 억압된 삶에서 잠시 벗어나 삶의 고통을 잊을 수 있었던 것이다."

뜻밖이지만, 프랑스의 작곡가 비제, 생상스, 라벨은 직접 아바나를 방문해서 각기 하바네라habanera(아바나의 무곡)풍의 무곡을 작곡했다. 하지만 쿠바 음악의 더 큰 영향력은, 쿠바 혁명으로 100만에 가까운 쿠바 사람이 미국으로 이주하면서 미국 대중음악계에 쿠바 음악 열풍이 불어닥친 데서 확인할 수 있다. 쿠바 음악은 맘보처럼 쿠바 고유의 지역 음악으로 인기를 얻기도 했지만, 재즈나 로큰롤과 접합되면서 기존의 음악에 활력을 주거나 미국 음악 자체를 변용시켰다.

74. 보드카와 절인 청어가 간절해지는 목소리

《블라디미르 비소츠키》
장 마크 마리, 바다저작권회사 번역실 | 성림, 1990

1986년, 할리우드가 만든 반공·반소 선전물 하나가 우리나라에서 개봉됐다. 테일러 핵퍼드 감독의 〈백야White Nights〉(1985). 이념 선전이 낯간지럽긴 하지만 줄거리나 볼거리가 다 괜찮았던 그 시대의 수작으로, 서울에서만 36만의 관객이 보았다. 이 영화는 많은 화제를 낳았는데, 라이어넬 리치가 부른 주제곡 〈Say You Say Me〉가 1986년 아카데미 주제가상을 받은 것도 그 가운데 하나다. 라이어넬 리치의 노래가 명곡임은 분명하지만, 많은 관객의 인상에 박힌 노래는 따로 있었다.

영화 주제곡은 영화의 분위기를 한껏 살려주면서 줄거리의 중심을 잡아주어야 한다. 그렇다면 단연 미하일 바리시니코프가 키로프 극장에서 헬렌 미렌 앞에서 춤을 출 때 흘러나왔던 노래야말로 이 영화의 주제곡이라고 할 수 있다. 가슴을 쥐어뜯는 그 장면은 사랑했던 두 연인의 과거를 압축해주면서, 헬렌 미렌이 마음을 바꾸어 미하일 바리시니코프의 탈출을 돕는 전환점이 된다. 이때 흘러

나온 음악이 〈뒤로 가는 말Fastidious Steeds〉이다.

우리가 생전 처음 경험하는 무거운 탁성濁聲을 들려준 그 가수는 〈백야〉의 삽입곡으로 간신히 우리에게 알려졌지만, 사실 그는 오랫동안 구소련 국민의 사랑을 받아온 인기 가수였다. 장 마크 마리의 《블라디미르 비소츠키》(성림, 1990)는 바로 그 사람에 대한 평전이다. 이 책의 주인공인 블라디미르 비소츠키는 1938년 모스크바에서 태어났다. 그가 태어난 해는 스탈린의 공포 정치가 분수령을 이룬 해로 기록되지만, 육군 소위였다가 대령으로 제대하게 되는 아버지와 노조 중앙회에서 독일어 통역으로 근무했던 어머니는 아무 탈이 없었다. 훗날 비소츠키의 어머니는 그가 최초로 내뱉은 말은 "달이 떴다!"였으며, 그가 두 살 때부터 여러 편의 시를 감정 표현까지 곁들여가며 암송했다고 회상한다. 이런 것을 보면, 비소츠키의 유년은 1941년의 나치 침공과 종전 이후의 대기근에도 불구하고 유복했던 것으로 추정된다.

하지만 1946년, 부모가 이혼을 하면서 비소츠키는 독일로 파견된 아버지를 따라가게 된다. 아버지는 거기서 재혼을 했는데, 이때 어린 비소츠키는 피아노와 아코디언을 배웠다. 지은이는 부모의 이혼이 어린 비소츠키에게 끼쳤을 영향에 대해서는 크게 개의치 않는데, 청소년기부터 싹튼 비소츠키의 반사회적 성향과 평생 끊지 못한 그의 음주벽은 아마도 이때의 상처 탓으로 짐작된다.

1953년 스탈린이 죽었다. 소련의 문화사가들은 스탈린이 죽기 몇 해 전부터 청소년들 세계에 '부랑아blatnoi' 집단이 생겨났다고 말한다. 부랑아들은 학교를 대신해 거리를 택한 청소년들로, 이들은 "사회의 규칙과 법률을 따르기를 거부한 반항아이자 주변인들이었다. 경찰의 탄압 정책과 강제수용소 체제의 산물인 이 부랑자들은 모두 법을 벗어난 사회의 주변인들이었고 우범자들이었고 깡패들이었고 절도범들이었고 최하층민들이었고 쫓기는 자들이었던 것이다. 그들은 특히 노동자들에게 지나치게 잔인했던 스탈린 시대의 형법의 산물이었다." 다시 말해 이들은 집단 농장이나 공장의 규율을 엄수하지 못하거나 거기에 소극적으로 저항하면서 스스로 사회적 낙오자가 된 청년들이었다. 소련 사회의 특권층 자제였던 비소츠키는 표면적으로는 학교의 모범생 노릇을 하면서 거리의 부랑아들에게 매료되었다.

비소츠키는 고등학교를 졸업하고 대학 입학 자격증을 받았지만, 대학보다 연극학교에 들어가고자 했다. 부모의 반대에 부닥쳐 건축 기사 양성소에 입학한 그는 1년 만에 중퇴하고 모스크바의 배우학교에 들어간다. 그곳에서 당시 유행하던 스타니슬랍스키의 연기술을 연마하던 그는 4학년 때인 1960년, 푸시킨 극단의 여배우이자와 첫 번째 결혼을 한다. 이때 그는 서정시와 대중음악을 결합해서 인기를 얻은 알렉산드르 갈리치를 만나는 행운을 얻게 되고, 갈리치와 협업을 한 불라트 오쿠자바를 본받아 기타를 배우게 된다. "시인이 부르는 노래"라고 불러야 할 이 독특한 장르는 비소츠키의 막대한 성공으로 인해, 러시아 대중음악을 이해하는 데 빠질 수 없는 특징이 되었다.

배우학교를 졸업한 1961년, 비소츠키에게는 두 가지 가능성이 열려 있었다. 이해에 그는 타르콥스키의 첫 번째 영화인 〈이반의 어린 시절〉에 출연 제의를 받았고(어쩐 이유에서인지 그 행운을 잡진 못했다), 자신의 첫 번째 노래인 〈문신〉을 작곡했다. 이 노래에는 제목에서부터 부랑아의 세계가 반영되어 있는데, 레프 코차리안이라는 친구가 그 노래를 녹음한 것이 계기가 되어 비소츠키라는 위대한 대중 가수 겸 서정시인이 탄생하게 된다. 사람들의 손에서 손으로 전해진 녹음테이프는 걷잡을 수 없이 확산되어 소련 전역으로 퍼져나갔다. 방송과 음반 산업을 국가가 독점한 구소련에서 녹음기와 테이프의 역할은 그만큼 컸던 것이다.

생전에 비소츠키는 700여 곡의 노래를 작곡했고, 그것들은 모두 대중이 자기 손에 들어온 녹음테이프를 직접 복사해서 다른 이에게 전달하는 방식으로 알려졌다. 소련 정부는 한사코 정부가 만든 '표준'에 어긋나는 그의 노래를 승인하지 않았다. 그렇다고 해서 소련의 반체제 지식인들이 비소츠키를 좋아했던 것 같지도 않다. 그 까닭은, 비소츠키가 소위 '체제 저항'을 목표로 하기보다, 소련 사회에서 밀려난 부랑자들의 은밀한 열망, 근심, 분노를 노래했기 때문이다. 오히려 그 때문에, 1980년에 사망한 후 그는 그 어떤 반체제 인텔리보다 더 "참된 민중의 시인, 대중의 시인"으로 평가받는다.

비소츠키는 가수로 유명했지만, 그 자신은 가수보다 배우라는 직업을 더 좋아했다. 명성을 떨칠수록 옥죄어오는 검열, 그리고 끊을 수 없었던 음주벽과 연극에 대한 열정에서 비롯된 과로는 마흔두 살 난 그에게 심장마비사를 안겼다. 그럼에도 불구하고, 그는 가수나 배우를 모두 합친 것보다 더 시인으로 남기를 바랐다. 자신이

스위프트보다 낫고 불가코프나 고골보다 뛰어나다고 확신했던 그는 자신이 부른 노래에 대해 이렇게 자평했다. "많은 사람들이 제가 노래를 부른다, 라고 생각합니다. 아마 기타 때문인 것 같아요. 하지만 저 자신은 그것들을 노래라고 생각지 않습니다. 저는 그것이 기타를 동반한 시 낭송이라고 생각합니다. 꼭 기타가 아니어도 좋습니다. 박자를 맞출 수 있는 악기라면 피아노든 무엇이든 별 상관이 없겠지요." 비소츠키의 시집은 구소련이 페레스트로이카 국면을 맞은 1987년부터 여섯 권이나 연속적으로 출간됐다. 이 책 《블라디미르 비소츠키》에는 그의 시(노래시) 46편이 부록으로 실려 있으나, 좀 더 충실한 번역이 아쉽다.

75. 오페라의 전환점

《마리아 칼라스의 사랑과 예술》
S. 칼라토포러스, 임선희 옮김 | 범우사, 1981

《노래에 살고, 사랑에 살고》
피에르 장 레미, 이유경 옮김 | 문장, 1978

《오페라의 여왕, 마리아 칼라스》
다비드 르레, 박정연 옮김 | 이마고, 2003

《마리아 칼라스, 내밀한 열정의 고백》
앤 에드워드, 김선형 옮김 | 해냄, 2005

세실리아 소피아 안나 마리아 칼로게로풀로스라는 긴 이름을 가진 마리아 칼라스는 1923년 미국 뉴욕에서 태어났지만, 그녀의 부모는 그리스인이었다. 약제사였던 요르고스는 마리아가 태어나기 여섯 달 전에 아내인 에반젤리아를 부추겨 미국행 배를 탔다. 원래 에반젤리아는 오페라 가수가 되고 싶었으나, 아테네의 명문가였던 그녀의 집안이 이를 허락하지 않았다. 그 대신에 그녀는 열일곱 살 때, 자신보다 열 살이나 많은 요르고스에게서 탈출구를 찾았다. 하지만 그녀가《마리아 칼라스의 사랑과 예술》(범우사, 1981)을 쓴 S. 칼라토포러스에게 털어놓은 바에 따르면, "두 사람의 행복은 결혼 후 겨우 6개월"밖에 지속되지 않았다. 미남인데다가 언변이 좋았던 요르고스는 약국에 예쁜 여자 손님만 찾아오면 어김없이 희롱을 일삼았고, 그의 바람기는 '아메리칸 드림'을 좇아 간 미국에서도 계속됐다.

좌절된 성악가의 꿈과 불만족스러운 결혼 생활의 출구로 그녀가 찾아낸 것은, 두 딸을 음악 영재로 키우는 것이었다. 남편은 결코 음악을 이해하지 못했지만, 아내는 첫째 딸 재키와 둘째 딸 마리아를 각기 피아니스트와 성악가로 만들기로 결심했다. 마리아와 평생 반목했던 어머니는 늘 여섯 살 위인 재키를 집안의 진정한 천재라고 선전했지만, 그게 진심이었을 리는 없다. 마리아는 이미 네 살 때, 라디오 중계로 흘러나오는 메트로폴리탄 연주를 듣고 프리마돈나의 틀린 음정을 지적해서 주위 사람들을 놀라게 했다. 피에르 장 레미의《노래에 살고, 사랑에 살고》(문장, 1978)에 따르면, 에반겔리아는 아무리 늦어도 마리아가 여덟 살 적에는 이미 그녀가 "투자의 대상"이라는 것을 간파하고 있었다.

억척스러운 에반겔리아는 어린 마리아를 라디오 방송국과 콩쿠르에 데리고 다녔다. 피에르 장 레미를 더 인용하면, "엄마는 딸의 목소리에 영양을 주어야 한다고 생각하여, 과자, 비스킷 등 달콤한 것을 먹이고는, 그 때문에 딸이 노래 연습에 재미를 붙이리라고 생각했다". 후일 마리아는 자신의 유년을 빼앗고 비만을 돌보아주지 않은 어머니를 원망하며 이렇게 말했다. "어린애에게서 그의 어린 시절을 빼앗아서는 안 된다고 생각한다. 나의 어머니는 너무나 조급하게 서둘렀다. 이러한 일을 금지시키는 법률이라도 있어야 할 것이다. 어린애를 그렇게 다루게 되면 피어나기도 전에 기진맥진해지고 만다."

1937년, 나이와 성격 차이로 불화가 잦았던 마리아의 부모는 별거에 합의하고, 에반겔리아는 두 딸을 데리고 그리스로 돌아온다. 이 시절부터 제2차 세계대전이 끝나는 1945년까지가 마리아의 수업 시기인데, 아테네 국립국악원 성악 선생들이던 그리스 출신의 전직 성악가 마리아 트리벨라와 에스파냐 출신의 전직 성악가 엘비라 데 이달고가 원석을 보석으로 만드는 수고를 맡았다.

마리아 칼라스는 특히 이달고에게 평생 동안 감사와 존경을 바쳤다. 《오페라의 여왕, 마리아 칼라스》(이마고, 2003)를 쓴 다비드 르레의 평에 따르면, 이달고는 뛰어난 성악 선생이면서 "분명 지나칠 정도로 못생기고 뚱뚱"했던 마리아에게 옷 입는 법과 화장하는 법을 가르쳐준 것은 물론이고, 제자에게 품위와 자신감을 불어넣어 준 은인이다. 또한 이달고는 "성악의 본고장은 성악이 생겨나서 번창한 이탈리아란다"라면서, 애제자에게 번번이 이탈리아행을 권했다. 하지만 같은 책의 지은이는 마리아가 "낯선 곳에 대한 두려움 때문이었는지 아니면 다시 미국 땅과 아버지를 찾고 싶은 바람 혹은 단순히 미국으로 돌아가지 않으면 미국 국적을 잃을지 모른다는 두려움" 때문이었는지 미국행을 선택했다고 적고 있다. 그때가 전쟁이 끝난 1945년 8월이다.

미국에 도착한 마리아 칼라스는 무대에 서겠다는 일념으로 오디션을 전전하거나 유명 음악가들에게 선을 댔으나 뾰족한 기회를 잡지 못했다. 그러던 1946년, 미국 오페라 극장들의 최정상이자 세계 3대 오페라 극장의 하나인 메트로폴리탄 오페라단의 총감독으로부터 베토벤의 〈피델리오〉와 푸치니의 〈나비부인〉의 주역을 제안받았다. 하지만 그녀는 〈피델리오〉를 독일어가 아닌 영어로 불러야 한다는 조건이 작가와 작품에 대한 결례라는 이유로, 또 〈나비부인〉은 스물세 살 먹은 96킬로그램의 거구가 열일곱의 유순하고 아름다운 나비부인 역에 맞지 않다는 이유로 거절했다. 다비드 르레의 말로는 바로 이런 성실성이야말로 "마리아의 최고 장점 가운데 하나"였다.

미국에서 별 성과를 거두지 못한 마리아 칼라스는 1947년에 이탈리아의 베로나로 간다. 그리고 거기서 인생의 전기가 되는 두 가지 사건을 만난다. 하나는 툴리오 세라핀이 지휘한 폰키엘리의 〈라 지오콘다〉로 정식 데뷔를 한 것이고, 다른 하나는 11년 동안 남편이자 매니저가 될 바티스타 메네기니를 만난 것이다. 거개의 평전은 아내 마리아를 이용해 돈벌이를 한 수전노로 바티스타를 그리고 있지만, 마리아가 단 16개월 동안의 체중 감량 끝에 62킬로그램의 몸매로 변신한 것은 그의 공이다. 마리아의 목소리가 이 탓에 변했다는 설도 있으나, 바티스타의 사랑을 얻고자 노력한 끝에 마리아는 세계의 오페라 극장을 정복한 프리마돈나이자 '세계의 연인'이 되었다.

마리아가 이탈리아의 벽돌 공장 사장이던 바티스타를 만났을 때, 그는 쉰세 살의 독신주의자였다. 어려서 아버지에게 받지 못한 사랑을 연상의 남자에게 구하는 마리아의 남성관은 그녀가 서른여섯 살이던 1959년, 공교롭게도 쉰세 살 난 그리스의 선박왕 아리스토틀 오나시스와의 만남으로 재현된다. 앤 에드워드의《마리아 칼라스, 내밀한 열정의 고백》(해냄, 2005)은 1968년 오나시스가 마리아를 버리고 케네디 대통령의 미망인인 재클린과 결혼한 후에도 지속된 두 사람의 사랑을 다른 평전과 달리 비중 있게 다루었다. 거기서 지은이는 "오나시스는 어린 시절 마리아가 잃어버린 아버지였고, 평생을 찾아다닌 연인이었다"라고 강조한다.

피에르 장 레미는 마리아 칼라스가 데뷔하자마자 절대적인 프리마돈나로 군림할 수 있었던 배경으로 현대 오페라의 변화를 꼽는다. 오페라는 '가수 중심(제1기)→지휘자 중심(제2기)→연출가 중심(제3기)'으로 바뀌어왔는데, 마리아는 제2기에서 제3기로 바뀌는 정점에서, 바이로이트의 연출가였던 빌란트 바그너와 함께 "20세기 오페라사의 흐름을 크게 바꾸어놓은 인물"이 되었다. 다비드 르레 또한 그녀의 목소리는 성악가의 것이 아니라 '비극 배우'의 것이었다는 세평에 동의하면서, "마리아를 대성악가 칼라스로 만든 것은 바로 이 기막힌 목소리와 비길 데 없이 드라마틱한 연기력의 완벽한 결합"이었다고 말한다. 이 사실을 무엇보다 잘 알고 있는 사람은 그녀 자신이었다. S. 칼라토포러스의 책을 보면, 은퇴가 확실시되었던 1969년 말, 칼라스는 커티스 음악원의 오페라 마스터 클래스에서 강의를 하면서 "제1급의 음악가이자 제1급의 연기자"가 되어야 오페라 가수로 성공할 수 있다고 강조했다.

76. 독재자는 이런 음악을 좋아한다

《독재자의 노래》
민은기 엮음 | 한울, 2012

공자와 플라톤은 서로를 알지 못했지만 음악에 대한 의견에서는 상통했다. 《논어》에서 공자는, 제자 안연이 "나라 다스리는 법"에 대해 묻자 음탕한 노래를 물리쳐야 한다면서 망국지음亡國之音의 대명사로 정나라 음악을 꼽는다. 또 플라톤의 《국가》 역시 음악을 국가 통치에 중요한 기술로 다루면서, 유약하고 퇴폐적인 이오니아 가락과 리디아 가락에 "어떤 군용적 가치가 있나?"라고 반문한다. 성인들의 음악관은 이렇듯 '음악을 통해 인간과 사회를 교화한다'는 생각으로 가득 차 있었다. 음악사회연구회가 기획하고 민은기가 엮은 《독재자의 노래》(한울, 2012)를 보면, 독재자들의 음악관도 성인들의 것과 크게 다르지 않다.

여느 독재자들처럼 쿠데타를 통해 권력을 장악한 나폴레옹은 정치적 선전술에 매우 능숙했다. 그는 온갖 예술의 보호자와 개혁가를 자처했는데, 실상 그런 관심은 예술에 대한 정교한 통제로 이어졌다. 특히 나폴레옹은 "국가의 자긍심"을 높여준다는 이유에서 오페라 극장에 과도한 지원을 쏟아부었다. 그리고 그에 대한 반대급부로, 오페라의 주제는 "주인공들이 신이거나 왕이거나 영웅인 신화 또는 역사적 사건에서 끌어온 것"이어야 한다고 요구했다. 오페라 속의 영웅들이 수많은 전투에서 승리를 거둔 자신의 이미지와 연결되기를 바랐던 것이다.

레닌 사후에 벌어진 권력 투쟁을 통해 소비에트를 접수한 스탈린은 마르크스·레닌주의의 대전제인 '세계 혁명'(국제주의)을 포기하고, 소비에트 연방의 혁명만으로 충분하다는 일국사회주의 노선을 채택했다. 이념상의 수정은 대대적인 음악 정책의 변화를 수반했다. 레닌 시대에는 '러시아 국수주의'를 부추기고 국제주의에 장애물이 된다는 이유로 글린카와 차이콥스키 같은 러시아 국민악파를 천대했다. 반면, 일국사회주의를 표방한 스탈린 시대에는 '형식은 민족주의, 내용은 사회주의'라는 일국사회주의의 예술적 지도 원칙 아래, 레닌 시대에 외면됐던 19세기 러시아 음악이 부활했다.

무솔리니가 입각하면서 시작된 파시즘 시대에, 오페라의 고향인 이탈리아에서는 또 어떤 일이 벌어졌던가? 어느 전기 작가로부터 "살인에 대해 추호의 주저함이 없는 인간"이라는 평가를 받기도 한 무솔리니는 권좌에 있는 동안 "비범한 음악적 소양"을 지닌 '음악가'로 미화됐고, 정권 초기부터 정부와 관제 언론은 그가 어느 음악가를 칭송하고 어떤 공연을 관람했는지에 대한 상세한 기사를 실었다. 그것은 이탈리아의 파시즘 선전 전략이 갖는 양면성 때문이었다. 선전꾼들은 무솔리니를 영웅이나 강한 남성으로 부각하는 한편, 감수성이 풍부한 예술 애호가로 포장했다. 무솔리니가 집권한 21년 동안 "파시스트 이데올로기의 적대자들이 무력화"되고 "기존의 예술가들을 정권에 봉사하게까지" 했던 것으로 보아 이런 전략은 꽤 성공했다고 할 수 있다. 무솔리니는 '음악의 수호자'를 자처했지만, 반파시스트 입장을 밝혔던 토스카니니가 파시스트 당원에게 린치를 당하는 것을 공공연하게 방치했다. 결국 토스카니니는 파시스트의 핍박을 견디지 못하고 미국으로 망명했다.

브레히트에 의해 히틀러는 화가가 되지 못한 '칠장이'라는 모욕적인 별명을 선사받았지만, 히틀러는 미술과 건축뿐만 아니라 음악에도 상당한 조예가 있었다. 신분도 경력도 보잘것없었던 '정치 낭인' 시절 히틀러는 직접 오페라 극장과 무대의 설계 도면을 그리기도 했고, 오페라 연출부에서 일하기도 했다. 한 편의 드라마나 같았던 히틀러의 생애와 볼거리 가득했던 나치의 대중 선전술은, 그가 심취했던 바그너의 음악극과 밀접한 연관이 있다. 히틀러는 바그너의 음악극을 들으면서 '반유대주의'의 영감을 얻었고 '게르만 민족의 천년 왕국'을 설계했다. 그런 히틀러는 음악가가 '유대인, 좌파, 아방가르드' 중 어느 한쪽과 연계되기만 해도 '퇴폐 음악'이라는 딱지를 붙여 핍박했다.

독재자들의 면면을 훑어보면, 한때 예술가 지망생이었거나 예술가연한 사람들이 많다. 이 점은 재미난 탐구 거리다. 히틀러가 화가 지망생이었다면, 마오쩌둥은 시를 썼다. 하지만 그의 시작을 높게 평가할 필요는 없다. 정치 권력자들이 짧은 시구로 자신의 오묘한 의중을 드러내는 것은 원래 중국의 오랜 관례였다. 중화인민공화국의 음악 정책은 마오쩌둥이 1942년에 교시한 〈문예강화〉를 충실히 따르는데, 그것은 "무산 계급 사회에서 문학예술은 혁명 사업의 도구일 뿐이며 혁명 사업의 주체인 노동자, 농민, 병사에게 철저하게 봉사해야 한다"로 요약된다. 훗날 이 교시에 따라 중국인의 사랑을 받아온 전통 경극이 뿌리째 추방되고 그 대신에 '혁명 경극'이라는 새로운 양식의 경극이 만들어졌으니, 그 분기점이 문화대혁명이다.

《독재자의 노래》에서는 나폴레옹에서 카스트로까지 모두 여덟 명의 독재자가 등장해 자신의 음악 취향을 뽐낸다. 그런데 이들의 공통점 가운데 하나는 유독 오페라나 음악극을 편애한다는 것. 이는 이 장르가 '이야기'를 담고 있는데다가 '주인공'을 내세울 수 있어서, 국민을 단결시키거나 교육하고 독재자 자신을 미화하기에 좋기 때문이다. 그러므로 역사상 가장 지독한 독재자였던 김일성·김정일 부자가 이 대열에서 빠질 리 없다. 1971년에 김정일의 주도로 만들어진 최초의 혁명 가극 〈피바다〉는 "김일성 유일사상과 완성에 매우 효과적인 대중 교육 매체"로 자리 잡으면서 아류작을 양산하게 된다.

일본을 대표하는 추리 작가이자 뛰어난 논픽션 작가인 마쓰모토 세이초는《쇼와사 발굴》이라는 13권짜리 일본 현대사 책을 썼는데, 13권 가운데 무려 7권에 달하는 분량이 1936년 2월 26일 황도파 육군 장교가 일으킨 2·26 사건을 다루고 있다. 국내에 출간된《마쓰모토 세이초 걸작 단편 컬렉션 상》(북스피어, 2009)에 일부가 전제되어 있는데, 이 책 420쪽에는 그 당시 육군상이었던 데라우치 히사이치의 군사 반란에 대한 유권 해석이 나와 있다. "반란은 영문을 나설 때 시작된다.” 이 해석에 따르면 박정희의 5·16은 명백한 군사 반란인데, 아이러니하게도 박정희는 2·26 반란을 일으킨 일본군 장교 세력의 쇼와 유신을 흠모했다고 한다.

북한에서 김일성은 수많은 노래를 지은 ‘북한 음악의 아버지’로 공식 추앙되고 있지만, 박정희는 〈새마을 노래〉와 〈나의 조국〉 같은 몇 곡의 명곡(?)만 남겼다. 두 곡에 불과하지만 이 노래들을 분석해보면 박정희 시대의 음악 정책이 압축되어 있다는 것을 알게 된다. 형식은 ‘명랑하고 씩씩하게’, 내용은 ‘근대화와 나라 사랑’. 이런 기준에 따라 트로트 음악은 퇴폐와 무기력이라는 오명을 입고 추방되었고, 록과 포크 음악은 국민 총화를 흩트리고 외래 풍조를 무분별하게 모방한다는 죄과로 금지됐다. 지면이 모자라 여덟 명의 독재자 가운데 마지막 선수이자 현역인 피델 카스트로는 생략한다. 이 책은 요약된 독후감을 통해서 읽기보다 직접 읽으면서 세부를 느끼는 것이 좋다.

77. 재즈는 변화와 다양성의 음악

《재즈 오디세이》
존 스웨드, 서정협 옮김 | 바세, 2011

《재즈—기원에서부터 오늘날까지》
개리 기딘스 · 스콧 드보, 황덕호 옮김 | 까치, 2012

오랜만에 두 권의 재즈 관련서를 읽었다. 존 스웨드의《재즈 오디세이》(바세, 2011)와 개리 기딘스, 스콧 드보의《재즈—기원에서부터 오늘날까지》(까치, 2012). 분량 면에서 크라운판에 900여 쪽이 훨씬 넘는 요아힘 E. 베렌트의《재즈북》(이룸, 2007)에 필적하는 후자는 동일 판형에 700여 쪽이 넘는다. 일반적인 재즈 관련서가 역사나 연주자 중심으로 기술된 데 반해 이 두꺼운 책의 특징은, 거기에 더하여 78곡의 재즈 명연이 만들어진 규칙과 기교를 설명한다는 것이다. 평범한 재즈 애호가가 굳이 즉흥 연주의 구조까지 알아야 하는가라는 의구심도 없지 않지만, 이 대목은 재즈의 '악보화=클래식화'와 연계해서 음미할 부분이다.

나는 웬만큼 재즈 관련서를 탐독했기 때문에, 재즈 이전의 래그타임(1875~1915경)에서부터 초기 뉴올리언스 재즈(1910~1927)를 거쳐 스윙(1928~1945), 비밥/하드밥(1945~1965), 쿨 재즈/웨스트 코스트 재즈(1949~1958)에 이르는 황금시대의 재즈 역사를 복습할 이유는 없다. 게다가 한동안 소원하다가 내가 다시 듣기 시작한 재즈는 심지어 아방가르드 재즈가 아닌가? 물론 내가 매일 들어가는 'JAZZRADIO.COM' 사이트에서 들을 수 있는 아방가르드가 좀 물러 터진 '스무드 아방가르드'(?)이긴 하지만, 이 채널을 애용하면서부터 나는 위에 나열된 어떤 장르의 재즈도 더 들을 수 없게 됐다.

나는 재즈에 대한 선행 학습이 꽤 되어 있다고 자부하는데다가 아방가르드 재즈에 빠져 있는 까닭에 《재즈 오디세이》는 주를 뺀 360쪽의 분량 가운데 재즈 혁명이 시작된 253쪽부터, 또 《재즈—기원에서부터 오늘날까지》는 앞부분을 뭉텅 잘라낸 487쪽부터 읽었다. 두 책은 공히 1950년대 중반부터 재즈 안팎에서 '재즈의 죽음'을 부르는 변화가 시작됐다고 말한다. 대개의 상식은 재즈가 고사하게 된 원인을 로큰롤에 전가한다. 즉 재즈의 외부에서 로큰롤이라는 새로운 음악이 음악 산업과 청소년 대중의 귀와 호주머니를 탈취해 갔다는 것이다. 하지만 그런 관점은 이제 시정되어야 한다. 결과적으로 로큰롤이 음악만 아니라 1960년대 이후의 문화 지형 자체를 바꾸어놓긴 했지만, 당시의 재즈 음악인들은 크게 걱정하지 않았다.

재즈 장인들은 물론이고 대부분의 일반적 성인들의 관점에서, 로큰롤은 기본적으로 아마추어 음악인들이 저급한 취향을 가진 10대들을 겨냥해 만든 음악으로 간주됐다. 로큰롤을 그저 일시의 탈선이나 전염병 정도로 여겼던 것이다. 그런데다가 당시의 재즈계 내부엔 그 어떤 쇠약의 기운도 보이지 않았다. 게리 기딘스와 스콧 드보는 오늘의 시점에서 "되돌아보면, 재즈 음악인들은 이 새로운 음악에 관심을 가졌어야 했다"고 통탄하지만, 재즈가 막 태동하는 로큰롤에 경각심이나 관심을 나타내지 않았던 것은 그 당시의 재즈계가 거의 매일 다양한 음반을 쏟아낼 정도로 왕성한 갱신력을 갖고 있었기 때문이다.

일례로 존 스웨드는 1959년을 "재즈의 영원한 특성인 다양성이 시작한 해"로 주목하면서, 이해에 나온 충격적이고 혁신적인 앨범 세 장을 보기로 든다. 존 콜트레인의 《Giant Steps》, 마일스 데이비스의 《Kind of Blue》, 오넷 콜먼의 《Shape of Jazz to Come》. 이 세 장의 음반은, 재즈를 잘 듣지 않는 사람에게까지 '재즈는 이런 스타일이야!'라는 고정관념을 입력시킨 '메인스트림 재즈'의 영향력을 일소한 작품이다. 물론 최초의 아방가르드 재즈인 세실 테일러의 《Jazz Advance》가 나온 것은 1956년이지만, 세 앨범의 대중적인 성공은 아직까지는 대중 음악계에 재즈의 자리가 있었음을 보여준다. 그런데 세 앨범의 각개 약진은, 바로 그런 다양성이 '재즈의 무덤'이 되고 말았다는 식으로 악담에 이용되게 된다.

변화와 다양성의 음악인 재즈는 1960년대 중반부터 정통 재즈로부터 대거 이탈했다. 그 원인은 역시 내부 원인설과 외부 원인설로 나누어 정리할 수 있다. 앞서 말했듯이 가장 강력한 외부 원인설은 1964년부터 비틀스와 롤링 스톤스가 이끌었던 록의 혁명을 원인으로 드는 것이다. 1967년이 되자 이미 재즈는 더 물러설 곳이 없을 만큼 옹색한 자리로 내몰렸다. 재즈 음악인 가운데 일부는 전자 악기로 무장하고 라이브라는 원칙 대신 녹음 기술(편집)을 수용했다. 1960년대 중반부터 시작된 이런 흐름은, 결코 젊은이라고 할 수 없는 마흔두 살의 마일스 데이비스가 1968년에 낸《Filles de Kilimanjaro》의 성공으로 퓨전fusion이라는 이름을 얻게 됐다. 아주 상징적이게도 마일스 데이비스는 이때부터 자신의 음악을 재즈라고 부르는 것은 "마치 나를 유색인이라고 부르는 것처럼, 시대에 뒤처진 것이다"라며 재즈를 부정했고, 이후의 젊은 재즈 뮤지션들은 자신의 정체성을 재즈에 국한하지 않으려고 주의했다.

전통 재즈의 걷잡을 수 없는 분화를 재촉한 데는 록 음악의 여파도 있었지만, 사실 로큰롤은 재즈 음악과 아무런 내적 연관이 없었다. 그러므로 재즈의 분화를 고찰하기 위해서는 재즈가 내장한 내부적 원인을 살펴봐야 한다. 1960년대 초반부터 아방가르드라고 불리는 넓은 조류의 '반反재즈' 운동이 시작됐다. 프리 뮤직free music, 뉴 싱new thing 등의 갖가지 명칭을 가진 반재즈 음악은 흔히, 미국 내의 인종 차별 금지와 평등을 위한 1960년대의 민권 운동과 밀접한 관련이 있다고 이야기된다. 하지만 반재즈 운동의 외부 원인만 강조하게 되면, 그것이 흑인 음악 전통으로 되돌아가려는 음악 내적 운동이라는 것을 간과하게 된다. "많은 프리 재즈 연주자들은 돌격대원으로 위장한 신전통주의자"라는 오넷 콜맨의 말은, 어째서 아방가르드 재즈 이후의 재즈가 더욱 국제화(자국화)되면서 '월드 뮤직world music'을 포괄하게 되었는지를 가르쳐준다. 오늘날의 재즈 뮤지션들은 더 이상 미국에서 태동한 전통 재즈를 고전으로 여기지 않고, 자기 나라의 음악적 전통(민속 음악)을 캐내는 돌격대원이 되었다.

이 두 권의 책은 여느 재즈 관련서들의 한 가지 공통점을 되풀이하고 있다. 바로 '재즈 보컬'에 대한 철저한 무시다. 재즈 보컬이 재즈의 일부인가 아닌가에 대해서는 일치된 의견보다 첨예한 대립이 더 두드러진다. 《재즈 오디세이》에서 그것은 이렇게 나타난다. "재즈는 상당 부분 보컬에 뿌리를 두고 있다, 즉 블루스, 영가, 게임송 등 모든 미국 민속 음악을 바탕으로 삼으며, 아프리카의 음조어와도 관련이 있다." "일부 재즈 애호가와 비평가들은 보컬리즈가 재즈의 본질을 흐리게 한다고 여겨 보컬을 무시했다. 다시 말해, 기존 악기의 영역에 새롭게 참여한 말은 의미 없고 즉흥적이지 않기에 재즈의 순수함을 더럽히는 것으로 생각했다."

재즈가 록에게 청소년 시장을 빼앗긴 것은 재즈가 사람의 말(가사)을 등한시했기 때문이다. 가정, 학교, 사회의 약자인 젊은이는 자신을 말하고 싶어 한다. 그것이 사회에 대한 불평이든, 새로 눈뜬 이성에 대한 구애든 말이다. 그런데 보컬 자원이 빈약한 재즈에서는 그것이 가능하지 않다. 이런 관점에서 보면, 귀가 따가울 정도로 말이 많은 랩이 청소년들의 독점적 장르가 된 것이나, 너바나 같은 아마추어 연주자들로 구성된 얼터너티브 밴드가 신기의 연주 솜씨를 소유한 1990년대의 헤비메탈 그룹을 일거에 쓸어버린 것도 쉽게 이해할 수 있다.

78. 음악이 흐르는 소설

《매디슨 카운티의 다리》
로버트 제임스 월러, 공경희 옮김 | 시공사, 1993

로버트 제임스 월러는 1992년에 출간된 한 장편 소설로 순식간에 유명 작가가 되었다. 우리나라에도 재까닥 소개된《매디슨 카운티의 다리》(시공사, 1993)는《뉴욕 타임스》 베스트셀러 목록에 76주나 머무르면서 36주 동안 정상의 자리를 차지했다. 이 작품이 성공하기 전에는 그는 아이오와 대학의 경제학 교수로 봉직하는, 지방의 에세이 작가에 불과했다. 독자들은 에세이스트로서의 그의 흔적을《제임스 월러가 부르는 추억의 옛 노래》(고려원, 1995)에서 확인할 수 있는데, 이 책의 원제는 "뉴 카페의 옛 노래들Old Songs In A New Cafe"이다.

오프라 윈프리가 "전 미국인을 감동시킨 작품"이라고 띄워주기도 한《매디슨 카운티의 다리》는 그런 작품이 으레 그렇듯이 할리우드에 의해 거듭나는 은총을 받았다. 1995년 클린트 이스트우드가 감독한 동명의 영화에서는, 감독 자신이 쉰두 살 난 로버트 킨케이드 역을 맡고 메릴 스트립이 마흔다섯 살 된 프란체스카 역을 맡았다. 관객들은 킨케이드와 프란체스카의 '정사 장면'이 어떻게 묘사될지 궁금해했지만, 그 대목에서는 전혀 볼거리가 없었다. '정사 장면'을 배격한 감독의 해석은, 얄밉게도 원작의 부조화와 상당히 일치한다.

《매디슨 카운티의 다리》의 전반부는 이유가 분명치 않은 에로티시즘이, 후반부는 설득력 있는 스토이시즘이 지배한다. 이 소설이 강력하고 신비한 연애담으로 승격될 수 있었던 것은, 에로티시즘과 스토이시즘의 부조화가 상승효과를 냈기 때문이다. 한 번의 불륜은 용서될 수 있으며, 아름답다! 그러나 그것은 사회적 관습이나 가족 사랑이라는 가치와 미덕에 의해 극복되어야 한다! 이 소설이 유럽을 배경으로 유럽인에 의해 쓰였다면 청교도적 스토이시즘이 격정적인 에로티시즘을 제압하는 일 없이, 낭만주의적인 파괴의 열정에까지 가 닿았을 것이다.

현학적 언사로 포장된 '에로티시즘/스토이시즘'이라는 이중구조는 기본적인 '불륜의 구조'에 지나지 않는다. 그것을 간파한 《L.A. 타임스》는 오프라 윈프리의 호들갑과는 매우 다른 어조로, 이 작품에 "중년 여성의 포르노그래피", "당신의 결혼도 자녀도 파멸로 몰아가지 않는 불륜이 여기 있다"라는 냉소적인 서평을 안겨주었다. 더욱 흥미로운 것은 《매디슨 카운티의 다리》의 두 주인공이 합세해서 '스위트 홈'이라는 미국적 이상을 지켜낸 것과 달리, 정작 소설을 쓴 당사자인 로버트 제임스 월러는 소설과 똑같은 불륜의 소용돌이에서 헤어나지 못했다는 점이다. 그는 《매디슨 카운티의 다리》로 성공을 거둔 직후, 자기 집 정원을 관리해주던 여자

주택관리사와 바람을 피우고 장장 35년의 결혼 생활에 마침표를 찍었다.

《매디슨 카운티의 다리》의 불륜 사례는 "Adultery"라는 간명한 원제가 엉뚱한 제목으로 둔갑해 나온 《불륜, 오리발 그리고 니체》(산해, 2006)라는 루이즈 디살보의 책에 언급돼 있다. 지은이는 킨제이의 말을 빌려, 《매디슨 카운티의 다리》처럼 이중적이고 자기 분열적인 형태의 불륜은 "미국 문화 속에 강하게 자리 잡고 있는 청교도적 기질과, 미국인들의 생활 깊숙이 뿌리내린 섹스에 관한 위선적 태도"에 기인한다면서, "불륜이라는 지극히 사적인 행위를 사적인 것으로 지켜주려는 최소한의 도덕심도 이 사회에는 없는 것 같다"라고 주장한다. 바로 그 때문에 생기는 역설이 《매디슨 카운티의 다리》와 같이 사람들에게 드러나지 않는 '행복한 불륜'이, 주위 사람들에게 발각되어 입방아에 오르는 '불행한 불륜'보다 훨씬 많다는 것이다.

작가, 사업가, 정치가 할 것 없이 사람들은 한번 맛본 짜릿한 성공의 공식을 쉽게 포기하지 못한다. 《매디슨 카운티의 다리》로 일약 베스트셀러 작가의 반열에 오른 로버트 제임스 월러는 《매디슨 카운티의 다리》의 속편인 《매디슨 카운티의 추억》(시공사, 2002)을 쓰기도 했거니와, 자신의 다른 작품들에서 킨케이드를 마치 역사적 실존 인물인 양 인용하곤 한다. 예를 들자면, 인도의 어느 호텔에 킨케이드의 사진 작품이 걸려 있다고 쓰거나(《시더 벤드에서 느린 왈츠를》) '킨케이드 사진전'을 불쑥 노출시키는(《고원의 탱고》) 식으로 말이다. 《매디슨 카운티의 다리》의 성공은, 그만큼 다재다능하고 자립적인 킨케이드라는 인물의 창조에 빚지고 있다.

킨케이드는 《매디슨 카운티의 다리》에서 "마지막 카우보이"를 자처했다. 이런 설정을 했던 작가는 《시더 벤드에서 느린 왈츠를》(시공사, 1994)에 나오는 마흔한 살의 유부녀 젤리로 하여금 마흔세 살의 독신 경제학과 교수 마이클 틸먼을 "아메리카 대장님"이라고 부르게 하고, 파티 석상에서 학장 아내로 하여금 "마이클, 당신은 불알을 가진 당당한 사내예요. 나머지는 모조리 거세된 유약한 작자들이야"라는 노골적인 예찬을 바치게 한다. 두 작품에 나오는 '카우보이' 또는 '대장'의 소품이 오래된 픽업 트럭(혹은 모터사이클), 지포 라이터, 청바지, 위스키(혹은 맥주) 그리고 애완견(혹은 고양이)인 것은 무척 자연스럽다.

하지만 그 어떤 소품보다 로버트 제임스 월러의 남자 주인공들을 남자답게 하는 것은, 그들의 개척자적 정열이다. 《매디슨 카운티의 다리》의 킨케이드와 《시더 벤드에서 느린 왈츠를》에 등장하는 틸먼은, 낯선 것에 대한 모험심을 가지고 있으며 길들여지지 않은 야성과 끝날 줄 모르는 방랑을 자기 것으로 하고 있다. 하지만 서부 개척 시대의 미국 남자들이 원주민의 땅을 빼앗는 데 능력을 보인 반면, 이들은 다른 남자의 아내를 빼앗는 일에 더 소질이 있다. 여성의 육체가 발산하는 매력을 결코 거부하지 않는 타고난 사냥꾼인 그들은 유부녀와 '간통'하거나(킨케이드) '결혼'하는(틸먼) 데 성공한다.

음악 에세이의 글감으로 로버트 제임스 월러는 한 번쯤 거론되어야 하는 인물이다. 그의 작품에는 '백그라운드 뮤직'이 흐르듯이 효과적인 음악이 흐른다. 《매디슨 카운티의 다리》의 독자조차 기억하지 못할 테지만 킨케이드가 5년 동안 결혼 생활을 한 뒤 이혼한 아내는 포크싱어였으며, 킨케이드 자신도 노래를 작곡하고 기타를 연주할 줄 안다. 이런 설정은 24년 동안 바에서 기타에 맞추어 무수한 노래를 만들고 불러왔다는 작가의 이력과 무관하지 않다.

《매디슨 카운티의 다리》의 말미에서는 재즈 색소포니스트가 등장해서 킨케이드의 말과 생각을 "오네트 콜먼의 자유 즉흥시"에 비유한 바 있다. 탱고가 넘실거리는 《고원의 탱고》(황금부엉이, 2005)를 제외한 월러의 모든 작품에서는 늘 작가의 재즈 취향이 묻어난다. 단 한 순간도 왈츠가 나오지 않는 《시더 벤드에서 느린 왈츠를》에서 틸먼은 마일스 데이비스와 존 콜트레인의 팬으로 묘사된 반면, 곧 11년 동안 아껴왔던 자신의 아내를 틸먼에게 헌납하게 될 동료 교수 지미 브랜든은 클래식 광으로 나온다. 차를 타면 항상 "베토벤의 음악만 틀어주는 라디오" 채널을 찾는 브랜든의 서재에서는 항상 "모차르트의 5중주"가 흘러나왔다. 이런 편협한 대조는 작가 월러의 클래식에 대한 반감이라기보다, 그의 소설에서 자주 볼 수 있는 기계적인 공식의 단면이라고 여겨진다.

79. 존 바에즈, 포크의 여전사

《존 바에즈 자서전》
존 바에즈, 이운경 옮김 | 삼천리, 2012

《바람만이 아는 대답—밥 딜런 자서전》
밥 딜런, 양은모 옮김 | 문학세계사, 2005

《존 바에즈 자서전》(삼천리, 2012)은 포크 가수이며 평화 운동가이자 국제 인권 기구 '후마니타스인터내셔널'의 설립자인 존 바에즈가 쓴 자서전이다. 1941년생인 그녀는 멕시코 출신의 아버지와 스코틀랜드 출신의 어머니 사이에서 난 세 딸 가운데 둘째였다. 기독교도였던 그녀의 부모는 원래 장로교회 신도였으나, 바에즈의 어머니가 남편에게 교회를 바꾸자고 제안하여 퀘이커 교도가 되었다. 물리학자였던 바에즈의 아버지는 코넬 대학, 매사추세츠 공과대학, 스탠퍼드 대학 등에서 물리학을 가르쳤는데, 1950년대인 당시는 미·소 사이에 핵무기 경쟁이 치열하던 때였다. 그가 국방부와 군수 산업체의 연구 의뢰를 받고 "원자폭탄의 압도적인 능력에 '방어'라는 것이 있을 수 있을까"라는 고민에 빠져 있을 때, 바에즈의 어머니는 비폭력을 중심 교리로 실천하는 퀘이커 교회당으로 남편과 가족을 이끌었다.

핵무기 개발에 참여하기를 거부한 아버지와 퀘이커 교회의 비폭력 교리, 그리고 멕시코인의 피를 받아 까무잡잡했던 바에즈의 피부는 훗날 그녀로 하여금 흑인 민권 운동과 베트남전 반대 운동에 전력하게 하는 계기가 되었다. "중학교에서 내가 맞닥뜨려야 했던 문제들 가운데 하나는 나의 인종적 배경이었다. 레들랜즈는 남캘리포니아에 있었고 멕시코계가 커다란 비율을 차지하고 있었다. (……) 멕시코계 학생들은 수업에 거의 관심이 없었고 백인들은 그들을 배척했다. 그런데 그 속에 멕시코계의 이름과 피부, 머리칼을 가진 내가 있었다. 영국계 미국인들은 이 세 가지 때문에 나를 받아들일 수 없었다. 멕시코계 학생들은 내가 에스파냐어를 하지 못했기 때문에 나를 받아들이지 않았다."

고등학교 재학 시절, 그녀는 자신의 인생에서 가장 중요한 두 사람을 만났다. 한 명은 유대인 비폭력 운동가인 아이라 샌드펄이고, 또 한 명은 퀘이커 학생들을 위한 수련회에 초대되었던 스물일곱 살의 흑인 설교가 마틴 루서 킹이다. 열혈 반전 운동가와 평화운동가로서의 그녀의 면모는 고등학교 시절의 일화에 잘 드러나 있다. 핵전쟁에 대한 두려움이 과열되어 있었던 1950년대에는 미국에도 우리나라의 민방위 훈련 같은 게 있었다. 학교에서 공습 훈련 경보가 울리면 학생들은 재빨리 비상 식수와 식량이 비치된 각자의 집으로 가야 했다. 그런데 그녀는 "저는 지금 이 어리석은 공습 훈련에 항의하고 있는 중"이라면서 대피를 거부했다. 이 당돌한 사건은 지역 신문의 1면에 실렸고, 고등학교에 공산주의 사상이 침투했다는 독자의 질타 편지가 이 신문사에 쇄도했다. 하지만 그녀는 자신이 한 번도 공산주의자나 좌파였던 적이 없다고 말한다.

아버지와 어머니가 노래 부르기를 좋아했다는 것 말고, 바에즈 가계에는 음악에 특출한 사람이 없었다. 그녀 역시, 어려서부터 노래하고 춤추거나 연기하는 것을 좋아했지만, 따로 음악 수업을 받지는 않았다. 그러나 그녀의 높고 가녀린 미성은 학교의 음악 선생이나 교회 합창단에서 주목을 받았다. 이 자서전에 따르면 그녀는 블루스 음악을 일찍 접하고 좋아했으나, 자신에게 맞는 장르가 아니라는 것을 빨리 깨달았다. "블루스 노래는 하복부에서, 중간에서, 가슴에서 소리가 나와야 하고 혼이 담겨 있어야 했다. 나는 높고 깨끗하게(그리고 매우 백인처럼) 노래했고, 그것은 밥 셸턴이 나중에 '고통스럽도록 깨끗한 소프라노'라고 평한 것에 어울렸다." 고등학교 때에 이미 이름난 지역 가수가 된 그녀는 포크 음악의 아버지라는 피트 시거와 포크 음악의 여왕이라는 오데타 홈스의 음악에 심취해, 그들의 노래를 하나씩 터득했다. 흥미롭게도 그녀는 사춘기 동안 내내 원인을 알 수 없는 구토와 정서 불안에 시달렸고, 정신과를 들락거렸다. 사춘기 때 점증한 성적 긴장과 영성을 추구하는 그녀의 내면이 갈등을 일으킨 탓이라고 짐작된다.

로버트 제임스 월러의《매디슨 카운티의 다리》를 보면 주인공 킨케이드와 5년 동안 결혼 생활을 했던 매리언이 "포크송이 별로 인기를 얻지 못하던 초창기 가수"였다는 말이 나온다. 그러나 바에즈는 운 좋게도 포크송이 급격한 인기를 얻던 해에 고등학교를 졸업하고 보스턴 대학에 입학했다. 그녀가 포크 가수로 경력을 막 시작하려고 할 때, 마침맞게도 킹스턴 트리오가 대중들이 더 많은 포크송과 가수를 열망하도록 길을 닦아놓았다. "이 모든 와중에 나는 '클럽 마운트 오번 47에서 노래 부르는 일을 제의받았다. 그곳은 광장 한복판에 있는 재즈 클럽이었는데, 소유주는 변화하는 시대에 적응하기 위해 매주 화요일과 금요일마다 그곳을 포크 클럽으로 전환하고 싶어 했다." 그녀가 열여덟 살이던 1958년, 재즈는 록과 포크로부터 협공을 당하고 있었다.

그녀의 대학 생활은 X와 F 그리고 영점과 미필로 막을 내렸다. 그 대신에 그녀는 방송 출연이나 음반도 없이, 몇몇 공연장에서 노래했던 것만으로 새로운 포크의 여왕으로 등극했다. 하지만 대형 레코드사인 컬럼비아의 파격적인 구애에도 불구하고 그녀는 클래식 음반을 내는 작은 레이블인 뱅가드 레코드와 계약하는 것으로 다시 한 번 반골 기질을 드러냈다. 그녀의 첫 솔로 음반은 1960년도에 나왔고, 전국 100대 베스트셀러 음반에서 3위를 차지하는 기염을 토했다.

이 책의 앞에 실려 있는 사진들은, 바에즈가 가수 이상의 사회운동가였다는 것을 잘 보여준다. 그녀는 킹 목사가 미시시피 주의 그러네이다에서 행진할 때 곁에 있었고, 베트남전 반대 운동에 참여해 입대 예정자들에게 입대 영장 거부 캠페인을 벌였다. 그리고 미국의 방위 비용이 국가 예산의 60퍼센트에 이른다는 것을 근거로 자신은 40퍼센트의 소득세만 내겠다는 공개서한을 언론과 국세청에 보냈다. 감옥도 마다하지 않은 그녀의 이런 행동은 모두 "누군가는 세계를 구원해야 했다. 그리고 명백히, 나는 내가 그 일을 해야 할 사람이라고 느꼈다"라는 신념에서 나온 것이었다. 이후로도 죽, 그녀는 자신을 필요로 하는 곳에서 위로와 저항의 노래를 불렀다.

바늘 가는 데 실이 따르듯, 존 바에즈를 이야기할 때는 항상 밥 딜런의 이름이 거론된다. 두 사람이 왕과 여왕으로 포크계의 왕실을 구성하고 있기 때문이기도 하지만, 무엇보다 한때 그들이 결혼의 귀추가 주목되는 연인 사이였기 때문이다. 딜런은 자서전《바람만이 아는 대답》(문학세계사, 2005)에서 바에즈와의 사랑 이야기는 쏙 빼고 그녀의 음악에 대해서만 '듣기 좋은' 짧은 논평을 했다. 반면에 하나의 장을 딜런에게 할애하고 있는 바에즈의 이 자서전은 두 사람에게 무슨 일이 있었는지를 자세히 기술하고 있다. 많은 평자들이 딜런을 1960년대의 급진적 사회 운동과 연관시키고 있지만 그녀의 평은 박하다. "내가 알기로는, 그는 결코 시위를 하러 나간 적이 없다. 확실히 그는 결코 어떤 식의 시민적 저항도 한 적이 없다. 내가 아는 한에선 말이다."

80. 왜 클래식 음악계는 보수주의자가 되었는가

《음악과 권력》
베로니카 베치, 노승림 옮김 | 컬처북스, 2009

러시아 대선 운동이 한창이던 2012년 2월 21일, 모스크바에 있는 러시아 정교회 사원 '구세주 성당'에 일곱 명의 여자가 가면을 쓰고 나타나 "성모여, 동정녀 마리아여, 푸틴을 쫓아내소서. 이런 젠장, 젠장, 젠장, 젠장, 주교님께선 푸틴을 믿으시네. 제기랄, 차라리 신을 믿는 게 나을 텐데"라는 노래를 부르며 깜짝 콘서트 시위를 벌였다. 1분 남짓했던 해프닝이 인터넷 영상으로 유포되면서 세 명의 멤버가 체포되고 나머지는 외국으로 피신했다. 이들의 행위가 종교 시설에서 신성 모독 행위를 할 수 없다는 러시아 현행법에 저촉되었다고는 하지만, 블라디미르 푸틴 대통령을 모욕한 데 따른 괘씸죄가 작용했을 가능성이 더 크다.

체포된 이들은 푸시 라이엇Pussy Riot의 멤버로, 이들이 재판을 받게 되자 폴 매카트니, 오노 요코, 스팅, 브라이언 애덤스, 레드핫칠리페퍼스, 펫숍 보이스 같은 록 스타들이 구명에 나섰다. 특히 마돈나는 2012년 8월 7일, 모스크바 공연을 앞두고 열린 기자회견에서 "예술은 정치적이어야 한다. 역사적으로 예술은 언제나 지금 진행되는 사회적인 것을 반영해왔다. 아티스트가 된다는 것과 정치적인 것을 분리해 생각한다는 것은 있을 수 없다"라며 그들을 강력 옹호했다. 그리고 공연 중에 반라를 보이며 등에 페인팅한 'Pussy Riot'라는 문구를 노출시켰다. 하지만 8월 9일 열린 결심 공판에서 검찰은 이들에게 3년형을 구형했다. 스물두 살 난 멤버 나데즈다 톨로코니코바가 "우리의 퍼포먼스가 국가안보국과 유착한 교회에 대항한 정치적 행위로 읽혀지길 원했다. 종교적 증오와 비판은 다른 것"이라고 항변했음에도 말이다(《한겨레》 2012년 8월 8일. 같은 신문 8월 20일 기사와 8월 27일에 나온 《한겨레21》 925호의 기사도 참조함).

베로니카 베치의 《음악과 권력》(컬처북스, 2009)은 지난 수백 년 동안의 서양 고전 음악사 속에서 음악과 권력이 어떻게 협력하고 반목했는지를 낱낱이 밝힌다. 동양과 서양을 불문하고, 국가나 지배 집단이 인간에게 미치는 음악의 강력한 심리적 영향과 교화 능력을 간과한 적은 한 번도 없다. 이 책은 교회가 음악 이론과 음악 활동을 관장했던 중세 시대는 약술하고 곧바로 세속 권력이 지배하는 근대로 건너뛴다. 영주들의 궁정 및 귀족들의 저택에서 음악은 권력의 상징이었으며, 그들의 지위를 하층 계급과 구분하는 경계선이었다. 음악가의 활동과 수입이 궁정과 귀족의 전폭적인 지원에 의지하는 것이었던 만큼, 음악가들은 권력에 헌신하고 후견인에게 아부해야만 했다. 그러므로 "음악을 위시한 예술이 국가에 거역을 꾀하기 시작한 것은 작곡가가 더 이상 궁정에 경제적으로 의존할 필요가 없어진 다음의 일"이라는 주장은 하나도 낯설지 않다.

우리는 궁정과 귀족의 손아귀에서 벗어난 '자유 예술가'의 시초로 모차르트를 자주 거론한다. 음악가의 후원자가 부르주아 계급으로 바뀌면서 하이든, 모차르트, 베토벤 같은 작곡가들은 대편성 음악 양식에 몰두하기보다 현악 사중주 같은 실내악에 애착을 보였다. 하지만 모차르트의 일생을 보면, 오스트리아 황제인 요제프 2세가 타계하기 직전까지 당대의 큰손인 궁정을 쉽게 저버리지 못했던 것을 알 수 있다. 그래서 그는 보마르셰의 〈피가로의 결혼〉을 오페라로 만들면서 국왕의 검열을 모두 수용했다. 그 결과 5막짜리 원작 희곡은 4막으로 축소됐는데, 5막 3장에 있었던 피가로의 다음과 같은 모놀로그도 요제프 2세가 삭제를 명한 대목이다. "당신은 고귀한 어른이니, 고귀한 영혼을 가지고 있습니다. 귀족, 재산, 높으신 신분, 비범함, 이 모든 것이 얼마나 위풍당당한 것들인가요? 그런데 당신은, 그 많은 특권을 누릴 만큼 가치 있게 행동하십니까? 그것들만 없다면 당신도 완전히 평범한 사람에 지나지 않소."

음악가들은 당대의 정치적 상황을 우리의 상상 이상으로 민감하게 반영한다. 슈베르트, 멘델스존의 가곡이 그런 예다. 지은이는 슈베르트와 멘델스존을 비롯한 여러 낭만주의 작곡가의 리트Lied(독일 예술 가곡)에는 "단절이 존재"한다면서 이렇게 말한다. "첫 구절은 전원적으로 채색되다가, 갑자기 모든 것이 돌변하여 아름다움, 꿈, 사랑의 가면이 찢겨져 나가고, 그 뒤로는 흉하고 세속적인 현실이 남는다." 지은이는 널리 알려진 슈베르트의 〈겨울 나

그네〉의 가사만 아니라 반음계적 변화와 절뚝거리며 요동치는 악절까지 분석하여, 이 곡이 내장하고 있는 음악적인 분열상을 보여준다. 그리고 독일 낭만주의 리트의 음악적 분열상과 음울한 분위기는 1820년대를 전후한 유럽 전역의 왕정복고 현상과 무관하지 않다고 주장한다. 혁명의 이상과 진보에 대한 믿음이 길을 잃은 시대 환경이 "작곡가에게 통렬한 방해로 작용"한 것이다.

프랑스 혁명의 이상이 메테르니히 체제에 의해 실종당하면서 슈베르트나 멘델스존은 낭만주의로 도피하게 되고, 진보주의자였던 슈만은 '라인' 교향곡이라는 표제를 가진 3번 교향곡을 필두로 민족주의에 투신하게 된다. 민족주의 이상을 자극한 첫 번째 획기적 사건이 프랑스 혁명이었던바, 민족주의적 열광은 슈만으로 끝나지 않고 유럽 전역의 작곡가들에게 퍼졌다. 엘가(영국), 베버(독일), 베르디(이탈리아), 그리그(노르웨이), 글린카(러시아)가 대표적인 작곡가들이다.

19세기가 흘러가는 동안 대부분 쇼비니즘으로 변질되고 만 민족주의 음악 형식은 다음과 같은 것이었다. "순수 민족주의 음악의 공통점은 영웅적인 으뜸음을 가지고 있으며, 전통적으로 '찬란'하거나 '왕'의 음으로 분류된 조성(C장조, D장조, E#장조)을 사용한다는 점이다. 거의 일정하고 변하지 않아서 기억하기 쉬운 리듬(행진곡으로 가장 인기가 좋았던 박자는 4/4박자였다)을 가지고 있는 대신에 강렬하고 역동적인 변화를 수반하고, 화성도 급변하는 편이다." 이 책의 제17장은 스탈린 치하에서 쇼스타코비치가 겪은 수난을 박진감 넘치게 기술하고 있는데, 오페라 〈맥베스〉로 스탈린의 눈

밖에 난 쇼스타코비치는 5번 교향곡에서 지은이가 말한 순수 민족주의 음악 형식을 재현함으로써 간신히 안전을 보장받았다.

음악을 억압하는 권력이라면 곧바로 '정치권력'만 연상하게 되지만, 여성 학자인 지은이에게는 남성 가부장도 권력에 포함된다. 쟁쟁한 예술가를 남편으로 두었던 요하나 킹켈, 클라라 슈만, 파니 헨젤 멘델스존, 요제피네 랑 같은 여성 음악가들은 "아내, 안주인, 그리고 예술가로서의 역할 부담이 여러 배로 가중되면서 그들의 창조력은 일부 제약"받았다. 구스타프 말러는 아내 알마가 다시 작곡을 시작하겠다고 하자 "내 음악을 앞에 두고 당신의 음악을 작곡한다는 것이 가당키나 한 일이오? 당신은 대체 어떻게 '작곡가 부부'란 걸 상상할 수 있는 거요"라고 힐문했다. "여성 작곡가는 언제나 외국인으로 존재했으며, 망명 중에 있었다."

고대의 연주가나 작곡가는 곧 성직자이기도 했기에, 권력을 비판하는 일도 서슴지 않았다. 하지만 서양 고전 음악에서는 중세부터 그런 분위기가 점차 사라졌고, "음악에 재정을 지원하는 주체가 귀족 후원자에서 재벌로 바뀌었을 뿐" 음악은 여전히 지배 계급의 여론 조성을 위한 매체로 통제당하고 있다. 지은이는, 클래식 작곡가와 연주가들은 "상당히 오랜 시간에 걸쳐 국가적 차원에서 교화"를 당해왔기에, 1960년대 이래로 젊은 록 아티스트들이 기득권에 대한 저항을 도맡아왔다고 주장한다. 푸시 라이엇 사태와 관련해 고개를 끄덕이게 되는 대목이다.

81. '재즈세계'에 대한 명상—재즈의 역사(1)

《가스펠, 블루스, 재즈》
폴 올리버 · 맥스 해리슨 · 윌리엄 볼컴, 김진묵 옮김 | 삼호출판사, 1991

《재즈의 역사》
유이 쇼이치, 이대우 옮김 | 삼호출판사, 1993

폴 올리버, 맥스 해리슨, 윌리엄 볼컴이 함께 쓴《가스펠, 블루스, 재즈》(삼호출판사, 1991)와 유이 쇼이치의《재즈의 역사》(삼호출판사, 1993, 1판 5쇄)는 오래된 책이지만 우리에게 신선한 자극을 주는, 재즈의 고전이다.《가스펠, 블루스, 재즈》는 영가spirituals, 래그타임ragtime, 블루스blues, 가스펠gospel에 대한 설명이 끝난 뒤 가장 마지막 장에 재즈를 놓아두는 것으로 재즈의 발생 기원을 어느 정도 암시하고 있을 뿐, 재즈의 기원을 짚어 정의하지는 않는다. 이 책에서 눈여겨보아야 할 대목 가운데 하나는, 단일 민속 음악folk tradition에 기초한 플라멩코와 같은 음악은 후차적으로 발전할 수 없었지만 재즈는 광범위하고 혼합적인 여러 형태의 민속 음악을 모체matrix로 했기 때문에 오히려 다른 형태의 음악에서는 불가능한 진보와 확장을 이룰 수 있었다는 지은이들의 주장이다.

실제로 재즈는 형식에 있어서 답보 상태에 처할 때마다 유럽, 아프리카, 남아메리카, 인도와 같은 외부로부터 재생의 활력을 이끌어내 왔는데, 그것이 가능했던 것은 재즈가 애초부터 혼합에 기초하고 있었기 때문이다. 용광로와 같은 미국적 문화 현상이자 가장 제국주의적인 음악이라 할 수 있는 재즈는, 그리하여 전 세계의 민속 음악 모두를 집어삼켰다. 여기서 두 가지 생각을 해볼 수 있다.

첫째, 우리의 국악과 재즈의 접합이 이루어질 경우 국악이 재즈에 흡수될 수 있을지는 몰라도 국악이 재즈를 소화할 수는 없다는 것이다. 국악은 플라멩코와 같은 모든 단일 민속 음악이 그런 것처럼 고사枯死의 형식으로 보존될 수밖에 없는 운명에 처해 있다. 둘째, 앞으로의 세계는 '재즈 세계jazz world'(나의 조어!)가 될 것이라는 엉뚱하지만은 않은 생각이다. 재즈 세계란, 말만 조금 다를 뿐, 다원주의나 다민족주의 세계처럼 이미 우리에게 익숙해져 있는 개념이다. 이런 재즈 세계에서 자기 정체성에 대한 고집은 시대착오적인 국수주의나 고립주의를 면하지 못할 것이다. 국악에서 '국國'자를 빼지 못하는 한 한국의 전통 음악인 국악은 세계적인 음악이 될 수 없다.

임권택 감독의 〈서편제〉(1993)에 나오는 한 장면을 돌이켜보자. 주인공인 유봉 영감은 해방 직후 판소리의 인기가 급격히 떨어지면서 거지꼴이 되고 말았다. 그는 장터에서 들려오는 〈베사메무초〉를 귓등으로 흘려들으며 "왜놈 노래, 양놈 노래가 아무리 지랄을 혀도 판소리가 판을 치는 세상이 오고 말겨"라고 저주한다. 그러나 재즈의 역사와 비교해보면, 국악은 〈베사메무초〉와 같은 양악 때문에 망하는 게 아니라 오히려 자기 밖의 세계에 대한 과도한

배타성 때문에 망한다. 국수주의가 세계주의의 문턱에서 패망하는 풍경을 보면, '나'를 버리고 더 넓은 '나'를 얻는다는 시마다 마사히코의 소설《드림 메신저》(미학사, 1993)와 한국적인 것이 세계적인 것이라는 말의 효용은 이제 만료되었으며 앞으로는 역으로 세계적인 것이 한국적인 것이라는 말을 받아들여야 한다고 강변한 미메시스 동인의《신세대―네 멋대로 해라》(현실문화연구, 1993)가 생각난다.

유이 쇼이치의《재즈의 역사》는 '쿨'이란 용어가 어떻게 시작되었는지 설명하는 대목에서, 또 오넷 콜먼이 무조 음악과 같은 재즈를 하기로 결심한 동기를 설명하는 대목에서 이런 생각을 하게 만든다. 재즈의 역사는 '믿거나 말거나!'라는 생각. 그럼에도 불구하고 이 책은 너무나 재미있으며, 입문서들이란 무엇에 대한 것이든 간에 서로 잘 호환된다는 배움의 비의를 가르쳐준다.

지은이는 "'진짜'가 태어난 예는 유감스럽게도 재즈의 역사에 한 번도 없었"으며, 1960년대 재즈의 갖가지 움직임은 종종 방향을 잃고 '프리, 프리'라는 구호 아래 암중모색을 반복한 것처럼 보이기 쉽지만, 1960년대의 재즈 역시 1940년대나 1950년대와 마찬가지로 매우 논리적인 발전을 이루었다고 말한다. 1960년대의 재즈계가 혼란스러워 보이는 것은 논리적인 발전의 주위에 부화뇌동과 법석의 잡음이 크게 소용돌이친 때문이라고 보는 그는, 재즈 팬들에게 전통의 중요성을 이렇게 강조한다. "베테랑 재즈 팬은 대체로 모던 재즈에 대해 보수적이다. 그에게 있어 지금의 재즈는 대용품이고 편향이며 모독이다. 이러한 태도는 내가 비난하고 싶은 점이지만, 그보다도 젊은 팬이 바프(모던 재즈의 모천) 이래의 재즈밖에 모르는 채, 옛 재즈를 경멸하고 스윙 시대(바프 이전의 재즈) 이전은 알려고도 하지 않은 채 취하는 건방진 태도와 비교할 때는 후광이 비칠 정도로 소중한 것이다."

양선규의 단편 소설 〈문검도〉는 작가 지망생의 바람직한 문학 수업을 검도와의 유비를 통해 설명하고 있는데, 이질적인 영역인 칼과 붓이 서로를 설명할 수 있는 것은 낮은 입문의 경지에서나 높은 도의 경지에서나 배움의 원리는 죄다 같기 때문이다. 예컨대 금붕어나 난蘭 기르기에 관한 입문서 역시 서로 똑같은 원리와 법칙 또는 주의 사항에 기초하고 있을지도 모르며, 명민한 어머니는 난이나 금붕어에 대한 입문서에서 유아 양육에 대한 중요한 비의를 캘지도 모른다. 그런 뜻에서 《재즈의 역사》에도 새겨볼 만한 삶의 지혜와 기술이 수두룩하다.

지은이는 《재즈의 역사》를 마무리하면서 온갖 종류의 민속 음악이 똑같은 하나의 기원 가지고 있을지도 모른다는 가설을 편다. 그런 가설 하에서만 재즈와 보사노바('접촉'이라는 뜻의 '보사'와 '새로운'이라는 뜻의 '노바'가 합쳐진 포르투갈어), 재즈와 인도 음악 간의 이질성 없는 융합이 설명될 수 있다. 즉 남미 지역에 널리 퍼져 있는 민속 리듬인 보사노바가 재즈와 쉽게 융합될 수 있었던 것은 보사노바 리듬이 원래 아프리카에서 건너왔기 때문이다. 아프리카 리듬인 보사노바가 무어인의 이베리아 반도 침략 시에 에스파냐와 포르투갈로 흘러들었고, 에스파냐인과 포르투갈인이 남미를 정복할 때 아메리카 대륙으로 전파되었다는 것이다. 그러므로 아프리카 음악을 한 지류로 삼고 있는 재즈와 또 다른 아프리카 음악인 보사노바가 미국 땅에서 다시 만난 것이다.

나아가 지은이는 고대 인도 음악과 아프리카 민속 음악 사이의 밀접한 교류를 가정하면서, 그것이 재즈와 인도 음악의 긴밀한 협연을 가능하게 하는 바탕이라고 말한다. 이 대목에서도 당장 떠오른 생각은 두 가지다. 첫째는 우리나라의 전통 음악인들이 국악과 재즈는 흡사한 리듬을 가지고 있고 서로 융합하기 좋은 구조를 가지고 있다고 흔히 말한다는 것이고, 둘째는 세계에 흩어져 있는 대부분의 민속 음악이 오음계라는 것이다.

82. 음악 잡지의 기자들

《존 레넌을 찾아서》
토니 파슨스, 이은정 옮김 | 시공사, 2007

토니 파슨스의《존 레넌을 찾아서》(시공사, 2007)는 런던의 양조 공장 노동자로 일하다가 일약《NME》의 음악 칼럼니스트로 변신한 지은이의 이력이 고스란히 투사되어 있는 소설이다. 작중에서는《더 페이퍼》로 변조된《NME》는 1952년 창간된 음악 주간지로, 1970년대 들어 영국에서 가장 잘 팔리는 음악 신문이 되었다. 참고로, 1996년에 생긴《NME》의 온라인 사이트는 세계에서 가장 큰 대중음악 사이트로, 매달 7억 명의 사용자들이 접속하고 있다. 토니 파슨스가《NME》의 기자로 글을 쓰기 시작한 1976년은 '펑크의 원년'으로, 그는 섹스 피스톨스, 클래시 등의 펑크 밴드를 집중 조명하면서 음악 칼럼니스트로서의 명성을 쌓게 되었다.

이 소설에는 세 명의 주인공이 나온다. 한 사람씩 소개하자. 먼저 레온 펙. 그는 지식인 집안에서 태어났고 런던 정치경제대학을 1학년 때 중퇴했다.《더 페이퍼》사무실에는 기자들이 음반 리뷰를 할 수 있도록 스테레오 시설을 갖춘 아늑한 리뷰실이 있는데, 그가 거기에 들어갈 때마다 리뷰실 바닥은 플라스틱 파편으로 뒤덮인다. 도나 서머, 코모도어스, 에머슨 레이크 앤드 파머의 음반을 원반던지기하듯 벽으로 내팽개쳤기 때문이다. '정치적 올바름'에 관심이 많은 그는 하켄크로이츠 완장을 차고 인종주의를 선동하는 파시즘 성향의 밴드와 거기에 동조하는 테드족에 대한 비판 기사 때문에 편집장에게 자주 "우린 아직은 음악 잡지야"라는 조소를 받는다. 그가 가장 좋아하는 그룹은 섹스 피스톨스. 그는 집에서 펑크 밴드의 음반을 들을 때마다 잭슨스, 칼리 사이먼, 브러더후드 오브 맨의 음반을 깨트린다. '원반던지기'는 그가 진정성 있는 음악 칼럼니스트라는 것을 보증해주는 취미다.

레이 킬리는 군인인 아버지를 따라 키프로스, 독일, 홍콩 등지에서 자랐다. 1969년 영국으로 돌아온 그는 비틀스의 〈헤이 주드〉를 듣고 비틀마니아Beatlemania가 됐고, 일찍이 십대 중반부터 《더 페이퍼》는 그가 세계를 바라보는 유일한 창이 되었다. 용돈 벌이 삼아 신문 배달을 하다가 음악 칼럼니스트가 되면 레코드를 공짜로 얻을 수 있을 것이라는 생각에서 이글스에 관한 짤막한 글을 써가지고 《더 페이퍼》로 무작정 찾아간 게 열다섯 살 때다. 그리고 열일곱 살에 그는 《더 페이퍼》의 기자가 됐다. 그는 자신이 수집한 레코드들을 알파벳순으로 배열해놓고 매일 어루만진다. 그럴 때 그의 손길은 "마치 연인을 대하듯 다정하고 사랑이 넘"친다. 그가 좋아하는 앨범은 단연 비틀스의 모든 음반이지만, "반드시 두 손으로 들어 올려야 하고, 그렇게 들었을 때 아름다움만 눈에 보이는 그런 앨범"으로 스틸리 댄의 음반을 꼽기도 한다.

테리 워보이스는 지은이의 분신이다. 그는 토니 파슨스처럼 노동자 계층에서 태어났으며 양조 공장에서 노동자로 일하면서 늘 음악 칼럼니스트를 꿈꿨다. 그가 브루스 스프링스틴의 신보와 공연 후기를 정리해서 《더 페이퍼》에 가져갔을 때, 편집장은 그가 새로운 밴드에 대해 많이 알고 있다는 것에 점수를 주었다. "그때만 해도 새로운 음악에 대해 테리만큼 잘 알거나 하다못해 한 줄이라도 끼적댈 줄 아는 기자는 없었다." 여기서 말하는 '새로운 음악'이란 바로 펑크 록이다. 테리는 펑크 밴드들을 예찬했다는 이유로 아마추어 록 밴드를 하고 있는 예전의 양조 공장 동료들에게 이런 비난을 듣는다. "요즘은 아무도 프로그레시브 록을 들으려 하지 않아. 클랩턴에 대해 사람들이 하는 말 못 들었어? 그들은 새로운 음악을 원해. (……) 네가 좋아하는 그 쓰레기 음악 때문이야. 폭동과 연금에 대해 떠들어대는 2분짜리 노래들 말이야." 하지만 의외로 그가 가장 좋아하는 아티스트는 러빙 스푼풀의 존 서배스천.

이 소설은 1977년 8월 16일에서 다음 날 아침까지, 같은 잡지사에서 일하는 세 명의 음악 전문 기자가 각기 다른 이유로 밤샘을 한 이야기를 번갈아 기술하고 있다. 테리는 베를린 취재에서 돌아온 그날, 대그 우드라는 나이 든 거물 로커를 취재하러 갔다가 동행했던 《더 페이퍼》의 사진 기자이자 자신의 애인인 미스티를 그에게 빼앗기게 된다. 테리는 밤새 그녀를 찾기 위해 런던 거리를 헤집고 다닌다. 같은 시각, 레온은 테드족이 좋아하는 어느 밴드를 난도질한 기사 때문에 밤새 그들에게 쫓겨 다닌다. 한편 《더 페이퍼》의 편집장은 레이를 자를 생각으로, 뉴욕에서 런던으로 몰래 잠입한 존 레넌과 오노 요코를 취재하라는 불가능한 임무를 맡기고, 레이는 밤새 존 레넌과 오노 요코를 찾기 위해 런던 시내를 뒤진다.

공교롭게도 그들이 온갖 간난을 겪게 되는 8월 16일은 엘비스 프레슬리가 죽은 날이다. 그날, '로큰롤 황제'는 런더너Londoner들에게 어떤 대접을 받았을까? 백인 노동자 하위 집단인 테드족은 마치 "죽은 왕을 애도"하듯이 슬퍼했지만, 런던 최고의 디스코클럽에서 춤을 즐기는 얼간이들은 엘비스 프레슬리가 누군지 몰랐다. 타고난 의협심을 가진 레온이 디제이 부스로 뛰어 올라가 일장 연설을 한다. "엘비스 이전에는 흑인 음악, 백인 음악, 이렇게 나뉘어 있었습니다. (……) 빌어먹을 남아프리카공화국과 비슷한 신세였죠. 백인이 듣는 라디오 프로가 있고 흑인이 듣는 프로가 따로 있었습니다. 그 시절 음악은 하나같이 틀에 박혀 있었습니다. 그런데 엘비스가 지금의 모든 것을 가능하게 했습니다."

지은이가 음악 칼럼니스트인데다가 대중음악지가 소설의 중요한 무대 노릇을 하기 때문에 이 소설 속에는 록 스타와 그들의 삶에 대한 생생한 언급이 많다. 조금 진부하게 느껴지기는 하지만, 이런 대목은 어떤가? "그들이 행복할 것 같지? 뮤지션이나 밴드들. 천만에. 그들은 모두 두려워해. 젊은 뮤지션들은 성공하지 못할까 봐 두려워하고, 나이 든 뮤지션들은 모든 게 한순간에 끝장날까 봐 두려워해." 그런데 이런 두려움은 뮤지션만의 것이 아니라, 새로운 음악 조류를 간파하고 그 흐름을 타야 하는 음악 칼럼니스트와 음악 기자의 것이기도 하다. '공짜 레코드'와 '공짜 공연'은 그들의 일을 일반적인 노동과 달리 "문화적 욕구"를 충족시키는 '폼 나는' 일로 보이게 만들지만, 기존의 기자를 자르고 "새로운 피"를 수혈하려고 편집장이 언제나 눈을 희번덕이고 있는《더 페이퍼》의 편집실을 보면 살벌하기만 하다. 특히《더 페이퍼》고참 기자 스킵 존스가 '진짜 기자'란 24년 동안 알고 지낸다고 하더라도 록 스타와는 친구가 되어서는 안 된다고(될 수 없다고) 말하는 대목은, 음악 기자가 결코 음악 마니아('광팬')의 순수한 연장이 아니라는 것을 말해준다.

칙-릿chick-lit이 도시의 이삼십대 일하는 여성을 주인공으로 삼는, 여성을 겨냥한 소설이라면, 세속적인 성공에 도달하지 못한 이삼십대의 어수룩한 남성 부적응자를 주인공으로 삼는 소설을 래드-릿lad-lit이라고 하는 모양이다. 오로지 음악만이 사는 이유이고 평생에 걸친 가장 소중한 일이며 능력을 발휘할 수 있는 유일한 일이라고 믿는《존 레넌을 찾아서》의 세 주인공은 일반적인 남성들이 추구하는 성공의 공식과 거리가 멀다는 뜻에서 래드-릿의 전형적인 인물들이다. 예컨대 그들이《더 페이퍼》에 입사하기 전부터 온 마음으로 숭배했던 스킵 존스에게는 원고를 쓰는 사무실과 단벌 양복 말고는 가족도 집도 없었다. 그는 말 그대로 '로큰롤의 수호자'였지만 원고와 씨름하며 밤샘을 거듭한 끝에 고작 스물다섯의 나이에 심장마비인지 뇌일혈인지로 쓰러지고 퇴사 처분을 받는다. 지은이가 꽤 이름을 떨친 음악 칼럼니스트에서 소설가로 전직을 한 것은 예사로운 일이 아니다.

83. 베르디, 이탈리아를 만들다

《베르디 오페라, 이탈리아를 노래하다》
전수연 | 책세상, 2013

베네딕트 앤더슨은 인쇄술, 국어, 출판물에 의한 독자의 창출이 상상의 공동체인 '근대 민족nation'을 발명했다고 주장했다. 그 가운데 특히 대중성과 감화력을 갖춘 문학은 국가 건설 과정에서 엘리트를 통합하고 국민에게 자긍심을 불어넣는 임무를 짊어졌다. 그러나 이탈리아의 사정은 퍽 다르다. 이탈리아가 통일될 무렵인 1860년께, 이탈리아는 유럽에서 오페라 공연이 가장 많은 나라였고, 오페라 전용 극장 또한 유럽 전역에 있는 것들보다 더 많이 갖고 있었다.

오페라의 기원을 언급하는 거의 모든 문헌은 17세기 초에 고대 그리스의 연극을 부활시키려는 이탈리아 예술가 집단의 노력에 의해 음악과 연극이 하나로 통합된 오페라가 생겨났다고 고증해준다. 이런 사실에 덧붙여, 다섯 권으로 이루어진 도널드 서순의 역작 《유럽문화사》(뿌리와이파리, 2012)는 오페라가 "아직 통일되지 않은 나라의 엘리트층 사이에서 문화적 통일의 주요한 발현 양태가 되었고, 그렇게 해서 국가 건설에 한몫"을 했다면서, 이것이 유독 이탈리아에서만 문학보다 오페라가 더 중임을 맡았던 까닭이라고 설명한다.

"이탈리아 오페라의 진정한 성공 요인은 프랑스와 이탈리아 작곡가들이 처했던 대조적인 환경에서 찾아야 한다. 프랑스 작곡가들은 소수의 엘리트를 위해 작곡했으며, 국내 시장은 전적으로 파리에 집중되어 있었고 또 전적으로 파리에 의존하고 있었다. 이탈리아 작곡가들은 몇몇 오페라 대중심지——베네치아, 피렌체, 나폴리, 밀라노, 로마——와 다수의 소중심지를 위해 작곡했다. 그리고 독창성과 화려함이 떨어지는 작품, 촌스럽고 따분한 작품을 솎아내는 냉혹한 선별 과정을 거쳐야 했다. 그 과정을 통과한 승자들은 선배들이 구축해놓은 '메이드 인 이탤리'라는 '상표'의 막대한 이점을 누리면서 전 유럽을 누빌 수 있었다."

매우 역설적이지만 이탈리아에서 오페라가 발전한 것은 이 나라가 오랫동안 통일 국가를 이루지 못한 채 분열되어 있었기 때문이다. 이탈리아 반도 내의 여러 공국이 경쟁적으로 극장을 만들고 공연을 유치했기에 오페라가 번성했고, 숱한 극장은 향후 이탈리아 통일에 필요한 공론장 역할을 톡톡히 했다. 그러나 특정 장르의 이와 같은 융성은 선택과 집중으로 기울어지면서 음악적 편중 현상을 낳기도 했다. 오페라 작곡이 고수익을 보장했기에 이탈리아 작곡가들은 실내악과 교향곡 따위의 기악곡은 거들떠보지도 않았고, 음악 애호가마저 유럽에서 대인기였던 베토벤 교향곡에 귀를 막았다. 실제로 이 시기의 이탈리아 음악계를 대표하는 로시니, 벨리니, 도니체티, 치마로사, 베르디, 푸치니의 작품 목록 가운데 우리가 애청하는 기악곡은 희귀하며, 이탈리아인이 만든 교향곡 또한 희귀하다.

앞서 언급한 작곡가 가운데 '이탈리아를 만든 것은 오페라였다'라는 말의 무게를 짊어질 단 한 사람을 꼽으라면 단연 주세페 베르디다. 그의 탄생 200주년을 맞이하여 출간된 전수연의《베르디 오페라, 이탈리아를 노래하다》(책세상, 2013)는 제목에서부터 베르디의 위용을 보여준다. 베르디의 삶을 연대기적으로 기술하면서 거기에 맞추어 그가 작곡한 대표작을 충실하게 해설하고 있는 이 책은, 알랭 뒤오의《베르디—음악과 극의 만남》(시공사, 1998), 마리안네 라이싱거의《베르디》(생각의나무, 2009)와 함께 현재 우리가 그의 탄생 200주년을 기념하며 읽을 수 있는 몇 안 되는 베르디 입문서다.

26편의 오페라로 리소르지멘토(이탈리아 부흥 운동)의 문화적 기반을 제공한 베르디는 건국의 삼총사라는 가리발디(군인), 카보우르(정치가), 마치니(사상가)와 더불어 위대한 이탈리아인으로 숭앙되지만, 원래는 프랑스인으로 태어났다. 1813년 이탈리아 북부 파르마에서 그가 태어났을 때 그 땅은 나폴레옹 치하의 프랑스에 속해 있었으며, 나폴레옹이 몰락하면서 그의 고향은 오스트리아 제국에 귀속됐다. 베르디의 유동적인 정체성과 복잡한 국적은 근대 민족 국가와 국민을 이루는 근거가 혈통이나 역사적 연원이 아니라 문화적 구성물일 따름이라는 베네딕트 앤더슨의 주장을 환기한다.

베르디는 스물여섯 살에 첫 오페라 〈오베르토〉를 선보이고 이듬해엔 〈하루만의 왕자〉를 상연했으나 겨우 자신의 이름을 알리는 정도에 그쳤다. 하지만 스물아홉 살 때인 1842년에 발표한 세 번째 작품 〈나부코〉는 그를 리소르지멘토의 상징으로 만들었다. 이 작품의 소재가 된 바빌론에 끌려간 히브리 노예의 운명은, 오스트리아 제국의 속민이었던 이탈리아 관객을 격동시켰다. 히브리 노예들의 합창으로 알려진 이 작품의 인기곡 〈가라 꿈이여, 금빛 날개를 타고〉는 애국적 감수성에 불을 지르면서 반오스트리아 정서를 고무했다. 이때부터 1849년까지 베르디는 이탈리아 애국주의자의 구미에 맞으면서 민족주의적으로 해석될 수 있는 작품을 의식적으로 썼다. 그 결과, 1844년에 발표한 〈에르나니〉의 주인공이 무대에서 입었던 의상은 '에르나니 복장'이라고 불리며 이탈리아 독립군의 군복이 되었고, 급기야 1849년에 막을 올린 〈레냐노 전투〉로 베르디는 크리스토퍼 듀건의 《미완의 통일 이탈리아사》(개마고원, 2001)에서 당당히 한 문단을 차지하게 된다.

전수연은 베르디의 애국적 오페라가 사실주의와 사회적 관심만 앞세운 게 아니라 오페라 형식에서도 하나의 혁신을 가져왔다면서 그의 모든 작품에 등장하는 합창을 거론한다. 바로크 시대의 오페라에는 합창이 따로 없었으며, 막이 끝날 때 솔리스트들이 함께 모여 막을 마무리하는 것이 합창이라면 합창이었다. 베르디 이전에 합창은 솔리스트에게 잠시 호흡을 가다듬을 시간을 주거나 장면과 장면을 연결해주는 용도에 그쳤다. 베르디는 이처럼 수동적이었던 합창에 마치 한 사람의 솔리스트가 아리아를 부르는 것처럼 비중 있는 역할을 맡겼다. 그가 명망 있는 오페라 작곡가에 어울리지 않게 '합창의 아버지'라는 별칭을 얻게 된 것은, 합창을 통해 민족 감정을 더 잘 노래할 수 있었기 때문이다.

베르디는 이십대 중반에 첫 아내와 두 아이를 병으로 잃는 슬픔을 겪었지만, 그 고비를 넘긴 후의 그의 삶은 모든 면에서 순탄했다. 1861년 이탈리아가 통일되자 그는 여론에 떠밀려 초대 의회 의원이 되었지만 정치 활동을 하지는 않았다. 여든여덟 살까지 장수한 그는 자신의 최고작으로 사재를 털어 만든 '음악가들을 위한 휴식의 집'을 꼽았다. '카사 베르디'(베르디의 집)로 더 알려진 이 집은 음악 예술에 종사한 65세 이상의 빈곤한 동료들을 위해 지어진 안식처로, 1902년 첫 입주자를 맞이한 이래 오늘까지도 은퇴한 음악가들을 받고 있다. 베르디의 오페라 CD 중에 내가 유일하게 소장하고 즐기는 것은 〈운명의 힘〉인데, 이 책에서는 푸대접을 받았다.

84. 일본은 존 레넌을 좋아해

《존 레논을 믿지 마라》
가타야마 교이치, 송미정 옮김 | 북폴리오, 2007

《존 레논 대 화성인》
다카하시 겐이치로, 김옥희 옮김 | 북스토리, 2007

비슷한 제목의 소설 두 권을 함께 읽었다. 가타야마 교이치의 《존 레논을 믿지 마라》(북폴리오, 2007)와 다카하시 겐이치로의 《존 레논 대 화성인》(북스토리, 2007). 앞에서 언급한 토니 파슨스의 《존 레넌을 찾아서》에도 존 레넌(레논)이라는 이름이 들어가 있지만, 사실 그 소설의 원제는 "Story We Could Tell"이다. 하지만 이번에 읽은 두 소설은 원제를 그대로 옮겨 제목을 붙였다. 일본 소설가들은 진짜 존 레넌을 좋아하는구나!

《존 레논을 믿지 마라》의 줄거리는 간단하다. 주인공은 경제학을 전공하는 대학원 4학년생. 그는 중학교 2학년 때인 열네 살에 레이라는 동급생 여자를 만나 8년 동안 사귀었다. 대학교를 졸업하던 해에 그는 그녀의 아버지에게 결혼 승낙을 받아내려 했으나 실패했고, 그와 동시에 그녀는 뉴욕으로 떠난다. 주인공은 그 상처를 잊지 못해 도서관과 단골 카페와 자취방을 맴돈다. 레이와 헤어진 이후의 삶은 '코마coma'와도 같았다.

"나는 누구하고도 연결되지 않았다고 느꼈다. 누구와도 연결되지 않아서 그런지 현재가 희박했다. 미래를 믿을 수가 없었다. 단지 과거만이 확실하고 리얼했다. 거기에는 항상 레이가 있었다. 예전에 나는 레이를 통해 세상과 연결돼 있었다. '사랑'이란 자애로운 감정 따위가 아니라 세계 인식에 가까운 것일지도 모른다. 자신이 세계의 일원으로 존재한다는 사실을 생생하게 실감한다." 그는 사랑을 잃어버림으로써 세계를 잃었다고 말한다. 그러다가 대학원 독어 수업을 같이 듣는 유카리를 만나게 되지만, 그녀는 자신이 누군가의 대용이라는 것을 눈치 채고 그를 떠난다.

이 소설에는 한국 독자들에게 매우 익숙하고 판에 박힌 장식이 많다. 청춘의 내상을 간직한 주인공과 그에게 선배이자 아버지와 같은 역할을 하는 단골 카페의 주인, 그리고 주인공과 상처를 주고받은 두 명의 여자. 소설의 페이지마다 배경 음악처럼 깔리는 1950~1970대의 고전 팝(록)과, 주인공이 결코 '골이 비지 않았다'는 것을 증명하기 위해 등장하는 소품으로서의 '세계 명작'. 일찍이 무라카미 하루키는《위대한 개츠비》를 자신의 부적으로 삼았지만, 가타야마 교이치는 줄곧《호밀밭의 파수꾼》을 내세운다.

J. D. 샐린저의《호밀밭의 파수꾼》은 원래 유명한 소설이지만, 이 작품이 '악명'을 얻은 순간이 있다. 1980년 12월 8일, 존 레넌에게 다섯 발의 총탄을 쏜 마크 채프먼이 호주머니에 넣고 있었던 게 이 소설이다. 그는 범행을 마치고 경찰이 오기까지 이 소설을 읽고 있었으며, 기자들에게 이 책을 읽어보면 자기가 한 짓에 대한 설명이 될 거라고 진술했다. 그러면서 "홀든 콜필드가 되고 싶었다"라

는 알쏭달쏭한 말을 했다. 《호밀밭의 파수꾼》은 아이들을 아찔한 낭떠러지로부터 지켜주는 파수꾼이 되고 싶다는 홀든 콜필드의 결심과 함께 끝나는데, 마크 채프먼의 횡설수설대로라면 바로 존 레넌이 아이들을 실족하게 만드는 벼랑과 같은 존재라는 뜻이 아닌가? 작가의 설명에 따르면, 총을 쏜 청년에게 세계는 "홀든 콜필드와 존 레넌이라는 두 개의 고유명사"로 성립되어 있었으나 비극적이게도 두 세계 사이에는 아무런 접점이 없었다. 샐린저 소설 속의 홀든 콜필드는 분명 자살 성향을 가지고 있었다. 그러므로 범인이 홀든 콜필드에게서 자신의 정체성을 찾고자 했다면 자살을 해야 했으나, 그는 엉뚱하게도 존 레넌을 사살하고 말았다.

세계와 연결된 끈을 잃은 주인공이 의지한 것은 유카리와의 섹스, 단골 카페 주인과의 수다, 그리고 기독교 신자가 《성서》를 읽는 것과 흡사한 행위라고 스스로 의미를 부여한 존 레넌 음악 듣기. 그런데도 소설의 제목이 "존 레논을 믿지 마라"인 것은, 주인공과 늘 가상의 대화를 나누는 존 레넌이 그에게 "이 세상 어떤 사람의 마음속에도 자신만의 노래가 있지 않소? 어째서 그 노래에 귀를 기울이지 않는 거요?"라고 충고한 때문. 그렇기는 하지만 소설의 전체 내용과 제목은 물과 기름처럼 어울리지 않는다.

《존 레논 대 화성인》은 일본 학생 운동 세대의 '운동권 후일담'이다. 그런데 한국이나 일본의 운동권 후일담이 대부분 청산주의적이면서 자기 연민(예찬)의 느낌이 강한 데 반해, 다카하시 겐이치로의 작품은 그 형식이 매우 도발적이고 전투적이다. 미리 언급하는 것을 피했지만, 《존 레논을 믿지 마라》에도 청산주의적이면서 자기 연민(예찬)에 찬 운동권 후일담 요소가 없지 않다. 주인공이 저녁마다 들르는 카페 주인의 말을 들어보자. "예전에 학생 소요가 있었지. 혁명이라는 말은 지금은 죽은 말이나 다름없지만, 매일 교관을 때리거나 기동대에게 맞는 일에 나름대로 충실했던 것도 사실이야. 그래서 당시에는 나 자신이 텅 비어 있다고 생각하지는 않았어. 그렇지만 소요가 진압되고 특히 대학이 눈 밖에 나 있었기 때문에, 나는 좋아하는 록이나 죽도록 듣겠다는 심정으로 이 장사를 시작했다. 왠지 내 안이 텅 비어 있다는 느낌이 들었거든. 막연한 느낌이지만 상당히 리얼했어."

한국과 일본의 운동권 후일담 주인공들이 왜 그토록 카페에서 '죽치는' 것을 좋아하며 록을 예찬하게 되었는지는 그들의 '텅 빈' 심정이 적나라하게 설명해준다. 그뿐인가? 한때 운동권이었던 카페 주인이 심취한 것은 요가 호흡법과 웰빙well-being. 그는 지금 자신을 타인으로 간주한 채 자신과 사귀고 있으며, 자신하고만 대화하고 있다. 레이를 잊지 못하는 주인공은 언젠가 또 다른 레이와 연결될 테지만, 자기애에 빠진 카페 주인에게는 그것이 불가능하다. 그에 반해《존 레논 대 화성인》은 판박이와 같은 운동권 후일담을 되풀이하지 않을뿐더러, 19세기 소설이 구축해온 교양주의 문법을 파괴한다. 넘치는 에로티시즘과 죽음 충동을 '소설의 죽음'이라는 방식으로 기술한 이 소설은 학생 운동이 도전했던 모든 근대적 가치에 대한 새로운 진지전을 구축한다. 그나저나 이 소설 역시, 아무래도 제목이 해독되지 않는다.

《존 레논을 믿지 마라》에는 도나 서머의 노래를 들은 주인공이 "야만스럽다! (……) 이제 우리에게 미래는 없을지도 모른다"라고 절망하면서 존 레넌이라면 "이 지성이란 하나도 없는 리듬을 한 번에 없애줄" 것이라고 기대하는 대목이 나온다. 그런데 존 레넌도 그녀에 대해 주인공과 똑같이 생각했을까? 로버트 힐번의《존 레넌과 함께 콘플레이크를》(돋을새김, 2011)을 보면 한껏 들뜬 존 레넌이 새로 발매된 도나 서머의 싱글 앨범《The Wanderer》를 들고 뛰어와 레코드 플레이어 위에 올려놓으면서 "마치 엘비스처럼 부르고 있어!"라고 흥분하는 일화를 볼 수 있다. 그것은 그가 사망하기 불과 몇 주 전의 일이었다.

85. 목소리… 목소리…

《오페라의 유령》
가스통 르루, 성귀수 옮김 | 문학세계사, 2001

가스통 르루(1868~1927)의 소설《오페라의 유령》(문학세계사, 2001)은 영화와 뮤지컬로 더 유명하다. 영화와 뮤지컬로 유명해진 덕에 이 책의 번역본이 20여 개도 넘게 쏟아져 나왔다. 이 사례에 필적할 또 다른 사례는, 2013년 원작 소설의 영화화에 고무되어《오페라의 유령》보다 더 많은 번역본이 혈전을 치르고 있는 F. 스콧 피츠제럴드의《위대한 개츠비》다. 대한민국 굴지의 출판사들이 이 반짝 수요를 놓치지 않으려고 온갖 편법을 동원한 할인 경쟁에 나선 것을 보면 지식 산업이라는 출판도 한낱 장사일 뿐이며, 자본주의 사회에 무슨 공정 경쟁이 있나 싶다.

우리나라 독자들 대부분에게 가스통 르루는 고딕 소설의 일종인《오페라의 유령》의 작가이기 이전에,《노란 방의 비밀》을 쓴 추리 소설 작가였다. 사실 르루는 명탐정 셜록 홈스로 유명한 영국의 코넌 도일(1859~1930)이나 괴도 아르센 뤼팽으로 명성을 얻은 프랑스의 모리스 르블랑(1864~1941)과 동시대에 활약한 추리 작가다. 하지만 작가로 입신하기 전에 변호사, 연극 비평가로 활동하기도 했던 그는 무엇보다 신문 기자로 유명했다. 《오페라의 유령》이 화제가 되면서 덩달아 출간된 그의 《러일전쟁, 제물포의 영웅들》(작가들, 2006)은 그 시절의 중요 저작이다.

일본 함대는 1904년 2월 8일 오후 제물포항에서, 뤼순旅順항으로 향하던 러시아 군함 카레예츠호를 기다리고 있다가 어뢰를 발사했다. 이것이 러일전쟁의 시작이다. 연이어 일본 해군은 제물포항에 남아 있던 러시아 함정에 중립항으로부터 떠나라는 최후통첩을 했다. 다음 날인 2월 9일 아침, 일본 함대는 최후통첩을 받고 제물포항을 떠나 팔미도 해상으로 나온 러시아 군함 두 척을 30분 만에 괴멸했다. 같은 날 밤, 또 다른 일본 함대는 뤼순에 기항하고 있던 러시아 함대를 기습 공격했다. 이후, 같은 해 5월에 벌어진 압록강 전투와 8월에 바다와 육지에서 맞붙은 황해 해전과 만주 전투에서 일본이 전승했고, 마지막엔 8개월이란 긴 항해 끝에 당도한 러시아의 발트 함대를 일본이 동해에 수장시켰다(1905년 5월). 일본의 완승이었다.

2월 8일에 있었던 일본군에 의한 최초의 어뢰 공격은 선전 포고 없는 기습 공격이었다. 제물포항에 정박 중이던 영국, 프랑스, 이태리 해군은 열세에도 굴하지 않고 싸운 러시아 해군을 한껏 치켜세우며, 그들에게 '제물포의 영웅들'이란 칭호를 선사했다. 해전에서 생존한 러시아 수병을 실은 배가 귀국을 위해 수에즈 운하를 통과한다는 소식을 들은 가스통 루르는 운하가 있는 포트사이드(부르사이드)로 가서, 수병이 탄 여객선에 승선해 기착항인 마르세

유까지 동행하며 이 책을 썼다. 지은이는 마치 한 편의 모험 소설을 쓰듯 '황색 난쟁이'들의 기습에 꿋꿋이 맞섰던 백인 병사들의 애국심과 용기를 칭찬하면서, 그들의 패배를 '숭고한 패배'로 치장했다.

루르의 이러한 시각도 이해하기 힘들지만, 더더욱 이해하기 힘든 것은 프랑스인 환영 인파로 가득했던 마르세유를 떠나 오데사와 세바스토폴을 거쳐 상트페테르부르크에 위치한 러시아 황제의 겨울궁전에 이르기까지, 이 패잔병들이 고국에서 받았던 열렬한 환호다. 동서고금을 통틀어 패잔병이 아무런 책임 추궁 없이 개선 병사와 같은 환대를 받은 적이 또 언제 있었던가? 이 기괴한 도착이 있고서 2년 후, 러시아는 망했다. 그렇다면 2010년, 백령도 근처 해상에서 침몰한 천안함의 경우는 어땠던가? 당최 믿기 어렵게도, 당시의 지휘 계통은 줄줄이 요직에 기용되거나 승진했다. 쉰내 나는 '역사의 교훈' 따위는 이제 찾지 마라.

《오페라의 유령》은 《파리의 노트르담》이나 《폭풍의 언덕》 등을 통해 익히 보아온 '미녀와 야수'의 또 다른 판본이다. 하지만 빅토르 위고와 에밀리 브론테의 소설에 나오는 라 에스메랄다와 캐서린이 카지모도와 히스클리프에게 마음을 바친 것과 달리, 《오페라의 유령》의 여주인공 크리스틴 다에는 에리크를 눈곱만큼도 사랑하지 않았다. 그녀가 가면을 벗어 던진 에리크를 피하지 않고 그를 부둥켜안고 눈물을 흘린 것은 생명을 건 연기였지 사랑에서 비롯된 행동이 아니었다. 영화와 오페라를 보지 않아 거기서는 어떻게 각색되었는지 모르지만 말이다.

오페라 극장은 경쟁과 질투의 전장이며, 프리마돈나가 되려는 욕망은 사랑을 부차적으로 만들 정도로 어마어마하다. 가스통 르루는 그 묘미를 살리려고 하지 않았다. 크리스틴 다에가 '오페라의 유령'에게 홀린 것은 그로부터 신비한 성악의 기술을 배워 가수로 성공하기 위해서였으니, 그것은 당연히 '파우스트의 계약'으로 이어져야 했다. 그런데 그녀는 젖비린내 나는 스무 살짜리 애송이 라울에게 빠져 스타의 길을 팽개쳤다. 크리스틴 다에는 예술가의 천품을 전혀 갖추지 못한 하찮은 여자다. 이런 여자에게 생명을 건 라울은? '당근' 머저리지!

그들보다 더 못난 것은 에리크다. 물론 그는 문자 그대로 기형인 얼굴을 가지고 태어나, 한 번도 어머니의 사랑을 받아보지 못했다. 얼마나 끔찍한 몰골이었던지, 그가 키스를 하려고 하면 어머니는 기겁을 했다. 아예 아들에게 얼굴을 가리고 살라며 가면을 준 것도 비정한 어머니였다. 하지만 그는 "선천적인 기형에 대한 보상으로 자연이 베푼 온갖 재주와 상상력"을 갖고 있었다. 건축, 발명, 온갖 예술적 재능과 재주……. 그러나 그는 보통 인간이 하나도 제대로 익히기 힘든 뛰어난 재능들을 종합선물세트처럼 갖추고도 그 능력을 "인간을 착취하고 괴롭히는 데 마음껏 사용"했다. 사이코패스가 희생자를 선택하는 방법이 그렇듯이, 크리스틴 다에 역시 그의 심술에 우연히 걸려든 괴롭히기 좋은 색다른 희생물이었을 뿐, 그는 그녀를 사랑한 것이 아니었다. 그가 크리스틴 다에를 납치한 것은, 사랑이 아니라 죽음을 향한 열정에서였다. 이처럼 못난 인간이 또 어디에 있을까? 이 작품의 인기는 패잔병에 대한 환호만큼이나 납득이 가지 않는다.

86. 교육은 아이가 받은 소명을 거드는 것

《젊은 음악가의 초상》
이강숙 | 민음사, 2011

이강숙의 소설 《젊은 음악가의 초상》(민음사, 2011)은 장편 소설이라지만, 특이하게도 길고 짧은 60개의 단장短章으로 이루어졌다. 이 단장들은 전체 작품을 구성하는 낱낱의 일화이면서, 별도의 에세이나 콩트로도 읽힐 수 있다. 이처럼 형식은 개방적이지만, 음악을 좋아하게 된 한 소년의 수업 시대를 그리고 있는 이 작품의 줄거리만큼은 제목처럼 단순해 보인다. 소설의 주인공인 철우는 어려서 아버지를 여의었다. 목사였던 아버지는 숨을 거두기 직전에 아내에게 말했다. "당신에게는 미안하지만, 저놈이 어디선가 '떠나라' 하는 '소리'를 듣게 될 날이 있을 것이오. 그때는 말없이 저놈을 보내주시오." 목사였던 아버지는 '소명'이 무엇인지 알았다.

철우가 처음으로 음악을 의식하게 된 것은 초등학교 4학년 때의 소풍날이었다. 점심을 마치고 나서 노래자랑이 있었는데, 선생은 학생들로 하여금 각 학년에서 가장 노래를 잘 부르는 학생을 뽑게 한 다음 그 학생에게 노래를 시켰다. 자기 학년에서 이름이 호명되지 못했던 철우는 집으로 돌아오면서 슬펐다. 어느 겨울, 가족 가운데 아무도 썰매를 만들어줄 사람이 없어서 혼자만 썰매가 없었던 날의 슬픔과는 다른 슬픔이었다.

어린 주인공이 느낀 이 슬픔은 매우 독특한 것이다. 그는 소풍날 그런 슬픔을 느끼기 이전에는 한 번도 음악에 대해 특별난 생각을 한 적이 없었다. 그런데 그 독특한 느낌은 머지않아 다시 철우를 찾아왔다. 담임선생이 몸살로 결근한 날, 음악반 담당이기도 한 여선생이 임시 담임을 맡았다. 교실에 들어온 여선생은 교실 한구석에 있는 풍금 앞에 앉았다. 저분이 왜 저러실까? 철우의 가슴이 설렜다. 선생은 의자에 앉은 후 풍금 뚜껑을 열었다. 철우의 가슴은 더 설렜다. 선생은 자신의 거동을 살피고 있는 학생들을 향해 "차렷"이라고 말하면서 풍금의 건반을 눌렀다. 철우의 귀에 그 풍금 소리는 "어떤 희열의 극"을 안고 있는 것처럼 들렸다. 선생은 다시 "경례" 하면서 건반을 눌렀는데, 앞의 것과 다른 그 소리는 "무엇에 홀린 듯, 한없는 기쁨"을 낳았다. 마지막으로 선생은 "바로"라는 말과 함께 또 풍금을 눌렀다. 처음의 소리와 같은 그 소리 역시 "말로는 표현이 불가능한 평온과 희열"을 담고 있었다. 철우는 "말로 이루어지는 교감이 아니라 소리로 이루어지는 교감의 세계에서 자기를 잃"어버렸다.

바로 그날, 철우는 학예회에서 독창을 부를 학생을 고르는 음악반 여선생의 시험을 통과하게 되고, 같은 학교에서 가장 노래를 잘 부르는 4학년 여학생 효희와 함께 노래 연습을 하게 된다. 학예회 연습이 한창이던 어느 날, 철우는 자신의 집과 방향이 다른 효희의 집까지 그녀를 바래다주고 돌아오는 길에, 어디선가 들려오는 신기한 소리를 듣게 된다. 돌담 너머 기와집에서 나는 그 소리의 정체는 피아노 소리였다. 처음 들은 피아노 소리는 또 한 번 철우의 의식을 앗아 갔다. 이때부터 그는 피아노가 있는 교회나 학교 강당, 친구 집을 수소문해서 찾아다니는 '피아노 걸인'이 된다.

학예회가 끝난 후, 음악반 선생의 권유로 철우는 도道 주최 학생 노래 콩쿠르에 나가서 대상을 수상한다. 그것은 이변이었다. 원래는 1등이 최고상이었으나, 1등과 비교할 수 없이 잘 부른 학생이 있어서 예정에도 없는 대상을 급히 만든 것이었다. 그래서 철우에게는 음악에 대한 소명이 생긴 것일까? 중학교에 진학한 철우는 그를 초대한 음악 선생 집에서, 슈나벨이 연주하는 베토벤의 〈월광 소나타〉를 듣는 중에 실신해버렸다. 전축에서 흘러나오는 베토벤의 피아노 소나타를 듣고 실신할 정도였으니, 그는 이때부터 음악이 부르는 길로 순탄하게 나가게 되었을까?

《젊은 음악가의 초상》은 음악이라는 황홀경에 빠진 시골의 가난한 초등학교 학생이, 나중에 고등학교 1학년 학생을 대상으로 하는 전국 성악 콩쿠르에서 최우수상을 받게 될 때까지의 이야기다. 그래서 이 작품은 어린 소년이 음악가 지망생으로서의 정체성을 확립해가는 예술가 소설 내지 예술가를 주인공으로 하는 성장 소설로 읽힐 공산이 매우 크다. 하지만 이 작품은 외형적으로 두드러져 보이는 예술가 소설의 근저에, '학교나 교육은 어떻게 존재해야 하는가'라는 또 다른 주제를 품고 있다. 철우가 학예회에 나가는 날 아침, 그의 어머니는 노래를 잘 부르라고 날달걀 두 알을 마시게 했다. 그랬던 어머니는 철우가 도내 학생 노래 콩쿠르에 나가게 되자, 언제 그랬느냐는 듯이 태도가 돌변했다.

철우가 콩쿠르에서 대상을 받고 학교로 돌아와 전교생 앞에서 수상곡 〈보리수〉를 부르고 집에 왔을 때, 부엌 뒤쪽에서 "비나이다, 비나이다"라는 이상한 소리가 들렸다. 밥상 위에 물그릇을 올려놓고 두 손을 비비면서 어머니가 뭔가 중얼거리고 있었다. "우리 철우, 노래를 잘 못 부르는 아이로 만들어주세요. 우리 철우를 판검사 아니면 의사로 만들어주세요. 비나이다, 비나이다." 무엇인지 알 수 없는 그 '소리'에 홀려 몇 번이나 정신을 잃기까지 했던 철우는 음악이 부르는 대로 음악의 길로 순탄하게 나가기는커녕, 음악 때문에 생긴 어머니와의 갈등과 학과 성적을 강요하는 학교와의 알력 사이에서 점점 문제아가 되고 만다. 그 상황을 보다 못한 한 친구가 너의 길을 가라면서 철우를 충동질한다.

"사람은 모두가 자기 나름대로의 삶을 살게 되어 있어. 자기 나름대로 살게 되는 그 삶에 도움이 되는 공부가 필요한 것이거든. 삶에 도움이 되지 않는 지식은 필요악에 불과하단 말이야. 모르는 게 차라리 낫다는 거지. 나는 학교에서 가르치는 거, 많은 부분이 웃긴다고 생각해. 왜냐고? 우선 나 같은 사람은 대학에 갈 생각이 없거든. 그리고 판검사가 될 생각도 아예 없고. 나는 영수국 공부를 해야만 살게 되는 그런 직업을 가질 생각이 애초에 없어. 〔……〕 인간은 각자가 자기 나름대로 생각하는 유일무이한 존재를 위해서 살아야 한다는 거야. 그걸 위한 공부하면 해야지. 그 유일무이한 존재와 상관이 없는 공부를 공부라고 여기고, 그런 공부를 하기만 하면 그 공부의 보답으로 그 유일무이한 존재를 얻어낼 것으로 생각하면 오해를 해도 엄청난 오해를 하는 거야."

오랫동안 음악대학에서 학생들을 가르치기도 했던 지은이는 우리나라 교육 제도와 부모들의 욕망이 오로지 학생들을 판검사로 만들고 출세시킬 공부만 바란다면서, 소명을 따르려는 아이를 가로막는 게 이 땅의 교육이고 부모라고 말한다. 소명받은 바가 마라토너가 되는 것이든 요리사가 되는 것이든, 그것을 거들어주고 그것과 관계된 문제를 극복하게 해주는 것이 교육이고 공부인데 말이다. 우리를 슬프게 하는 것은, 이처럼 명백한 진실을 이상적인 교육에 대한 상상으로 무시하면서, "이놈아, 너도 한세상을 살아보아라"라는 식으로 비웃는 것이다.

87. 납처럼 무겁게 비행선처럼 가볍게

《레드 제플린》
키스 섀드윅, 한종현 옮김 | 을유문화사, 2011

키스 섀드윅의 《레드 제플린》(을유문화사, 2011)은 지은이가 말하고 있듯이 1968년부터 1980년까지 활동한 영국 록 밴드 '레드 제플린'의 평전이다. 그래서 밴드의 탄생→성장→해체에 대해서는 구체적으로 이야기하지만 밴드 구성원의 시시콜콜한 개인사는 극히 억제하고 있다. 독자들은 이 두꺼운 책을 아무리 꼼꼼히 읽어도, 존 폴 존스의 아버지가 여러 재즈 밴드와 댄스 밴드에서 연주한 직업 연주자였다거나 로버트 플랜트와 존 보넘이 똑같은 버밍엄 출신이라는 따위의 허드레 사실 말고는 멤버들의 개인 이력에 대해 더 알아낼 것이 없다.

밴드의 평전을 쓰겠다는 지은이의 신념은 이 책의 서두에서부터 강하게 드러난다. "레드 제플린에 대한 것 중에 쉽게 간과되고 있는 사실이 하나 있다. 그들은 1960년대에 대거 등장했던, 블루스와 알앤비에 근거를 둔 제1세대 영국 그룹에 속하지 않으며 제2세대에도 해당하지 않는다. 그 이유 때문에라도 그들이 모인 과정과 만들어내는 음악은 애초부터 선배 그룹과는 다를 가능성이 높았다."

제1세대 밴드에 부합하는 비틀스, 롤링 스톤스는 물론이고 그들과 비슷한 길을 간 애니멀스와 야드버즈는 다양한 지방에서 지역 밴드로 출발했다는 공통점이 있다. 출신 지역을 근거로 한 라이브 밴드였던 이들은 산전수전을 겪은 뒤에야 유명 프로듀서 앞에서 오디션을 받을 수 있었다. 또 제2세대 밴드인 플리트우드 맥, 스펜서 데이비스 그룹, 크림 등은 지역의 라이브 밴드인 제1세대가 지지부진할 때 갑작스러운 방식으로 레코드 회사와 매니저, 대중의 관심을 끈 경우다. 반면 제3세대는 제1·2세대 밴드에서 활동하던 전국 각지의 지역 밴드 멤버들이 이합집산을 거듭하며 함께 뭉친 밴드다. 다시 말해 이들은 고등학교 파티장에나 불려 다니며 '코 묻은 연주료'를 버는 아마추어 밴드로 경력을 시작한 게 아니라, 처음부터 프로였다.

"레드 제플린은 이 제3세대의 전형적인 밴드로서, 전국 각지에서 멤버들이 모였고, 아직 많이 어린 나이임에도 경험이 많은 철저한 프로였으며, 그룹이 첫 거래나 계약을 하기 전부터 업계의 동정에 대해 꽤 많이 알고 있었다. 그들은 어떤 스타일의 밴드에서나 연주할 수 있는 프로 록 뮤지션들을 키워온 런던 중심 음악계의 일원으로서, 좀처럼 만나기 어려운 완벽한 조합을 찾아 이 밴드 저 밴드 바꿔가며 활동할 수 있었다. 1962~1963년에 비틀스가 처음 뜨고 있을 때, 이런 프로 록 뮤지션 집단은 런던이나 리버풀, 영국 어느 곳에도 절대 존재하지 않았다. 일자리와 일할 기회 자체가 없었다. 그룹에서 연주하던 프로 뮤지션들은 거의가 밤새 부업으로 히트 퍼레이드에 오를 법한 음악과 버라이어티 쇼 음악을 연주하는 재즈맨들이었다. 1960년대 말에는 분위기가 아주 달랐는데, 이는 레드 제플린이 신속히 급부상하게 된 이유 중 하나였다."

말하자면 제3세대는 엘리트들이 만든 '슈퍼 밴드'였다는 것인데, 레드 제플린을 만든 산파였던 지미 페이지부터 엘리트 뮤지션이라는 규정에 딱 들어맞는다. 그는 1966년 야드버즈의 세 번째 기타리스트로 영입되면서 본격적으로 이름을 알리게 되지만, 그 전에 이미 동료 뮤지션들에게 인정받은 "준비된 프로"였다. 1963년에 결성된 야드버즈는 제1세대 밴드이면서 동시에 제3세대 밴드의 본보기가 된 특이한 밴드로, 훗날 지미 페이지와 함께 3대 기타리스트로 추앙될 에릭 클랩턴과 제프 벡이 모두 이 밴드를 거쳤음은 널리 알려져 있다. 에릭 클랩턴의 뒤를 이어 야드버즈의 두 번째 기타리스트가 된 제프 벡은 트윈 리드기타 시스템을 구축하기 위해 지미 페이지를 영입했으나, 그것이 여의치 않게 되자 더 이상 야드버즈에 미련을 두지 않고 떠났다.

지미 페이지는 남은 멤버인 키스 렐프(보컬), 크리스 드레자(베이스), 짐 매카티(드럼)와 함께 야드버즈를 꾸려가고자 했으나, 원래의 멤버들이 하나둘 빠져나가고 드러머만 남았다. 의리파였던 지미 페이지는 그런 상황에서도 야드버즈를 유지하길 원했고, 과거의 영광을 되찾기 위해 전력했다. 매우 역설적이지만, 지미 페이지가 공들여 로버트 플랜트(보컬), 존 폴 존스(베이스·키보드), 존 보넘(드럼)을 맞아들인 것은 빠진 멤버를 대신할 야드버즈의 새 멤버로서였지, 레드 제플린을 결성하기 위한 것이 아니었다. 그러나 최후로 야드버즈를 탈퇴한 크리스 드레자가 새 멤버들의 밴드 이름 사용권을 법적으로 제한함으로써 이들은 할 수 없이 새 이름을 찾게 됐다.

앞서 말한 것처럼 지미 페이지가 영입한 세 멤버는 아마추어가 아니라 지역 소규모 밴드의 멤버나 세션맨으로 경력을 쌓은 프로들이었고, 다행히도 서로 음악 취향이 같았다. 그들은 블루스라는 뿌리를 공유했으나, 그렇다고 해서 블루스의 강박에 사로잡혀 있지는 않았다. 지미 페이지가 로버트 플랜트와 존 보넘이라는 불세출의 보컬리스트와 드러머를 찾아내고 단번에 그들에게 반한 것은, 두 사람의 목소리와 드러밍에서 느낄 수 있는 강력한 힘 때문이었다. 블루스를 바탕으로 한 헤비 사운드, 이것이 레드 제플린의 요체다.

'납 비행선Led Zeppelin'(원래는 Lead인데 Led로 줄였다)이라는 이름에는 "음악에 반드시 들어 있어야 하는 핵심 가치인 무거움과 가벼움, 세련미와 과장된 역설적 조합"이 밴드 이름에 적절하게 반영되어야 한다는 지미 페이지의 의도가 관철되어 있다. 공연 광고에 맞추기 위해 벼락같이 새 이름을 지어야 하는 상황에서 네 멤버가 참조한 것은 같은 해에 그들보다 먼저 앨범을 출시하고 날아오른 미국의 사이키델릭 밴드인 아이언 버터플라이Iron Butterfly.

1968년 12월에 시작된 첫 번째 미국 투어와 1969년에 나온 첫 번째 앨범이 주목을 받으면서 레드 제플린은 12년 동안 상업적으로나 음악적으로나 성공을 거뒀다. 그러나 레드 제플린은 유별나게 반문화의 수호자를 자임하는 음악 매체와 평론가들로부터 '록 엘리트주의'라는 혹평에 시달렸다. "레드 제플린이 직면하고 있는 또 하나의 첨예한 문제는, 그들이 가사나 음악 속에서 시류를 타고 있는 정치 사회적 동기에 대한 립 서비스를 하지 않는다는 것이었다. 플랜트가 자신이 성장해온 환경인 히피 문화를 많이 동경한다는 사실에도 불구하고, 밴드의 음악은 거칠고 빠르고 공격적이었으며, 가사는 거의 전적으로 블루스의 세속적 사고방식에서 유래했다. 이 중 어떤 것도 반문화 대변인의 숭고해 보이거나, 우주적이거나, 초자연적이거나, 사회적이거나 심지어 정치적인 편향을 언급하지 않았다." 오히려 존 레넌이 〈혁명Revolution〉을, 롤링 스톤스가 〈거리의 투사Street Fighting Man〉를, 지미 헨드릭스가 〈불타는 집House Burning Down〉을 노래할 때 "레드 제플린은 최소한 당분간 사랑과 섹스, 젊음의 불안 같은 기본에 머물러 있게 된다. 그리고 그것이 주효했다".

'장수 밴드'가 누리는 여러 가지 이점도 있지만, 장수하는 탓에 겪어야 하는 치명적인 약점도 있다. 바로 음악 환경과 세대가 변한다는 것이다. 레드 제플린은 존 보넘의 갑작스러운 죽음으로 그들의 마지막 정규 앨범이 되고 만 9집 앨범을 준비하던 1978년, 펑크 그룹의 등장을 경계했다. 그러나 정작 그 시절의 히트 차트를 점령한 것은 뉴웨이브와 펑크 밴드가 아니라 디스코 음악이었다. 존 보넘이 급사하지 않았다면, 이 장수 밴드는 펑크와 댄스 뮤직 사이에서 어떻게 자신의 정체성을 지키고 어떤 진로를 찾아갔을까?

88. 더 알고 싶은 레드 제플린

《레드 제플린》
존 브림, 장호연 옮김 | 뮤진트리, 2009

존 브림의《레드 제플린》(뮤진트리, 2009)은 지은이의 이름이 한 사람으로 나와 있지만, 존 브림 혼자 쓴 책도 아니고 읽기 위한 책도 아니다. 미워하는 사람의 뒤통수를 치는 데 쓰면 살인 흉기가 될 수 있을 만큼 무겁고 큰 이 화보집은 읽기보다 보기 위한 책이며, 레드 제플린광狂이라면 반드시 가져야 하는 기념물이자 성물聖物이다. 보고 있나 친구? 갖고 있나 친구? 스무 살 때, 밤새도록 소주를 마시며 휴대용 전축을 통해 레드 제플린을 들었던 친구들, 빗자루를 들고 함께 '입기타'를 쳤던 친구들이여! 그렇게 밤을 새운 아침에 끓여 먹은 라면이 몇 박스였던가?

땀 냄새 나는 공연 현장은 물론 공연 티켓에서부터 그루피의 사진까지 레드 제플린에 관한 시각적 기록 모두를 모아놓은 이 책은 화보집과 같은 구성을 취하고 있지만, 화보와 함께 숫자를 헤아릴 수 없는 무수한 필자와 동료·후배 뮤지션들이 나와서 원제 그대로 "레드 제플린의 모든 것Whole Lotta Led Zeppelin"을 말한다. 키스 새드윅의 《레드 제플린》이 지은이의 일인칭 전지적 시점으로 쓰인 교과서적 평전이었다면, 존 브림의 이 책은 다중 시점으로 쓰인 거리 반영적 평전이랄까? 존 브림이 모아놓은 글 가운데는, 레드 제플린 '광팬'이라면 독신瀆神이라고 느낄 대목도 많다.

예컨대 조지 케이스는 자기 나이 열여덟 살 때 발매된 레드 제플린의 아홉 번째 앨범이자 마지막 앨범인 《In Through The Out Door》(1979) 이전에는 한 번도 레드 제플린의 LP를 사지 않았다고 자랑스레 떠벌린다. 그에게 레드 제플린은 "과장된 헤비메탈을 하는 1차원 밴드, 그럴듯하게 폼만 잡는 악마 숭배자", "형들이 좋아하던" 밴드이다. 그에게 〈Stairway to Heaven〉은 과장된 서사시고, 〈Whole Lotta Love〉는 '무뇌아'들의 헤드뱅잉 송가이며, 〈Dazed and Confused〉는 마약에 찌들어 흐느적대는 하찮은 곡이다. 무슨 영문인지 그가 "레드 제플린의 최고 명반은 아닐지라도 그들의 음악적 폭과 창조적 깊이를 잘 보여주는 앨범"이라고 아부한 아홉 번째 앨범 또한 그의 기본적 시각으로는 "한물간 밴드가 될 찰나에, 공룡 록이라는 조롱을 당할 무렵"에 나온 것이다. 다행히도 그는 이 앨범을 처음 사서 듣고 레드 제플린 신도로 개종했다.

이 책의 원제가 "레드 제플린의 모든 것"인 만큼 여기에는 레드 제플린 구성원의 사생활도 많이 드러나 있다. 그 가운데 하나가 그들을 따라다녔던 그루피의 회고다. 레드 제플린 멤버와 사귄 그루피들은 훗날 제각기 한 권씩의 회고록을 썼다. 패멀라 데스 배리스는 1987년에 출간한 《나는 밴드와 함께였다—그루피의 고백》에서 굶주린 그루피 무리 가운데 지미 페이지의 여자 친구가 되었던 경험을 소중하게 기록했으나, 이와 달리 악의를 드러낸 경우도 있다. 유명한 그루피면서 훗날 에어로스미스의 리드 보컬 스티븐 타일러와 결혼하여 여배우 리브 타일러의 어머니가 된 베베 뷰얼이 2001년에 낸《반항의 마음—미국 로큰롤 여행》이 그런 경우다. 지미 페이지 외에 믹 재거, 로드 스튜어트, 데이비드 보위, 엘비스 코스텔로와도 잘 놀았던 그녀는 "롤링 스톤스가 로큰롤의 라이프스타일을 창조했다면, 레드 제플린 같은 밴드는 엉성한 이류에 불과했다"고 악평했다.

존 브림에 따르면 레드 제플린은 "로큰롤 역사에서 가장 거칠고 타락했으며 방탕한 밴드였다. 머틀리 크루가 등장하기 전까지 그들을 당해낼 밴드가 없었다". 레드 제플린 멤버들의 사생활을 폭로하는, 그래서 그들이 질색하는 스티븐 데이비스의 책《신들의 해머》에는 이런 일화가 나온다. "높은 곳에서 보행로를 향해 텔레비전을 내던지는 것은 레드 제플린이 가장 좋아하는 오락거리였다. 지난해(1972)에 그들은 시애틀의 에지워터 호텔에서 모든 텔레비전을 바다로 던져버렸다. 피터 그랜트가 텔레비전 값을 배상할 때 호텔 매니저가 자기도 늘 창문 밖으로 텔레비전을 던져보고 싶었다고 말했다. 그러자 피터 그랜트가 '우리가 하나 더 지불하죠' 하며 500달러 지폐를 한 장 더 꺼냈다. 매니저는 당장 위층으로 올라가더니 커다란 모터롤러를 발코니 밑으로 내던졌다."

토론토 공연에서 로버트 플랜트는 청중들에게 "계집애라면 환장하는 바람둥이 리드 기타 지미 페이지"라고 소개했으나, 난잡한 것은 페이지만 아니었다. 12년 동안 레드 제플린의 공연 매니저로 활동한 뒤 리처드 트루보의 도움을 받아《천국으로 가는 계단—무검열 레드 제플린》을 쓴 리처드 콜은 로큰롤 가수가 그루피와 어울리게 되는 일상을 이렇게 설명한다. "섹스와 음주는 계속되는 연주여행과 음반사의 압력에서 벗어나 밴드가 쉴 수 있는 휴식처였다. 하지만 여기에 지나치게 빠져든 것이 문제였다. 밴드는 알코올과 마약에 차츰 중독되어갔고 그로 인해 희생자들이 생겨났다. 1969년에 이미 몰락의 징후들이 나타나기 시작했다. 지미 페이지는 어린 여자를 좋아했다. 순진해 보이는 얼굴과 채 여물지 않은 몸매의 여자가 그의 취향이었다. 하지만 지미 페이지만 그런 것이 아니었다. 그건 아마도 우리가 성숙하지 못했기 때문일 것이다. 우리도 기껏해야 스무 살이나 스물한 살이었으니까. 결혼한 멤버도 있었지만 영국에서 아내가 기다리고 있다는 사실을 애써 외면했다."

어쩌다 길게 나열했지만, 이 책에서 레드 제플린의 음악 외적 사생활이 차지하는 몫은 극히 적다. 존 브림은 그런 추문 또한 레드 제플린이 '록의 시대'라는 오색구름 위에 떠 있었던 12년 동안의 역사를 구성하는 데 필요하다고 여겼을 뿐, 기본적으로 이 책은 레드 제플린과 함께 젊음을 보냈고 그들의 음악을 사랑하는 모든 청중들에게 바쳐진 것이다. 이 독후감에서는 다루지 않았지만, 이 책에는 각기 다른 필자들이 레드 제플린의 모든 정규 앨범에 대해 쓴 멋진 리뷰들이 실려 있다. 또 거의 모든 록 스타들이 나와서 레드 제플린에 대해 한마디씩 거든 것만 읽어도 배가 부르다. 그런가 하면 이 책에는, 미국 대항문화의 선구자인 윌리엄 버로스와 지미 페이지가 나눈 경이로운 대담도 실려 있다.

키스 섀드윅이《레드 제플린》에서 견지한 관점은 지미 페이지가 레드 제플린의 9할을 차지한다는 것이다. 존 브림 역시 키스 섀드윅의 관점에 전적으로 동의한다. "레드 제플린은 과거에도 지미 페이지의 밴드였고 앞으로도 그럴 것이다. 롤링 스톤스나 비틀스, 후와 달리 레드 제플린은 외부 프로듀서를 영입하지 않았다. 주요 작곡자이자 사운드 건축가이며 믹싱 감독 겸 밴드 리더였던 지미 페이지가 직접 프로듀싱을 했다." 하지만 성공한 록 그룹만큼 게슈탈트적 명제를 더 잘 보여주는 것이 어디 있으랴? 전체가 부분의 합이 아니듯, 한 사람의 힘으로 록 그룹을 하늘 높이 쏘아 올려 지지 않는 별로 만들기란 불가능하다.

89. 안센주의 교리 입문

《세상의 모든 아침》
파스칼 키냐르, 류재화 옮김 | 문학과지성사, 2013

파스칼 키냐르의《세상의 모든 아침》(문학과지성사, 2013)은 짧고 간명한 소설이다. 아무리 느리게 책을 읽는 독자도 두 시간이면 읽고도 남을 것이다. 작가는 1991년에 출간된 이 소설을 직접 시나리오로 각색했고, 이 시나리오를 가지고 알랭 코르노 감독이 연출한 동명의 영화는 흥행과 작품성 양쪽에서 성공을 거두었다. 특히 영화 음악을 맡았던 조르디 사발이 알리아복스AliaVox 레이블에서 낸 O.S.T. 음반은 음악을 감독한 조르디 사발은 물론이고 오래전에 잊힌 비올라 다 감바viola da gamba에 대해서도 관심을 불러일으켰다. 클래식 애호가라면 모두들 이 음반을 한 장씩 소장하고 있다.

이 책 말미에 실린 아주 자세한 작가 연보는 지은이가 대를 이은 음악가 집안에서 출생했으며, 작가가 되기 전에는 가업인 파이프오르간 연주를 계속할 뻔했다고 적고 있다. 영화화된《세상의 모든 아침》으로 유명해진 뒤에도 문학계와 음악계에 양다리를 걸친 채 활발히 활동했던 그가 문학에만 열중하게 된 것은, 손가락에 이상이 생겨 악기 연주가 곤란해진데다가 조부와 부친에게서 물려받은 스트라디바리우스를 "모두 도난당"한 1995년부터다. 그런데 대체 얼마나 많은 스트라디바리우스를 가지고 있었기에 '한 점'이 아니라 '모두'였을까?

이 소설의 주인공은 17세기 중반에 실존했던 생트 콜롱브다. 지은이는 그가 비올라 다 감바에 현 하나를 덧붙여 원래의 악기보다 더 깊은 저음을 연주했다는 일화와, 그가 훗날 궁정 음악가로 이름을 떨치게 될 마랭 마레의 스승이었다는 빈약한 기록에만 의지해서 이 소설을 썼다. 그러니까 이 소설에 나오는 주인공의 두 딸은 물론이고 나머지 등장인물이나 줄거리도 모두 작가의 상상력에서 나온 것이다. 다만 작품의 배경이 되는 루이 14세 시절은 에스파냐와 이탈리아를 거쳐 유럽 전역에 퍼진 비올라 다 감바의 인기가 치솟고 있던 때로, 이때 이후로 이 악기는 음색과 음량을 놓고 벌인 다른 바이올린 악기군과의 치열한 경쟁에서 밀려 차츰 역사의 뒤안길로 사라졌다.

1650년 봄, 비올라 다 감바 연주자이자 작곡가인 콜롱브는 무척 사랑했던 아내를 여의고 파리 근교의 시골에서 두 딸아이를 기르며 산다. 그는 아내가 죽자 말을 팔았는데, 그것은 현대인들이 자신이 타던 차를 처분한 것과 같다. 과거나 현재나 말과 차는 소유자의 교통수단일 뿐 아니라 경제적 활동과 긴밀한 연관이 있다. 그러므로 그가 무엇을 각오했는지는 더 설명하지 않아도 뻔하다. 고립과 청빈. 그에게는 홀로 음악에 몰두할 수 있는 오두막과 두 딸, 그리고 죽은 지 5년이 지났는데도 눈앞에 어른거리고 귓가에 들리는 아내의 모습과 목소리만 있으면 족했다. "작품의 출판도, 대중의 평가도 원치 않았"던 그는 생계 수단으로서 젊은 영주들과 그들의 자제들에게 비올라 다 감바를 가르쳤다.

명인이나 대가는 어디에 은둔하든, 아니 은둔해 있기 때문에, 명성이 자자해지다 못해 신화가 된다. 루이 14세는 콜롱브에 대한 칭송을 듣고 그의 연주를 듣고 싶었을 뿐 아니라, 그를 궁정의 실내 악단장으로 초빙하고 싶었다. 하지만 콜롱브는 왕이 보낸 첫 번째 심부름꾼을 "나는 그 어디에도 소속되어 있지 않소. 나 자신에게만 소속되어 있소"라는 말로 단호히 물리쳤다. 두 번째로 왕명을 받은 고위 인사가 와서 "고대의 음악가와 시인들은 영광을 중시했소. 황제와 왕자들이 그들을 멀리하면 슬퍼했지요"라고 회유하자, 그는 "당신 궁궐은 내 오두막보다 작고, 당신 대중은 단 한 사람보다 못하오"라고 답변한다. 사신의 보고를 받은 왕은 그를 조용히 놔두기로 마음먹었다. "그는 다루기 힘든 자이며, 포르루아얄 회원들과 깊은 관련이 있다고 생각했기 때문이다."

콜롱브가 왕의 초대를 거절한 지 몇 년 뒤, 열일곱 살 난 마랭 마레가 그를 찾아와 제자로 받아들여 주기를 간청한다. 1656년 갖바치 집안에서 태어난 그는 여섯 살 때 왕이 관할하는 성당의 성가대원으로 발탁되었다. 성가대원이 된 그는 수도원에서 기숙사 생활을 하며 음악을 배우고 악기를 연주하는 법을 배웠다. 성가대의 일원으로 왕의 미사를 따라다닌 9년의 세월은 낙원과도 같았으나, 변성기가 되어 목소리가 망가지면서 마레는 거리로 쫓겨났다. 그가 추방된 낙원으로 돌아갈 수 있는 유일한 길은 보란 듯이 뛰어난 연주자가 되는 것이었다.

콜롱브는 그의 간청을 단칼에 거절하지만, 첫째 딸 마들렌의 부탁으로 마지못해 그를 제자로 받아들인다. 마레가 등장하면서 이 소설은 서두에 보여주었던 국가 권력 대 독립적인 예술가라는 구도에서 벗어나, 스승 대 제자 사이의 경쟁 구도로 탈바꿈하는 듯하다. 제자란 스승의 비밀(보물)을 훔치려는 탐욕적인 첩보원이면서 동시에 스승을 극복하기 위해서 스승을 배반해야만 하는 배반자다. 이렇게 예술 혼을 훔치려는 제자와 그것을 지키려는 스승 사이는 원만치 않다. 이런 상황에서 주도권을 쥔 사람은 언제나 스승이지만, 제자는 곧 스승이 모르는 조력자를 갖게 된다. 대개 그 조력자는 스승의 연인이거나 딸인데, 키냐르도 그 뻔한 공식을 충실히 따랐다.

제자를 탐탁지 않아 한 스승 대신에 제자에게 스승의 모든 기교를 가르쳐준 것은 마들렌이었다. 마레는 스승의 딸로부터 스승의 비법을 훔쳤을 뿐 아니라, 스승의 장녀인 마들렌과 차녀 투아네트의 몸과 마음을 문자 그대로 몽땅 훔쳤다. 그런 다음 스승이 거부했던 궁정으로 들어가 출세를 거듭한다. 하지만 소설의 첫머리에 나온 국가 권력 대 독립적 예술가라는 구도나, 그 뒤를 이어 이 소설의 대부분을 차지하게 된 스승과 제자 사이의 알력은 이 작품의 주제가 아니다. 납득되지 않는 이 소설의 몇 대목과 주제를 제대로 이해하기 위해서 우리는 포르루아얄 수도원을 정점으로 전개된 얀센주의로 돌아가야 한다.

17~18세기는 계몽주의와 합리주의의 도가니였다. 합리주의

는 구사회의 '신'과 '공동체'를 파괴하고, 고립된 개인들의 성공과 처세를 최고의 미덕으로 받들었다. 이런 상황에서 초기 기독교 교회의 엄격성으로 돌아가자는 얀센주의 운동이 일어났다. 얀센주의 신봉자들은 신은 합리주의로 설명될 수 없으며(그렇기 때문에 '숨은 신'이며), 기적으로만 나타난다고 믿는다. 또한 똑같이 예정설을 받아들였지만, 현세에서의 고행을 통해 자본 축적과 자본주의의 발달을 가져오게 될 칼뱅주의와 달리 얀센주의는 현세에서의 사회적·경제적·정치적 삶은 물론이고 심지어 종교적 삶까지도 거부한다.

작중의 콜롱브는 자신을 설득하러 온 왕의 두 번째 사신을 의자로 내리칠 뻔했다. 왕의 사신에게 상해를 입히면 극형을 피할 수 없다. 그는 또 마레가 왕에게 불려가 연주를 하고 왔다는 사실을 알게 되자 그의 악기를 벽난로에 내리쳐 부수었다. 뤼시앵 골드만의 《숨은 신》(연구사, 1986)으로 유추하자면, 그가 이처럼 감정을 주체하지 못하는 것은 "신의 현존으로 인해 세계를 받아들일 수 없으며, 동시에 신의 부재로 인해 세계로부터 완전히 등을 돌릴 수도 없는" 얀세니스트의 피로감과 무기력에 기인한다. 결코 마술적 리얼리즘 소설이 아님에도 불구하고 콜롱브가 죽은 아내와 조우하는 이질적인 몇몇 장면은, 신은 기적으로만 나타난다는 얀세니스트의 신앙을 드러내준다. 어쩌면 키냐르는 한때 존재했다가 음악 연주장에서 완전히 사라진 비올라 다 감바를 이단으로 박멸된 얀세니스트나 '숨은 신'에 비유하고 싶었는지도 모른다.

90. 끝나지 않은 노래

《빅토르 하라》
조안 하라, 차미례 옮김 | 삼천리, 2008

한때 절판되어 구할 길이 없었던 조안 하라의《끝나지 않은 노래》(한길사, 1988)가《빅토르 하라》(삼천리, 2008)라는 책으로 재간됐다. 전자가 영국에서 나온 1983년판의 번역인 데 반해 새로 나온 책은 조안 하라가 에필로그를 추가한 1988년판으로, 지은이가 한국 독자에게 보내는 짧은 서문도 추가됐다. 책 말미에 붙어 있는 '옮긴이의 말' 첫머리는 이 책을 잘 요약하고 있다.

"이 책은 노래했기 때문에 학살당한 한 예술가의 위대한 삶과 정신의 기록이다. 강압적인 군부 독재 아래에서 저항과 투쟁을 이끌어내는 '무기로서의 예술'이 어떤 운명에 처하는가를 눈물겹게 그려낸 투쟁기이기도 하다. 칠레의 전설적 가수이자 문화 운동가 빅토르 하라(1935~1973)의 사상과 행적을 그의 아내이며 역시 문화 운동의 주역이었던 영국 출신 무용가 조안 하라가 기록한 책이다. 가장 아름답고 진실한 노래, 수백 년 동안 전해 내려온 칠레의 토속 음악과 민요들을 현대에 맞게 되살려 민중 문화의 해답을 구하려 했던 빅토르 하라의 노력과 그의 비극적인 최후가 그려져 있다."

조안 하라는 1927년 영국 런던에서 태어났다. 그녀는 독일 공군의 런던 공습이 절정에 달했던 1944년, 어머니가 데리고 간 헤이 마켓 극장에서 쿠르트 요스 발레단의 〈녹색 테이블The Green Table〉을 관람하고 무용가가 될 결심을 하게 된다. 그녀가 극장 매표원의 눈을 피해 30번이나 몰래 본 이 작품은 1932년 파리에서 초연된 이후, 20세기에 발표된 가장 강력한 현대 발레 작품이 되었다. 궁금한 독자는 인터넷에서 이 작품에 대한 정보를 쉽게 찾을 수 있다.

이 유명한 반전 무용은 그녀를 무용가로 만드는 것을 넘어 그녀의 운명이 되었다. 전쟁이 끝나고 요스 발레단의 일원이 되어 독일에서 활동하던 그녀는 칠레에서 온 젊은 무용가 파트리시오 분스테르를 만나 결혼을 하게 되고, 남편의 고국인 칠레로 떠난다. 산티아고에 도착한 그녀는 국립 칠레 대학 부설 칠레국립발레단의 단원으로 있으면서 같은 대학의 음악대학과 연극학교에서 강사로 일하게 되었으나, 첫아이를 임신 중이던 1960년에 남편의 외도로 7년에 가까운 결혼 생활을 종료한다. 남편에게 버림받은데다가 환영받지 못하는 이방인이라는 절망으로 앓고 있을 때, 누군가가 그녀의 아파트 현관문을 두드렸다. 조그만 꽃다발을 방패처럼 들고 하얗게 빛나는 이를 드러내며 웃는 젊은 남자는 연극학교에서 자신의 강의를 듣는 학생 빅토르 하라였다.

당시의 칠레는 고위 관료나 부유한 지주 계층을 가리키는 피투코와 그들의 지배를 받는 인킬리노(소작농)가 엄격히 구분되어 있는 봉건적 사회였다. 이런 사회는 신분의 고하를 떠나, 남자를 마초macho로 만든다. 아니, 어쩌면 자신이 여자를 하찮게 여긴다는 것을 뻐기는 동시에 자신의 성적 능력을 표 나게 드러내는 마초는, 남자의 자율권이나 주체성을 지배 계급(주인)에게 몰수당한 하층 남성들에게서 더욱 두드러지는 특성인지도 모른다. 가난한 소작농의 아들로 태어난 빅토르 하라는 그런 남편에게 고통을 받는 어머니의 관심과 보호 아래 자라났다. 그가 진학을 계속할 수 있었던 것이나 훗날 칠레 민요에 관심을 기울이게 된 것은 어려운 살림 속에서도 기타를 치며 노래를 불렀던 어머니 덕이었다.

열다섯 살 때 어머니를 잃은 빅토르는 공허감과 죄의식으로 신학교에 입학했으나 그레고리오 성가와 미사의 연극적 요소 말고는 신학교에 적응하지 못하고 군대에 입대했다. 그 후, 어릴 때부터 좋아했던 음악에 이끌려 시립극장의 합창단원이 되고 칠레를 여행하면서 민요를 수집하기 시작했는데, 민요를 수집하면서 어머니에게 물려받은 음악적 유산을 자각하게 됐다. 그런 그가 국립 칠레 대학 부설 연극학교에 입학하게 된 것은 무언극 극단에서 만난 부유한 친구의 입학 권유와 지원 때문이었다.

빅토르가 언제까지나 빈민굴을 떠나지 못하고 살았거나 처음부터 부유층 출신으로 예술가의 길에 접어들었다면 젊은 공산당원의 모임에 참여하지 않았을 수도 있을 것이다. 하지만 그의 출신 배경과 학생 운동(혹은 문화 운동)은 뗄 수 없는 관계였기 때문에 그가 범좌파 연합인 인민행동전선에 합류하는 것은 불가피한 귀결이었다. 게다가 그가 연극학교에 재학 중일 때 이루어진 쿠바 혁명은 봉건적 질서에 찌들어 있던 라틴 아메리카 전역을 혁명의 열기로 들썩이게 했다. 그가 좌파 문화 운동가가 되는 것은 시간 문제였다. 그가 노래를 부르거나 작곡을 하는 동기는 처음에는 사적인 것에 머물렀으나, 차츰 생존권을 박탈당한 칠레 민중에 대한 연대감과 애정, 사회 정의가 실현되지 못하고 있다는 인식, 불의를 타파하고 현실을 변화시키려는 시도로 나아갔다.

어머니가 즐겨 불렀던 민요와 그 자신이 열정을 가지고 채록한 칠레 구전 민요는 훗날 그를 민중 가수로 이끈 음악적 자산이 되었다. 하지만 그가 민속 음악으로부터 노래 운동의 가능성을 확신하게 된 데는 그보다 앞서 민요 운동을 벌였던 칠레 민요 운동의 선구자 비올레타 파라와 아르헨티나의 노래 운동가 아타왈파 유팡키의 영향이 컸다. 칠레의 민속 음악 창법을 고수한 비올레타는 빅토르에게 많은 감명을 주었고, 그녀의 아들과 딸이 만든 '페냐 데 로스 파라'라는 음악 공간은 새 음악 운동의 거점이 되었다. 또 강한 사회성을 가진 유팡키의 노래는 미국의 팝송을 대신할 또 다른 혁명가요의 가능성을 열어주었다.

칠레의 극우 과두 체제를 무너뜨리려는 범좌파의 노력은 1970년 9월 4일, 인민연합 후보였던 살바도르 아옌데를 대통령에 당선시켰다. 하지만 피투코와 가톨릭교회가 결탁한 파시스트는 물론이고 칠레에서 이득을 얻는 미국의 다국적 기업과 중앙정보국CIA은 좌파 정권을 끌어내리려는 공작의 첫 단계로 '자본 파업'을 벌였다. 증권 시장을 조작해 주가를 폭락시키기, 거액의 자금을 집단 인출하기, 폐업을 통해 실업자를 양산하기, 인위적인 매점매석으로 생필품 부족 사태를 일으키기, 화물 운송을 중지시켜 물류 수송을 원천 차단하기 등을 꾀한 피투코는 보수 언론과의 원격 시위를 통해 '아옌데는 곧 혼란'이라는 중상모략에 찬 여론을 가공했다. 하지만 그 모든 시도가 실패한 1973년 9월 11일, 아옌데의 재선을 막는 최후의 수단으로 우익 군부가 쿠데타를 일으켰다.

쿠데타 직후 우익 군부에 체포된 빅토르는 그가 자주 노래를 불렀던 국립경기장에서 5,000명의 민간인과 함께 학살됐다. 우익 장교들은 빅토르를 총살하기 전에 그를 조롱하고자 그가 작곡해서 인민연합의 당가처럼 된 〈우리 승리하리라〉를 부르게 했고, 국립경기장에 감금된 사람들이 그의 노래를 따라 부르자, 기타를 치고 작곡을 했던 그의 두 팔목을 부러뜨렸다. 외국에서는 가수로만 알려져 있는 블라디미르 비소츠키가 연극인이었던 것처럼, 빅토르 역시 가수만이 아니라 연극인이기도 했다는 새로운 사실을 덧붙이면서, 주기도문을 변용한 그의 〈어느 농민에게 바치는 노래〉의 한 대목을 옮겨놓는다.

"우리를 비참함 속에 가두어두는 주인의 손에서 해방시키시고/정의와 평등의 왕국이 임하옵시며,/높은 산길에서 들꽃을 바람에 날리게 하듯 우리에게 불어오시며,/불처럼 내 총의 총구를 깨끗이 해주시며,/당신이 이 땅에서 마침내 뜻을 이루시듯/우리에게 힘과 투쟁할 용기를 주소서."

91. 불꽃의 여자

《시몬느 베이유, 불꽃의 여자》
시몬 페트르망, 강경화 옮김 | 까치, 1978

시몬 페트르망의 《시몬느 베이유, 불꽃의 여자》(까치, 1978)의 프랑스판 원제는 그냥 "Simone Weil"이다. 이 책은 영어판으로 번역되면서 "Simone Weil, A Life"라는 다른 제목을 얻었으나, 원제를 크게 윤색한 것은 아니다. 여기에 비하면 한국어판 제목은 여간 튀어 보이는 게 아니다. 그러나 이 책을 다 읽고 나면, 한국어판 편집자만이 제대로 제목을 지었다는 것을 알게 된다. 시몬 베유(시몬느 베이유)는 '불꽃의 여자'였다. 이 책을 읽은 독자라면 누구라도 화상을 입게 된다.

철학자와 노동 운동가인 시몬 베유가 파리에 개업한 부유한 의사 집안의 막내딸로 태어난 것은 1909년이다. 그녀의 부계는 유대계였고 모계는 폴란드계였으나, 그녀는 무정부주의자이며 무신론자였던 아버지를 따라 아무런 종교도 갖지 않았다. 하지만 그녀는 어느 특정 종교의 신도가 되기 위한 절차를 밟거나 스스로 신도임을 천명하지만 않았을 뿐, 타고난 영성과 관심을 가지고 신앙을 탐구했다.

그녀는 어렸을 때부터 온갖 병치레를 했다. 한 살 때 맹장염에 걸렸다가 간신히 목숨을 건졌으나 네 살 때 재발했고, 두 살 때에는 편도선염에 걸렸다. 그 이후로는 차츰 건강을 되찾는 듯했으나, 다섯 살 때에는 감기에 걸렸다가 일시적으로 다리를 저는 원인 모를 병도 앓았다. 하지만 뭐니 뭐니 해도 그녀를 괴롭힌 것은, 평생을 따라다닌 두통이었다. 의사인 아버지가 그것을 치료하고자 각고의 노력을 기울였으나, 그녀가 서른네 살이라는 젊은 나이로 병사病死하기까지 치유된 적이 없었다. 두통과 함께 그녀는 성인이 된 뒤에도 어린애의 것과 같이 유달리 작은 기형적인 손으로 고통을 당했다. 그래서였는지 부모는 그녀를 “우리 둘째 아들 시몽”이라고 불렀다. 그녀가 너무 허약했기에, 건강하고 씩씩하게 자라길 그런 식으로 염원한 것이었다.

신은 그녀에게 뛰어난 지능을 주었다. 그녀는 수학에서 문학에 이르기까지 모든 과목에서 우수한 성적을 냈다. 특히 그녀는 중등학교 저학년 시절부터 정치를 좋아해서, 동급생들이 그녀를 공산주의자라고 놀릴 때마다 “아니, 난 볼셰비키야”라고 응수하곤 했다. 그 나이에 볼셰비키란 말의 뜻을 정확히 알고 있었다고 볼 수는 없지만, 그녀가 그때부터 ‘버림받은 노동자들’의 편에 서서 모든 것을 생각했다는 것만은 확실히 알 수 있다. 일례로, 대학입학자격시험에 통과한 열여섯 살 때 그녀는 가족과 함께 묵게 된 어느 호텔에서 혹사당하는 호텔 고용인들을 모아놓고 노동조합을 만들라고 권하기도 했다.

고등사범학교 입학 준비를 위해 옮긴 중등학교의 상급반에서 그녀는 우리에게 《행복론》(디오네, 2005)으로 유명한 철학 선생 알랭(본명 에밀 샤르티에)을 만나게 된다. 《시몬느 베이유, 불꽃의 여자》는 시몬에게 지대한 영향을 미친 알랭과 시몬 사이의 영향 수수 관계를 깊이 파고들지 않지만, 아래의 대목은 그녀가 당이나 정치를 불신하고 "노동조합처럼 생활을 중심으로 모인 단체만이 사회를 올바르게 개혁할 수 있다"는 신념을 갖게 된 기원을 설명해준다.

"알랭은 혁명을 종국적으로는 기존 세력을 더 강화하고 시민을 한층 노예화시키는 것으로 여겼으며 이렇게 항상 전제화되려는 기존 세력에 대한 유일한 해결책은 기존 세력을 유지시키는 범위 내에서 자유로운 비판과 물음을 통해 그 힘을 견제하는 것뿐이라고 했다. 알랭의 견해를 통해 시몬느는 전체주의의 근본 원인을 통찰하고, 사태를 악화시키는 그릇된 해결책을 부정하는 등 혁명 사상을 더욱 심화시킬 수 있었다. 알랭의 가르침이 없었더라면 시몬느는 어느 정당에 가입했을 것이고 그렇게 되었더라면 약자를 위한 자신의 헌신적 노력을 낭비했을지도 모른다."

그녀가 고등사범학교에 다닌 1928~1931년은 파시즘의 등장과 함께 또 한 번의 세계대전을 목전에 두게 된 시기였다. 그녀는 학창 시절 내내 맹렬하게 전쟁에 반대하는 평화주의자였으며, 노동자들의 권리를 위해 싸우는 한편 노동자 학교의 강사로 활약했다. '붉은 처녀'라는 별칭을 안겨준 이때의 일화 가운데 하나가, 훗날 여성 이론가이자 소설가로 이름을 떨치게 될 동급생 시몬 드 보부아르와의 만남이다. 보부아르는 시몬 베유의 "뛰어난 지성과 악명 높은 옷차림에 대한 소문"에 이끌려 그녀와 만났던 순간을 이렇게 회상한다.

"어느 날 나는 그녀와 가까이서 만날 수 있었는데 그녀는 단호한 어조로 오늘날 전 세계에서 문제가 되고 있는 것은 단 하나이며, 혁명이 일어나게 되면 이 세상의 굶주린 사람들이 모두 배불리 먹을 수 있을 것이라고 말했다. 내가 그런 식으로는 사람이 그저 생존하게 될 뿐이지 행복하게 될 수는 없다고 말하자, 시몬은 나를 아래위로 훑어보면서 '당신은 아직 배를 곯아본 적이 없군' 하곤 입을 다물었다. 그런 뒤로 우리의 관계는 더 이상 진전되지 않았다. 나는 시몬이 나를 '잘난 체하는 소시민'이라고 생각하고 있다는 것을 알았으며 이 때문에 좀 괴로웠다. 나는 계급적인 문제에서는 완전히 벗어나고 싶었던 것이다."

대학을 졸업한 뒤 여러 고등학교를 전전하며 철학 교사로 지낸 시몬 베유의 일상을 그려보는 것은 무척 쉽다. 그녀는 입지 않았고 먹지 않았다. 누군가가 굶주리고 헐벗고 있는 한 자신도 그와 똑같이 살고자 했다. 교육 관료들과 늘 마찰을 빚었던 그녀는 교사 생활을 작파하고 공장으로 갔다. 우리는 그 기록을 《노동일기》(이삭, 1983)에서 볼 수 있다. 흔히 지식인이 노동 현장에 간다고 하면 노동자를 의식화하고 투쟁을 주도하기 위해서일 것이라고 짐작하지만, 그녀는 노동 운동이 아니라 노동이 좋아서 공장을 찾았고, 죽기 얼마 전에는 공장을 떠나 농장의 일꾼이 되었다.

에스파냐 시민전쟁 때는 에스파냐로 가서 총을 잡고, 프랑스가 나치에 점령되자 레지스탕스에 자원했던 그녀의 불꽃같은 삶이나 다양하고 명징한 저술 속에서 음악과 관련된 사항을 찾기란 쉽지 않다. 단 이 책에서는 그레고리오 성가가 몇 번 언급된다. 그녀가 스물여덟 살 무렵 여행 중에 들른 성당에서 우연히 듣게 된 그레고리오 성가는 평생을 따라다닌 두통을 잠시 잊게 해주었다. 바로 이것이 그녀를 끝내 '세례 받지 않은 가톨릭 신자'로 인도하면서, 그녀로 하여금 제2차 세계대전의 폐허를 바라보며 영성의 필요를 촉구한 유고작《중력과 은총》(이제이북스, 2008)을 낳게 한 배경이지 않을까?

"저는 늘 머리가 터지는 듯이 아팠으며, 무슨 소리만 들으면 머리가 더 아팠습니다. 그러나 필사적으로 정신을 집중시키고 성가를 듣고 있노라면 어느덧 고통은 저만치 물러나고 저는 상상도 할 수 없으리만큼 아름다운 성가와 미사의 문답 소리를 완벽한 기쁨 속에서 들을 수 있었습니다. 이 경험을 통해 저는 고통 속에서 하나님의 사랑을 더 잘 이해할 수 있다는 것을 깨달았습니다."

92. 지휘자의 진화

《음악가의 탄생》
발터 잘멘, 홍은정 옮김 | 심산, 2008

《마에스트로의 리허설》
톰 서비스, 장호연 옮김 | 아트북스, 2013

루이 14세 궁정의 음악 정책을 총괄했던 장 바티스트 륄리는 17세기의 가장 유명한 작곡가이면서 지휘자도 겸했다. 그때는 '연장된 집게손가락' 역할을 하던 지휘봉이 없어서 무겁고 긴 막대기로 바닥을 두드려 박자를 표시했다. 그는 1687년 태양왕을 위해 〈테 데움〉을 연주하다가 실수로 그 막대기로 자신의 발등을 찍었는데, 이로 인해 생긴 상처가 괴저로 발전해 두 달 만에 사망했다. 무거운 막대기 대신 나무나 가죽으로 만든 지휘봉을 손에 든 최초의 지휘자는 1780년경 베를린에서 활동한 요한 프리드리히 라이하르트였다. 그런데 발터 잘멘의 《음악가의 탄생》(심산, 2008)을 보면, 지휘봉은 정확한 박자의 상징으로 여겨져 당시의 음악계에서는 그다지 환영받지 못했다. 당시의 사람들은 지휘봉이 음악을 따분하게 한다고 여겼다.

지휘자가 음악 연주에 꼭 필요한 존재가 된 것은 19세기에 들어서다. 18세기만 해도 오케스트라의 제1바이올린 수석 주자나 쳄

발로 주자가 활이나 발로 박자를 맞추면서 큰 규모의 앙상블을 이끌었으나, 작곡가가 연주자들에게 요구하는 것이 점점 많아지면서 지휘자는 선택이 아닌 필수가 되기 시작했다. 실제로 이 시대에 지휘대를 차지한 주인공들은 베토벤, 멘델스존, 루트비히 슈포어, 베버, 가스파로 스폰티니, 베를리오즈, 리스트, 한스 폰 뷜로, 바그너와 같은 작곡가였다. 이들보다 조금 후대에 속하는 구스타프 말러와 슈트라우스 같은 뛰어난 작곡가들도 그 뒤를 이었는데, 이 시대에야 비로소 음악 역사상 처음으로 직업 지휘자가 등장한다. 한스 리히터, 아르투르 니키슈와 같은 1세대 직업 지휘자들은 이후 본격적으로 지휘대와 녹음 시대를 주름잡을 토스카니니, 푸르트벵글러, 카라얀, 카를로스 클라이버, 레너드 번스타인, 첼리비다케 같은 거인들이 등장하는 길을 열었다.

톰 서비스의 《마에스트로의 리허설》(아트북스, 2013)은 현존하는 여섯 명의 지휘자가 자신의 오케스트라와 리허설을 하는 풍경을 취재했다. 이들의 리허설 작품을 책 중의 차례대로 소개하면 다음과 같다. 발레리 게르기에프/런던 심포니 오케스트라(라흐마니노프 피아노 협주곡 3번, 라흐마니노프 교향곡 2번 외), 마리 얀손스/로열 콘세르트헤바우 오케스트라(드보르자크 〈레퀴엠〉), 조너선 노트/밤베르크 심포니 오케스트라(드뷔시 〈바다〉, 스트라빈스키 〈봄의 제전〉), 사이먼 래틀/베를린 필하모닉 오케스트라(시벨리우스 교향곡 5번, 6번, 7번), 이반 피셔/부다페스트 페스티벌 오케스트라(솔리마 첼로 협주곡, 말러 교향곡 6번), 클라우디오 아바도/루체른 페스티벌 오케스트라(드뷔시 〈야상곡〉, 라벨 〈세헤라자데〉, 베를리오즈 〈환상 교향곡〉 외).

차례를 무시하고, 마리 얀손스 편부터 읽었다. 나는 그가 오슬로 필하모닉 오케스트라와 협연한 차이콥스키 교향곡 전집(Chandos)을 좋아한다. 발트 해 동쪽에 위치한 구소련 시절의 라트비아에서 출생한 얀손스는 대대로 이어온 음악가 집안 출신으로, 상트페테르부르크 음악원에서 바이올린, 피아노, 지휘를 공부한 다음 므라빈스키를 사사했다. 므라빈스키는 50년 이상 레닌그라드 필하모닉 오케스트라를 그야말로 스탈린처럼 혹독하게 조련한 러시아 최고의 대지휘자다. 얀손스에 따르면 "그분의 원칙은 모든 것이 리허설에서 다 이루어져야 하고, 음악회에서 지휘자는 연주자들에게 신호를 줘서 연주하게 만들기만 하면 된다"는 것이었다고 한다. 어떤 리허설에서 더 이상 좋을 수 없는 결과물을 얻었다는 이유로 아예 본 음악회를 취소한 적도 있을 정도라니, 리허설에서부터 최고 수준을 강요당한 연주자들이 그를 무서워한 것은 당연했다.

얀손스의 리허설 스타일은 스승과 전혀 다르다. 그는 리허설을 할 때 연주자들이 조금 틀리더라도 자신의 연주를 즐기게 만든다. 이로써 연주자들은 특정 순간에 대한 독특한 기억을 갖게 되고, 자신이 연주하는 음악을 적극적으로 상상하게 된다. 얀손스는 호흡이 맞지 않을 때 "좀 더 잘해요!"라고 하기보다 "연주자들이 서로의 소리를 듣고 뭐가 문제인지 스스로 깨닫게 하는 방법"을 쓴다. 일반적으로 리허설에는 과도하게 준비하거나 충분히 준비하지 않는 두 가지 위험이 있다고 말하는 그는 "적절한 중간점"을 찾는 어려움을 토로한다.

얀손스의 리허설 전략이라고 해서 다른 지휘자와 크게 다른 것은 아니다. 그는 먼저 오케스트라와 함께 연주곡의 전체적인 틀을 세운 뒤, 마치 성형외과 의사들처럼, 큰 수술을 하는 것이 아니라 작은 부분들을 계속해서 손본다. 그가 주력하는 점은 항상 음표보다는 음표 뒤에 있는 분위기를 찾는 것이다. "기호를 정확하게 해석하는 데만 집중한다면, 이 크레셴도를 올바르게, 저 음을 맞게 연주하는 데만 신경 쓴다면, 음악의 가능성을 제한"하게 된다. 그런 때문에 그는 자신의 스승처럼 완벽한 리허설에 집착하기보다는 공연에서 신선한 것이 나올 여지를 만들어두는 전략을 취한다. "므라빈스키는 음악회에서 청중에게 선물을 줍니다. 이미 구워놓은 케이크 같은 것인데 먹으면 기가 막히게 달콤합니다. 저 같은 경우는 케이크를 조금씩 준비했다가 저녁에 크림을 올리고 장식을 곁들입니다. 음악회가 열리는 중에도 케이크를 계속 만듭니다." 지은이의 멋들어진 표현에 따르면, 므라빈스키가 사전에 미리 천국을 마련해놓는 스타일이었다면 얀손스는 음악을 통해 우주와 조우할 수 있는 우연의 순간을 창조하고자 한다.

오케스트라의 지휘자라고 하면 무소불위의 권력에 과대망상증이 더해진 '천재+스타'를 떠올리기 쉽다. 이런 상투적인 지휘자 상像이 지배적인 시대가 있었으나, 카라얀이나 번스타인과 같은 마에스트로급 지휘자를 마지막으로 '지휘자의 황혼' 현상이 나타났다.《음악가의 탄생》에 언급된 지휘자이자 음악학자인 페터 귈케는 1997년에 쓴 논문에서 "오케스트라와 지휘자는 서로 조화를 이루어 작품을 해석하는 데 심혈을 기울여야 하고, 지휘자가 자신을 '교육자로 내세우는 태도'는 '민주화와 객관화'를 위해 시정되어야 한다"고 주장했다.

《마에스트로의 리허설》에는 '훈계조의 연습'을 고수하는 지휘자와 그것을 받아들이는 오케스트라의 사례가 이반 피셔/부다페스트 페스티벌 오케스트라밖에 없다. 피셔의 말을 들어보면 그가 생각하는 이상적인 리허설은 게르기예프, 얀손스, 래틀의 것과 매우 다르다. 리허설에서 모든 게 준비되지 않으면, 리허설을 설렁설렁 넘긴 배우가 자신의 캐릭터를 클리셰에 의존하듯이, 실제 연주장에서 음악적 속임수를 쓰게 된다는 것이 그의 지론이다. 하지만 이 책의 의미심장한 결론이나 나머지 다섯 지휘자의 리허설 풍경은 "공포와 완력"으로는 더 이상 창조적이고 에너지 넘치는 공연이 나오지 않는다는 것을 알려준다. "지휘는 절대적인 힘을 나타내는 상징이 아니라 경험의 나눔, 협업, 청취의 은유다." 언젠가 대지휘자 콜린 데이비스는 이런 말을 했다. "오케스트라에서 우리는 개성이 몹시도 강한 사람들이 함께 작업하도록 만드는 방법을 찾습니다. 그런데 정치가들은 왜 우리한테서 뭔가를 배우려고 하지 않는 겁니까?"

93. 러시아의 음유 시인들

《율리 김, 자유를 노래하다》
율리 김, 최선 옮김 | 뿌쉬낀하우스, 2005

《율리 김, 자유를 노래하다》(뿌쉬낀하우스, 2005)는 같은 출판사에서 나온 '러시아 시와 노래' 시리즈의 첫 번째 출판물이다. 이 책은 1998년 율리 김이 자신의 시에 직접 곡을 붙여 부른 노래만을 모아 악보와 함께 출판한 책에서 번역자 최선이 53편을 가려 엮은 것이다. 카레이스키의 후손으로 소련 젊은이들의 우상이 되었던 러시아 록의 전설 빅토르 최는 그나마 널리 알려져 있지만, 그보다 훨씬 앞선 세대로 정통 러시아 바르드(음유 시인)였던 율리 김은 상대적으로 낯설다.

율리 김은 1936년 모스크바에서 출생했다. 표지에 적힌 약력에 따르면 그의 아버지 김철산은 1937~1938년에 정치범으로 총살되었고, 어머니 니나 벨렌치노브나도 같은 혐의로 5년간의 강제수용소 수감과 3년간의 유형에 처해졌다. 율리 김의 아버지가 정치범으로 처형된 시기는 카레이스키가 핍박을 받던 때였다. 이대우의 《태양이라는 이름의 별》에 따르면, 구한말 원산에서 이주해 블라디보스토크를 근거지로 삼았던 빅토르 최의 할아버지와 아버지가 스탈린의 소수 민족 분산 정책에 따라 카자흐스탄으로 강제 이주를 당한 것도 바로 1937년이었다. 아마도 김철산은 명망 있는 카레이스키 지도자였기 때문에 본보기로 처형되었을 것이다.

스탈린이 사망한(1953) 이듬해에 율리 김의 어머니는 복권되었고, 그 역시 모스크바 국립사범대 역사인문학부에 입학할 수 있었다. 율리 김은 대학 시절에 시와 노래로 인권 운동을 시작했고, 졸업 후 캄차카와 모스크바의 여러 학교에서 교사로 근무했다. 하지만 1969년 이후 반체제 분자로 낙인찍힌 그는 교사직에서 쫓겨났으며 모든 예술 활동을 금지당했다. 그 때문에 율리 김은 성을 미하일로프로 바꾸어 활동하게 되었고, 1985년이 되어서야 자신의 이름을 되찾았다. 로커였던 빅토르 최가 미술과 영화에 관심을 기울인 전방위 예술가였던 것처럼, 율리 김 역시 1963년부터 50여 편의 영화와 40여 편의 연극에 자신의 노래를 제공했다. 1974년 이후로는 아예 극작가와 시나리오 작가로 나섰다. 이 번역서가 나온 시점에는 러시아 전역에서 그의 연극 20여 편이 상연 중이었고, 그의 시나리오 〈비 온 뒤의 목요일에〉(1985)와 〈하나 둘—슬픔은 불행이 아니다〉(1987)가 M. 유좁스키 감독에 의해 영화화됐다.

이 책과 한 세트인 율리 김의 노래를 들으며 그가 쓴 가사(시)를 음미하다 보면, 블라디미르 비소츠키의 노래와 직결돼 있고 빅토르 최를 설명하는 데 필수적인, 러시아 바르드에 대한 궁금증이 치솟는다. 러시아 바르드는 장 마크 마리의 《블라디미르 비소츠키》에서 "시인이 부르는 노래"로 간략하게 정의된 바 있으나, 그처럼 인상적인 정의는 오히려 갈증을 더욱 부채질한다. 다행히도 이 책의 말미에는 편역자 최선의 꽤 자세한 설명이 담긴 〈20세기 러시아 노래의 발달과 러시아 바르드〉라는 글이 붙어 있다.

러시아 바르드는 스탈린 사후 1950년대 후반부터 1960년대 말에 이르는 정치적 해빙기에 나온 문화 현상으로서, 스탈린 시대의 문화에 대한 광범위하고 전면적인 비판을 핵심으로 한다. 스탈린 사후 자기가 지은 시에다 멜로디를 붙여 기타를 치며 직접 노래하는 바르드가 출현한 것은 결코 기적처럼 이루어진 일이 아니다. 먼저 그것은 "시 텍스트를 검열받지 않은 채 많은 청중 앞에서 낭송할 수 있게 된 서정시 부흥의 흐름의 일부"였다. 시와 노래의 결합은 멀게는 러시아의 풍요로운 민요와 푸시킨을 비롯한 콜초프·레르몬토프·네크라소프 등 우수한 시인들의 로망스 전통과 연결되어 있으며, 가깝게는 러시아 혁명 전후의 혁명 전통과 연결되어 있다. 즉 바르드의 출현은 1890년대부터 널리 알려지기 시작한 노동 혁명가와 혁명 이전에 지하 서클이나 데모 대열, 각종 스트라이크 행사에서 불렸던 노래에 기원을 두고 있는 것이다.

당시엔 노래 이외의 별다른 선전 수단이 없었던데다가 대부분의 노동자들은 문맹이었다. 그런 때에 황제와 그의 측근에 대한 풍자, 그들이 지닌 부와 권력에 대한 증오, 노동자 혁명에 대한 찬양, 노동자가 지배하는 국가의 밝은 미래에 대한 신념, 혁명 대열에 참가한 사람들의 영웅적 희생에 대한 추모를 주 내용으로 하는 노래는 대중의 환호를 받았다. 1917년 러시아 혁명 이후, 소련은 효과적인 선전 수단인 노래의 필요성을 지속적으로 강조하고 노래 문화를 장려했다. 특히 스탈린은 문학을 민중성과 동일시하면서 문학이 민요나 민속을 지향해야 한다고 강조했다. 이 교시에 따라 구소련 정권은 "노래가 시어나 시형식의 면에서 평이하고 쉽게 받아들여지고 기억되어 국민에게 널리 파고들 수 있다는 점과 노래는 그 노래를 부르는 사람으로 하여금 노래에 담긴 내용에 가장 직접적으로 영향을 받게 하고 그것에 감염되도록 한다는 점에 착안하여 이를 장려"했다.

스탈린 사후 구소련의 대표적인 반체제 문화 운동이라고 할 수 있는 바르드가 알고 보면 러시아 혁명 직전에 공산주의 혁명가와 노동 운동가들이 애용했던 선전 문화의 산물이며, 혁명 이후 스탈린이 공산주의 정권 유지 차원에서 열성적으로 지원했던 노래 문화 정책에 의해 고무되었다는 것은 매우 역설적으로 보인다(현 러시아 공식 문화사는 바르드가 "스딸린 문화 정책에 의해서 생긴 것이라는 데 대해서는 침묵"한다). 하지만 로버트 단턴의《시인을 체포하라》(문학과지성사, 2013)를 보면 노래는 권력자가 애용하는 선전 수단이기도 하지만, 민중이 가진 저항의 무기이기도 하다. 될수록 노래와 멀어지는 것이 현대 시의 발상과 이상이라면, 언어에 대한 자의식과 신뢰를 중시하는 현대 시 이전의 시는 '노래하는 공동체'를 추구했다. 러시아 바르드는 바로 그런 뜻에서 시인이 부르는 노래인 것이다.

바르드 1세대의 주요 인물로는 불라트 오쿠자바(1924~1997), 드자바 갈리치(1919~1977), 비소츠키(1924~1997), 율리 김, 유리 비즈보르(1934~1984), 알렉산드르 고로드니츠키(1936~)를 꼽는다. 이들은 집시와 관련돼 있고 소시민적이라고 경원시되던 기타를 들고 자기 이웃이 살아가는 이야기를 구소련의 공식 이데올로기와 연관 짓지 않고 노래했다. 사랑을 노래하는 것 자체, 여인에 대해 아름답다고 말하고 여인에 대한 욕망을 이야기하는 것 자체, 전장에서 죽음이 두렵다고 말하는 것 자체가 이미 오랫동안 공식적인 노래에 길든 사람에게는 신선한 충격이자 체제에 대한 도전이었다.

바르드 문화를 널리 퍼뜨린 일등 공신은 1960년부터 소련에서 생산 보급된 테이프 리코더다. 이러한 녹음기가 있었기 때문에 바르드는 정부의 검열을 무너뜨릴 수 있었고, 녹음테이프에 실린 노래는 1960년대 초부터 빠른 속도로 전국에 퍼졌다. 모스크바의 대학가를 잠식한 바르드의 노래 테이프는 1965년경부터 서방에 알려지기 시작했고, 1971년 파리에서 출판된《러시아 바르드 노래》에는 24명의 바르드의 노래 950곡이 실렸다. 오쿠자바(80곡), 갈리치(110곡), 비소츠키(295곡), 유리 쿠긴(79곡), 율리 김(73곡)의 곡이 그중 상당한 분량을 차지한다. 하지만 이때는 1968년 체코 침공과 함께 정부의 바르드 탄압이 심해지고, 유명 바르드가 국외 추방을 당하거나 노래를 부를 수 없는 상황이었다.

94. 자기 모반의 음악—재즈의 역사(2)

《재즈의 역사》
루시엥 말송, 이재룡 옮김 | 중앙M&B, 1997

《재즈입문》
에드워드 리, 이대우 옮김 | 삼호출판사, 1994

재즈에 심취하게 되면 이상한 버릇이 생긴다. 바로크 시대의 음악이나 바흐 혹은 모차르트를 들을 때마다 '흠, 기찬 재즈가 들리는군' 하고 중얼거리게 되는 것이다. 재즈와 고전 음악 간의 이런 착각(소통)이 가능한 것은 특히 낭만주의기 이전의 고전 음악이 재즈와 똑같이 선율이 아니라 화성을 지향하기 때문임을 알게 된 것은 훗날 여러 음악 서적을 뒤지고 나서였다.

재즈는 여러 종류의 관련 자료를 찾아보게 만드는 음악이다. 고전 음악의 경우, 과장해서 말하자면 전문 방송을 통해 알게 되는 상식만으로도 감상의 초점을 잡을 수 있다. 하지만 재즈의 경우에는 그 자체가 재해석의 음악이기 때문에 감상자가 요령껏 균열을 찾아들어야 한다. 베토벤의 〈운명〉은 누가 지휘를 하건 연주 시간의 차이가 몇 분 이상 벌어지지 않지만, 널리 연주되는 재즈 명곡인 〈고엽〉만 하더라도 연주 시간이 2분에서 20분에 이르기까지 자유로우며 리더가 다루는 악기에 따라 다른 맛을 낸다. 그 때문에 재즈 애호가들은 늘 즐거운 비명을 지르며 산다. 당신 주위에 돈으로 궁상떠는 친구가 있다면 그는 재즈광이다. 〈운명〉은 정평 있는 음반 한두 장으로 해결되지만 재즈는 전 음반이 수집과 '필청'의 대상이다.

재즈가 재해석의 음악일 수밖에 없는 것은 시대와 의식을 함께하기 때문이다. 고전 음악이 종종 정격 연주라는 과거의 신화를 복원할 때도 재즈는 속된 거리에서 현대성을 호흡하고자 한다. 그 탓에 재즈의 외연은 자꾸 확장되고 왜곡되어 무경계가 재즈를 사칭하게 된다. 이럴 때 루시엥 말송의 《재즈의 역사》(중앙M&B, 1997)는 중심을 잡고자 하는 재즈 입문자에게 명료한 기준을 제시함은 물론 풍부하고 가치 있는 자료를 제공한다.

재즈의 역사는 자기 모반의 역사다. 재즈는 자기 세대의 정신을 지키려는 지조의 사람들과 그 지조를 안정화시켜 상업성으로 포섭하려는 음악 경영자들을 한 축으로 하고, 그 축을 무너뜨리려는 모반자들의 노력을 또 다른 축으로 하여 각축을 벌여왔다. 그것이 재즈를 대중음악이 아닌 예술의 경계로 인도한다. 찰리 파커, 웨스 몽고메리, 셀로니어스 몽크, 레스터 영, 찰리 밍거스, 존 콜트레인, 마일스 데이비스와 같은 명인들이 추앙받는 것은 그들이 종합과 개혁의 평행선을 활주로 삼아 자기 시대를 박차고 비상했기 때문이다. 지은이는 이 책을 마무리하면서, 5년 간격으로 사망과 부활을 거듭해온 재즈 역사를 가리켜 "패배는 승리의 열매"였다고 쓴다. 그것이 재즈 100년의 역사다.

한편 에드워드 리의 《재즈입문》(삼호출판사, 1994, 초판 표시 없는 6쇄)은 자꾸만 넓어져가는 재즈의 외연에 대해 좀 더 엄격하다. 우선 그는 대중음악과 고급 음악의 차이를 다음과 같이 구분하고서 재즈를 고급 음악 속에 슬쩍 끼워 넣는 '신공'을 보여준다. "파퓰러 송에서는 안정감 있는 틀에 박힌 정서를 손상시키는 일은 허용되지 않는다. 이것이 대중 예술과 정서의 다양성을 끊임없이 자유롭게 추구하고자 하는 고급스러운 예술과의 큰 차이이며, 또 파퓰러 음악의 오락 세계와 많이 결부되고 있음에도 불구하고, 재즈가 궁극적으로는 고급 예술의 하나로 간주되어야 할 이유다. 재즈는 한때의 위안거리가 아니라, 부단한 주의력과 노력을 필요로 하는 음악이다."

에드워드 리는 '스윙'(싱커페이션이나 오프 비트)하지 않는 것은 재즈가 아니라고 말한다. 골수 재즈광에게는 너무 당연한 소리지만, 재즈의 외연을 정하지 못할 만큼 재즈의 영역이 넓어져버린 요즘엔 자칫 교조적으로 몰리기 쉬운 주장이다. 예컨대 재즈 평론가 김현준은 당장 '스윙에 집착할수록 재즈의 풍요로움과 다양한 즐거움에 귀를 닫게 된다. 재즈가 스윙해야 한다는 생각을 버리라!' 라고 충고하겠지만, 재즈를 들으며 스윙을 포기하기란 힘들다. 이를테면 그것은 니코틴 없는 담배, 카페인 없는 커피, 알코올 없는 맥주가 아니고 무엇이겠는가?

지은이는 저 주장을 통해 재즈의 두 가지 흐름을 비판하고자 한다. 하나는 재즈에서 아프로-아메리칸 요소를 순화하려는 흐름이고, 다른 하나는 클래식과의 기술 제휴의 흐름. "웨스트 코스트와 제3의 물결의 재즈로 이름이 알려진 견인자들은 모두 음악의 본질에 관한 유럽적인 발상을 고집하는 나머지, 어떤 의미에서는 재즈의 훌륭한 요소를 거부하려 했던 것으로 생각된다." "제3의 물결의 목표는 원래부터 현실성이 없는 것이다. 그 이유는 그 목표가 미래의 예술 음악의 표현 형식을 창출하기 위하여, 원래 전혀 다른 음악인 재즈와 클래식 쌍방의 가장 뛰어난 부분을 융합한다는 데 있기 때문이다." 이런 논리에 근거하여 에드워드 리는 재즈와 클래식의 합계는 기껏 '파퓰러 음악'을 만들 뿐이라는 결론을 내린다. 즉 마일스 데이비스의 "〈웨스트사이드 스토리〉는 실제로는 다소간 클래식과 재즈의 치장을 한 일종의 파퓰러 음악일 뿐"이라는 것이다. 그는 여기서 그치지 않고 쿨 재즈cool jazz마저 맹공격한다. 쿨 재즈는 그나마 "여전히 초기 재즈의 모습을 남기고 있던" 밥bob으로부터 "몇 가지 요소를 제거 또는 순화"하기 시작함으로써 재즈의 죽음을 초래했다는 것이다.

앞서 언급한 《재즈의 역사》에서 루시엥 말송이 "마일스는 날카롭고 건조한 이 지상의 북소리를 초월한 곳에 있었다. 그는 만유인력의 장에서 벗어나 있는 것이다"라고 예찬한 것이 무색하게, 재즈의 황제 마일스 데이비스에게서 '재즈의 죽음'이 시작되었다는 에드워드 리의 평가는 가혹하고 역설적이다. 하지만 그의 타박은 '진짜 재즈'를 기대했던 재즈 초심자들에게 마일스의 음악이 절충적으로 들리는 까닭을 설명해준다. 마일스에게서는 스윙이 표 나게 드러나지 않기 때문이다. 하지만 마일스에게 스윙이 없다는 평가는 과장됐다. 새벽 2시 넘어 《Kind of Blue》를 들어보라. 그렇게 고즈넉한 음악 속에서 마일스가 추구했던, 진짜 마음을 움직이는 스윙을 느낄 수 있다.

재즈를 듣는 일은 언제나 흥분을 선사하지만, 재즈에 관한 책을 읽는 일도 그만큼 즐겁다. 일급의 평론가가 쓴 글에는 스윙처럼 현기증을 일으키는 글귀가 가득하다. 에드워드 리는 《재즈입문》에서 예술가의 자유에 대해 이렇게 말한다. "롤린스나 콜트레인에게 있어서 자유라는 것은 좋아하는 대로 연주(작곡)하는 것이 아니라, 창조적 예술가 누구나가 갖는 중요한 관심사, 즉 선구자가 남긴 관습에 의문을 갖거나, 그것이 현대적인 의의를 잃었는지 혹은 자유 목표에 맞지 않는다고 느꼈을 경우에는 그것을 거절하거나 할 수 있는 권리이다."

95. 재즈의 개벽인가, 재즈의 사망인가 —마일스 데이비스(2)

《마일즈 데이비스—거친 영혼의 속삭임》
존 스웨드, 김현준 옮김 | 을유문화사, 2005

'신이시여, 정녕 제가 이 책을 다 읽었다는 말입니까?' 마일스(마일즈) 데이비스의 삶과 음악을 뿌리까지 파고드는 존 스웨드의 《마일즈 데이비스—거친 영혼의 속삭임》(을유문화사, 2005)을 완독한 사람들은 모두 나와 똑같은 심정이 된다. 색인과 디스코그라피를 뺀 본문만 800여 쪽이 넘는 탓이다. "극히 드물게 돈 많은" 흑인 명문가 집안의 아들로 태어나 풍요로운 소년기와 학창 시절을 보낸 마일스는 몇 차례의 이혼과 평생 헤어나기 어려웠던 마약의 수렁을 제외하곤 무척 평탄한 삶을 살았다.

마일스의 음악적 여정은 예컨대 흑인 민권 운동에 대해 무관심했던 그의 삶과는 매우 다르다. 어떤 분야든 한 시기와 단절하고 새로운 시대를 여는 창조자 또는 개혁가가 있기 마련인데, 마일스 데이비스는 재즈사에서 그 일을 세 번이나 해냈다. 그가 1949년에 내놓은《Birth of The Cool》, 1959년에 내놓은《Kind of Blue》, 마지막으로 1970년에 내놓은《Bitches Brew》. 이 세 장의 음반으로 마일스는 쿨 재즈, 모드 주법(혹은 모들 재즈modal jazz), 퓨전 재즈의 시조가 되었다. 자기 모반의 역사라고 하는 재즈사에서 마일스는 자신의 이름을 연상시키는 '이정표Mile-stone' 같은 역할을 한 것이다.

숱한 재즈 관련 서적은 최소한 세 번에 걸친 마일스의 음악적 모색과 변신을 공식처럼 되풀이하면서, 그가 프리 재즈free jazz(즉흥 연주를 기본으로 하는 실험 재즈)에 적대적이었다고 말한다. 하지만 전화번호부만 한 두께를 동원해 '재즈 황제'의 내면과 음악적 필연을 추적한 이 책의 지은이는, 이 대목에서 괄목할 만한 이견을 낸다. 존 스웨드는 마일스가 "프리 재즈의 물결을 거부"했음에도 불구하고, "소음을 하나의 음악적 요소로 바라보는 클래식 음악과 실험적인 아방가르드 전통에 대해 친숙한 인물"이었다고 말한다. 마일스는 그런 배경 속에서 전자 음악(전자 악기)과 만나게 되었던 것이다. 이 책을 읽은 독자 가운데, 《Bitches Brew》가 나오기 직전의 마일스가 구사했던 음악을 두고 "전체적으로 강한 리듬을 바탕으로 한 프리 재즈를 듣는 것 같았다"고 말하는 지은이의 의중을 알아차릴 사람이 있는가? 내가 말해보겠다. 존 스웨드는 지금 이렇게 말하고 있는 것이다. 프리 재즈에 대한 '거부'와 조심스러운 '수용' 가운데 어느 한쪽이, 혹은 양쪽이 함께 마일스를 퓨전으로 밀어냈다!

1960년대 중반, 미국 대중음악계의 주도권은 록으로 완전히 넘어갔다. 불과 10여 명의 관객 앞에서 연주를 해야 하는 굴욕 앞에서 마일스는 새로운 음악적 변신을 하지 않으면 안 되었다. 그의 앞에는 두 가지 길이 있었다. 하나는 대중음악계의 주류인 록 음악과 손을 잡는 것, 다른 하나는 흑인 민권 운동과 연계된 재즈 안의 '새로운 것new thing', 즉 프리 재즈를 수용하는 것이었다. 마일스는 1965년에 발표한 앨범《E. S. P.》에서 프리 재즈에 근접했으나, 앨범 발표 직후 "내 스타일은 아니다"라는 결론을 내렸다.

보통 퓨전 재즈 혹은 재즈 록의 신호탄으로《Bitches Brew》를 꼽지만, 마일스는《킬리만자로의 여인들Filles de Kilimanjaro》(1968)에서부터 전자 악기와 록을 자신의 재즈에 혼합하기 시작했다. 이 앨범은 마일스의 다른 앨범에 비해 낮은 평가를 받고 있지만, 존 스웨드는 이 앨범의 가치를 매우 높게 평가한다. 이 책을 번역한 재즈 평론가 김현준 또한 역주에 이렇게 적었다.《킬리만자로의 여인들》은 "따지고 보면 다음에 발표된《In a Silent Way》나《Bitches Brew》가 워낙 큰 조명을 받았기 때문에 상대적으로 덜 조명된 경향이 있지 않던가. 결국《킬리만자로의 여인들》은 역사적인 1969년의 전초전이었으며, 결과보다 아름다운 과정이 있을 수 있다는 진리를 상기시킨 작품이다."

《킬리만자로의 여인들》은 다음 해에 나온《In a Silent Way》의 전초전이었고, 1969년에 나온《Bitches Brew》의 전초전이었다. 영국 출신 일렉트릭 기타리스트 존 맥러플린과 오스트리아 출신 일렉트릭 키보디스트 조 자비눌이 앨범의 성격을 결정지은《In a Silent Way》는 발매 즉시 빌보드 순위 134위에 오르며 날개 돋친 듯 팔려 나갔다. 그동안 재즈가 유지해온 뿌리를 뒤흔들어놓았던 이 앨범은, 그러나 대부분의 비평가들을 혁신 반대론자로 만들었다. 당시의 많은 비평가들은 "밀려드는 록 음악의 조류를 부정하는 것이 성숙한 태도"라고 생각했다. 지은이는 마일스가 처한 곤경을 이렇게 묘사한다.

"상업 음악계의 가장자리라는 위치에 서서, 재즈 음악인들은 스스로 위대한 음악인이라는 자부심과 더 어려운 예술의 길을 선택했다는 자긍심으로 언제나 그들의 분노를 삭여야 했다. 무섭게 치고 올라오는 팝 음악의 경향을 바라보며, 많은 재즈 음악인들은 원하기만 한다면 그 신념을 감출 수도 있었고, 베스트셀러가 되는 대중적인 앨범을 만들 수도 있었다. 그러나 막상 이들에게 기회가 주어졌을 때, 그 결과는 대부분 희화화되거나 건잡을 수 없이 두려운 모습으로 전락해버리곤 했다."

마일스는 비평가들의 혹평에 귀 기울이지 않았다. 그가 더 두려워한 것은, 재즈가 대중과 멀어지면서 소수 흑인의 음악으로 전락하는 것이었다. 그는 그즈음 새로 각광받던 큰 규모의 디스코텍이나 팝 나이트클럽을 드나들면서, "매우 큰 음량의 고출력 사운드 시스템이 얼마나 완벽하게 예전의 댄스 음악을 대체할 수 있는지 확인"하고자 했다. 그는 그곳에서 "그가 오래도록 이끌어오던 어쿠스틱 사운드의 균형과 관련된 문제를 해결"할 방도를 찾고자 했다. 마일스는 이즈음 듣게 된 록 음악과 재즈 음악을 비교하면서 재즈는 "음향적인 면에서 너무 얄팍하고 연약"하다고 생각했다.

그가 가야 할 길은 정해졌다. 굉장히 모순되지만 그가 택한 길은, 록의 방법론을 빌려 재즈를 개벽시키는 것이었다. 《Bitches Brew》가 두 장짜리 앨범으로 구성된 것이 비틀스의 앨범 《페퍼 상사의 론리 하츠 클럽 밴드Sgt. PePPer's Lonely Hearts Club Band》

(1967)에 대항하기 위해서였다는 점은 마일스의 포부를 상징적으로 보여준다. 하지만 이 앨범이 나왔을 때, 마일스의 든든한 비평적 후원자였던 랠프 J. 글리슨은 이 앨범을 제작한 프로듀서 테오 마세로에게 이렇게 말했다. "재즈가 죽었다는 것은 이제 의심의 여지가 없군. 바로 당신 같은 사람들이 재즈를 죽이고 있는 거라니까."

《Bitches Brew》로 인해 재즈 음악만의 고유한 특징인 '현장성live'이 사라지고, 그것을 '사운드 편집'이 대신하게 되었다는 점은 꼭 특기해야 한다. 영화에서 기원을 찾을 수 있는 편집이 음악에서 한 일은, "음악을 다른 곳으로 옮기고, 음정을 다른 음정으로 교체하고, 새로운 내용물을 만들고, 생략하고, 확장시키고, 혹은 하나의 사운드에 다른 사운드를 덧씌우는" 것이다. 멀티트랙을 가능하게 하는 녹음 기술이 발전하면서 "더 이상 '원음'을 이야기하는 것이 무색"해졌으며, "편집자와 프로듀서의 역할은 거의 음악인과 동등한 위치"가 되었다. "예술은 과학 기술을 모방"한다.

96. 베토벤보다 모차르트

《시간의 벌판을 가로질러》
박숙련 | 세계사, 1992

박숙련의《시간의 벌판을 가로질러》(세계사, 1992)의 주인공은 서른두 살 난 전업주부 황보영이다. 그녀에게는 지방 대학교에서 영문학을 가르치는 남편과 취학 연령에 아직 한참 모자란 어린 두 아들이 있다. 1980년대에 대학을 다니며 민주화 운동에 나서기도 했던 그들은 전형적인 386세대이면서, 현재는 주위의 부러움을 받는 다복한 가정을 꾸리고 있다. 그런 가정의 주부인 영은 어느 날 블랙홀 같은 수렁으로 빠져드는 악몽 끝에 "각覺!"이라고 소리치며 잠에서 깨어난다. 무엇인가로부터 깨어나려는 강한 욕구를 담은 그 외마디 소리는 '살려줘요'라는 비명이다. 남편이 학교와 서재에서 학문을 하는 시간에 가계부와 씨름을 하는 영은 자신의 악몽을 해석할 언어를 갖고 있지 못하다. 그녀는 놀라 깨어난 남편에게는 물론이고 스스로에게마저 '각'의 의미를 해명하지 못한다.

영의 악몽은 여러 가지로 변주된다. 남편과의 성행위의 정점에 이르렀을 때 그녀는 엉뚱하게도 의식의 허공 가운데 떠오르는 사과를 보며, 그것이 조금씩 조금씩 썩어가는 것을 본다. 뉴턴은 사과가 낙하하는 것을 보고 중력의 법칙을 발견했다는데, 남편과의 성행위 가운데 피고름처럼 썩어 문드러지는 사과를 보는 여성의 심리는 대체 어떤 것일까? 뉴턴의 사과가 세계를 논리적으로 분석하고 구획하려는 남성의 지배력을 상징한다면, 영의 사과는 여성의 자궁과 생명력을 상징한다. 피고름으로 썩어가는 사과는 아마도 남성 지배에 의해 여성의 생명력이 갉아먹히고 있는 그녀의 결혼생활을 가리키는 것일 테지만, 영은 남편에게 사과 이야기를 하려다가 자포자기의 심정으로 그만둔다.

1966년에 출간된 베티 프리댄의 《여성의 신비》(평민사, 1978)는 미국 중산층 가정의 전업주부들이 앓는 우울증, 무기력, 자살 충동, 성적 불안과 같은 신경증 증세를 분석하면서 대부분의 미국 여성은 고등학교 졸업을 고비로 자아 성장이 차단된다고 주장한다. '현모양처로 살기'라는 강요된 사회적 억압은 대학에 진학해서 전문직을 가진 지적이고 자아 성취도가 높은 여성들에게 '나는 불완전한 인간'이라는 죄책감을 심어주고, 결국 그들을 훗날 여성 신경증으로 작용하게 될 '여성의 신비'로 인도하게 된다. 여성의 신비란 여성을 아내와 어머니라는 역할에 매진하도록 만드는 사회적 담론이자 제도적 힘이면서, 문화와 교육이 여성에게 내면화한 이상적 여성상이다.

죄책감을 피해 여성의 신비를 받아들인 여성은 하나의 독립된 인간으로서의 성장이 거세된 채, 당분간 남편과 아이들을 통한 대리 인생을 살게 된다. 그러나 남편이 사회적 안정과 성공을 얻게 되고 자녀들이 홀로서기를 시작하는 중년에 접어들면서 여성은 비로소 회의에 빠지게 된다. “교외에 사는 부유한 가정주부들은 제각기 이 문제를 가지고 자기 나름대로 싸웠다. 잠자리를 만들 때, 식료품점에서 물건을 살 때, 의자 커버에 신경을 쓸 때, 아이들과 땅콩버터 샌드위치를 먹을 때, 아이들을 소년단과 소녀단으로 태우고 다닐 때, 밤에 남편 옆에 누웠을 때, 여성들은 그 조용한 물음, ‘이것이 전부인가?’를 자신에게조차 묻기를 두려워했다.”

베티 프리댄은 고학력 중산층 전업주부 여성의 내면을 ‘여성의 신비’(이상적 여성)와 그 상태로부터 벗어나려는 ‘마녀’의 싸움터로 규정한다. 영의 모습 또한 다르지 않다. 그녀는 “자신이 평범한 일개 주부인 것에 왠지 안도감”을 느끼면서 두 자녀의 어머니와 한 가정의 주부로서 사는 것에 자긍심을 느끼는 한편, 자신의 생활이 “늘 같은 일들의 반복”이며 아이들은 성장하지만 자신에게는 “더 이상 성장하지 않는 육체와 고정된 생활만이 주어져 있”을 뿐이라는 것도 알고 있다. 앞의 면모가 여성의 신비(이상적 여성)에 투항한 것이라면, 뒤의 면모는 그 속에서 신경증을 앓는 모습이라고 할 수 있다. 후자가 깨달음(각)에 다다르게 될 때, 이상적인 여성은 사회의 손가락질을 받는 마녀가 된다. 영의 이웃에 사는 춤바람 난 아주머니는 폭력 남편에게 저항하기로 한 일종의 마녀다.

영의 악몽은 베티 프리댄이 ‘이름 붙일 수 없는 병’이라고 했던 바로 그것이다. 전업주부가 마주한 공허와 불안은 여성이라는 이름으로 인간으로서의 성숙을 회피하도록 권장받은 사회에서 일어나는 병이다. 작가는 전업주부란 가부장 사회의 유령이자 결코 셈

(더하기)이 되지 않는 비존재라는 것을, 성행위를 마친 남편이 잠속으로 빠져든 직후 홀로 깨어 있는 영의 상념을 통해 전달한다. "영이 일곱, 여덟 살쯤 됐을 때였을까, 저녁 무렵 또래 아이들과 숨바꼭질을 하던 영은 깊숙이 숨느라고 집의 다락으로 갔었더랬다. 어린 영은 다락 속에 웅크린 채 술래가 찾아오기를 기다리고 있었었다. 작은 창을 통해 바깥을 내다보고 있었는데 술래가 영의 집 안으로 들어와 여기저기를 기웃거리다가 찾지 못하고 나가버리더니 다시 오지를 않았었다."

전업주부의 신경증 증세가 "자신의 결혼은 무엇보다 조건을 내건 만남"이었다고 뒤늦게 회의하는 영의 특수한 사정에서 빚어진 것이 아니라, 그보다 더 큰 가부장 사회와 연관된 것이라고 볼 이유는 많다. 일례로 기자와 국문과 강사 등으로 일하는 영 주위의 여자 친구들은 하나같이 여성 차별이라는 장애물에 직면해 있다.

어릴 때부터 음악을 좋아했던 영은 잠시 작곡가나 연주자가 되는 꿈을 꾸기도 했다. 그래서인지 그녀가 장식한 안방 벽에는 말러와 주빈 메타의 사진과 함께 베토벤의 흉상이 걸려 있다. 고뇌에 찬 베토벤의 데스마스크를 보면서 영은 깊은 열등감에 빠진다. "베토벤이 남긴 유산은 '위대한 음악'이라는 구체적인 것이었고, 자신의 일생이란 말끔한 걸레와 보글거리며 끓는 찌개로 화해서 제대로 된 것을 남길 수 없는 밋밋하고 하릴없는 인생에 지나지 않는 것이라는 생각이 들었기 때문이었다."

버지니아 울프는 《자기만의 방》에서 셰익스피어에게 셰익스피어보다 더 뛰어난 문재를 가진 여동생이 있었다고 한다면 그녀도 셰익스피어와 같은 위대한 작가가 될 수 있었을까 하고 물었지만, 박숙련은 똑같은 방법으로 영에게 베토벤과 같은 재능이 있었다면 영도 베토벤이 될 수 있었을까를 묻지 않는다. 그 대신에 온갖 고난과 실연에도 불구하고 창작열을 불태웠던 베토벤 신화를 전형적인 '남성 예술가 서사'로 상대화하면서, "웃음, 천진난만함, 쾌활, 공기나 새털 같은 가벼움"을 추구하며 생을 찬미했던 모차르트를 대극에 세운다. 바로 이것이 생로병사를 횡단하는 이틀간의 의식 여행 끝에 작가가 도달한 소중한 각성이다. ('남성 예술가 서사'란, 여자는 아이를 낳을 줄 알기 때문에 예술을 등한시한다는, 여성 예술가에 대한 편견을 뒤집은 것이다. 이런 전복에 따르면, 남성 천재 예술가의 존재는 잉태 능력을 갖지 못한 남성의 콤플렉스를 반영하는 것에 지나지 않게 된다.)

97. 가요 음반 수집가를 위한 책

《대중가요 LP 가이드북》
최규성 | 안나푸르나, 2014

《한국 대중음악 100대 명반》
박준흠 엮음 | 선, 2008

최규성의 《대중가요 LP 가이드북》(안나푸르나, 2014)은 국내 최초로 발간된, 대중가요 LP 수집가를 위한 가이드북이다. 유사한 책으로 박준흠이 엮은 두 권짜리 《한국 대중음악 100대 명반》(선, 2008)이 있지만, 이 책은 LP 시대만 아니라 CD 시대의 명반까지 아우른다는 특징이 있는데다가, 철저하게 음악적 가치 평가에 입각해 선정된 명반을 소개한다. 평론가들이 시대별 명반을 선정함으로써 자연스럽게 가요사를 재구성하려고 했던 이런 작업은 아무리 아니라고 해도 엘리티즘을 벗어날 수 없다.

《한국 대중음악 100대 명반》이 '위로부터'의 명반 선정 작업이었다면, 《대중가요 LP 가이드북》은 '아래로부터'의 명반 선정 작업이라고 해도 무리가 없을 것이다. 보통 음악적으로 가치 있는 음반이라면 저절로 수집가들이 눈에 불을 켜고 찾는 '컬렉터스 아이템 collectors item'이 될 것 같지만, 실물이 거래되는 시장의 사정을 보면 반드시 '위'와 '아래'가 같지는 않다. 이를테면 트로트 가요는 음악적으로 저평가되지만 이미자나 나훈아의 음반 가운데는 고가의 음반이 꽤 있다.

부르는 게 값인 고가의 음반은 어떻게 탄생하는가? 많은 사람들은 그저 희소하면 비쌀 것이라고 생각하는데 그야말로 오해다. 그 말이 맞는다면, 그저 젓가락으로 스테인리스 밥그릇을 한 시간 동안 두드리는 괴상한 '망작'을 딱 한 장만 만든 뒤 한 100년 정도만 묵히면 금값이 될 것이다. 하지만 오해와 달리, 아무리 희소하더라도 대중적이지 않으면 고가가 되지 못한다. 그렇다면 희소하고 '대중적 사랑'을 받는 음반과 희소하고 '음악적 가치'가 높은 음반, 다시 말해 '아래로부터의 사랑'을 받는 음반과 평론가들이 합세한 '위로부터의 사랑'을 받는 음반 가운데는 어느 것이 더 비쌀까? 이때도 끗발이 더 높은 것은, 희소하고 '대중적인 사랑'을 받는 음반이다. 그렇다면 우리는 이 법칙 안에서 금상첨화가 어떤 경우인지도 알게 된다. 대중적이면서 음악적 가치까지 높은 희소 음반을 찾아라!

희소 음반이 만들어지는 경우는 여러 가지다. 나온 지가 오래되어 세월이 지나면서 하나씩 망실되어간 경우. 처음부터 적은 수량을 발매한 경우. 뒤늦게 그 음반에 대한 수요가 폭주해서 수집가의 표적이 된 경우. 시간이 흐를수록 음악사적 평가가 높아지는 경우. 그리고 군사 정권 시절에 판매 금지 처분을 받고 전량 수거되어 폐기된 경우. 등등. 어느 특정 가수의 음반이 위의 다섯 가지 이유를 모두 만족(?)시키는 경우는 잘 없는데, 딱 한 사람이 저 까다로운 조건을 모두 충족시킨다.

《대중가요 LP 가이드북》은 총 318장의 음반을 아홉 개의 주제에 따라 분류하고 있는데, 놀랍게도 이 책의 첫머리인 1부는 〈신중현의 재발견, LP 콜렉터의 탄생〉이다. 이러한 제목 아래 소개되는 21장의 음반 가운데는 신중현이 직접 노래하고 연주하는 음반도 있지만, '신중현 사단'이라고 불린 일단의 가수의 것도 있다. 펄 시스터즈·김추자·임아영·장현·김정미·박인수가 그들인데, 신중현이 발굴하고 키운 이들은 신중현과 협업을 하거나 그의 후광을 받은 덕에 음반사의 한 장을 차지했다.

김상희가 한때 신중현 사단의 일원이었던 것을 아는 사람은 거의 없지만, 그녀가 신중현의 곡을 받아 활동했던 1969~1970년에 낸 세 장의 앨범은 '초희귀 고가' 음반으로 대접받는다. 재미나게도 이 책의 8부 〈LP로 바라보는 가요의 역사 2—서울의 봄, 조용필, 그리고 동아기획〉에 소개된 김완선의 2집 앨범도 신중현 때문에 이 가이드북에 이름을 올린 경우다. 1987년에 발매된 김완선의 2집은 두 가지 버전이 있다. 산울림의 둘째 김창훈의 창작곡만으로 1, 2면을 모두 채운 첫 번째 버전과 2면의 수록곡 가운데 한 곡을 빼고 신중현의 〈리듬 속의 그 춤을〉로 대체한 두 번째 버전. 귀한 것은 두 번째 버전인데, 첫 번째 버전과는 가격이 두 배 이상 차이가 난다. 나는 이 음반을 1990년대 말, 대구의 음반 가게에서 단돈 3,000원에 샀다. 지금은 얼마일까?

하나 마나 한 소리지만, 미국의 록을 거의 동시대적으로 한국에 접목시킨 신중현의 공과 이후 그가 가요계에 끼친 광범위한 영향은 여러 대중가요사를 통해 확인된다. 그렇기는 하지만, 이 책의 첫머리를 신중현이 차지한 데는 또 다른 이유가 있다. 의미심장하게 요약된 1부 제목이 그 이유를 명확하게 가르쳐준다. 즉 신중현으로 인해 우리나라의 'LP 컬렉터'가 탄생하고 'LP 수집층'이 형성되었기 때문이다. 1990년 말, 일본 수집가들이 신중현의 음반을 싹쓸이하고 있다는 풍문이 돌면서 우리나라의 가요 음반 수집에 불이 붙었다. 여기에 더하여, 이미 폐기 처분된 LP 붐이 일게 된 것은 이 무렵에 맞게 된 IMF 구제금융 사태와 밀접한 연관이 있다. 문화비평가들은 이 현상을 풀이하면서 사회경제적인 요소를 제대로 보지 못하는데, 구제금융기는 음악 팬들에게 똑같은 소스라면 CD보다 LP가 더 저렴하다는 것을 가르쳐주었다. 구제금융기는 1만 원이 훌쩍 넘는 CD보다 그 가격의 3분의 1도 채 안 되는 LP의 매력에 눈뜨게 해준 것이다.

수집가에 의한, 수집가를 위한, 수집가의 책이라고 할 수 있는 《대중가요 LP 가이드북》은 일반인이 도저히 알아볼 수 없는 첫 번째 버전과 두 번째 버전의 세밀한 차이점은 물론 속지 유무에 따라서도 배 이상이나 가격이 달라지는 '컬렉터스 아이템'의 세부 사항을 소상하게 안내한다. 그런 점에서 이 책은 기존의 가요 음반 수집가에게 자신이 소장하고 있는 음반의 객관적인 질을 가늠하게 해주는 필독서다. 하지만 그렇다고 해서 이 책의 가치가 수집가의 LP 가이드북에 머무르는 것은 결코 아니다.

일찍이 발터 베냐민은 에두아르트 푹스에 관한 에세이에서, 고급문화나 걸작에 집착하는 공공 기관(예컨대 국립박물관)이 무시하는 수집물에 유독 정열을 기울임으로써 단순 수집가가 역사 연구자로 변신하는 눈부신 사례를 보여준 바 있다. 우선 이 책은 개개 음반의 제작에 얽힌 뒷이야기를 보충함으로써 가요사의 빈 구멍을 메운다. 그것만으로도 이 책은 어느 가요사에서도 느낄 수 없는 흥미를 더해준다. 다음으로는, 개개 음반에 보인 대중의 반응을 통해 공식 역사가 제대로 짚어내기 힘든 대중의 감수성과 풍속사를 드러내준다. 마지막으로, 군사 독재가 극심했던 1970~1980년대가 한국 가요계의 황금기와 겹치는 역설적인 역사를 확인하게 해준다. 우리는 여기서 창작 여건의 무한한 자유가 반드시 명작을 만들어내는 조건이 되지는 않는다는 씁쓸한 아이러니를 맛보게 된다.

나는 이 책을 손에 들고 맨 먼저, 한때 내가 가지고 있었던 애청 음반의 유무부터 살폈다. 녹색 드레스를 입은 펄 시스터즈의 서라벌레코드사 음반, 빨강과 파랑 줄무늬 티를 입은 이승연의 오아시스레코드사 음반, 검은 두건을 쓴 루비나의 지구레코드사 음반, 재킷에 초록색 테를 두른 민희라의 오아시스레코드사 음반, 히피풍의 두건을 쓰고 오른손은 허리에 얹고 있는 김추자의 유니버설레코드사 음반……. 여자 가수만 있는 이유는 가요 음반을 모으던 1990년 대 말, 내 목표가 여자 가수 음반만 100장을 모으는 것이었기 때문이다. 거의 미개봉 음반에 가까웠던 마그마의 독집은 그 당시에 10만 원어치의 재즈 CD와 맞바꾸었고. 아, 그 음반들이 모두 내 곁으로 다시 돌아올 수 있다면!

98. 미국 청년 문화에 대한 예외적인 증언

《저스트 키즈》
패티 스미스, 박소울 옮김 | 아트북스, 2012

패티 스미스의 노래라고는 〈Because The Night〉밖에 모르지만, 그녀의 자서전《저스트 키즈》(아트북스, 2012)는 재미있게 읽었다. 1946년에 시카고의 평범한 가정에서 태어난 그녀는 어린 시절에 스스로 꿈꾸는 몽유병자였다고 할 만큼 상상력이 풍부하고 조숙했다. 열한 살 때 루이자 메이 올컷의《작은 아씨들》을 읽고 이내 단편 소설을 쓰기도 했던 그녀는 그때부터 작가가 되겠다는 목표를 세웠다. 또 열두 살 때 부모와 함께 갔던 필라델피아 시립미술관에서 모딜리아니와 피카소의 그림을 보고 "예술가란 다른 이들이 보지 못하는 걸 볼 수 있어야 한다"는 깨달음을 얻었다. 어머니는 열여섯 살 생일 선물로《디에고 리베라의 위대한 삶》을 그녀에게 주었다.

"그해 여름 나는 노조가 없는 공장에서 일했다. 자전거에 핸들을 끼우는 일이었다. 작업 환경은 형편없었고, 일을 할 때면 나는 늘상 작품을 만드는 몽상에 빠졌다. 나는 예술가의 세계에 속하기를 간절히 소망했다. 예술가들의 가난과 옷 입는 스타일이나 작업 과정이나 생각 모두를 갈망했다. 언젠가 예술가의 정부가 되고 싶단 생각이 들었다. 어린 마음에 그것보다 로맨틱한 건 없어 보였다. 디에고의 뮤즈이자 그 자신이 예술가이기도 한 프리다 칼로에 나 자신을 투사했다. 예술가를 만나 사랑에 빠지고 곁에서 그를 보조하면서 나 자신의 예술 세계를 가꿔가는 꿈을 꾸게 되었다."

같은 해, 책값 99센트가 없어서 필라델피아 버스 터미널 맞은편에 있는 가판대에서 아르튀르 랭보의 《일뤼미나시옹》을 훔치기도 했던 그녀는 교사라는 안정된 직업에 종사하기를 바라는 부모의 희망에 따라 글래스보로 주립 교대에 입학했다. 거기서 오스카 와일드, 샤를 보들레르를 읽고 비틀스, 롤링 스톤스, 도어스, 밥 딜런을 들었으며 미켈란젤로 안토니오니의 영화 〈욕망Blow-Up〉을 보고 바네사 레드그레이브가 입은 미니스커트에 반했다. 열아홉 살 때 임신을 하고 정학을 당한 그녀는 아이를 입양시킨 뒤 등록금을 벌기 위해 필라델피아에 있는 교과서 만드는 회사에 취직했으나, 거기서 정리 해고를 당하자 예술가가 되겠다는 일념으로 무작정 뉴욕으로 향한다.

그녀가 보헤미안의 상징인 롱코트를 입고 구걸을 하던 1967년 여름, 존 콜트레인이 죽었다. "7월 21일 금요일, 나는 예상치 못했던 슬픔에 빠졌다. 《A Love Supreme》을 우리에게 선사한 존 콜트레인이 사망한 것이다. 사람들은 세인트 피터 성당에 모여 그를 추모했다. 앨버트 에일러의 슬픈 노랫소리가 대기를 가득 메우자 사람들이 흐느끼기 시작했다. 성인의 죽음 같았다." 그 여름이 다 지나기 전에 가까스로 취직한 서점에서 패티는 예술전문학교에 다니는 로버트 메이플소프를 만났다. 두 사람은 앤디 워홀에 대한 의견만 달랐을 뿐 좋아하는 것들이 같았고, 부모들이 강요한 여호와의 증인과 가톨릭 신앙에 똑같이 반발했다. 패티는 자신이 가사를 붙인 〈Gloria〉에서 "예수는 누군가의 죄를 위해 죽었지만 나를 위한 건 아니었지"라고 노래했다.

두 사람은 싼 집을 찾아 보금자리를 만들고, 닥치는 대로 일을 하며 뉴욕의 온갖 새로운 예술 사조와 대중문화를 흡수했다. 미술관 입장권을 살 돈이 없었던 그들은 순번을 정해 한 사람만 티켓을 사서 구경한 뒤, 밖에 남았던 사람에게 전시 이야기를 해주곤 했다. 새로 개관한 휘트니 미술관에 간 날은 패티가 들어갈 차례였는데, 그녀가 미술관 건물의 거대한 창으로 바깥을 내다보았을 때 주차 미터기에 기대어 담배를 피우는 로버트의 모습이 눈에 들어왔다. 전시를 보고 전철역으로 걸어가는 길에 로버트가 말했다. "언젠가 우리가 함께 저 미술관에 들어가는 날, 그날은 우리 작품이 전시되어 있을 거야." 훗날 그 꿈은 이루어졌다.

함께 산 지 1년 정도 된 어느 때, 로버트가 커밍아웃을 했다. 그녀는 로버트의 남자 친구에 대한 질투와 무기력이 뒤섞인 복잡한 마음으로 동거를 끝냈다. 하지만 아폴로가 달 착륙에 성공한 1969년 여름, 두 사람은 서로 다른 사람에게 갔다가 서로를 다시 찾았고, 평생 가장 가까운 친구가 됐다. 서로에게 충실하되 자유로운 연인이자 친구로 지내기로 한 두 사람은 거처를 첼시 호텔로 옮겼다. 어쩌면 이때 패티는 디에고 리베라와 프리다 칼로의 관계를 로버트와 그녀 자신에게 투사했는지도 모른다.

《저스트 키즈》는 패티의 자서전이면서, 마흔네 살에 에이즈로 죽은 로버트가 그녀에게 부탁한 그 자신의 전기다. 동시에 이 책은 1969년 여름부터 1972년 가을까지 두 사람이 함께 살았던 첼시 호텔에 대한 비망록이다. "호텔은 에너지가 넘쳤고, 재능은 있지만 궁지에 몰린 예술가들이 각계각층에서 모여든 피난처였다. 기타쟁이들, 빅토리아풍 드레스를 입은 한물간 미녀 배우들, 마약 중독자 시인들, 극작가들, 정신이 반쯤 나간 영화감독들과 프랑스 배우들. 이곳을 스쳐 간 사람들은 모두 비범하고 바깥세상에선 보기 드문 사람들이었다." 여기서 두 사람은 온갖 분야의 유명 예술가들과 영향력 있는 인사들과 괴짜들을 만난다. 패티와 로버트의 '첼시 시절'은 이 책의 3분의 1 분량을 차지한다(장담컨대, 극작가 샘 셰퍼드에게 관심 있는 독자라면 226~247쪽이 보고 싶을 것이다).

배우이며 화가이기도 했던 패티는 현재 미국 '펑크 록의 대모'로 알려져 있지만, 첼시 시절 그녀는 "시인이 되고 싶지만, 가수는 아니야"라고 할 만큼 목표가 명확했다. 그녀가 1974년에 첫 번째 싱글 앨범 《헤이 조Hey Joe/오줌 팩토리Piss Factory》를 발표하고 1975년에 첫 번째 정규 앨범 《호시스Horses》를 발표하면서 록 뮤지션이 된 것은, 1972년과 1973년 사이에 《제7의 천국The Seventh Heaven》, 《이른 아침의 꿈Early Morning Dream》, 《위트Witt》 같은 시집을 내놓은 뒤였다.

시인이 된 패티는 1973년, 랭보에 관한 단행본을 쓰겠다고 그의 무덤이 있는 프랑스의 샤를빌을 방문했다. 그리고 파리의 페르

라셰즈에 묻혀 있는 짐 모리슨의 묘지를 찾았다. 아직 표식이 없는 짐 모리슨의 묘지는 그의 명복을 비는 사람들이 놓고 간 선물로 어지러웠다. 비가 내리고 있는 묘지를 청소하던 노부인이 패티를 발견하고 프랑스어로 욕을 했다. 집게와 쓰레받기를 든 노부인은 역겹다는 듯 무덤을 한번 보고 다시 패티를 째려봤다. 패티가 미안하단 제스처를 하자, 갑자기 노부인이 영어로 걸걸하게 소리쳤다. "미국인들이란! 왜 자네들 시인을 존중할 줄 모르지?" 퍼붓는 빗줄기 속에서 노부인이 다시 고함을 쳤다. "아메리껜, 대답해봐! 왜 니네 새파란 젊은이들은 너네들 시인을 존중할 줄 모르지?" 패티는 "주 느 세 빠, 마담"이라고 대답하고서 고개를 숙였다.

진짜 그런 일이 있었는지는 자서전을 쓴 패티만이 안다. 열한 살 때 단편 소설을 쓰고 그 이야기를 늘려 동생들에게 들려줄 장편소설을 완성하기도 했던 그녀에게 이런 일화를 창작하는 것쯤은 식은 죽 먹기가 아닌가? 하지만 이 일화에는 어떤 진실이 있다. "시는 계속해서 내 창작을 이끄는 근간"이 되었다고 말하는 그녀에게 짐 모리슨은 특별했다. "시와 로큰롤의 크로스오버라는 길로 나를 인도한 사람이 바로 그였다." 이 책은 시가 미국 청년 문화의 일부를 차지했던 독특한 시대에 대한 증언으로 가치가 높다.

99. 비틀스의 100가지 그림자

《비틀즈 100》
브라이언 사우설, 고영탁 · 나현영 옮김 | 아트북스, 2014

《비틀즈 100》(아트북스, 2014)을 쓴 브라이언 사우설은 스스로를 비틀스(비틀즈)의 영향을 받은 "수백만 팬들 중의 한 명"이라고 겸손하게 소개한다. 세상에는 '어리숙한 게 당수 8단'이라는 농담도 있지만, '당수가 8단'이면 이미 어리숙하지 않다. 당연히 책까지 낸 이 사람이 어찌 수백만의 평범한 비틀마니아와 같을 수 있을까? 지은이는 오랫동안 비틀스의 소속사였던 EMI에 재직했으며, 1970년대에는 존 레넌을 제외한 세 명의 비틀스 멤버의 다양한 솔로 음반 제작에 관여했다. 이후《멜로디 메이커》의 기자를 거쳐 현재까지 음악 산업과 뮤지션에 대한 활발한 저술을 하고 있다.

또 한 권의 책을 덧보태는 게 숲에 대한 범죄(?)라고 해야 할 만큼 비틀스에 대한 책은 차고도 넘친다. 그럼에도 불구하고 비틀마니아는 "100가지 물건으로 보는 비틀즈의 모든 것"이라는 부제가 붙은 이 책을 반길 것이다. 옮긴이의 입을 빌려, 사진과 글이 반반인 이 책에 대한 설명을 들어보자.

"비틀스가 거닐거나 살았던 공간이나 기타, 드럼, 오디션 테이프, 자동차 등 다양한 사물 100가지를 보여주면서 열성적인 팬들의 호기심을 충족시켜준다. 예를 들면 조지 해리슨이 아내 패티 보이드의 녹색 매니큐어를 가지고 직접 칠한 '로키' 기타, 존 레넌의 '사이키델릭한' 롤스로이스 자동차, 폴 매카트니가 아꼈던 호프너 베이스 기타, 링고 스타가 애비 로드 스튜디오에서 썼던 재떨이 등에 대한 이야기가 흥미롭게 펼쳐진다. 그 밖에도 이들이 쓰던 특별한 악기와 장비, 의상 등을 훌륭한 퀄리티의 사진으로 감상할 수 있으며, 캐번디시 애비뉴 자택 앞에서 팬들이 촬영한 폴 매카트니 사진 같은 미공개 아이템도 만나볼 수 있다. 특히 이 책의 저자 브라이언 사우설은 물건 하나하나를 통해 비틀스의 생애와 그 시대를 시간 순으로 파고들어 독자들은 그 물건들을 통해 비틀스와 그들의 생활까지도 유추할 수 있다."

비틀스의 100가지 물건 가운데 첫 번째 영예를 차지한 것은 안토리아 기타다. 폴 매카트니는 열네 살 무렵에 아버지가 사준 트럼펫과 바꾼 기타(제니스 모델 14)를 가지고 있었고, 비틀스의 전신이었던 아마추어 밴드 쿼리멘 시절에 그 기타를 사용했다. 하지만 매카트니는 이따금 자기 주변의 기타를 빌려 연주하기도 했는데, 그 중 하나가 동네 친구이면서 매카트니와 같은 리버풀 지역 밴드의 일원이었던 데니스 리틀러의 안토리아 기타다.

리틀러가 19파운드 할부로 구입한 안토리아 기타는 우리에게 약간 생소하지만, 섀도스The Shadows의 기타리스트 행크 마빈이나 마티 와일드(킴 와일드의 아버지) 같은 영국 출신 뮤지션들이 꽤 애용했던 제품이다. 부연하자면, 안토리아는 1950년대 말 일본에서 생산된 기타에 영국 수입사가 자체 상표를 붙인, '주문자 상표 부착 방식OEM'으로 만들어진 제품이었다. 현재는 당시의 영국 회사가 수입을 중단하고 다른 영국 회사에 상표명을 넘긴 상태고, 기타 제작은 한국에서 한다.

지은이는 비틀스의 100가지 물건 목록에 안토리아 외에 다섯 점의 기타를 더 올렸다. 조지 해리슨의 그레치 기타와 그가 손수 색칠을 한 '로키' 팬더 스트라토캐스터, 매카트니의 호프너 베이스, 복스사社에서 만든 켄징턴 프로토타이프 기타, 존 레넌이 직접 자신과 오노 요코의 캐리커처를 그려 넣었으며 베드 인Bed-In 퍼포먼스에 등장하기도 했던 깁슨 J-160E 어쿠스틱 기타. 이 외에도 스타가 1963년 루드윅 세트로 업그레이드하기 전까지 사용했던 프리미어 54 드럼 세트, 〈Love Me Doo〉에서 존 레넌이 사용하게 된 크로매틱 하모니카와 판매 직전에 판촉 활동을 포기한 독일 호너사社의 3달러짜리 '비틀스 하모니카', 비틀스 멤버가 연주했던 EMI 애비 로드 녹음실의 챌런 업라이트 피아노. 이 책이 비틀마니아에게 즐거움을 준다면, 바로 이런 실물 사진과 일화를 통해 그들의 음악을 더 가까이 느낄 수 있기 때문이다.

다들 짐작하겠지만, 이 책에 나온 온갖 잡동사니(?)는 수집가들의 목표가 되었고, 경매에서 고가 대접을 받았다. 데니스 리틀러가 소유한 안토리아 기타의 경우 2001년 런던에서 열린 경매에서 무려 4만 3,000파운드(우린 돈으로 7,300만 원)에 낙찰됐고, 같은 해에 경매에 나온 챌런 업라이트 피아노는 소유권 문제가 해결되지 않아 마지막 순간에 경매가 취소되긴 했지만 최소 15만 파운드를 호가했다. 하지만 정작 중요한 것은 비틀스가 해산된 뒤에 그들의 손을 탔던 물건들이 보물 취급을 받았다는 사실이 아니다. 비틀스는 연예 산업에서 '캐릭터' 산업을 창출한 최초의 주인공인데다가, 비틀스가 무엇을 애용하는지는 광고주나 소비자 모두에게 화제였고 관심사였다. 비틀스가 '애플'이라는 회사를 만든 데는 엄청난 세금 부담을 덜어보려는 속셈도 작용했지만, 그들이 음반에 한정하지 않고 다각적인 사업 구상을 하게 된 것은 자신들이 바로 '미다스의 손'이라는 자신감이 있었기 때문이었다.

비틀스의 100가지 물건 가운데 가장 논란이 될 물건은 뭐니 뭐니 해도 1965년 영국 여왕이 비틀스에게 수여한 대영제국 훈장(Member of the Order of the British Empire/MBE)이다. 이들에게 훈장을 준다는 소식이 전해지자 버킹엄 궁전에는 기존 수훈자들의 항의가 빗발쳤고, 어느 은퇴한 대령은 훈장 열두 개를 반납했다. 영국 왕실이 저 천박한 얼간이들과 자신을 동급으로 취급했다는 이유에서였다. 세상에!

왕과 왕실은 정확히 말해 국민의 세금을 축내는 가축 이상이 아니며, 이 가축에 대한 시혜적 표현이 '국민의 애완견'(혹은 애완묘)이다. 이 말은 딱히 영국 왕실을 겨냥한 것이 아니고, 지구상에 남아 있는 모든 왕실과 왕에게 해당한다. 가축이 인간에게 훈장을 주는 것도 코미디고, 인간이 반려동물로부터 훈장을 받는 것도 코미디다. 비틀스에게 훈장이 수여된다는 소식을 접한 비틀스 멤버들의 반응은 엇갈렸다. 매카트니와 스타가 "굉장한 영예"로 받아들인 반면, 버킹엄에서 온 편지를 무시하려고 했던 레넌은 "훈장을 받아야 우리한테 이익"이라는 브라이언 엡스타인에게 설득당했다. 훗날 레넌은 "그 당시 우리는 이거저거 다 팔았습니다. MBE 훈장을 받은 것도 저한텐 우리를 팔아넘긴 것이나 마찬가지였죠"라고 말했고, 1969년 11월 25일에 훈장을 반납했다. 그가 아니었다면 비틀스는 통째 속물 집단이 되었을 것이다.

100. '음악'을 '성性'으로 바꾸시오

〈크로이체르 소나타〉
레프 톨스토이, 이기주 옮김, 《크로이체르 소나타》 | 펭귄클래식코리아, 2008

레프 톨스토이의 소설집 《크로이체르 소나타》(펭귄클래식코리아, 2008)에는 네 편의 중편 소설이 묶여 있다. 이 가운데 1859년에 집필된 〈가정의 행복〉을 뺀 나머지 세 작품은 그의 말년인 1887년 이후에 쓰였다. 시기는 다르지만 네 작품은 하나같이 사랑·결혼·성을 주제로 하는데, 이 주제에 관한 톨스토이의 생각이 가장 잘 드러나 있는 작품이 바로 이 책의 표제작인 〈크로이체르 소나타〉다.

〈크로이체르 소나타〉는 8년간의 결혼 생활 끝에 아내를 살해하게 된 한 남자의 일방적인 고백으로 이루어져 있다. 대지주이면서 귀족인 포즈드니셰프는 그 계급 출신의 남자들이 으레 그러는 것처럼 이십대를 온갖 방탕으로 보낸 다음, 서른 살 무렵에 이십대 초반의 앳된 처녀와 결혼을 한다. 두 사람은 신혼 한 달 만에 서로에게 싫증을 내고 적대적인 관계가 되는데, 그들이 다섯 명의 자식을 두게 된 것은 오로지 "사랑이라고 불리는 욕정" 탓이다.

아내를 죽인 남자의 일방적인 고백을 다 신빙할 수는 없다. 그럼에도 불구하고 그의 말을 고스란히 믿어준다면, 그가 아내에게 품은 육욕의 감정은 신혼 한 달째부터 서서히 줄어들다가 다섯 명의 자식이 생긴 결혼 8년째에는 현저히 사라졌다. 그러나 아내의 사정은 다르다. 포즈드니셰프가 아내의 육체뿐 아니라 성욕 자체를 멀리하게 되었을 때, 아내는 고작 서른 살이었다. 시쳇말로 하면 남편이 다 타버린 잿더미일 때, 아내는 아직 잉걸불이 살아 있는 상태였던 것이다. 이런 상태를 첫 번째 불일치라고 할 수 있다면, 아마도 거기에 이어지는 두 번째 불일치란 남편의 아내에 대한 육욕이 증발하는 것과 함께 남편이 아내에게 갖는 독점적 소유욕까지 저절로 말소되지는 않는다는 사실일 것이다. 이런 불일치는 남편에게 질투를 심어준다.

포즈드니셰프의 아내로 말하자면, 그녀는 세상에서 가장 중요한 가치는 사랑이라고 여기는 그 시대의 일반적인 여성이다. 그녀가 남편과의 결혼 생활에서 사랑을 찾고 행복을 누렸는지는, 그녀의 말을 들어보지 못해 섣불리 언급할 수 없다. 확실한 것은, 남편이 그녀를 멀리하면서 "그녀는 예전에 완전히 손을 놓아버린 피아노에 다시 빠져들었"고 "이것이 사건의 발단이 된 것"이라는 사실이다. 그녀가 피아노에 빠져드는 것과 동시에 트루하쳅스키라는 바이올리니스트가 등장한다. 이때부터 포즈드니셰프의 준비된 질투가 활동한다.

"우리 사회에서 질투를 하는 남편들에게 가장 고통스러운 것 중의 하나는, 매우 위험함에도 불구하고 남성과 여성의 접근이 허용되는 사교계의 관행입니다. 무도회에서의 친밀함, 의사가 자신의 여자 환자에게 친밀하게 구는 것, 그림이나 특히 음악 같은 예술을 하면서 친해지는 것들을 방해하면 웃음거리가 되고 맙니다. 이런 상황에서 가장 고상한 예술인 음악을 단둘이 하는 데 있어 둘 사이가 친밀해져야 하고, 또한 둘 사이를 의심할 하등의 이유가 없는데, 오직 정말 어리석고 질투심에 눈이 먼 남편만이 그것을 의심하는 것이라고 사람들이 생각하는 것은 당연합니다. 하지만 사람들은 바로 이런 것들, 특히 음악을 통해서 간통이 우리 사회에 만연해 있다는 것을 알고 있습니다."

질투에 눈이 멀어 아내를 칼로 찔러 죽이게 된 포즈드니셰프는 법정에서 "사건의 원인은 그의 음악이었습니다"라고 말한다. 여기서 '그'는 아내의 협연자로 홀연히 나타난 트루하쳅스키가 아니라 베토벤을 가리킨다. 포즈드니셰프의 저택에서 열린 일요일 연주회 때 두 사람은 베토벤의 〈크로이처(크로이체르)〉 소나타를 연주했는데, 포즈드니셰프가 〈크로이처〉 소나타를 연주하는 아내와 트루하쳅스키에게서 발견한 것은 음악 연주를 빙자해 두 사람이 공공연히 벌인 성애性愛의 광경이다. 이미 이중의 불일치에 포로가 되어 있었던 그에게 두 남녀의 "연주하는 동안 빛나던 눈, 엄숙하고 의미 있는 표정, 연주를 끝내고 나서의 뭔가 오롯한 느낌, 입술에 퍼지던 연하고 애잔하며 촉촉한 미소"는 흐드러진 정사처럼 보였다. 포즈드니셰프는 음악이 품고 있는 관능성을 경고하면서, 그 해결책마저 이렇게 제시한다.

"음악은 정말 무시무시한 것입니다. 그게 도대체 뭔가요? 저는 이해할 수 없습니다. 음악이 도대체 뭐지요? 음악이 하는 일이 뭘니까? 왜 그런 일을 합니까? 음악이 영혼을 고양시킨다고 하는 말은 모두 헛소리이고 거짓입니다! 음악은 무서운 작용을 합니다. 어쨌든 제게는 그랬지요. 음악은 영혼을 고양시키지 않습니다. 음악은 영혼을 고양시키지도 천박하게 하지도 않습니다. 음악은 영혼을 자극할 따름입니다. 〔……〕 중국에서 음악은 국가가 관장합니다. 이렇게 하는 것이 옳습니다. 정말 누구든 맘만 먹으면 다른 사람이나 다수의 사람에게 최면을 걸어 하고 싶은 대로 할 수 있을지도 모르지 않습니까. 게다가 비도덕적인 사람이 그런 최면 음악의 대가일 수도 있는 겁니다."

음악을 매개로 벌어지는 남녀 사이의 비교적秘敎的 관능성은 훗날 산도르 마라이의 소설《열정》(솔, 2001)에서 다시 되풀이되지만, 〈크로이체르 소나타〉의 진정한 주제는 위의 인용문에 나오는 '음악'을 모조리 '성'(섹스)으로 바꾸어놓고서야 온전하게 드러난다. 안드레아 도킨의《여자는 무엇으로 사는가》(문학관, 1990)에 세세히 나와 있는 것처럼 톨스토이는 '성행위는 아기를 낳는 목적에서만 허용된다'는 원칙을 가졌으면서도 죽기 직전까지 한 번도 그 원칙을 지키지 못했다. 이런 이중성은 톨스토이의 사진을 자신의 사무실 벽에 붙여놓았던 간디에게서도 되풀이된다. 두 사람은 '성행위는 아기를 낳는 목적에서만 허용된다'는 아포리아를 넘지 못한 채, '성애가 즐거움의 수단이기도 하다'는 자연스러운 사실을 죄악으로 부정했다. 말하자면, 8년 동안 다섯 명의 자식을 생산하고 나서 아내의 육체로부터의 퇴각을 결심한 포즈드니셰프는 톨스토이의 아포리아를 구현한 인물인 것이다. 여기서는 생략하지만, 〈크로이체르 소나타〉와 간디의 사상이 압축된 《힌두 스와라지》(지만지, 2008) 사이의 깊고 다양한 공통점을 비교해보는 것은 무척 흥미롭다.

〈크로이처〉 소나타는 베토벤이 남긴 10곡의 바이올린 소나타 가운데 하나다. 이 작품은 베토벤이 '하일리겐슈타트의 유서'를 쓴 직후, 교향곡 3번 〈영웅〉과 거의 동시에 작곡했다. 이 작품의 1악장 프레스토 부분은 피아노와 바이올린 사이의 양보 없는 인정 투쟁이 두드러지는데, 음악 애호가였던 톨스토이는 바이올린과 피아노가 어우러지는 이 부분에서 성적 긴장을 감지했던 모양이다. 원래 베토벤은 당대의 명 바이올리니스트였던 조지 브리지타워(1778~1860)를 염두에 두고 이 작품을 썼으나, 그와의 사이가 틀어진 탓에 프랑스 출신의 바이올리니스트 로돌프 크로이처(1766~1831)에게 이 작품을 헌정하게 되었다. 이 작품은 자칫 〈브리지타워〉 소나타가 될 뻔했다가 〈크로이처〉 소나타가 된 것이다. 워낙 유명한 곡이라 명연이 무수하지만, 나는 이 글을 쓰면서 다카코 니시자키와 예뇌 얀도의 연주 음반(낙소스, 1991)을 들었다. 〈스프링〉과 〈크로이처〉가 담겨 있는 이 음반은 딱히 명연이라서가 아니라 나만의 추억 때문에 소중한 것이니, 다른 사람에게 권할 것이 아니다.

101. 빌리 홀리데이를 좋아하세요…

《브람스를 좋아하세요…》
프랑수아즈 사강, 길해옥 옮김 | 여백, 2007

《고통과 환희의 순간들》
프랑수아즈 사강, 최정수 옮김 | 소담출판사, 2009

프랑수아즈 사강이 네 번째로 발표한 작품의 한국어 번역판은 크게 두 가지 판본으로 나뉜다. 제목 뒤에 점 세 개로 된 말줄임표가 있는 것과 없는 것. 무슨 깊은 뜻이 있어서였는지 사강은 의문문으로 이루어진 제목에 물음표가 아닌 말줄임표를 써야 한다고 강조했다. 작가의 의도를 존중한다면 《브람스를 좋아하세요…》(여백, 2007)여야 맞고, 《브람스를 좋아하세요?》나 《브람스를 좋아하세요》는 유사품이다. 하지만 이 작품을 읽고 나면 이런 생각이 든다. 물음표든 말줄임표든 거기에 무슨 깊은 뜻이 있다고 강변한다면 트리비얼리즘trivialism(쇄말주의)이나 다름없다.

사강은 열여덟 살 때 《슬픔이여 안녕》을 쓰고 나서, 아버지의 요청으로 프랑수아즈 쿠아레라는 본명 대신 필명을 새로 지어야 했다. 그때 그녀는 프루스트의 《잃어버린 시간을 찾아서》의 작중 인물인 프랭세스 드 사강에게서 성을 빌려왔다. 사강이 프루스트를 자신의 문학적 대부로 경애한 것은 잘 알려진 사실이지만, 《잃어버린 시간을 찾아서》에 나오는 그 인물을 필명으로 삼은 것은 발음하기가 좋아서였다고 한다. 브람스도 마찬가지다. 스물다섯 살 난 남자 주인공 시몽이 서른아홉 살 된 여주인공 폴르에게 하필이면 브람스를 연주하는 음악회에 가자고 조른 것은, 사강이 브람스를 편애해서거나 브람스여야만 하는 작중의 필연성이 있어서가 아니다. 브람스라는 이름에 운율이 있었던 것이다.

각기 다른 출판사에서 이 소설을 번역한 길해옥과 김남주는 역자 후기와 작품 해설을 통해, 슈만(1810~1856)의 아내 클라라 슈만(1819~1896)을 연모하면서 평생 독신으로 살았던 요하네스 브람스(1833~1897)를 거론한다. 작중의 폴르와 시몽은 클라라와 브람스처럼 여자가 남자보다 열네 살 연상이라는 공통점이 있다. 하지만 내용은 퍽 다르다. 브람스는 자신의 음악적 천재성을 인정해준 은사이자 후견인이었던 슈만이 죽자, 홀로 남겨진 그의 아내 클라라에게 플라토닉 러브를 바친다. 반면, 폴르는 새 애인 시몽과 근 6년 동안 사귄 옛 애인 로제 사이에서 잠시 고민하다가 옛 애인에게 돌아간다. 막 동거를 시작한 젊은 새 애인이 아니라 몇 년 연상의 옛 애인을 선택한 것이다.

어느 평자는 사랑이란 목숨을 건 비약이라며, 매력적이고 충실한 젊은 애인 대신 자신과 함께 늙어가면서 얼마 지나지 않아 바람기가 사라질 옛 애인에게 돌아가는 폴르를 힐난한다. 폴르는 현재의 기쁨을 긍정하지 못하고 미래의 불확실성을 두려워한 끝에, 불안한 사랑보다는 불행한 안정을 부여잡았다는 것이다. 이런 평가도 경청할 점이 있지만, 불확실성을 피하는 것은 누구나의 본능이다. 연상의 여자는 자꾸만 젊음을 연기해야 하고 연하의 남자는 연상의 여자에 맞춰 노숙함을 연기해야 하는 저런 상황은 어느 편에게도 행복하지 않다. 폴르가 시몽에게 이별 선언을 하지 않고 그와 같이 살게 되었다면, 시몽은 머지않아 '밖에는 젊은 여자들 천지인데, 집에만 들어가면 방 안에 웬 할머니가 우두커니 앉아 있는' 풍경에 진절머리를 낼 것이다. 폴르의 비극은 혼자가 되지 못한다는 것이지, 로제를 선택한 것이 아니다.

열여덟 살 때《슬픔이여 안녕》을 출간한 사강은 일약 '사강 신화'를 만들면서 출간하는 책마다 베스트셀러 목록에 올렸다. 하지만 무려 20여 권이 넘는 그녀의 작품 가운데《슬픔이여 안녕》만이 공항의 서적 판매대에서 사람의 마음을 끄는 가장 강력하고 유일한 책으로 남아 있다. 사강의 초기작에 나오는 젊은 남녀는 하나같이 실존주의라는 분장扮裝을 하고 나타난다. 사강은 현학적이지 않았기 때문에 실존주의를 철학적인 개념보다는 분위기로 보여주려고 했다. 그래서 나타나는 사강의 특징은, 젊은 주인공을 등장시킬 때나 작품의 서두를 아예 그와 같은 분위기로 감싸는 것이다.《브람스를 좋아하세요…》에서 시몽은 권태와 포기라는 기운을 잔뜩 짊어진 햄릿의 모습으로 불쑥 나타나며,《어떤 미소》는 이렇게 시작한다.

"우리는 생 자크 거리의 한 카페에서 그날 오후를 보냈다. 다른 오후들과 똑같은, 봄날의 오후였다. 나는 내심 조금 지루해하고 있었다. (……) 넘쳐흐르는 육체적 직관. 언젠가는 내가 죽게 될 거라는, 크롬으로 된 이 전축 가장자리에 내 손이 더 이상 올려지지 않을 거라는, 내 눈 속에 이 햇빛을 더는 담지 못할 거라는 느낌이 들었다."

사강의 젊은 남녀 주인공들은 권태에 던져져 있으면서 자유는 행사하지 못하는, 실존 이전에 포박된 인물들이다. 바로 그런 이유로 이들은 여태까지 한 번도 해보지 않은 사랑이라는 서투른 놀이에 자신을 내던진다. 《브람스를 좋아하세요…》의 삼각관계는 로제가 바람을 피우자 실망한 폴르가 시몽과 맞바람을 피우면서 형성되었다. 얼핏 보면 폴르가 적극적이고 시몽이 수동적으로 보이지만, 진실은 그 반대다. 권태에 허우적거리던 시몽이 권태를 해소하고자 적극적으로 폴르에게 접근했고, 그녀와 관계를 맺고 나서는 그것이 사랑인 양 연기를 한 것이 사태의 진실이다. 그러므로 폴르는 더더욱 로제에게 돌아가는 것이 맞다. 시몽이 언제까지나 권태에 머물러 있을 리 없기 때문이다. 시몽이 실존주의라는 연기에서 깨어나는 순간, 폴르의 사랑도 끝난다.

장 자크 포베르가 편집한 《사강과의 대화》(서문당, 1976)에서 음악을 대단히 좋아한다던 그녀는 "모차르트를 가장 좋아하고 그 다음에 브루크너, 말러"라고 말했다. 실제로 《어떤 미소》에서는 모차르트가, 《브람스를 좋아하세요…》에서는 브람스가 모티프 역할을 한다. 하지만 사강 소설에 충만한 것은 고전 음악보다는 재즈다. 특히 《어떤 미소》에는 젊은 남녀 주인공인 베르트랑과 도미니크가 밤새도록 재즈 클럽을 순례하고 난 새벽에 "음악은, 재즈 음악은 말이야, 가속도가 붙은 대범함이야"라고 말하는 장면이 나온다. 이것은 주인공들을 위해 만들어진 말이 아니라, 아주 오랫동안 재즈에 심취했던 사강의 육성이다.

그녀의 에세이집《고통과 환희의 순간들》(소담출판사, 2009) 가운데 어느 한 편은 1956년 겨울에 빌리 홀리데이의 노래를 듣기 위해 뉴욕에서 코네티컷까지 약 300킬로미터를 자동차로 달려갔던 일을 회상하고 있다. 그때 빌리 홀리데이는 괴상하고 외진, 떠들썩하게 고함을 질러대는 훌륭하지 못한 청중들로 가득한 컨트리 뮤직 클럽에서 노래를 하고 있었다. 그날 이후로 두 사람은 친구가 되었다. 빌리 홀리데이가 마지막으로 파리를 방문했을 때, 사강은 그녀를 만나러 가서 유언 아닌 유언을 들었다. "당신도 알겠지만 나는 얼마 안 있으면 뉴욕에서 죽을 거예요. 두 명의 경찰이 지켜보는 가운데 말이에요." 사강은 그때 "그녀의 목소리에 위안받던 내 청춘 전부가 그 말을 믿기를 거부"했으나, 몇 달 뒤, 두 명의 경찰관이 지켜보는 가운데 그녀가 사망했다는 기사를 읽게 되었다고 쓰고 있다.

102. 마음속의 '푸른 나무'

《프라우드 메리를 기억하는가》
이선 | 고려원, 1996

이선의 장편 소설《프라우드 메리를 기억하는가》(고려원, 1996)는 1950년대 초반에 전주에서 태어나 10월 유신이 선포된 1972년에 대학교 1학년생이 된 네 친구의 이야기다. 이 작품에는 두 개의 '프라우드 메리'가 있다. 하나는 크리던스 클리어워터 리바이벌 Creedence Clearwater Revival(CCR)이 1969년에 발표해서 세계적인 인기를 누린 노래 〈프라우드 메리Proud Mary〉고, 다른 하나는 네 사람이 고등학교에 다닐 때 고향의 거리에 나타났던 정체불명의 광녀狂女다. 한여름에 겨울 스웨터를 입고 목도리를 한 채 나타난 그녀는 마치 라디오 방송처럼 하루 종일 팝송을 틀어주는 전파상에서 〈프라우드 메리〉가 흘러나오기만 하면 보따리를 내팽개치고 길 한가운데서 춤을 췄다. 그래서 얻은 별명이 '프라우드 메리'.

국민(초등)학교 때부터 '우리'라고 자신들을 칭했던 두 명의 남자와 두 명의 여자는 유신 선포 직후에 발동된 전국 대학교 휴교령을 고비로 뿔뿔이 흩어지는 과정을 밟게 된다. 유신은 뜻하지 않게 그들의 우정을 파탄 냈다. 대학을 졸업할 때쯤, 형주는 행방불명되고 재서·규성·양희도 다시는 서로를 만나지 않게 된다. 그렇게 헤어진 세 사람은 마흔다섯 살이 되도록 자기 앞만 바라보고 달린 끝에 심각한 중년의 위기를 맞게 된다.

취직하고, 결혼하고, 돈 벌어 차와 집을 사고, 때 맞춰 승진하거나 아이들을 진학시키고……. 이제 한숨을 돌리려는 찰나에 찾아오는 "고약한 이 녀석의 정체"는 무엇일까? 여태껏 뭔가를 가득 성취해왔다고 믿었지만 텅 빈 것 같고, 높은 고지를 향해 부지런히 올라왔다고 믿었는데 쳇바퀴 속에서 살아온 것 같고, 아무 부족함이 없지만 오히려 무엇을 잃어버린 것 같은 이 모순된 느낌은 어디에서 비롯하는 걸까? 재서에게는 불면증으로 나타난 중년의 위기가 양희에게는 "이제 무엇을 하지?"라는 공허와 불안으로, 또 다시는 한국을 찾지 않겠다며 미국으로 떠났던 규성에게는 귀국의 형태로 나타난다.

어머니의 기제사를 지내기 위해 전주로 내려가야 하는 어느 날 저녁, 재서는 지하철 입구에 있는 레코드점에 불쑥 들어가 〈프라우드 메리〉가 있는 음반을 찾는다. 그 노래를 들어본 적이 없는 젊은 점원이 어리둥절해하자, 먼저 계산을 하고 있던 낯모르는 중년 손님이 재서에게 악수를 청했다. 젊을 때 같은 노래를 들었다는 이유 하나로 서슴없이 악수를 나눈 생면부지의 두 사람은, 잠시 1970년대의 대중가요와 팝송을 화제 삼아 추억에 잠긴다.

"오리지널은 씨씨알이지만 아무래도 엘비스가 정열적이어서 낫죠. 안 그래요?" "톰 존스는 좀 숨이 차죠. 그런데 조영남은 틀렸

어요. 제비는 들어줄 만한데 프라우드 메리는 영 아니었어요. 돌고 도는 물레방아 인생이 뭡니까. 프라우드 메리는 엘비스로 들어야 해요." "아무튼 그 시절 노래가 참 좋았어요. 손바닥만 한 트랜지스터에 검정 고무줄로 약을 칭칭 감고서 들었잖아요. 얼마나 들을 만한 노래가 많았습니까. 비틀스가 있었고, 사이먼 앤 가펑클이 있었고, 비지스가 있었죠. 롤링 스톤즈도 있었어요. 아, 우리에겐 트윈폴리오도 있었습니다." "김민기의 친구는 어떻구요. 그러고 보면 노래 하나는 축복받은 세대였지요."

레코드점에서 우연히 만난 71학번과 72학번 중년은 '유신 세대'의 음악적 감수성을 고스란히 드러낼 뿐 아니라, 앞만 바라보고 달린 끝에 자신들이 놓쳐버린 것이 무엇인지를 은연중에 실토한다. "우리 딸애가 서태지를 워낙 좋아해서요. 우리 정서에는 영 안 맞지만 딸애한테 말 한마디라도 붙여볼까 해서 사는 겁니다." 노래 하나는 축복을 받았다면서 어떻게 이들은 자신들의 문화적 주도권을 지키지도 더 발전시키지도 못하고 이처럼 비참한 지경에 빠지게 되었을까? 박정희 시대의 대중문화에 대한 통제와 압살이 유신 세대가 향유해온 음악적 원천을 뿌리째 파헤쳐 놓았다는 것은 부인할 수 없다지만, 그렇다고 해서 이것이 모두 박정희 탓일까?

이들의 기억 한가운데 미국 팝송 〈프라우드 메리〉가 있고, 미친 '프라우드 메리'가 있다. 그들이 고등학교 시절에 만났던 〈프라우드 메리〉와 '프라우드 메리'는 앞만 보고 내달려야 하는 그들의 미래에 대한 "예고편"이다. 여기에 이어지는 본편이, 전국 대학교 휴교령 때 고향에 내려가지 않고 서울에 머물렀던 규성과 형주가 허리우드 극장에서 봤다는 조지 스티븐스 감독의 〈젊은이의 양지A Place In The Sun〉(1951)다. 《프라우드 메리를 기억하는가》에 나오는 그 누구도 '성공을 위해서는 살인도 마다하지 않는' 도덕적 타락에 이르지는 않았다. 하지만 유신 세대에게도 〈젊은이의 양지〉에 지지 않는, 성공에 대한 미친 열정이 있었다. 그 열정이 유신 세대 혹은 7080 세대에게 문화적 박탈감을 초래했으며, 이후 세대와의 고립·단절을 불러왔다.

"푸른 나무의 확인에 이르는 과정"이라는 제하의 해설을 쓴 이동하는 작품 제목에 나오는 '기억'이라는 단어에 주목한다. 그는 "'기억'이라는 단어는 근대 소설의 원리를 철학적으로 설명하고자 시도하는 사람들이 흔히 그 설명의 핵심"으로 삼는 것이라고 전제한 뒤 이렇게 말한다. "인간의 삶에 있어서 전통에 의해 규정되거나 외형상으로 쉽게 포착되는 부분의 비중을 크게 줄인 대신 내면성의 공간에다 전에 없던 무게를 부여하고자 한 것이 근대 소설의 일반적인 경향임은 누구나 인정하는 사실이거니와, 이처럼 전에 없던 무게를 획득하게 된 내면성의 공간을 이야기의 세계 속에서 가장 효과적으로 드러내는 방식이 바로 '기억'에다가 각별한 아름다움과 깊이를 부여하는 것이었다."

해설자는 이 소설의 결말에 아쉬움을 표하면서 결말이 "지나치게 단순하고 또 고압적"이며, "희망적이고 어쩌면 계몽적이기까지 한 전언"으로 처리되었다고 말한다. 거기에 동의한다. 〈프라우드 메리〉와 '프라우드 메리'보다 더 깊숙한 곳에, 네 사람이 '푸른 나무'라고 일컫는 감나무 밑에서 찍었던 초등학교 때의 사진이 있다. 그 기억은 분명 아름답지만, 그때 찍은 사진은 갈기갈기 찢어졌고, 감나무는 베어진 지 오래다. '푸른 나무'는 어떤 세월도 침범하지 못하는 순수한 기억 속에만 있다.

103. '재즈' 없는 '재즈적인 글쓰기'

《재즈》
토니 모리슨, 김선형 옮김 | 들녘, 2001

토니 모리슨(1931~)의 《재즈》(들녘, 2001)의 뒤표지에는 출판사의 편집부가 붙였을 게 분명한 이런 문구가 적혀 있다. "《재즈》는 애욕의 삼각관계, 질투, 살인, 그리고 구원, 섹스와 영성, 굴종과 해방, 시골과 도시, 남성의 삶과 여성의 삶에 대한 이야기다. 재즈 음악처럼 이 소설은 현란하고 서정적인 변주를 들려주며, 찰리 파커의 연주처럼 대담하고 야심찰 뿐 아니라 블루스처럼 가슴이 미어지도록 강렬하다."

저 문구에 이의를 제기할 생각은 없으나, 편집부가 고의적으로 여기에 쓰지 않은 말이 있다. 중심 이야기에서 가지들이 뻗어 나와 있고 장마다 화자가 바뀌는 이 작품은 한 번 읽고는 줄거리를 파악하기 어렵다는 것이다. 그러면 두 번, 세 번 읽으면 줄거리뿐 아니라 등장인물들의 낯선 감정까지 이해하게 될까? 도합 열 개의 장으로 이루어진 300쪽 정도의 이 소설은 그렇게 두껍다고 할 수 없지만, 독자가 100쪽을 넘기지 못하고 책을 덮기 십상이다. 안타까운 것은, 이 책을 내팽개칠 독자 가운데 많은 재즈 애호가가 있을 것이란 점이다. 이 책의 원제가 "Jazz"이니만큼, 재즈 애호가가 이 작품에서 재즈의 역사나 재즈에 대한 뜨거운 경모를 발견하고자 하는 것도 무리는 아니다.

하지만 제목만 "재즈"일 뿐, 본문에는 재즈의 '재'도 나오지 않는다. 흑인 여성이면서 1993년 노벨문학상 수상자이기도 한 작가는 재즈에 비판적이다. 그녀가 보기에 원래의 재즈는 흑인의 문화적 정체성과 삶을 담는 전통적인 표현 양식이었지만, 도시로 유입된 어느 때부터 상업화와 보편화(백인화) 과정을 밟으면서 더 이상 흑인 고유의 특성과 경험을 전달하지 못하는 음악이 되었다. 로큰롤이 탄생하기 훨씬 이전인 1926년, 누군가로부터 '타락한 음악'이라고 지탄받는 음악이 있다면 그것은 재즈일 수밖에 없다.

"확실히는 잘 모르겠지만, 어쩐지 주님께서 재림을 기다리며 보내시는 철이 하나 지날 때마다 음악도 점점 조악해지고, 덩달아 춤도 야비하다 못해 천박해지고 있는 것 같다고 그녀들은 한탄했다. 전에는 머리에서 시작해 마음을 채워주던 노래들이 점점 밑으로 내려가더니 요즘은 허리띠와 가죽벨트 밑까지 내려갔다고. 아래로, 아래로 내려다가 못해 이제는 음악이 어찌나 타락했는지, 민소매 셔츠를 입은 남자들이 창틀에 기대어, 혹은 지붕이나 복도, 돌계단, 친척의 아파트에 옹기종기 모여 앉아 말세의 징표인 타락한 음악을 연주할 때면 차라리 창문을 꼭 닫고 앉아 한여름에도 땀을 뻘뻘 흘리고 있는 편이 더 낫다고 그녀들은 말했다."

김애주의 《토니 모리슨 연구》(한국문화사, 1999)에 따르면, 그럼에도 작가가 'Jazz'를 제목으로 하여 작품을 쓰게 된 것은 "음악이 상실한 기능을 글쓰기를 통해 회복시"켜보려고 했기 때문이다. 즉 작가는 반복과 변주, 부름과 응답call and response, 즉흥성과 열린 결말 같은 재즈의 특성을 '재즈적인 글쓰기'를 통해 보존하려고 한 것이다. 열거한 재즈 미학은 많은 흑인 작가들에게 받아들여졌지만 그들이 차용한 재즈 양식은 주제를 부각하기 위한 일종의 배경 역할에 그쳤다. 반면《토니 모리슨 연구》에 나오는 어느 미국 평론가의 말을 빌리자면, "《재즈》에서는 사건이나 주제가 재즈 양식을 부각시키기 위한 도구로 사용되고 있다." 대개의 독자들은 흑인 여성 문학에서 성별과 인종의 이중 억압을 읽고자 하는데, 이 작품에서는 그것이 확연하게 드러나지 않는다. 그것 대신에 전경前景을 이루고 있는 것이 재즈적인 글쓰기다.

재즈는 곡의 기본 주제를 어김없이 서주부에 펼쳐놓는다.《재즈》역시 1장에서 작품의 중심적인 줄거리인 '레녹스 거리의 추문'을 독자들에게 제시한다. 쉰 살이 넘은 화장품 외판원 조 트레이스는 아내 몰래 밀회를 나누던 열여덟 살짜리 소녀 도카스를, 언젠가는 그녀에 대한 자신의 사랑이 식을지도 모른다는 두려움에서 총으로 쏘아 죽인다. 다행히도 목격자가 없어서 조는 감옥행을 면하게 되었지만, 그 이후로 직장도 그만두고 밤낮을 가리지 않고 울기만 하는 폐인이 되어버렸다. 한편, 사건 직후 남편의 부정을 알게 된 아내 바이올렛은 도카스의 장례식장에 찾아가 칼로 시체의 얼굴을 그었다.

《재즈》는 1장에 제시된 중심 줄거리를 여러 화자가 재현하거나 새로 등장한 인물이 또 다른 이야기를 전개하면서 반복과 변주를 연주한다. 또 각 장의 서두가 앞장의 후미를 이어받는 양식은 부름과 응답에 해당하고, 갑작스레 튀어나왔다가 자취를 감춘 골든 그레이와 와일드 같은 등장인물은 즉흥 연주와 같으며, 작품의 마지막에 나타난 도카스의 친구 펠리스는 조와 바이올렛의 연인이자 딸이 됨으로써《재즈》를 열린 결말로 이끈다.

"난 그들 셋, 그러니까 펠리스, 조, 그리고 바이올렛을 보았는데 내 눈에는 그들은 마치 도카스, 조, 바이올렛이 거울에 비친 이미지 같았다. 나는 그들이 했던 중요한 일을 빠짐없이 보았고, 내가 본 것에 따라 보지 못한 것을 상상해냈다. 그들이 얼마나 이국적이었는지, 얼마나 필사적이었는지. 위험한 아이들처럼. 그게 내가 믿고 싶었던 사실이다. 그들이 다른 생각을 한다거나 다른 감정을 느끼고 있다거나 내가 꿈도 꾸지 못한 방식으로 자기 삶을 정돈하리라는 생각은 꿈에도 하지 못했다."

1920년대에 뉴욕의 흑인 거주 구역에서 일어난 치정 살인 사건이《재즈》의 핵심이다. 하지만 이야기는 거기에 머물지 않고, 자유와 일자리를 찾아 남부의 농장 지대에서 북부의 도시로 이주해야만 했던 흑인들의 고단한 삶이 부단히 호출된다. 그러나 그런 역사가 이 작품에서 하는 역할은 극히 미미해 보인다. 뒤늦게 나타난 펠리스가 들려준 바에 따르면, 도카스는 자신을 쏜 사람의 이름을 밝히지 않으려고 했고 조가 도망갈 수 있도록 경찰도 구급차도 부르지 않고 아침을 기다리다가 죽었다. 게다가 도카스의 이모인 앨리스는 자기 조카의 시신에 칼질을 한 바이올렛을 용서한다. 평자들은 이 작품의 진정한 주제 가운데 하나가 가해자와 피해자 사이의 불가능한 화해라고 말한다. 이 불가능한 화해를 레녹스의 추문에 국한하지 않고, 백인의 흑인에 대한 인종 차별의 역사로 확대하면 어떻게 될까? 토니 모리슨이 재즈를 비판한 이유로 흑인 음악의 '보편화'(백인화)를 거론했던 게 사실이라면, 어떤 면에서는 이 작품이야말로 보편성에 아메리카 흑인의 아픈 역사를 번제로 드린 것이라고 말할 수 있지 않을까?

104. 멜로디와 하모니

《참을 수 없는 존재의 가벼움》
밀란 쿤데라, 송동준 옮김 | 민음사, 1988

《사유하는 존재의 아름다움》
밀란 쿤데라, 김병욱 옮김 | 청년사, 1994

노벨문학상이 얼마나 정치적인 상인지는 밀란 쿤데라의 부침을 통해 알 수 있다. 1991년 소비에트 붕괴와 함께 현실 사회주의가 거의 절멸하면서, 그 이전에는 매해 높은 순위로 노벨문학상 후보에 올랐던 쿤데라의 수상 가능성도 따라서 퇴색했다. 역사에 가정법은 없다지만, 만약 동구권과 소비에트의 사회주의 체제가 흔들리지 않고 지금까지 굳건히 버티고 있었다면 어떻게 되었을까? 1979년에 체코슬로바키아 공산당 정부로부터 공민권을 박탈당하고 프랑스 망명을 택해야 했던 쿤데라는 벌써 노벨문학상을 받고도 남았을 것이다.

그의 대표작과 이름이 한국에 알려진 것은 독문학자이자 연극평론가인 송동준이 계간지《세계의 문학》1988년 가을호에《참을 수 없는 존재의 가벼움》을 전제하면서부터며, 그해 11월에 같은 번역본이 민음사에서 단행본으로 출간됐다. 김현은 그 작품이 계간지에 처음 실렸을 때, "김인환·정현종 등이 꼭 읽어보라고 권해서

읽"게 되었다면서, 《행복한 책읽기》(문학과지성사, 1992)에 다음과 같은 감상을 남겼다. "과격한 형태 실험도 아니고, 과격한 반공 소설도 아니다. 일종의 해체 소설이랄까, 적당한 형태와 책읽기에서 연유한 적당한 사변은 읽는 사람의 존재를 견딜 만하게 가볍게 만든다."

이어지는 김현의 감상은 쿤데라의 무게를 온전히 감당한 것으로 여겨지지 않는다. 하지만 위의 인용에도 나와 있는 것처럼, 김현은 쿤데라 소설에서 차지하는 '사변思辨'의 중요성을 족집게처럼 짚고 있다. 논리적 사고나 철학적 인식을 뜻하는 사변은 현대 예술, 특히 캔버스를 벗어난 현대 미술에서는 중요한 역할을 맡고 있지만, 소설에서는 언제부터인가 철저히 외면당하거나 의미나 역할의 축소를 겪고 있다. 그런데 쿤데라에게서는 그런 사변이 소설 미학을 뒷받침하고 있는 것이다.

쿤데라는 여러 에세이집에서 자신이 옹호하는 소설은 물론 자신의 소설 미학에 대해 설명해왔다. 그 가운데 가장 대표적인 것이 《사유하는 존재의 아름다움》(청년사, 1994)이다. 이 책에서 그는 바로크 시대의 음악이 하모니(화음) 위주였던 데 비해 베토벤을 앞세운 고전주의와 슈베르트, 슈만이 꽃피운 낭만주의 시대에 이르러서는 멜로디(선율)가 부상한다고 주장한다. 바흐로 대표되는 바로크 음악의 경우 한 곡의 음악 안에서 다양하고 개별적인 하모니가 다성성多聲性을 이루고 있지만, 멜로디가 작곡의 주된 목적이 된 고전주의 시대 이후로는 다성성이 억압되면서 쉽게 기억되고 즉각적인 감동을 불러일으키는 멜로디가 독재를 하게 되었다는 것이다.

그러면서 그는 소설 역시 그보다 앞선 예술이었던 음악과 똑같은 퇴보 과정을 밟고 있다고 말한다. 즉 소설의 바로크 시대에 해당할 프랑수아 라블레나 미겔 데 세르반테스 같은 작가들 시대의 소설에서는 "자유분방한 이야기들과 철학적인 성찰들"이 혼거하고 있으나, 현대 소설에서는 철학적 성찰이라고 해야 할 에세이(=하모니)는 빠져나가고 앙상한 스토리(=멜로디)만 남는다. 그리하여 현대의 소설 독자들은 사냥을 끝낸 혈거인穴居人들이 화톳불 주위에 둘러앉아 '그래서? 그래서?'라고 묻는 것처럼, 이야기의 끝을 향해 쫓아가는 단순한 독자가 되는 것이다.

이처럼, 음악에서나 소설에서나 멜로디와 스토리만 남고 다성적인 하모니와 성찰적인 에세이는 점점 사라져간다는 것이 오늘의 음악과 소설에 대한 쿤데라의 진단이다. 《참을 수 없는 존재의 가벼움》을 읽은 김현의 눈에 도드라져 보였던 사변은 다른 게 아니라, 현대 소설이 줄거리를 중시하면서 천덕꾸러기 취급을 해온 에세이 혹은 성찰을 가리킨다. 쿤데라는 여기서 그치지 않고, 록과 재즈 팬들이 귀를 쫑긋 세울 더욱 흥미로운 사변을 펼친다. 지금까지의 논의를 잘 따라온 독자라면, 쿤데라가 재즈와 록을 각각 하모니와 멜로디에 충실한 음악으로 대별한 다음 전자를 예찬하리라고 직감할 것이다. 거기까지는 얼추 맞지만, 록에 대한 쿤데라의 비판은 어느 독자도 미처 예상치 못할 만큼 가혹하다.

쿤데라의 기준에서 록은 하모니뿐만 아니라 멜로디도 제대로 갖고 있지 못하다. 록은 멜로디가 아니라 그저 한순간의 엑스터시ecstasy에 지나지 않는다. "소위 이 록 음악은 그 감상의 원죄로부터

면제되어 있다. 이 음악은 감상적인 게 아니라, 엑스터시이며, 엑스터시의 한순간의 연장이다. 그리고 엑스터시란 시간에서 뽑혀 나온 한순간, 기억 없는 짧은 한순간, 망각으로 휘둘러진 순간인 만큼, 멜로디의 주제는 전개될 공간을 갖지 않으며, 전개도 결론도 없이 그저 되풀이될 뿐이다(혹은 멜로디가 음악을 지배하지 않는 유일의 '가벼운 음악'이다)."

음악을 주제로 하거나 표제로 삼은 소설이라고 해서 모두 음악에 대한 정교한 이해나 논점을 갖고 있다고 생각한다면 오산이다. 그런 소설 가운데는 음악에서 소재나 분위기만 가져온 허드레 작품도 많다. 반면 쿤데라는 음악을 주제로 하지 않는데도, 음악에 대한 깊고 풍부한 사변이 그의 작품마다 빠지지 않고 펼쳐진다. 예컨대 "인간의 삶은 음악 작품처럼 구성되어 있다"고 말하는《참을 수 없는 존재의 가벼움》은 테레사에 대한 토마스의 감정을 베토벤 현악4중주 16번 F장조(op.135)의 기본 테마를 끌어와 설명한다. 이 대목에서 쿤데라는 베토벤의 악보를 작중에 삽입하고 있거니와, 이런 시도는 쿤데라의 이름을 처음 서방에 알린 초기의 대표작《농담》(지학사, 1989)에서 이미 보인다. 이 작품에서 그는 귀족을 상대로 했던 바로크 음악이나 고전파 음악과는 다른 모라비아의 민속 음악의 특이성을 설명하기 위해 세 개의 악보를 직접 제시하고 있다.

쿤데라는 1929년 체코슬로바키아의 중부 도시 브르노에서 태어났다. 피아니스트이자 음악학자였던 아버지 밑에서 자란 그는 어릴 적부터 피아노를 배웠고, 열서너 살 때부터는 작곡 수업을 받았다. 1948년 프라하 영화학교에 입학한 그는 1952년부터는 이 학교에서 영화와 음악을 가르쳤는데, 그가 가르친 제자 가운데 한 명이 1967년 '프라하의 봄'에 항거하여 미국으로 망명한 영화감독 밀로스 포먼이다. 쿤데라는 우리에게는 소설가로만 알려져 있지만, 체코의 대표적 작곡가인 스메타나에게 가려져 있던 또 다른 체코 작곡가 레오시 야나체크를 알리기 위해 노력한 음악 이론가이기도 하다. 이제라도 쿤데라가 노벨문학상을 받는다면, 노벨문학상이 '정치' 문학상이 아니라는 것을 보여주는 강력한 반증이 될 것이다.

105. '잡문의 시대'에서 살아남기

《유리알 유희》
헤르만 헤세, 이영임 옮김 | 민음사, 2011

이런 가상 국가를 생각해보자. 이 가상 국가에는 영재들의 교육만을 위해 특별히 만들어진 교육주州가 있고, 이 교육주는 국가로부터 임명받은 12명의 현자가 다스린다. 이들은 천사나 반신半神으로 추앙받으며, 국가나 국민들로부터 대예술가 또는 정신계의 지도자로 불린다. 교육주에서는 하나의 영재 학교를 운영하는데, 이 학교는 전국의 학교들에서 추천받은 열두 살에서 열세 살 사이의 학생들로 채워진다. 영재 학교 입학 조건은 오로지 음악적 자질이다. 음악적 자질을 바탕으로 철학, 수학, 과학, 명상을 익힌 이들은 '유리알 유희'의 명인이 된다. 이 나라는 스위스의 산악 지대에 있으며, 이름은 카스탈리엔이다.

카스탈리엔은 헤르만 헤세(1877~1962)가 1931년 중반부터 집필하기 시작해서 1942년에 완성한《유리알 유희》(민음사, 2011)에 나오는 나라다. 이 소설은 1942년에 완성됐지만, 나치 정권에 의해 헤세의 독일 내 출판이 금지돼 있었기 때문에 1943년에 스위스 취리히에서 출간되었다. 독일에서의 출간은 전쟁이 끝난 뒤인 1946년에야 이루어졌고, 헤세는 이 작품으로 그해에 노벨문학상을 수상했다. 《유리알 유희》를 발표한 이후 그는 시, 동화, 서신, 에세이를 썼을 뿐 더 이상 다른 소설은 발표하지 못했다.

헤세의 소설에 나오는 모든 주인공은 자전적이다. 이 말은 그의 소설이 항상 주인공의 성장을 담고 있다는 뜻이지, 헤세의 개인사를 담고 있다는 뜻은 아니다. 늘 신경쇠약에 빠진 모습으로 등장하는 그의 주인공들은 하나같이 세계의 모순과 마주한 채 불안과 파국의 중압감에 시달린다. 이들의 특징은, 자신이 마주한 세계의 모순을 사회적 조건이나 현실 개조를 통해 해결하려 하기보다, 내면에서 세계와의 조화를 구하거나, 정신적 각성 끝에 한층 강해진 의식의 소유자가 된다는 것이다. 헤세를 비롯한 독일 소설은 세계와의 불화의 원인을 외부가 아닌 내면에 위치시켰고, 주인공이 정신적 각성을 통해 낭만적 초인이 되는 교양 소설을 오랫동안 발전시켰다. 괴테의 《젊은 베르터의 슬픔》은 그 일에 성공했기 때문이 아니라 실패했기 때문에 유명해졌다. 이 작품의 성공 공식은 어느 나라 어느 시대든, 성공하는 사람보다 실패하는 사람이 더 많은 법이라는 데에 있다.

《유리알 유희》는 헤세의 만년작인 만큼, 그가 추구했던 교양 소설적 진실이 이 한 권에 종합되고 압축되어 있다. 이 작품에서 가장 특별난 것을 꼽으라면, 교양 소설임이 분명한 이 소설이 미래 소설의 외양을 띠고 있다는 것이다. 이름이 밝혀지지 않은 작중 화자는 2400년의 시점에서, 200년 전에 존재했던 전설적인 '유리알 유희'의 명인 요제프 크네히트의 전기를 쓴다. 다시 말해, 2400년에서 200년을 감하더라도, 이 소설은 오늘로부터 무려 185년 뒤인 2200년대의 이야기인 것이다. 미래 소설이 언제나 문명 비판이나 현실 비판을 함유한다는 것을 염두에 둔다면, 어울리지 않게 헤세가 이런 형식을 취하게 된 의도도 한층 명확해진다.

작중 화자는 크네히트가 살았던 2200년 이전의 시대, 즉 헤세가 살았던 시대인 20세기를 '잡문의 시대'라고 부른다. 그렇다면 잡문의 시대란 무엇인가? 인도와 중국의 철학과 문헌에 박식했던 헤세는《여씨춘추》의 한 대목을 직접 인용하는 것으로 우회적인 답을 해놓았다.

"음악은 땅과 하늘의 조화, 우울한 것과 밝은 것의 일치에 근거를 둔다. 망해가는 나라와 백성의 타락 사이에는 음악이 있다. 그들의 음악은 즐겁지 않다. 그래서 음악이 격렬해질수록 백성들은 더욱 우울해지고, 나라는 더 위험해지며, 왕은 최악이 된다. 이런 식으로 인간들은 음악을 잃게 된다. 모든 성군이 음악의 즐거움을 알았다. 걸왕이나 진왕 같은 폭군들은 격렬한 음악을 좋아하면서 그것을 강하고 아름답다고 느꼈다. 하지만 거기에 음악의 본질이 없으니, 백성들은 조화와 평화를 잃고 원망을 내뱉는다. 태평 시대에는 음악이 조화롭고 순하며, 난세에는 음악이 음탕해진다. 반면 망해가는 나라의 음악은 애처롭고 슬프다."

헤세에게 잡문의 시대란 우선, 음악이 타락한 시대다. 나아가 음악을 서양의 종교, 과학, 철학을 혼합하는 기본재로 보았던 그는《여씨춘추》에서 말하는 음악을 음악으로만 보지 않고 지식과 교양 세계 일반은 물론이고 문명에 대한 은유로까지 확장한다. 헤세가 보기에 인간 문명은 종교와 국가의 감독으로부터 인간이 차츰 자유를 획득해온 역사에 발맞추어 발전했지만, 정신을 고양하는 전투는 오히려 이전보다 쇠퇴했다. 쟁쟁한 학자나 대학 교수가 하는 짓거리라고는 〈프리드리히 니체와 1870년대의 여성복〉, 〈작곡가 로시니가 좋아하는 음식〉, 〈유명한 고급 창부의 생활에서의 애완용 개의 역할〉 같은 잡문을 쓰는 게 고작이라는 것이다. '잡문 공장'을 차린 이들이 잡문을 약간 고상하게 변형한 강연으로 꽃다발을 받는 풍경은, 오늘날 우리 주위에서 인문학을 팔아 이름을 날린 '인문팔이'들을 뜨끔하게 만들 만하다.

"우리 문화의 청년 시대와 창조적인 시기는 지나가 버렸고 노년 시대와 황혼이 시작되었다. 황량한 기계화, 도덕적 타락, 신앙 상실, 예술의 불순화. 저 경탄스러운 중국의 전설에 나오듯이 몰락의 음악이 울려 퍼지고, 길게 끌며 떠는 파이프오르간의 저음처럼 수십 년에 걸쳐 진동하고, 학교나 잡지나 대학에 흘러 들어가서 부패 작용을 하고, 아직 진실성을 잃지 않고 있다고 생각하는 예술가나 시사 비평가의 대다수에 스며들고, 우울증과 정신병을 불러일으키고, 모든 예술이 맹렬한 아마추어적인 생산 과잉으로서 미쳐 날뛰었다."

대개의 미래 소설은 과학과 기술의 발달이 앞으로 어떤 세계를 가져다줄 것인가라는 문제의식을 설정하고, 거기에 따라 유토피아나 디스토피아를 예견한다. 그런데《유리알 유희》는 미래 소설이면서 미래의 행불행을 과학 기술의 문제로 설정하지도, 현재의 해결

책을 미래에서 찾지도 않는다. 헤세는 인간의 미래의 운명이 과학기술의 발전이나 순화가 아닌, 정신(영성)의 진보와 쇠퇴에 달려 있다고 말한다. 또 인간 정신의 모범이 미래가 아닌, 고대부터 이어져 온 음악의 정신성 속에 이미 제시되어 있다고 본다.

양차 세계대전을 직접 체험한 헤세는 인간이 정신적 고양을 포기한 잡문의 시대와 평생토록 대결했다. 그 대결 과정에서 서양 문명의 한계를 절감한 그는 동양의 여러 종교와 철학으로부터 지혜를 구하고자 했다. 소설의 제목이기도 한 '유리알 유희'는 언어로 설명하거나 실행해 보여줄 수도 없는 구도의 방법이라는 데서 선禪을 연상시킨다.

106. 국악이 사는 법

《민꽃소리》
유익서 | 문학과지성사, 1989

주인공들의 죽음과 장례가 소설의 앞부분과 뒷부분을 차지하고 있기 때문이기도 하지만, 유익서의 《민꽃소리》(문학과지성사, 1989)를 지배하는 기조는 죽음이다. 최양수가 정명조의 대금을 들으며 "죽음 같은 안도감"을 느낀다고 말하거나 임의환이 정명재에게 "자네 혹시 죽음 가까이 가 있는 것 아닌가?"라고 묻는 데서도 그러한 기조가 드러난다. 《민꽃소리》에 죽음이 가득한 것은 정명재의 불구나 태생의 비극성 때문이 아니고, 이야기상의 복선이나 심리주의적 기술 탓은 더더욱 아니다. 바른 이유를 찾자면, 《민꽃소리》의 주제는 물론이고 여기 등장하는 주인공이 우리 시대에 가장 참혹하게 패배하고 있는 전통, 죽어가는 국악을 붙들고 있기 때문이다.

작가는 국악이 이처럼 고사 직전에 이르게 된 까닭으로 첫째, "우리나라 사람들은 서양 음악 교육을 받고 그것을 들으며 성장하지 우리 전통 음악을 배우거나 들을 기회는 거의 없는 것이다. 바꿔 말하면 우리나라 음악 교육은 서양 음악 애호가만을 육성시켜왔을 뿐 국악 애호가는 육성하지 않았"다는 것을 든다. 그러므로 국악 진흥의 길은 당연히 "그것을 즐길 사람을 육성해내는 데서부터 찾아야 한다"는 쉬운 결론이 나온다.

하지만 둘째 까닭으로서, "우리 민족이 신神을 하나 제대로 키우지 못한 데 가장 큰 원인이 있다"고 말하게 되면 답이 쉽게 나오지 않는다. 동서를 막론하고 모든 음악은 신을 찬양하고 신의 축복을 비는 것에서 기원했다. 그래서 바흐의 많은 음악이 그렇듯이 서양 전통 음악의 대부분이 종교 음악이다. 그런데 우리는 "불교, 도교, 기독교 등 외지에서 온 종교들을 바꿔가며 키우는 데 힘을 써온 대신 우리 고유의 신앙을 배척하고 눌러온 것이다. 따라서 우리의 신앙은 위축되고 쇠퇴하였고 〔……〕 거기에 쓰여온 우리 음악 또한 외국에서 들어온 신앙과 함께 이 땅의 문화의 주류를 형성해온 외국 음악에 짓눌려 영락의 길을 걷지 않을 수 없었던 것이다."

민족 신앙의 영락과 함께 전통 음악도 쇠퇴했으니, 작중 어느 주인공의 물음처럼 "우리 전통 음악의 발전을 위해서는 우리의 종교도 부흥시켜야" 할까? 작가는 연로한 김태권 교수와 젊은 임의환 교수의 입을 빌려 서로 다른 두 의견을 내놓는다. 노교수는 "아니지. 그 문제는, 그런 데서 해결 방법을 찾을 그런 단계는 이미 지났다. 서양 음악의 발자취를 살펴보면 자명해지지만 음악은 이미 수세기 이래 종교와는 별도의 독자적인 길을 걸어왔고 스스로의 존재 위치를 굳힌 상태거든. 우리 시나위도 마찬가지야. 독자적인 음악 그 자체로 이해해야지, 굳이 무속과 연계지어 생각할 그러한 시기는 이미 지난 것이다"라고 말한다.

반면에 젊은 교수는 독실한 기독교 신자였던 어느 병원의 원장이 죽을병에 걸려 온갖 첨단 치료를 받다가 아무 효과도 없자 노모의 간청에 못 이겨 굿을 하고서 소생한 다음, 자기 환자들에게도 공공연히 굿을 권하는 '굿 전도사'가 되었다면서 이렇게 말한다. "우리 민간 신앙도 기독교처럼 능히 발전할 수 있는 소지를 충분히 지녔"으나 "불행하게도 우리 민간 신앙은 그것을 더 보편적이고 합리적인 신앙으로 발전시킬 인물과 시대를 얻지 못해 시대의 발전과 변모에 부응하지 못하고 발육 정지 상태로 수천 년을 지내온 것"일 뿐이다. 어떤 문제를 독립적이고 완결적인 상태로 생각하는 쪽과 연계적·요소적으로 생각하는 쪽은 늘 있어왔다. 전통 음악의 부활이 어느 쪽 손에 의해 이루어질지는 오리무중이나, 음악이 사회와 문화의 한 부분이라는 것을 생각한다면 임의환처럼 접근하는 것이 좀 더 근본적이고 적극적인 대응이라고 여겨진다.

대중이 국악을 듣지 않는 것은, 동어반복 같지만, 국악이 대중음악이 아니기 때문이다. 《민꽃소리》의 국악 진흥론자들은 우리나라의 공교육이 서양 음악(=클래식) 일변도의 음악 교육을 시키기 때문에 클래식 인구는 많은 데 비해 국악 애호가는 없다고 말한다. 하지만 학창 시절의 클래식 교육이 일반인의 클래식 취미로 연결되지 않고 있다는 사실은, 국악 교육을 강화한다고 해서 국악 애호가의 숫자가 기계적으로 늘어나지는 않을 것이라는 계산을 낳는다. 오늘과 같은 대중문화 시대에 대중음악이 아닌 장르는 어느 나라에서나 국가의 보조금 없이는 명맥을 유지할 수 없는 정도가 되었다. 클래식이 그러하고 우리나라의 국악이 그러하며, 흔히 잘나가는 것처럼 보이는 재즈마저 자기 고향인 미국에서 소수 음악 장르에 속한다.

국악을 대중화하고 현대화하기 위한 노력으로 국악과 클래식의 만남이나 국악과 재즈의 만남이 주선되곤 한다. 하지만 그런 일은 국악을 현대화하고 대중화하는 데 큰 소용이 없다. 국악이 대중의 사랑을 받고 싶다면, 먼저 클래식이나 재즈와 같은 악우惡友들과 절연해야 한다. 클래식과 재즈는 대중음악이 아니라, 국악처럼 고사 직전에 처해 있는 음악이다. 클래식의 경우 대중의 사랑을 받고 음반 판매고를 높이기 위해 오래전부터 두 가지 전략을 사용해왔다. 나이 어린 연주자를 발굴하고 띄우는 일(어린 천재 연주가가 나타났다!)과 레퍼토리 확대나 협연을 통한 대중음악과의 접목(실제로는 투항!). 또 재즈로 말할 것 같으면 지식 계층이나 여러 분야의 창작 종사자들이 극성스럽게 떠들기 때문에 감상자가 꽤 있는 것처럼 보일 뿐, 실제로는 감상자가 한 줌도 되지 않는다.

국악을 대중화하고 현대화하고 싶다면 차라리 소녀시대를 만나는 게 낫다. 국악 진흥에 진력한 국악인들의 노고를 폄하해서는 안 되지만, 그 노력은, 까마득한 옛날 조용필의 〈못 찾겠다 꾀꼬리〉나 서태지와 아이들의 〈하여가〉가 대중에게 국악을 환기한 만큼도 효과가 없었다고 나는 생각한다. 〈못 찾겠다 꾀꼬리〉의 굿거리장단과 〈하여가〉의 태평소 소리는 가히 문화적 충격이었다. 즉 음악 교육 타령을 하기보다, 국악이 자신의 사지와 몸통을 대중음악에게 잘라줄 각오를 하는 게 활로다. 재즈사를 살펴보면 '한 알의 밀알이 땅에 떨어져야 도리어 사는' 역설을 자주 대면한다. 자신의 음악적 이디엄idiom을 대중음악에게 제공함으로써 국악은 대중화되고 현대화된다.

《민꽃소리》의 기인들과 명인들은 스스로를 예술가로 믿어 의심치 않는다. 그런데 그런 허위의식이 국악인을 한사코 나쁜 친구들인 클래식과 재즈 쪽으로 이끌어가는 게 아닐까? 국악인이 예술가를 자처하게 되면, '대중음악은 예술이 아니고 클래식과 재즈는 예술'이며 '예술가는 예술가들과 만나야 한다'는 도식에 사로잡히게 된다. 그게 낭패다. 따지자면, 이 땅에서 사랑받고 있는 어떤 장르의 음악도 자기 장르 앞에 '나라 국國'자를 붙이지 않는다. 이 '국'자를 독점하고 있는 국악國樂은 대중의 사랑을 받지 않고는 존재할 근거가 없다는 역설을 깨달아야 한다. 사람들은 모두 죽음을 두려워하지만《민꽃소리》의 주인공들은 그렇지 않다. 죽음 앞에 당당한 그들의 자긍은, 현실에서는 패배하지만 이상의 세계에서는 패배하지 않는다는 낭만주의적 예술혼의 다른 표현이다. 하지만 그들에게 죽음보다 먼저 찾아온 것은 대중으로부터의 소외였다.

107. 오자와와 하루키, 말러를 이야기하다

《오자와 세이지 씨와 음악을 이야기하다》
무라카미 하루키 · 오자와 세이지, 권영주 옮김 | 비채, 2014

오자와 세이지는 일본이 낳은 세계적인 지휘자지만 한국에서는 존재감이 거의 없다. 그런 그가 무라카미 하루키와 함께《오자와 세이지 씨와 음악을 이야기하다》(비채, 2014)라는 대담집을 출간했다. 작가가 한국에서 누리는 명성과 그에게 열광하는 독자를 생각한다면, 아마도 이 책은 클래식 음악 애호가보다는 하루키 팬들이 더 많이 눈독을 들일 만하다. 하루키의 팬이라면 익히 알고 있는 사실로, 그는 고등학교 때부터 재즈 음반을 모았고 대학을 졸업한 뒤에는 잠시 재즈 바를 운영하기도 했다. 그러나 하루키의 작품 여러 곳에 클래식 음악이 출몰하는 것을 보면, 그는 재즈만 듣는 협량한 음악광이 아니었다.

"나는 이럭저럭 반세기 가까이 재즈를 열심히 들었지만, 클래식 음악을 듣는 것도 못지않게 좋아한다. 고등학교 때부터 레코드를 모았고 시간이 허락하는 한 콘서트도 자주 갔다. 특히 유럽에 살 때는 클래식에 그야말로 흠뻑 젖어 살았다. 재즈와 클래식을 번갈아 듣는 게 예나 지금이나 내 하트와 마인드에 아주 효과적인 자극(또는 평안)을 준다. 어느 한쪽만 들어야 한다면 어느 쪽을 택하건 인생이 꽤나 허전해질 것만 같다."

이번 대담집의 주인공은 오자와다. 하루키는 마에스트로에게서 좀 더 귀중한 이야기를 끌어내고자 자신의 목소리를 한껏 낮추었다. 그 가운데 가장 재미있는 것은 아무래도 레너드 번스타인과 뉴욕 필하모닉에 관한 이야기들이다. 오자와가 직업적인 음악 경력을 쌓기 시작한 것이 번스타인의 부지휘자가 되면서부터였기 때문이다. 1961년부터 약 2년 반 동안 번스타인 밑에서 공부하고 협업했던 그 시절이야말로 오자와가 마에스트로가 되는 데 밑거름이 되었다.

이 책에서 줄곧 '레니'라는 애칭으로 불리는 번스타인이 아주 뛰어난 음악 교육자라는 것은 그의 텔레비전 강연물을 편집한《레너드 번스타인의 음악의 즐거움》(느낌이있는책, 2014)으로 충분히 입증된다. 번스타인은 그처럼 대중 교육에는 능했지만 오케스트라를 훈련시키는 데는 그렇지 못했다. 오케스트라를 훈련시키기 위해서는 많은 시간과 노력이 필요한데, 거기 드는 품을 절약하기 위해서는 지휘자가 그만큼 독재자여야 한다. 헤르베르트 폰 카라얀은 그 일을 쉽게 성취할 수 있었던 모양이지만, 평등주의를 지향한 번스타인은 그렇지 못했다. "그런 평등주의 같은 걸 관철시키다 보면, 지휘자가 단원한테 화내는 게 아니라 단원이 지휘자한테 화내면서 덤벼드는 사태도 발생하거든. 난 그런 장면을 몇 번 본 적이 있어요. 농담을 섞어가며 그러는 게 아니라 정면에서 진지하게 말

대답을 해요. 여느 오케스트라에선 있을 수 없는 일이죠."

오자와의 특이한 이력 가운데 하나는 1959년과 1960년에 프랑스와 영국에서 개최된 지휘자 콩쿠르에서 입상한 직후 베를린에서 카라얀의 제자가 되었다는 것이다. "어째 카라얀 선생과 번스타인의 비교 같아지는데 〔……〕 그러니까 음악의 방향성, 그게 카라얀 선생의 경우엔 선천적으로 갖춰져 있단 말이죠. 긴 프레이즈를 만들어가는 능력. 그리고 그런 걸 우리에게도 가르쳐줬어요. 긴 프레이즈를 만드는 법을. 그에 비해 레니는 천재 기질이라고 할지, 천성으로 프레이즈를 만드는 능력은 있지만, 자기 의사로, 의도적으로 그런 걸 만들어가진 않거든. 카라얀 선생은 확고한 의사를 가지고 의욕적으로, 집중해서 그걸 합니다." 두 사람의 차이는, 협주곡을 할 때 독주자에게 얼마만큼 자유로운 연주를 하게 해주느냐에서 크게 벌어진다.

번스타인이 거론될 때마다 빠지지 않고 언급되는 것은 그로부터 시작된 '말러 붐'이다. 여섯 차례에 걸쳐 진행된 대담 중 네 번째 대담에 해당하는 장은 온통 구스타프 말러에 대한 이야기로 채워져 있는데, 간단한 말러 연주사로 읽기에 손색이 없다. 1960년대 초 번스타인이 말러를 집중적으로 연주하기 전까지 말러 연주는 그의 직제자인 브루노 발터만이 간간이 하는 정도였다. 발터는 말러 부흥의 기초를 닦았다고 평해지지만, 말러 음악의 분열적인 성격을 온전히 이해하지는 못했다. "그 연주에선 방금 오자와 씨가 말씀하신 것 같은 말러 음악을 파악하는 법, 또는 구분하는 법 같은 게 잘 느껴지지 않았던 것 같습니다. 그보다는 뭐랄까, 말러의 심포니 전체를 하나의 대략적인, 확고한 프레임에 담으려는 의지 같은 게 강하게 느껴졌거든요."

오자와에 따르면 말러는 "오케스트라를 쓰는 재주가 거의 극치에 다다른 사람"이다. 보통의 작곡가들은 A와 B라는 두 개의 모티프를 동시에 취할 경우 이쪽이 주主고 저쪽이 종從이라는 구별을 명확히 하지만, 말러에게서는 둘이 완전히 동격이다. 이런 차이를 무시하고 낭만주의 시대의 음악처럼 연주한 게 번스타인 이전의 연주며, 번스타인 이후에야 점차 말러의 분열적인 음악성이 탐색된다. 그런 변화에는 "전체에서 자기가 차지하는 역할"에 대한 연주자 자신의 생각이 달라졌다는 것과 전통과 중심이 무너진 20세기의 시대정신도 중요한 몫을 했지만, 녹음 기술의 변화도 중대한 영향을 미쳤다. "예전엔 전체 소리를 녹음하는 경향이 강했어요. 〔……〕 세부보다 전체를 담으려 했죠. 1960년대, 1970년대에는 그런 녹음이 많았어요. 〔……〕 디지털이 되면서 세부가 명료하게 들리게 돼서, 그러면서 연주도 조금씩 변화했을지도 몰라요."

말러는 바흐에서 하이든, 모차르트, 베토벤, 브람스로 이어지는 독일 음악의 큰 조류에서 단독으로 떨어져 나온 괴물(?)이다. 흥미로운 점은, 그가 이전 시대의 작곡가들이 쓴 것과 똑같은 재료로 전혀 다른 음악을 만들어냈다는 것이다. 다시 말해 조성을 배제하지 않으면서 내부에서 조성 음악을 확실히 교란시킨 것이다. "하지만 말러가 지향했던 건 아마 소위 십이음 음악의 무조성과는 다른 지점이었겠죠?"라는 하루키의 물음에 오자와가 대답한다. "사실 말러는 무조성이라기보다 오히려 다조성多調性이겠죠. 무조성으로 넘어가기 전 단계가 다조성이에요. 동시에 다양한 조를 쓰거나, 흐름 속에서 계속해서 조를 바꾸거나. 어느 쪽이건 말러가 지향한 무조성은 쇤베르크나 베르크가 제시하는 무조성, 십이음계하고는 성격이 전혀 다르다고 생각해요."

말러의 전위성은 쇤베르크나 베르크처럼 방법론적이거나 의식적인 것이 아니라 본능적인 것이었다는 오자와의 해석에 재즈광인 하루키가 각주를 단다. "재즈의 흐름에도 그런 움직임이 있었습니다. 존 콜트레인은 1960년대에 프리 재즈에 한없이 근접하면서도 기본적으로는 모드라고 하는 느슨한 조성 안에 머물면서 음악을 추구했습니다. 콜트레인의 음악은 지금도 듣는 사람들이 있어요. 하지만 프리 재즈 쪽은 이제 거의 역사의 한 레퍼런스 정도로만 취급되거든요. 그것하고 좀 유사한지도 모르겠습니다."

108. 아리랑의 기원을 찾아서

《아리랑 시원설 연구》
김연갑 | 명상, 2006

'아리랑'은 전국 각지에 고루 퍼져 있는 민요라서, 아리랑의 음악적 발생지나 유래를 찾는 중요한 기원설만 무려 24가지나 된다. 게다가 '아리랑'의 어원을 찾는 문제까지 합쳐져 각 설들이 배척하고 엇갈리다 보니 그야말로 각양각색의 설을 정리하는 것조차 벅찰 지경이 됐다. 그럼에도 불구하고 학계에서는 강원도 정선이 아리랑의 시원지로 자리 잡아가고 있다. 김연갑의《아리랑 시원설 연구》(명상, 2006) 역시 그런 맥을 잇고 있는 듯해서 단순해 보이지만, 막상 읽어보면 그렇지 않다.

'정선旌善'이 군명으로 처음 쓰인 것은 신라 경덕왕 때(750)였다. 이 지명은 고려 충렬왕 때 '도원桃源'으로 개칭되어 20여 년간 불리다가 공민왕 때인 1353년에 다시 정선으로 되돌려져 오늘에 이르렀다. 정선이라는 지역을 이해하는 데 있어 이 지역이 한때 도원으로 불렸다는 사실은 매우 중요하다. 도원은 무릉도원武陵桃源의 약어로, 동진東晋 시대의 시인 도연명이 쓴 〈도화원기桃花源記〉에서 비롯된 동양의 대표적인 유토피아다. 사철 복숭아꽃이 만발한 선경으로 그려진 도원은 도가의 영향에서 나온 낙원이지만, 어지러운 정치를 피해 은둔하려는 유가의 이상향이 되기도 했다. 정선이 도원으로 불렸다는 것은 이 지역이 그만큼 외지와 동떨어졌다는 것을 시사하며, 도원으로의 개칭이 고려 시대에 이루어졌다는 것은 어지러웠던 그 시대의 실제 역사를 반영한다.

"정선 아리랑은 모든 아리랑의 앞에 있다"라고 말하는 지은이는 정선아라리가 전승되어온 전승 층위의 견고성과 독보적인 특성을 "산악 오지라는 지역적 폐쇄성에 의해 공동체적 연대감이 유지"될 수 있었다는 말로 설명한다. 외래 지역 문화의 이입이 쉽지 않은 지형적 조건에서 전승되어온 정선아라리의 특성은 진도와 밀양 아리랑이 6/8박자인 데 비해 정선아라리만 그보다 더 늦은 9/8박자인 데서 드러난다. 또한 장식음이 발달되어 있지 않고 최고음과 최저음의 차이가 적어 선율의 변화가 크지 않은 정선아라리는 음악보다 가사를 중시하는 특성을 보인다.

"내용은 지극히 일상적인 생활상을 담고 있다. 남녀 간의 사랑과 그리움, 시집살이의 고됨과 서러움, 농사의 어려움, 결실의 기쁨, 때로는 시국에 대한 불만 등으로 다양하다. 그래서 혼자 부를 때는 제 설움에 겨워 구성지다 못해 청승스럽게까지 부르기도 하나 여럿이 돌아가면서 부르는 소리판에서는 해학적이고 원색적인 사설에 자진가락으로 불려지기도 한다. 정선 땅 어디를 가더라도 이 노래를 듣는 것은 어렵지 않다. 물론 일단은 못한다고 주춤하지만 선창자가 나서거나 어떤 계기가 주어지면 구구절절 한도 없이 풀어낸다. 그러면서 자신들이 부르는 소리는 '아라리'라고 한다. 이는 '아라리'라고 해야만 자신들만이 알고 있는 전설을 말할 수 있고, 외지에서 부르는 아리랑과는 역사나 의미가 다르다는 자부심을 반영하려는 의도에서이다."

허진호 감독의 〈봄날은 간다〉(2001)에서 우리는 감독이 그곳 주민(노부부)에게 즉흥적으로 부탁했다는 정선아라리의 한 자락을 들을 수 있었다. '입 살림 문학口碑文學' 장르에 속하는 민요가 강한 사설치레를 갖고 있다는 것은 이 분야의 상식이지만 〈정선 아리랑〉에서는 사설치레의 비중이 더욱 크다. 이 노래가 고정된 가사에 머물지 않는 열린 구조를 갖고 있다는 것은 4,000수나 되는 아라리의 노랫말이 여실히 보여주며, 현존하는 놀라운 양의 가사는 일반적인 기록 수단인 문집이나 족보, 지지地誌에서는 찾아볼 수 없는 민중의 생생한 삶을 드러내준다. 정선아라리는 "우리나라 단일 민요 가운데 가장 방대하며, 현재까지 불려지는 노래로는 세계에서도 유일할 것이다".

아리랑 연구자들은 '아리랑'이라는 후렴구("아리랑 아리랑 아라리요……")에 무척 집착하는 편인데, 지은이는 오히려 후렴구나 후렴구의 어원이 "아라리의 본래적인 모습을 알게 하는 데 방해가 되는 존재"라고 말한다. 정선아라리를 오래 연구해온 이들은 정선아라리에는 후렴이 없는 경우가 허다하다고 말하며, 후렴은 대원군의 경복궁 중수(1865~1872) 이후에 생겨났다고 조심스레 추측한다. 이 노래가 원래 사설치레를 기본으로 하는 독창이었기 때문에 후렴이 필요치 않았다는 것이다. 후렴은 "윤창輪唱할 때 다음 소리를 받는 이가 사설을 선택하고 청聽을 맞추는 시간과 기회를 갖게 하기 위한 것이다. 그리고 부르는 이가 다른 이에게 넘겨주려는 의도를 표시하는 신호다. 독창 때보다 윤창일 때 후렴을 부르는 빈도가 훨씬 높은 점도 이를 뒷받침한다."

그 때문에 지은이는 경복궁 중수 이후로 전국에 퍼져나갔다는 "오늘날의 아리랑을 근거로 아리랑의 전 역사를 해석하려 해서는 안 된다"고 주장하면서 이렇게 말한다. "'아리랑'을 전제로 한 어원설이나 시원설을 정선 아리랑에 적용시키려는 것은 적절치 못하다는 것이다. 극단적으로는 정선 아리랑은 오늘날 우리가 일반적으로 부르는 아리랑과는 관련이 없다는 가설에서 출발해야 할지도 모른다."

〈정선 아리랑〉을 처음 들은 사람은 그 노래의 애달프고 슬픈 음조에 놀라게 된다. 지은이는 〈정선 아리랑〉과, 원래는 〈정선 아리랑〉의 한 갈래인 강원도 민요이지만 경기 소리로 오해되고 있는 〈한오백년〉이 모두 이성계의 역성혁명에 대항한 고려 유신들의 절의와 은둔 운동에서 비롯됐다고 말한다. 즉 고려가 500년을 채우지 못하고 474년 만에 이성계에게 망하자 역성혁명에 가담하지 않은 일군의 고려 유신들이 숨은 곳이 바로 정선이었으며, 그들이 간직한 망국의 정조가 지역민에게 공감을 얻어 애달프고 슬픈 음조의 "민요 아라리(정선 아리랑)에 수용"되었다는 것이다. 이런 시각은 〈서동요〉나 〈황조가〉와 같은 고대 가요의 성격을 배경 설화에 기대어 파악하는 것과 같은 맥락이다.

아라리의 특성 중 하나가 사설치레라는 것은 일제강점기에 숱한 조선인이 중국과 러시아, 미주 등으로 흩어졌을 때 그러한 각 지역의 특성을 반영하는 아리랑이 나온 것으로 보기 좋게 증명되었다. 아리랑은 "시시때때로 만들어진 것으로, 소외되고 가난하면서도 낙천적으로 살아온 사람들의 정서가 서로 다른 빛깔로 쌓인 것이다. 특히 고려 망국의 역사, 개화기 전후, 일제 강점 전후의 의병 역사, 일제 통치하의 저항 역사, 해방 직후의 남북 분단사 등이 함축되어 있기도 하다."

109. 우표수집가, 장대높이뛰기 선수, 음악가…

《알렉시》
마르그리트 유르스나르, 남수인 옮김 | 열림원, 1997

마르그리트 유르스나르의 《알렉시》(열림원, 1997)는 1929년에 발표되었다. 그보다 한 해 전에 버지니아 울프가 《올랜도》를 발표하기도 했지만, 이 시절에는 퀴어queer 문학이라는 용어가 없었다. 성 소수자에 대한 문제의식이 없을 때 나온 것들이니만큼, 이 작품들은 이 분야의 선구적인 작품이라고 해도 무방하다. 그런데 《올랜도》는 영화화까지 될 만큼 널리 알려졌으나 유르스나르의 이 작품은 아는 이가 별로 없다.

이 소설은 "여보, 이 편지는 무척 길 것이오"로 시작해서 "깊이 사죄하오. 당신을 떠나서가 아니라 너무나 오래 곁에 있었던 것에 대해서"로 끝나는 한 편의 편지로 이루어져 있다. 편지를 쓴 알렉시는 옛 선조가 남겨놓은 커다란 저택 한 채만 겨우 건사하고 있는 몰락한 오스트리아 귀족 가문에서 태어났다. 엄했던 아버지는 그가 어렸을 때 세상을 떠났고, 어머니와 형제자매들만 남은 집안에는 언제나 침묵이 가득했다. 소심하고 말없이 자란 아이는 침묵 속에서, 침묵에 부합하는 음악을 배웠다. "그것이 바로 내 음악이었소. 당신, 내가 단지 침묵을 오선지에 옮길 뿐임을, 침묵의 번역에 그침을 잘 알겠지요. 하나 사람들은 자신의 혼란만을 번역한다오. 사람들이 말하는 것은 언제나 자기 자신에 대해서라오."

알렉시가 음악가를 꿈꾸게 된 것은 열세 살 무렵이다. 음악은 그를 야릇하고 몽롱한 상태에 빠져들게 했다. 음악을 들을 때는 심장의 고동 소리만 제외하고 모든 것이 정지한 것 같았으며, 마치 생명이 몸 밖으로 빠져나간 듯이 나른했다. 그가 고백했듯이 그는 아름다움에 무척 민감하고 감수성이 아주 강한 소년이었다. 하지만 이 모든 특질이 열일곱 혹은 열여덟 살 된 그를 동성애자로 이끈 단서였다고 확언해서는 안 된다. 작중의 알렉시는 전문적인 음악 교육을 받은 뒤 이름난 작곡가가 되지만, 그가 동성애자가 되는 데 음악적 감수성이 끼친 영향은 따로 없다.

흔히 예술계 종사자들에게서는 퀴어 성향이 분방하게 나타난다고들 말한다. 하지만 알렉시의 고백에 귀 기울여보면, 미나 예술의 특질이 그 일에 종사하는 사람들을 퀴어의 세계로 초대하는 것이 아니라, 퀴어 성향을 가진 사람이 보통 사람에 비해 미나 예술에 관심을 더 많이 갖는 것이라는 설명이 진실에 더 부합한다. 동성애자가 되기 이전에 알렉시에게는 두 가지 병적인 요소가 있었다. 하나는 원인을 알 수 없는 발열을 비롯한 여러 가지 잔병치레, 다른 하나는 자살 욕망이다. 이 두 가지는 아직 명백한 형태를 갖추지 않은, 그러나 어렴풋이 감지되는 자기 내부의 이질적인 감수성에 대한 거부와 처벌이 아니고 무엇인가? 이때 예술이 도피처 내지 구원자로 등장한다.

"음악에 미친 듯이 매달렸던 일이, 아마 욕구의 전이에 불과했을 도덕적 완벽에 대한 나의 병적인 필요가 생각나오. 정말이지 울어야 할 이유가 전혀 없는데도 쏟아졌던 눈물들이 기억나오. 그러나 괴로움은 우리에게 그 원인에 관해서는 전혀 가르쳐주는 것이 없소. 내가 무언가 억측이라도 했더라면 내가 어느 여자에게 반했나 했으리다. 다만 나는 그 여자가 누구일지 상상이 안 갔소."

남자로서의 성징이 나타나던 열네 살 무렵, 알렉시는 자신이 다른 남자와 다르다는 것을 알고 괴로워한다. 이때 그를 자기 거부와 처벌로부터 구해준 것이 음악이다. 그의 말에 따르면 "죽음과 삶에서 훨씬 높"은 곳에 있던 음악만이 그의 진정제가 되었던 것이다. "그것은 평온한 음악, 힘찼기 때문에 평온했던 음악이었소. 음악이 의무실을 가득 채웠고, 나를 자기 밑에다 굴렸소. 마치 관능으로, 규칙적으로 느릿느릿 넘실대는 파도에 흔들리듯. 나는 몸을 내맡겼고 한순간 나는 진정된 듯했소. 나는 더 이상 자기 자신에 대해 두려움에 사로잡힌 소년이 아니었소." 번갈아 찾아오는 자기 거부와 처벌 앞에서 음악을 만나지 못했더라면 소년은 어떻게 되었을까? 알렉시는 우표수집가도 될 수 있고 장대높이뛰기 선수도 될 수 있었지만, 하필이면 그 앞에 피아노가 있었다.

유르스나르는 알렉시의 커밍아웃을 "그리고 그 일이 일어났소", "그날 아침 아름다운 사람을 만나게 된 것이 어디 내 잘못이리오……"라는 갑작스럽고 건조한 두 문장으로 압축한다. 알렉시의 상대가 누구였는지는 두 문장보다 앞선 문단에 나오는 "우리 고장엔 많은 유랑 집시들이 거쳐 가곤 했소. 그들 중 어떤 이들은 음악적 재능이 뛰어났고, 때로 이 족속은 무척 잘생겼다는 것을 당신도 아오"라는 구절로 짐작할 뿐이다. 스물네 살 난 작가가 썼다고 믿기 어려운, 무서운 자제력이다.

커밍아웃을 하고 미친 듯이 쾌락을 찾아 헤맸던 알렉시는 스물두 살 때, 부유하고 교양 있는 규수인 두 살 연상의 모니크와 결혼한다. 사랑하지도 않는다면서 그녀와 결혼을 하게 된 알렉시의 고약한 심리는 이런 것이다. "나는 삶이 내게 준 유일무이한 이 구원의 기회를 외면하지 않을 권리가 (차라리 의무가) 있다고 믿었소. 나는 용기가 한계점에 다다랐음을 느꼈고, 혼자 힘으로는 치유되지 못하리라 이해했던 것이오. 그 시절 나는 치유되기를 원했소." 하지만 "우리는 이제 서로 의지하는 두 명의 환자에 불과했소"라는 말처럼 결혼은 두 사람 가운데 누구도 행복하게 해주지 못했다. 결혼을 유지하기 위한 방편으로 아들을 낳아보기도 했지만 부부 관계는 지속되지 못했다. 사춘기 시절에 자신을 괴롭혔던 자살 강박에 시달리던 알렉스는 결혼 2년 만에 아내에게 편지를 쓰고 집을 떠난다. "나는 정신착란에 이를 지경이 된 자신에 대한 부정보다는 죄가(이것이 아직 죄일진대) 차라리 더 좋소. 삶이 나를 이런 사람으로 만든 것이오. 내가 선택한 것은 아니나 이제 체념으로 받아들이기로 한 본능의 포로(사람들이 그렇게 부르고 싶다면)로 만든 것이오. 그리고 이 순응이 내게 행복은 아닐지라도 마음의 평온을 가져다주리라, 나는 바라오."

주인공이 집을 떠날 때에 이르러서야 그가 결혼과 함께 작곡을 그만두었다는 사실이 새삼 부각된다. 자기 치유를 위해 감행한 결혼과 "걸작이란 바로 몽상된 삶"이라던 그의 믿음은 동거할 수 없었던 것이다. 치유를 포기한 주인공에게 이제는 음악만 남는다. "나는 내가 마음속에서 억눌러버렸었던 이 야성적 욕구와 기쁨의 음악인 이 내면적 음악의 의미를 겨우 이해하기 시작했소. 나는 예술과 삶에 든 이 자유를, 자체의 전개 법칙만을 따르는 그것들의 자유를 이해하기 시작했소."

110. 추리의 여왕이 단서를 놓치다니…

《인생의 양식》
애거사 크리스티, 공경희 옮김 | 포레, 2015

제1차 세계대전이 끝난 지 5년 뒤, 런던에 내셔널오페라하우스가 새로 문을 열였다. 첫 공연작은 이름도 얼굴도 전혀 알려지지 않은 보리스 그로엔이라는 러시아 태생 무명 작곡가의 〈거인〉. 불협화음과 굉음으로 이루어진 이 작품은 사람들이 흔히 알던 오페라가 아니었다. 줄거리도 없고 내세울 만한 주인공도 없었다. 오페라보다는 웅장한 러시아 발레에 가까웠고, 특수 효과와 특이하고 기이한 조명이 동원됐다. 관객들의 반응은 퇴폐적, 병적, 신경증적, 유아적 익살극이라는 악평과 천재가 쓴 미래의 음악이라는 호평으로 엇갈렸다.

공연이 끝나자 당대의 영국 평론가들 가운데 가장 저명하고 영향력 있던 칼 바우만이 내셔널오페라하우스의 소유주이자 음악업계 최고의 흥행사로 알려진 시배스천 레빈에게 다가와 "국민성은 음악에도 분명하게 드러"난다면서, "그로엔은 영국인이지?"라고 추궁한다. 바우만은 〈거인〉에 혁명기 러시아 음악의 전위적 요소가 담겨 있기는 하지만, 그로엔 이전에 홀스트, 본 윌리엄스, 아널드 백스 같은 영국 작곡가들이 그로엔이 시도한 것과 똑같은 것을 했다고 말한다. 그러면서 이런 말을 덧붙인다. "전 세계 어디서나 음악가들은 새로운 이상——절대적인 음악——에 근접해가고 있어. 그로엔은 이번 전쟁에서 목숨을 잃은 그의 직속 후계자라고 할 수 있을걸세. 그의 이름이 뭐였지? 데어……그래, 버넌 데어. 장래가 촉망되는 청년이었는데 〔……〕 우리는 전쟁으로 정말 많은 것을 잃었네." 여기까지가 《인생의 양식》(포레, 2015)의 프롤로그다.

이어지는 1부는 제1차 세계대전이 벌어지기 이전, 프롤로그에서 거론된 버넌 데어의 어린 시절로 훌쩍 거슬러 올라간다. 버넌은 지어진 지 500년이나 되는 애버츠 퓨어슨스라는 유서 깊은 저택을 가진 잉글랜드 지방의 상류층 가문에서 태어났다. 난봉꾼 아버지와 신경증적인 어머니 사이에서 어느 편의 각별한 사랑도 받지 못한 그는 주로 유모나 하인들과 시간을 보냈고, 공상 속의 인물을 만들어 친구로 삼았다. 그런 아들에게 어머니 마이러는 피아노를 가르쳐주려고 했으나 버넌의 귀에 피아노 소리는 "짐승의 이빨을 두드리는" 소음으로 들렸고, 음악이 들리면 그는 몸을 떨고 눈물을 흘리면서 배의 통증을 호소하곤 했다.

버넌이 여덟 살이 되던 1899년에 보어 전쟁이 터지자 아버지 월터는 아내에게서 떨어져 있을 속셈으로 장교가 되어 남아프리카로 떠난다. 그와 동시에 버넌에게는 평생을 같이하게 될 세 명의 친구가 생긴다. 한 명은 니나 고모가 죽고 나서 애버츠 퓨어슨스에서 함께 살게 된 동갑내기 사촌 조세핀, 애버츠 퓨어슨스만큼 유서 깊은 디어필즈 저택을 구입한 유대인 부호의 외동아들 시배스천 레빈, 마지막으로 이들에 비해 신분도 부도 형편없이 뒤처지는 마을 토지 관리인의 딸 넬 베리커. 조세핀은 총명했고 레빈은 어른스러웠으나, 넬은 아무것도 잘하는 게 없는데다가 비쩍 마르기만 한 아이였다.

월터가 남아프리카에서 전사하자 마이러는 아무런 미련 없이 애버츠 퓨어슨스를 임대하고 런던으로 이사한다. 마이러는 남편이 자신을 사랑해서 결혼한 게 아니라, 애버츠 퓨어슨스를 건사하기 위해 자신의 지참금을 탐낸 것이라고 늘 생각해왔다. 하지만 아버지의 죽음은 애버츠 퓨어슨스에 아무런 애착이 없었던 버넌에게 뒤늦은 집착을 심어주게 되고, 이 병적인 집착은 스물한 살 때 런던에서 다시 만나게 된 넬과 그 사이의 애정을 위태롭게 하는 중요한 장애물이 된다.

버넌과 레빈은 케임브리지 대학에 입학하고, 조세핀은 예술가들을 쫓아다니는 자유분방한 여성이 된다. 스무 살 난 버넌은 어느 날 조세핀의 강요로 음악회에 가게 되고, 무신론자가 신을 믿게 되듯이 단 한 번의 음악적 충격으로 작곡가가 될 결심을 한다. 독학으로 〈탑의 공주〉라는 오페라를 완성하고 공연까지 했으나, 3주 후에 벌어진 제1차 세계대전으로 그의 이름과 작품은 금세 잊혔다.

이 작품을 쓴 애거사 크리스티에 대해서는 더 설명할 필요가 없을 것이다. 이제야 작가의 이름을 밝히는 것은 이 작품 또한 '추리 소설의 여왕'이 쓴 추리 소설일 것이라는 선입견을 방지하기 위해서다. 80여 편 넘는 추리 소설을 쓴 크리스티는 메리 웨스트매콧이라는 필명으로 여섯 편의 일반(본격) 소설을 썼다. 1930년에 나온《인생의 양식》은 크리스티가 메리 웨스트매콧이라는 이름으로 쓴 첫 소설이며, 나는 1947년에 나온 네 번째 작품《장미와 주목》(포레, 2014)을 가장 재미있게 읽었다.

제1차 세계대전이 일어나던 해에 버넌은 넬과 결혼을 하고 유럽 전선으로 떠난다. 독일군의 포로가 된 그는 행정 실수로 전사 처리가 되고, 포로수용소를 탈출한 뒤 네덜란드에서 교통사고를 당해 기억을 상실한다. 전쟁이 끝난 지 4년 뒤, 버넌과 그의 음악 둘다를 사랑한 까닭에 가수의 생명인 성대聲帶까지 잃어가며 〈탑의 공주〉의 프리마돈나를 맡아주었던 제인 하딩은 우연히 어느 미국인의 자가용 운전사가 되어 있는 그를 발견하게 된다. 한편 넬은 버넌의 전사 통보를 받은 직후, 남편이 끔찍하게 아꼈던 애버츠 퓨어슨스가 남의 손에 넘어가는 것을 막고자 미국인 부호 조지 체트윈드와 결혼을 했다. 레빈, 조세핀, 제인은 친구의 기억을 되돌리기 위해 전문의와 최면 치료를 동원한다. 나는 훈수를 두고 싶어 안달이 났다. '크리스티 여사, 최면 치료라니요? 제인이 〈탑의 공주〉에 나오는 아리아 한 곡을 부르면 다 끝나는데!' 추리 소설은 결코 단서를 놓치는 법이 없거늘, 이상하게도 이 작품을 쓰면서 크리스티는 그 중대한 원칙을 잊어버렸다. 전문의의 도움으로 기억을 회복한 버넌은 작곡에 몰두하게 되고, 넬과 자신을 보호하기 위해 이름과 얼굴을 숨긴 채 〈거인〉을 발표한다.

《인생의 양식》에서 바그너와 리하르트 슈트라우스가 직접 거론되기도 하고 또 그들의 음악적 특성이 여러 차례 암시되기도 하였듯이, 버넌(그로엔)의 작품은 그들의 오페라를 연상시킨다. 그렇다면 애거사 크리스티의 음악 취향은 실제로 어땠을까? 그녀가 여든여섯의 나이로 사망한 다음 해인 1977년에 출간된《애거서 크리스티 자서전》(민음사, 2015)을 보면, 유복한 집안에서 태어난 그녀는 열여섯 살 때 파리에 체류하며 "성악과 피아노 모두 진지하게 공부"하기도 하고, 영국에 돌아와 취미 삼아 왈츠를 작곡하기도 했다. 하지만 그녀는 음악가가 되지 못했다. "기껏해야 이류밖에 될 수 없음을 잘 알면서도 너무나 하고 싶어 끝까지 노력하는 것만큼 인생에서 영혼을 파괴하는 일은 없다. 나는 꿈을 버렸다." 이십대에 런던에서 리히터가 지휘한 바그너의 〈니벨룽겐의 반지〉를 처음 들었고 그 일에 대해 "정말 놀라운 경험"이었다고 말하는 크리스티는 이후로 바그너의 팬이 되었다. 음악과는 상관없지만《인생의 양식》371쪽에 나오는 전시 간호사 일화는《애거서 크리스티 자서전》343쪽에도 나오는, 그녀의 실제 체험이다.

111. 순자와 묵자의 음악관

《순자》
순자, 김학주 옮김 | 을유문화사, 2008

《순자—통일제국을 위한 비판철학자》
윤무학 | 성균관대학교 출판부, 2004

《묵자》 1, 2
묵자, 1권 이운구 · 2권 윤무학 옮김 | 길, 2012 · 2015

도합 20권 32편으로 이루어진 《순자》(을유문화사, 2008)의 제 14권은 〈악론樂論〉이니, 바로 음악에 관한 논의다. 10개의 짤막한 장으로 구성된 〈악론〉의 1장에서 순자는 곧바로 "옛 임금들께서 음악을 제정하신 이유"를 든다. 순자에 따르면 사람은 감정이 없을 수 없으며, 즐거움은 곧바로 목소리(노래)나 행동(춤)으로 나타나게 된다. 여기서 문제가 생긴다. "사람에게는 즐김이 없을 수 없으며, 즐기면 곧 겉으로 표현되지 않을 수가 없고, 겉으로 표현되어 올바른 도리에 맞지 않으면 곧 혼란이 없을 수가 없다." 그래서 옛 성왕들은 사악하고 더러운 감정을 불러일으키는 음악을 억제하고 사람의 감정을 바르게 하는 음악을 제정하는 데 노력을 기울였다.

"본디 음악은 종묘 가운데에서 임금과 신하와 윗사람과 아랫사람들이 함께 들으면 곧 화합하고 공경하지 않는 이가 없게 된다. 집안에서 부자와 형제들이 함께 들으면 곧 화합하고 친하지 않은

이가 없게 된다. 마을의 집안 어른을 모신 가운데에서 어른과 젊은 이들이 함께 들으면 화합하고 종순해지지 않는 이가 없게 된다. 그러므로 음악이란 한 가지 표준을 잘 살펴 화합하도록 정한 것이며, 여러 가지 사물을 견주어 절도를 수식한 것이며, 여러 악기들의 합주로써 아름다운 형식을 이루는 것이다. 그것은 충분히 한 가지 도를 따를 수가 있으며, 충분히 만물의 변화를 다스릴 수가 있다."(2장).

순자의 〈악론〉을 한마디로 요약하면 이풍역속移風易俗(풍속을 고쳐 세상을 좋게 함) 음악관이다. 이런 음악관은 음란한 음악은 나라를 망하게 한다는 공자의 그것과 고스란히 일치하는데, 바로 이 점에서 공자의 제자를 자처했던 순자의 드높은 자부심을 떠올릴 수 있다. 하지만 순자는 공자 이래 활약한 허다한 유가 사상가 가운데서 공자와는 매우 이질적인 사상을 펼친 인물이다. 그런데도 그가 공자의 적통을 자처한 것은 서태지와 전혀 다른 음악을 하면서도 '제2의 서태지'로 불리고 싶어 하는 후배 음악가들의 욕망으로 설명된다. 다시 말해, 그만큼 공자의 권위가 높았던 것이다.

고대 중국인들은 하늘과 인간이 서로 감응한다고 믿었다. 하늘을 인격신으로 본 공자와 하늘을 인간이 따라야 할 이법理法으로 본 맹자는 똑같이 천인감응天人感應 사상을 바탕으로 자신의 철학을 만들었다. 두 사람의 철학에서는 하늘은 결코 악할 수 없었기 때문에 하늘과 닮은 인간 역시 악한 존재가 되어서는 안 되었다. 그것이 성선설이다. 반면 순자는 하늘과 땅의 분리를 주장했다. 공자와 맹자의 천인감응과 순자의 천인지분天人之分을 경계로 중국 고대

철학은 완전히 갈라진다. 하늘을 인격신도 이법도 아닌 자연nature으로 간주한 순자에 의해 중국 철학은 이미 근대를 선취했다. 하지만 후대의 중국인은 서로 공자의 후계를 자처했던 맹자와 순자 가운데 맹자를 선택하는 것으로 순자가 선취해놓은 근대를 팽개쳤다. 잘못된 선택의 참혹한 결과는 무려 2,000년 뒤에 아편전쟁의 치욕으로 드러났다.

천인지분 사상은 두 가지 커다란 변화의 씨앗을 품고 있다. 첫째, 인간을 하늘로부터 독립시킴으로써 인간을 주체적이고 능동적인 작위인作爲人(=노동자)으로 만들었다. 둘째, 인간을 인간의 선함을 보증해주던 하늘과 분리시킴으로써 인간 본성을 하늘의 이치 따위가 아닌 이기심이 각축하는 현실의 실정에 맞게 재설정할 수 있게 되었다. 순자는 이런 바탕 위에서 성악설을 주장하게 되었다. 그의 인성론은 인간 본성이 하늘과 닮았다거나 하늘이 내려준 것이라고 보지 않았기 때문에 선을 상실한 대신, 악에서 선으로 나가고자 하는 주체적이고 능동적인 인간의 노력을 중시하게 된다.

순자의 성악설은 자칫 '인간은 태어나면서부터 악한 성질을 갖고 있다'는 주장으로 풀이되기 쉽지만, 태어나면서부터 인간이 어떤 성질을 갖고 있다는 주장은 순자의 것이 아니다. 인간 본성에는 선도 악도 없다. 다만, 물질의 풍요나 빈곤에 따라 인간은 선하게도 되고 악하게도 된다. 맛난 먹거리가 가득한 뷔페에서는 아무도 음식을 놓고 아귀다툼을 벌이지 않는다. 반대로 생존을 위협할 만큼 음식이 희귀한 장소에서는 각자의 이기심이 발동한다. 순자의 성악설은 후자의 경우에 필연적으로 생겨날 수밖에 없는 인간의 이기심을 직시하면서, 교육, 즉 예禮를 통해 이기심이 선으로 이행하는 것이 가능하다고 말한다. 이것이 악에서 선으로 나가고자 하는 인간의 주체적이고 능동적인 노력이 아니면 무엇인가?

물질이 풍요로운 곳에서는 애초부터 예의 필요성이 생겨나지 않는다. 산더미처럼 음식이 쌓여 있는 뷔페에서는 양보의 몸짓을 취하는 것이 아무런 의미가 없으며, 오히려 희극적으로 보인다. 그런 세계에는 '형님 먼저, 아우 먼저'라는 양보의 미덕이 깨끗이 말소되어 있다. 그 대신에 그곳에서는 '그것보다 이게 더 맛있어요'라고 권하는 것이 세련된 태도다. 예의 필요성은 먹거리가 한정되어 있는 곳에서 솟아난다. 그런 세계에서 비로소 누가 반드시 먹어야 하는지, 또 누구에게 먼저 먹일지를 논하게 된다. 순자의 성악설과 예는 물질세계와 떨어지려야 떨어질 수 없는 인간 조건에 대한 탐구에서 나왔다. 이 때문에 중국 철학사는 그를 중국 최초의 유물론자 가운데 한 사람으로 대접하고 있다.

〈악론〉을 읽다 보면 재미있는 구절을 보게 된다. 순자는 매 장마다 '음악은 어떠어떠한 것이다'라고 말해놓고 나서 마지막 문장을 "그러나 묵자는 이를 부정하였으니 어찌 된 일인가?"(1, 2, 3, 6장)라고 끝맺는다. 〈악론〉에는 묵자의 이름이 총 일곱 번 나오는데, 7장에서 순자는 음악이 가진 예의 효용을 몰랐던 묵자는 "형벌을 받아야" 마땅하다고 적고 있다.

《묵자》(길, 2012) 〈비악非樂〉편을 보면 묵자가 음악을 쓸데없는 것으로 부정하는 일관된 이유가 나온다. 묵자가 음악을 비난하는 것은 음악이 즐겁지 않아서가 아니라, 왕들이 음악을 즐기려면 백성의 고혈을 짜야 하고, 왕들이 음악에 몰두하는 만큼 나랏일을 등한히 하기 쉽기 때문이다.《순자—통일제국을 위한 비판철학자》(성균관대학교 출판부, 2004)를 쓴 윤무학은 묵자의 음악 비판이 "지배층의 경제적 착취와 수탈에 대한 저항의 표명"이었던 반면, "당시 새로운 사회경제적 토대에서 부상하는 신흥 계층의 이익을 대변하는 순자의 입장에서 볼 때 묵자의 견해는 일정한 한계를 지니는 것이었고, 순자가 묵자를 비판한 진정한 의도는 여기에 있었다"고 말한다.

112. 서태지와 케이팝

《나쁜 장르의 B급 문화》
르몽드 디플로마티크 엮음, 이진홍 옮김 | 르몽드 디플로마티크, 2015

《나쁜 장르의 B급 문화》(르몽드 디플로마티크, 2015)의 앞표지와 책등에는 지은이의 이름이 '슬라보예 지젝 외'라고 떡하니 나와 있지만, 책 뒤에 붙은 판권란에는 '지은이 르몽드 디플로마티크'라고 명기되어 있다. 이런 혼돈은 '지젝'을 팔아 장사를 하려는 출판사의 잔꾀가 만들어낸 것이다. 물론 서른다섯 명이나 되는 필자 가운데 지젝도 엄연히 끼어 있으므로 '슬라보예 지젝 외'가 딱히 부정확하거나 독자를 기망하는 것은 아니지만, 이 책은 원래《르몽드 디플로마티크》의 기획물이므로 판권란의 정보가 이 책의 윤곽과 의도를 더 잘 암시해준다.

이 책은 프랑스의 국제 시사 월간지《르몽드 디플로마티크》가 단행본으로 출간한《나쁜 장르의 문화》를 기본으로 하고, 거기에다가《르몽드 디플로마티크》프랑스판에 실린 최근의 글과 한국판에 실린 국내 필자의 글을 추가한 것이다. 총 4부로 나뉜 이 책은 '대중'이 소비하는 전 세계의 영화(1부), 문학(2부), 음악(3부)에 관한 글을 싣고 있으며, 마지막에 한국 대중문화(4부)의 몇몇 쟁점을 다루고 있다. 나는 이 가운데 3부를 가장 먼저 펼쳐 읽었는데, '철 지난 화제, 뭔가 구닥다리를 읽고 있다'는 느낌을 지울 수 없었다. 까닭은, 같은 주제라도 문학이나 영화의 경우는 유행이 완만하게 바뀌는 데 반해, 음악은 갓 써낸 비평이 따라가지 못할 만큼 빠르게 변하기 때문이다. 참고로, 이 책 1~3부에 나오는 글들 가운데 단 한 편만이 2014년에 작성된 것이고, 나머지는 1976~2009년에 쓰인 것이다. 2009~2012년에 발표된 글들을 모은 4부의 사정도 1~3부보다 낫지 않다.

3부에 나온 글들을 보면, 우리가 프랑스의 대중음악이라고 알고 있는 샹송은 거의 사라진 게 아닌가 싶다. 특히 힙합과 랩에 심취한 프랑스 젊은이들에게 샹송의 존재는 미약하기 짝이 없는 듯하다. 유의할 것은, 프랑스의 힙합과 랩을 주도하는 가수들이 대개 흑인 및 아랍계 이주민이라는 점이다. 거칠고 폭력적이며 은어가 난무하는 이들의 음악은 "실패한 이주민 통합 정책에 던지는 도전장"이다. 이 외에도 알제리에서 건너온 라이Lai 등, 프랑스의 대중음악을 풍요롭게 하는 것은 한때 프랑스가 거느렸던 여러 식민 국가에서 유입된 토속 음악이다. 어쩌면 이런 현상은 낯선 것이 아니다. 사르트르 세대가 재즈를 발견한 이후 프랑스가 항상 외부로부터 대중음악의 활기를 얻어온 만큼 이것은 너무나 프랑스적인 현상으로 보인다.

4부에 실린 글 가운데 이동연의 〈'서태지 데뷔 20년' 문화사적 의미〉는 서태지 데뷔 이후의 20년을 되돌아보며 서태지 음악의 문화적 의미를 조감한다. 서태지의 등장은 청년 문화의 성격을 완전히 바꾸어놓는 동시에 문화 소비 연령을 크게 낮추었다는 점에서 '문화 혁명'이라고 부를 수 있다. 1980년대의 청년 세대 문화는 아직껏 대학 문화, 즉 운동권 문화의 자장 아래 있으면서 이십대를 주축으로 했다. 반면에 서태지는 십대 청소년 문화를 대변하고 1990년대에 부상하던 소비문화 주체의 욕망에 부응하면서 시대의 새로운 아이콘이 되었다.

"청년 세대의 정체성은 정치적 변혁 주체에서 소비 지향적 감성 주체로 이동하고, 그 기표 역시 '신세대'라는 말로 흡수됐다. 미디어는 '서태지와 아이들'의 등장 이후 신세대 혹은 신세대 문화를 집중 조명하기 시작했다. 미디어는 이들을 낭만적 순정파보다는 개인적 이해타산이 바른 현실파로 정의했다. 다양한 볼거리와 살거리를 보유한 이들은 자연스럽게 구속보다는 개방을, 종합보다는 차이를, 윤리보다는 개성을 선호하는 주체로 명명됐다. (……) 그의 스타일은 새로운 소비를 원하는 세대의 욕망을 그대로 대변해주었다."

서태지는 1990년대 문화 운동의 중심에 있었지만, 그로부터 저항적 메시지와 실천을 발견할 수 있는지 판단하기는 매우 애매하다. 한국 입시 교육의 암담한 현실을 묘사한 〈교실 이데아〉, 한반도 분단의 현실과 통일의 염원을 담은 〈발해를 꿈꾸며〉, 청소년 가출 문제를 거론한 〈컴백 홈〉, 부도덕한 권력층의 부패를 고발한 〈시대유감〉 등이 그에게 '시대의 문화 전사'라는 칭호를 안겨주었으나, 그의 음악적 저항이 "하나의 유행하는 트렌드"에 불과했다는 매정한 비평도 있다. 게다가 앨범을 낼 때마다 달라졌던 그의 음악적 변신에 대해 말하자면, 독창적인 창의를 보여주는 것이라기보다 미국과 유럽의 최신 대중음악 사조를 차용한 것이었다는 지적도 만만치 않다. "이렇듯 그의 음악은 창작과 표절의 경계에 서 있다. 어떤 사람은 그의 음악적 원천 대부분이 단순 참고 수준을 넘어서 핵심적으로 해외 뮤지션들의 곡을 표절했다고 주장한다."

이런 비판에도 불구하고 이동연의 서태지에 대한 평가는 굉장히 높다. 까닭은, 아직도 서태지를 능가하는 '시대의 문화적 아이콘'이 나오지 않았기 때문이다. 현재 서태지보다 더한 대중적 인기를 얻고 있는 아이돌 그룹은 흔하지만, 누구도 서태지가 갖고 있는 '문화 자본'을 갖고 있지는 않다. 현역으로서의 존재감은 희미하지만, 서태지가 간간이 새로운 음반을 낼 때마다 문화적 반향을 일으키는 것이 바로 그 증거다.

서태지의 긍정적이면서도 부정적인 유산은 이동연이 쓴 또 다른 글에서 찾아볼 수 있다. 《문화/과학》 편집위원회가 엮은 《누가 문화자본을 지배하는가?》(문화과학사, 2015)에 기고한 〈케이팝 제작 시스템의 독점 논리와 문화자본의 형성〉에서 이동연은 케이팝K-Pop의 전사前史를 생략하고 있지만, 음악 순위 프로그램이 "어느 순간 청소년 프로그램"이 되고 "순위 선정 및 출연진 구성에서 삼십대 이상의 기성 가수들이 참여하기가 매우 거북한 방송 포맷으로 고정화"된 것은 서태지의 부정적 유산이라고 말한다. 하지만 서태지의 성공이 숱한 아이돌 그룹을 복제하면서 케이팝의 기반을 놓았다고 한다면, 그것을 가리켜 서태지의 긍정적 유산이라고 할 수 있겠다.

1부에 실린 지젝의 〈시스의 복수—스타워즈 에피소드 혹은 팝 불교의 탄생〉은, 2005년에 개봉한 〈스타워즈 에피소드 III—시스의 복수〉를 보고 쓴 글이다. 지젝은 이미 자신의 저서 여러 곳에서 자본주의와 불교 사이의 꺼림칙한 유착에 대해 쓴 바 있다. 그의 주장에 따르면, 불교의 핵심 교리 가운데 하나인 '일체유심조一切唯心造'(모든 것은 오로지 마음이 지어내는 것)는 신자유주의적 세계화 이데올로기의 부조리를 무마해주는 훌륭한 보충물이다. 일체유심조를 깨닫고 나면, 삼성의 회장님과 폐휴지를 줍는 독거노인 사이에 존재하는 간극도 마음먹기에 따라 환상일 수 있다. 회장님과 독거노인 사이에 존재하는 메울 수 없는 간극 따위란 없다! 지젝은 〈스타워즈 에피소드 III—시스의 복수〉야말로 그런 뉴에이지New Age화된 이데올로기에 충실한 영화라고 말한다.

113. 펑크 록, 레게, 힙합은 어떻게 저항하는가

《권력에 맞선 상상력, 문화운동 연대기》
양효실 | 시대의창, 2015

문화란 무엇인가? 인류가 시작된 이래로 문화는 지배 계급의 이념과 지배의 정당성을 전파하고 지키기 위한 진지였다. 지배 계급이 보편이라고 강요하는 문화는 보편이 아니라 자기 예찬이고 선전이면서, 피지배 계급에게서 자발적인 숭배를 이끌어내기 위한 것이다. 대중의 기호 혹은 시장의 선택이 문화의 향방을 자연스럽게 주도한다는 오늘과 같은 대중문화 시대에도 백인, 남성, 이성애자, 엘리트로 이루어진 여론 주도층이 여전히 문화의 심판관 노릇을 하고 있다. 1977년, 영국 여왕 즉위 25주년 기념 주간에 섹스 피스톨스의 〈신이여 여왕을 구하소서〉가 앨범 판매 1위를 차지했을 때, 영국 음반 판매 조사단은 순위가 발표되는 매체에 밴드의 이름과 앨범의 이름을 공란으로 처리함으로써 불쾌감을 드러냈다.

양효실의 《권력에 맞선 상상력, 문화운동 연대기》(시대의창, 2015)는 권력의 관리와 감독에 저항한 다양한 문화 운동을 예찬한다. "이 책은 상투적인 말하기와 이미지에 도사린 자신들에 대한 편견을 깨기 위해, 더 이상 그 편견 안에 숨어 살기를 거부하고 길거리로 나선 소수자들의 집단적인 문화 운동에 대한 것이다. 흑인, 여성, 청년, 동성애자 같은 보편적인 인간Man에서 제외된 이들, 게으르고 무능하고 히스테리컬하며 예의가 없고 이상한, 그래서 이성적 인간이란 규범에 포섭되지 못한 이들에 대한 것이다. 이들이 입을 열고 '우리는 존재한다'고 목소리를 내면 어떤 일들이 벌어지는지, 어떤 상상력이 현실의 옷을 입고 구체화되는지를 보여준다."

열일곱 개의 장으로 구성된 이 책은 국제상황주의 이론가였던 기 드보르에 대한 소개(1장)를 시작으로 하여, 1968년 5월의 68문화혁명(2장), 에메 세제르와 레오폴 세다르 상고르의 네그리튀드 운동(3장), 누벨바그와 아방가르드 영화 운동(4장), 반문화로서의 히피 문화(5장), 멕시코 벽화 운동(9장), 1960년대 치카노의 정체성 회복 운동(10장), 치카노 벽화 운동(11장), 스톤월 항쟁과 동성애 운동(12장), 1980년대 에이즈 위기와 액트업의 행동주의(13장), 1970년대 여성주의 예술가들의 공동 작업(15장), 여성주의 예술가 단체 게릴라 걸스(16장)를 다루고 있다. 내가 언급하고 싶은 장은 음악과 연관된 6장(역사적 하위문화와 펑크 록 밴드), 7장(레게와 밥 말리, 라스타파리아니즘), 8장(게토 흑인들의 하위문화 힙합), 17장(한국의 자립음악생산조합 아티스트)이다.

우리는 가끔 어떤 음악을 좋아하느냐는 질문을 받는다. 그런데 질문자가 알고 싶어 한 것이 단지 우리의 음악적 기호일 뿐일까? 혹시 질문자는 내 입에서 텔레만, 모차르트, 말러가 나열되는지 엘비스 프레슬리, 마리자, 조용필이 열거되는지를 기다렸다가 나를 달리 판단하거나 대접하려는 것은 아닐까? 사실이 그렇다. 음악적 기호는 순수하게 음악에 대한 취향을 증명해 보이는 것처럼 보이지만, 실제로 그 기호가 드러내는 것은 인종·지역·이념·종교·성별에 따른 자기 정체성이다. 펑크 록, 레게, 힙합이 탄생한 역사적 맥락이나 그것들이 지지를 얻게 된 최초의 경로가 그것을 입증해 준다.

펑크 록은 1950년대에 런던의 도시 개발로 노동 계급 공동체가 붕괴되면서 생겨났다. 음악이라고 할 수 없을 만큼 조야하고 단순한 리듬과 단순하고 유치한 가사를 양식화한 펑크 록은, 록이 확보하려고 애쓰는 저항의 참호마저 반납한다. 모범적인 체제 저항 청년이 하켄크로이츠 문양을 부착하고 다니는 것을 상상할 수 없는 반면, 펑크족은 단지 미움을 받는 것이 좋아서 하켄크로이츠 문양을 붙이고 다닌다. 사람들로부터 조롱과 분노를 사는 것을 자신의 존재 양식으로 택했던 대표적인 펑크 록 밴드 섹스 피스톨스는 바로 그런 비규정성을 통해 이데올로기와 체제의 규범 밖에 위치한다. 그들이 무엇인가를 할 때마다 점잖은 영국인들이 배설물을 뒤집어쓴 듯한 모욕감을 느낀 것은 당연한 일이다.

한국에 정착한 레게는 여름철의 바캉스 음악처럼 심각하지 않게 듣고 즐기는 음악이다. 그러나 자메이카 태생의 밥 말리가 전 세계에 퍼트린 레게는 카리브 해 연안에 사는 아프리카계 흑인들이 아프리카 귀환을 꾀하는 라스타파리아니즘Rastafarianism 운동과 뗄 수 없는 일종의 정치적 노래 운동이다. 밥 말리의 대표곡 가운데 너의 권리를 위해 일어서라는 〈깨어나, 일어나Get up, Stand up〉는 워낙 많이 알려진 저항가이고, 제목 때문에 연가로 착각되곤 하는 〈여인이여 울지 말아요No Woman, No Cry〉 역시 권력에 굴종하지 말자는 꿋꿋한 저항 정신을 담고 있다.

펑크족이 런던 도시 개발의 부산물이었듯, 미국 흑인들의 힙합 문화 역시 1959년부터 1963년 사이에 진행된 뉴욕 시 고속도로 건설과 상관있다. 힙합 문화는 브롱크스 횡단 고속도로가 브롱크스 지역을 관통하게 되면서 빈민화된, 철거 지구에 남은 최하층민 청년들로부터 생겨났다. "우리의 발언권은 자유 아니면 죽음이지." 힙합을 흑인의 정치의식 고취 수단으로 삼았던 퍼블릭 에너미의 〈권력과 싸워Fight The Power〉 가운데 한 소절이다.

2인 밴드 밤섬해적단의 앨범 〈서울 불바다〉를 듣고 그들의 라이브를 들으러 간 적이 있다. 그리고 밴드에서 가사를 전담하는 드러머 권용만의 가사를 40편 넘게 건네받아 《실천문학》에 소개했고, 그 가운데 10편이 게재됐다. 가사를 쓰다가 시인이 된 권용만은 인터뷰도 운 맞추어 한다. "두리반이 이 사회를 좀먹고 있어요. 건설사는 뭐하냐? 용역들은 뭐하냐? 해병전우회는 뭐하냐? 어버이연합회는 뭐하냐? 두 번째 두리반이 생겨나기 전에 확 쓸어버려야 하는데, 여태 뭐하냐? 두리반 자리에 30층 빌딩 올려 1층에 해병전우회 컨테이너 갖다 놓고 2층에 어버이연합 납골당 마련해줘야 하는데 도대체 뭐하냐?" 이게 시가 아니면 뭐냐?

자본주의가 인간의 모든 욕망을 호출하여 자본으로 상용화하려고 할 때, "예술은 더욱 순수해지려는 쪽에서 자본을 거부"하게 된다. 그렇게 해서 원래 하나였던 일상과 예술은 이분법적으로 나뉘게 되었다. 하지만 그 이분법을 거부하면서 동시에 자본의 호출과 전유에도 저항하려고 했던 문화 운동은 한 번도 중단된 적이 없다. 이 책 역시 "이러한 문화 운동들이 일으킨 변화 혹은 혁명적 가능성을 기록하면서 그 계보에 동참"하고 있다고 볼 수 있다.

114. 마침내, 당신의 전기가 나왔군요

《신디 로퍼》

신디 로퍼 · 잰시 던, 김재성 옮김 | 뮤진트리, 2014

늘 출간되기를 바랐지만 볼 수 없을 것 같았던 전기가 나왔다. 신디 로퍼와 잰시 던이 함께 쓴 《신디 로퍼》(뮤진트리, 2014). 사실 신디 로퍼는 음악적으로 큰 흐름을 만들거나 대중적으로 어마어마하게 성공한 가수는 아니다. 많은 팝 팬들에게 그녀는 넝마를 기워 만든 것 같은 '잡동사니 패션'과 색색으로 물들인 헤어스타일, '막춤'과 신경질적인 고음으로 기억되는 평범한 가수다.

신디 로퍼는 1953년 뉴욕 퀸스 오존파크에서 이탈리아계 미국인 홀어머니 밑에서 자랐다. 그녀가 평생 마음속으로 그리워한 아버지는 그녀가 열 살이 될 무렵 어머니와 헤어졌다. 아버지는 음악을 무척 좋아했는데, 신디 로퍼가 히트곡인 〈Time After Time〉이나 〈True Colors〉를 부를 때 하와이안 기타를 직접 연주하는 것은, 취미 삼아 그 악기를 연주했던 아버지의 영향이다.

이 전기는 이렇게 시작한다. "나는 열일곱 살에 집을 떠났다. 들고 나온 종이 봉지 속에는 칫솔과 깨끗한 속옷 한 벌, 사과, 오노 요코의 책《자몽Grapefruit》이 들어 있었다.” 그녀가 가출을 결행하게 된 것은 딸들을 강간하겠다고 협박하는 망나니 의붓아버지 때문이었다. “언니와 나는 어린 시절 대부분을 아동 성도착자들과 정신이상자들을 피하며 보냈다. 언니와 나의 가장 큰 골칫거리는 엄마의 두 번째 남편이던 의붓아버지였고 내게는 할아버지도 문제였다.”

집을 나선 신디 로퍼는 그녀보다 먼저 집을 나가서 독립한 언니 엘렌의 집에 머물렀다. 1년 연상의 엘렌은 동생에게 많은 영향을 주었다. 신디 로퍼처럼 음악을 좋아했던 언니는 사춘기 이전부터 자신을 남성으로 여겼고, 고등학교에 들어가서는 레즈비언이 되었다. 언니의 동성애자 친구들을 자신의 친구로 삼은 신디 로퍼는 동성애 분위기 속에서 학창 시절을 보냈고, 가까운 친구로부터 사랑한다는 말을 듣기도 했다. 하지만 아무리 노력해도 레즈비언이 될 수 없었던 그녀는 그 분위기 속에서 오히려 “이성애자로 커밍아웃을 해야 했다”. 그 대신에 이때의 경험은 훗날 그녀가 동성애자 커뮤니티를 지원하는 운동가가 되는 데 커다란 영향을 주었다.

패션산업 고등학교와 버몬트 주 존슨 시에 있는 존슨 주립대학교에서 패션과 미술을 공부한 신디 로퍼의 원래 희망은 직업적인 가수가 아닌 미술가였다. 그녀가 미술 장학생으로 존슨 주립대학교에 다니던 1970년대 초는 히피의 시대였고, 스트리킹streaking이 유행할 때였다. “누군가는 해야 했다. 남자들은 많이 했고 이제는 여자들 차례였다. 나는 부츠를 신고 모자를 쓴 채 나체로 구내식당을 통과하여 달렸다.” 돈을 벌기 위해 누드 모델을 하기도 한 그녀는 낙제를 거듭한 끝에, 1년 2개월간의 대학 생활을 끝마쳤다. 그때 어느 미술학도가 "당신은 프로 가수 같은 목소리를 갖고 있어요. 프로로 나가면 좋을 것 같아요"라고 권했다. 노래와 작곡이라면 열여섯 살 때부터 언니나 친구들과 계속해온 것이었다. 그녀는 가수를 구하는 신문 광고를 보고 밴드 오디션에 나갔다. 이때부터 클럽을 전전하며 노래를 부르기 시작했으나, 그것만으로는 생활이 되지 않아서 부업으로 웨이트리스나 댄서 일을 했다.

그녀가 레코드를 취입하면서 본격적인 음악 경력을 시작한 것은 블루 에인절이라는 밴드를 통해서였다. 신디 로퍼의 취향인 로커빌리rockabilly 사운드를 추구한 이 밴드는 1980년 폴리도르와 계약하고 첫 앨범 《Blue Angel》을 내고는 이듬해에 흐지부지 해체되었다. 다행히도 1982년 에픽 레코드와 혼자 계약할 수 있었던 신디 로퍼는 이듬해 10월에 첫 솔로 앨범 《She's So Unusual》을 낸다. 〈Girls Just Want To Have Fun〉과 〈She Bop〉 등, 5위권 히트곡을 무려 다섯 개나 줄줄이 쏟아낸 이 앨범으로 그녀는 상상할 수 없는 명성을 얻는다. 신인이라고 하기에는 좀 뭣한 서른 살 때였다.

그녀가 첫 앨범을 낸 해에 마돈나도 자신의 이름을 내세운 데뷔 앨범을 냈다. 이후로 언론은 두 사람의 라이벌 관계를 부추겼고, 신디 로퍼 자신도 이 책에서 살짝 그것을 의식한다. "코르셋을 블라우스처럼 입었더니 마돈나가 나를 따라 했고 그러다가 결국 모두 코르셋을 입고 다녔다." 그러나 신디 로퍼는 한 번도 "섹스 심벌"인 적이 없었다. "내가 팔았던 것은 섹스가 아니라 표현의 자유, 남들과 다를 수 있는 자유였다. 쫓아다니는 남자들이 없었다. 대신 우울한 사람들이 모여들었다. 그들이야말로 내가 노래로 달래주고 싶은 사람들이었다." 아마, 두 사람은 평생을 딴판으로 살았다는 신디 로퍼의 말이 맞을 것이다.

신디 로퍼는 연대와 격려가 필요한 사람들에게 주는 잊히지 않을 두 개의 송가頌歌를 불렀다. 여성의 주체적인 권리를 예찬하는 〈Girls Just Want To Have Fun〉과 LGBT에 대한 선입견을 무너트리고 그들에 대한 이해를 환기하는 〈True Colors〉. 이 책 152쪽의 한 문단이 〈Girls Just Want To Have Fun〉의 뜻을 우회적으로 설명하며, 이 책 15장 전체가 〈True Colors〉의 의미는 물론 그 노래의 활약상을 설명한다. 1978년 샌프란시스코 게이 퍼레이드에서 무지개 깃발이 처음 사용된 이후로 '레인보우'는 가장 유명한 성소수자 상징물이 되었으나, 이 노래가 생기기까지 아직 성소수자들의 국가國歌는 없었다.

국내 최초로 게이들이 직접 만든 게이 문화 가이드북 《게이컬처홀릭》(씨네21, 2011)은 '게이 아이콘gay icon'을 "유독 게이들에게 사랑과 숭상을 받는 상징 같은 존재 혹은 우상"이라고 풀이하면서, 신디 로퍼는 쏙 빼놓고 대신 마돈나를 꼽아놓았다. 글쎄, 신디 로퍼의 이 말이나 좀 들어보시지. "동성애자 커뮤니티의 사랑을 많이 받고도 그들을 지원하지 않는 유명 가수들이 있는데, 그처럼은 되지 말자고 결심했다." "나는 말만 앞세우는 골빈 유명인이 되고 싶지 않았다. 기왕 입을 벌릴 거라면 행동도 뒤따르는 사람이 되고 싶었다."

2003년에 낸 앨범 《At Last》를 기념하여 만든 동명의 실황 비디오에서 신디 로퍼는 자신의 히트곡 〈She Bop〉을 집시 재즈 스타일로 편곡해서 불렀다. 자신을 희화화한 그 모습은 나를 슬픔에 빠트렸으나, 그녀의 의도를 알아차리고 나는 더욱 그녀를 사랑하게 되었다. 그것은 낙천의 표시이자, 인기라는 세간의 평가를 극복한 사람에게만 가능한 것이다. 이 책을 당신에게 바친다.

115. 탱고의 실험

《피아솔라—위대한 탱고》
마리아 수사나 아치 · 사이먼 콜리어, 한은경 옮김 | 을유문화사, 2004

탱고, 반도네온, 아스토르 피아솔라(피아졸라)는 삼위일체다. 마리아 수사나 아치와 사이먼 콜리어가 함께 쓴《피아솔라—위대한 탱고》(을유문화사, 2004)는 그저 춤추는 음악으로 알려졌던 탱고를 연주 음악으로 승격시킨 피아솔라의 전기다. 지은이들은 피아솔라가 남겨놓은 많은 인터뷰 기록을 읽고 그의 가족과 음악 동료들을 직접 만난 끝에 이 방대한 책을 내놓았다.

피아솔라는 1921년, 대서양 해안가에 위치한 마르델플라타 시에서 태어났다. 피아솔라의 할아버지는 1880년대에 아르헨티나로 이민한 수십만 명의 이탈리아인 가운데 한 사람이었다. 그때 아르헨티나는 놀라운 경제 성장을 이루고 있었고, 피아솔라가 태어난 1920년대에 아르헨티나는 세계에서 일곱 번째 가는 부국이었다. 이탈리아 남부 빈민가에서 태어나 집안의 전통에 따라 선원 일을 했던 할아버지는 마르델플라타에 정착하여, 여름철이면 선원과 인명 구조원으로 일하고 겨울철이면 극장 안내원 일을 했다. 피아솔라는 할아버지의 둘째 아들인 비센테 피아솔라의 외동아들로 태어났다.

자전거 가게를 하면서 오토바이도 함께 취급한 비센테 피아솔라는 어느 날 아스토르 볼로니니라는 사람에게 오토바이를 한 대 팔았다. 볼로니니와 그의 형제 엔니오와 레모는 모두 북미 지역 교향악단의 명성 있는 바이올린 연주자였다. 엔니오는 토스카니니의 필하모닉 심포니 오케스트라의 제1바이올린 주자였고, 레모는 훗날 이 교향악단의 악장이 된다. 피아솔라의 아버지로부터 오토바이를 구입한 아스토르 볼로니니는 시카고 교향악단 단원이었는데, 비센테 피아솔라는 그와 아주 친해진 뒤 자기 아들에게 그의 이름을 붙여주었다.

이유는 분명치 않지만, 피아솔라는 태어나면서부터 오른쪽 다리가 뒤틀려 있었다. 두 살 때 병원에서 여러 차례 수술을 받고 나서야 오른쪽 다리가, 왼쪽보다 2센티미터 정도 짧고 약간 말랐긴 해도 웬만큼 정상으로 돌아왔다. 피아솔라는 평생 자신의 장애에 신경을 썼는데, 피아솔라를 더 잘 돌보기 위해서인지 더 이상 아이를 갖지 않기로 한 그의 아버지는 아들에게 늘 "대단한 사람이 되어야 한다"고 말했다고 한다. "아버지는 금지된 모든 것을 해야 한다고 말했다. 그래서 결함이 있는 외로운 사람이 아니라 앞장서서 나가는 사람이 되어야 한다고 했다. 의사들이 수영을 하지 말라고 하면 아버지는 수영을 하라고 명령했다. 달릴 수 없다는 말을 들으면 아버지는 달리라고 명령했다." 비센테의 진취적인 성격은 아들 교육에서는 물론이고 그 자신의 삶에서도 드러난다. 대단히 활동적이었던 그는 친구들로부터 미국에 가면 돈을 더 잘 벌 수 있다는 말을 듣고, 아들이 네 살 되던 해인 1925년에 뉴욕으로 향한다. 이 때 피아솔라의 가족은 맨해튼에 있는 당시 세계 최대 규모였던 유대인 지역의 근처에 자리를 잡았는데, 그 시절 유대 결혼식장에서 들었던 음악에 깊은 영향을 받았다고 피아솔라는 회상한다.

피아솔라가 아홉 살 때 아버지는 아들에게 권투 글러브를 장만해주었다고 한다. 금지된 것을 소망하라는 아버지의 교육 때문이었는지, 자신의 신체적 콤플렉스를 이기고 싶어서였는지, 피아솔라는 청소년기에 들어서면서 전투적이고 공격적이 되었다. 친구들과 함께 거리에서 주먹질을 하고 학교에서 한두 번 퇴학을 당하기도 했다는 그는 뉴욕에 널려 있는 갱단 가운데 하나에 들어가기도 했다고 말하는데, 이것은 대다수 예술가에게서 볼 수 있는 허언증이다. 1930년대 초, 대공황에 직면한 아버지가 가족을 데리고 다시 마르델플라타로 돌아왔을 때 "겨우 아홉 살이었던 아스토르에게 이런 변화는 참기 힘든 것이었다"니, 피아솔라의 말대로라면 그는 아홉 살에 갱이 되어 있었다는 거다. 지은이들은 "자수성가한 백만장자가 자기가 처음에 얼마나 가난했는지를 과장하듯이 그 역시 자신이 나쁜 아이였다고 과장했을 수도 있다"고 그를 감싸준다. 그가 갱단에 들어가지 않았다는 것은 분명하지만, 피아솔라가 거친 고집쟁이였던 것은 분명하다.

음악가를 주인공으로 한 대개의 평전은 어김없이 직계 가족 아니면 먼 친척 중에서라도 음악에 소질이 있거나 음악을 즐겼던 사람을 추적하거나 예시하는데, 이 책도 예외가 아니다. 피아솔라에게는 아버지가 음악 선생이었다. 아코디언과 기타를 제법 연주할 줄 알았던 비센테는 뉴욕의 이탈리아 축제 때 연주자로 나서기도 했고, 탱고곡을 직접 작곡하기도 했다. 피아솔라는 저녁에 집에 돌아오면 당시 가장 유명한 탱고 밴드 주자였던 훌리오 데 카로와 당대 탱고의 슈퍼스타였던 바리톤 가수 카를로스 가르델의 음반을 틀었다. 이때 아버지는 반도네온을 우연히 발견하고 아들에게 선물하는 한편, 아들에게 음악 교습을 시켰다.

피아솔라 가족이 뉴욕으로 이주했을 무렵 탱고는 한창 황금기를 누리고 있었고, 아르헨티나의 대중음악으로 자리 잡았다. 탱고의 주도적인 악기는 반도네온인데, 1830년대에 독일에서 처음 만들어진 이 악기는 원래 교회의 오르간 대용이었다. 외국 청중들은 반도네온과 아코디언을 잘 분간하지 못하는데, 피아솔라는 그 차이를 이렇게 설명한다. "아코디언은 신맛이 나는 날카로운 소리를 낸다. 사람을 행복하게 만드는 악기다. 반면 반도네온은 벨벳 같은 소리, 종교적인 소리를 낸다. 슬픈 음악을 연주하기 위해 만들어진 것이다." 반도네온은 그 안에 강하게 스며든 향수와 애수로 인해 탱고에 너무나 이상적인 악기가 되었다.

반도네온은 여간 까다로운 악기가 아니다. 반도네온에는 오른손 쪽에 38개, 왼손 쪽에 33개의 단추가 있다. 단추는 악기가 열렸을 때나 닫혔을 때 각기 다른 음을 낸다. 단추의 배열은 한눈에 봐서는 도저히 이해할 수 없을 정도인데, 시간이 흐르면서 점차 단추가 추가되면서 이 악기가 발전했기 때문이라고 한다. 1920년대 중반에 유럽에서는 좀 더 합리적인 반음계 배열을 채택하기도 했는데, 아르헨티나 뮤지션들은 연주하기 훨씬 힘든 온음계를 고집스레 밀어붙였다.

피아솔라는 탱고 음악을 새롭게 하는 동시에 실험의 기쁨을 누리기 위해 노력했다. 그는 늘 경계선을 넘나들면서 다양한 음악 문화와 장르를 탐험했다. 그는 온몸으로 통합과 크로스오버를 구현해냈다. 1992년 피아솔라가 사망한 후에 다니엘 바렌보임, 기돈 크레머, 로스트로포비치, 요요마, 에마누엘 악스 등 이름난 클래식 음악가들이 그에게 헌정하는 앨범을 만든 것은 그의 노력을 입증한다. 하지만 가장 잘 어울릴 것 같은 재즈와 피아솔라의 음악은 서로 겉돌았다. 재즈 연주가 가운데 피아솔라의 음악에 가장 먼저 반했던 게리 멀리건은 그와 《Summit》(1974)을 만들고 나서 다시는 그와 함께 작업하지 않았다. 서로의 음악에 반해서 《The New Tango》(1987)를 함께 출시하기도 했던 게리 버턴은, 1986년 삿포로 재즈 페스티벌에서 알 디 메올라가 "나는 정말로 피아솔라에게 관심이 많아요"라고 말을 걸어오자 "내 생애에서 연주해본 가장 어려운 음악이오"라고 대답했다.

116. '소녀'라는 기호

《우리 시대 대중문화와 소녀의 계보학》
한지희 | 경상대학교 출판부, 2015

21세기 한국 대중문화가 만들어낸 최대의 히트 상품은 십대 여성으로 이루어진 '걸 그룹'이다. 연예기획사가 양산한 걸 그룹은 케이팝의 인기를 해외로 넓히는 데 커다란 기여를 했으나, 순진무구한 이미지로 다듬어진 미성년 십대 소녀들의 '성적 매력 전시'라는 도발적이고 모순적인 형태로 인해 자주 시빗거리가 되었다. 또 미성년 걸 그룹의 골반춤과 허벅지를 아무 죄의식 없이 감상하면서, 자신의 롤리타 콤플렉스를 '삼촌(오빠)과 조카(여동생)' 같은 유사 친족 관계로 교묘하게 위장해온 '삼촌(오빠) 부대'의 관음증 역시 좋은 비웃음거리가 되었다.

한지희의 《우리 시대 대중문화와 소녀의 계보학》(경상대학교 출판부, 2015)은 오늘의 걸 그룹 현상을 비판적으로 성찰하겠다면서, 엉뚱하게도 최남선이 1908년에 창간한 《소년》지로까지 논의를 거슬러 올라간다. 제목에 나와 있는 계보학이라는 용어가 암시하는 것처럼, 걸 그룹 현상을 제대로 파악하기 위해서는 '소녀'라는 기호를 억압하고 은폐하면서 남성 자신의 욕구에 부응하는 여성의 생애 주기를 강요해온 가부장 이데올로기의 역사를 들여다볼 필요가 있다.

최남선이 청년보다 어린 '소년'의 계몽에 역점을 두고 발간한 잡지 《소년》에는 남학생 소년만 있었지 거기에 상응하는 여학생 소녀는 없었다. 여행기와 탐험 문학을 집중적으로 소개했던 이 잡지의 목적은 식민지 조선의 남학생 소년들에게 세계의 지정학적 질서를 주지시키고, 그들을 새로운 조선을 건설할 동량으로 만드는 것이었다. 이런 소년 문화 담론 속에 여학생 소녀는 호명받지 못했다. 최남선은 일본 유학을 하는 동안 일본의 여학생 소녀(신여성)들이 근대 문화를 흡수하는 것을 목격했으면서도, 조선의 소녀들을 '예비 주부'로만 본 당대 조선의 가부장적 사고를 벗어나지 못했다.

《소년》이 창간되기 이전인 1886년, 이화학당을 시초로 여학교가 잇달아 설립되었다. 하지만 자신의 미래와 전문 지식인으로서의 꿈을 탐색할 수 있는 독립된 생애 주기를 갖는 것이 가능했던 소년과 달리, 여학생의 경우에는 예비 주부로서 현모양처의 자질을 함양하는 것에 교육 목표가 한정돼 있었다. 실제로 여학교의 교과목은 주부가 응용할 수 있는 학문들로 구성되었고, 가뜩이나 얼마 안 되는 여학생들이 그나마 대부분 결혼과 동시에 학업을 그만두거나 졸업한 뒤 주부가 되었다. 이처럼 여성의 존재 양식이 어린 '계집아이'와 결혼한 '부인'밖에 없는 상황에서, 여성은 소년이 가진 것과 같은 생애 주기를 가질 수 없었다. 그 결과가 여성의 남성에 대한 종속이다.

해외 유학을 다녀오거나 신식 교육을 받은 여학생 소녀들은 서양식 근대 교육의 혜택을 받고도 전통적인 여성의 삶과 역할을 수용하며 개인적인 역량을 사장시켰다. 반면 여성의 생애 주기를 주체적으로 향유한 집단은 여학생 소녀와 대척점에 있었던 9세 이상 19세 미만의 직업여성 소녀들이다. 이들은 원래 관기官妓 제도에서 해방된 뒤 다양한 서비스 업종(카페 여급, 다방 마담)과 예능 분야(가수, 모델, 영화배우)로 진출한 기생 소녀들이다. 지은이는 바로 이들이 현재의 걸 그룹의 기원과 무관하지 않다고 말한다. 괜한 오해가 있을까 봐 덧붙이자면, 조선 시대의 기생은 기본적으로 예인藝人을 가리키며, 기적妓籍에서 풀려나 적극적으로 자기 꿈을 펼친 사람들도 기예技藝를 닦은 권번의 학생들이었다.

제도권 교육 밖에 있었던 직업여성 소녀들은 자발적으로 서양 문물에 대한 지식과 정보를 탐색했고, 봉건적 신분 제도의 타파, 남녀평등, 개인의 인권과 자유 등에 눈뜬 새로운 인식을 가지고 여성의 말할 권리를 적극적으로 주장했다. 이들은 "'순수한 여학생'과 '타락한 직업여성'의 구획선을 깨고 스스로에게 '모단 걸'이라는 신여성의 자격을 부여했다. 그리고 그들의 욕망을 말할 권리와 인권을 요청함으로써 '타락한' 여성들에게 부과되는 침묵과 복종의 필연을 깨고 그들을 천민 계급으로 비하하는 사회적 위계를 뒤흔드는 정치의식을 보여주었던 것이다". 과연 이들의 후예인 걸 그룹은 억압된 여성으로서, 시민으로서, 정치적인 존재로서 말하고 있는가? 100년 전의 모단 걸보다 오늘의 걸 그룹이 더 퇴행했다.

여성의 권리와 시민의 자격을 요구하는 모단 걸에 대한 조선 남성 지식 사회의 대응은 징치와 순화였다. 현진건이 모단 걸을 복사꽃紅桃花에 비유하면서 '붉을 홍紅'자가 아닌 '넓을 홍洪'자를 쓴 것 따위가 당대 남성 지식인들의 모단 걸에 대한 징치였다면, 이광수는 남자의 보호를 받지 못하는 바람에 정절을 잃고 자살을 선택하게 되는 〈무정〉의 여주인공 박영채를 통해 성적 자결권을 쟁취하려는 모단 걸을 순화하려고 했다.

지은이는 한국의 가부장적 이데올로기가 여성을 순화하기 위해 박영채와 같은 '순진열렬한 소녀'(청순가련형 소녀)상을 거듭 형상화해왔다면서, 가장 영향력 있는 작품으로 황순원의 〈소나기〉를 꼽는다. 〈소나기〉에 나오는 어린 소녀는 남자라면 누구나 사귀고 싶어 할 만큼 청순미, 순진한 마음, 남성의 보호 본능을 유발하는 연약성을 가졌다. 마지막으로 소녀는 소나기가 내리던 날 자신이 입었던 물풀 자국 난 분홍 스웨터를 입혀서 묻어달라는 유언을 남기는 것으로 순진열렬한 소녀상을 완성한다. '순진'하게만 여겨졌던 소녀가, 가슴속에 한 소년을 향한 그토록 '열렬'한 사랑의 불꽃을 지니고 있었던 것이다.

남성들의 가부장 이데올로기는 여성의 생애 주기 가운데 문턱에 해당하는 소녀 시절을 육체와 정신 양면에서 봉쇄해왔다. 소녀들은 오랫동안 성적 욕망은 물론 자신의 육체마저 의식하지 못하는 중성이나 무성애자로 훈육되어왔는데, 소녀들이 중성이거나 무성애적이어야 하는 것은 순진열렬함이 한 남자만을 위한 희귀재여야 하기 때문이다. 그런데 걸 그룹이 활개를 치는 지금은 양상이 더 나빠졌다. 걸 그룹을 모범으로 삼은 소녀들은 자신의 육체와 매너를 섹시하게 가꾸면서, 여전히 중성이나 무성애자로 남아 있어야 한다. 이런 이중적인 구속은 여성을 남성에게 종속시켜 한층 더 다루기 쉬운 여성으로 만들며, 여성 자신을 자학적이고 분열적인 주체로 만든다. 걸 그룹의 막강한 영향력은 소녀들로 하여금 "자신의 몸을 일종의 육체 자본"으로 내면화하게 하고, 걸 그룹에 심취한 삼촌(오빠)의 존재는 소녀들에게 사랑받기 위해서는 성적 매력을 이용하라고 가르쳐준다. 프리가 하우그와 그의 동료들이 함께 쓴 《마돈나의 이중적 의미》(인간사랑, 1997)에 따르면, 여성의 사회화 과정은 그들의 육체와 매너가 남성이 만들어놓은 주형의 주형물이 되는 것으로 완료된다.

후기

먼저, 이 책을 쓸 수 있게 해준 많은 음악가들에게 감사한다.

음악을 들으며 음악 서적을 뒤적이는 것만큼 행복한 일은 없다. 이 책은 그런 행복을 누린 끝에 나온 부산물이다.

《악서총람》의 부제로 '음악과 사회에 대한 에세이'를 줄곧 생각하고 있었지만, 책을 만드는 단계에서는 내 의견을 한 번도 내세우지 않았다. 그 부제를 감당할 만큼 생각이 여문 것도 아닌데다가, 그 부제 아래 한데 묶기에는 여기 실린 글들이 들쭉날쭉 고르지 않기 때문이다. 하지만, 한 편씩 글을 쓸 때마다 음악과 사회에 대한 에세이를 쓴다고 생각했고, 그것이 이 책의 키가 되었다는 것만은 조그맣게 적어놓고 싶다. 앞으로 언제까지 이어질지 모르지만, 음악을 들으며 음악 서적을 읽을 때, 이 원칙은 변함없는 나의 이정표가 될 것이다.

이번 책에서 아쉬운 점을 꼽으라면, 《악서총람》류의 책이라면 반드시 있어야 한다고 기대되는 몇몇 책에 대한 언급이 빠진 것이다. 그 명단을 굳이 여기에 적지 않더라도, 음악과 책에 자세한 독자는 그것을 알아챌 것이다.

서문을 쓰지 않겠다고 버틴 것 하며, 여러 가지 까다로운 '비협조'를 너그러이 받아주고 정성껏 책을 만들어준 책세상에 감사한다.

樂書
總覽

장정일의 악서총람

펴낸날 초판 1쇄 2015년 12월 31일
초판 6쇄 2022년 8월 24일

지은이 장정일
펴낸이 김현태

펴낸곳 책세상
등 록 1975년 5월 21일 제2017-000226호
주 소 서울시 마포구 잔다리로 62-1, 3층(04031)
전 화 02-704-1251
팩 스 02-719-1258
이메일 editor@chaeksesang.com
광고·제휴 문의 creator@chaeksesang.com
홈페이지 chaeksesang.com
페이스북 /chaeksesang 트위터 @chaeksesang
인스타그램 @chaeksesang 네이버포스트 bkworldpub

ISBN 979-11-5931-044-7 03000

* 잘못되거나 파손된 책은 구입하신 서점에서 교환해드립니다.
* 책값은 뒤표지에 있습니다.